Positive Psychologie – Wege zu Erfolg,
Resilienz und Glück

Florian Becker

Positive Psychologie – Wege zu Erfolg, Resilienz und Glück

Florian Becker
Wirtschaftspsychologische Gesellschaft
Neubiberg, Deutschland

ISBN 978-3-662-67619-6   ISBN 978-3-662-67620-2 (eBook)
https://doi.org/10.1007/978-3-662-67620-2

Die Deutsche Nationalbibliothek verzeichnet diese Publikation in der Deutschen Nationalbibliografie; detaillierte bibliografische Daten sind im Internet über https://portal.dnb.de abrufbar.

© Der/die Herausgeber bzw. der/die Autor(en), nicht-exklusiv lizenziert an Springer-Verlag GmbH, DE, ein Teil von Springer Nature 2024

Das Werk einschließlich aller seiner Teile ist urheberrechtlich geschützt. Jede Verwertung, die nicht ausdrücklich vom Urheberrechtsgesetz zugelassen ist, bedarf der vorherigen Zustimmung des Verlags. Das gilt insbesondere für Vervielfältigungen, Bearbeitungen, Übersetzungen, Mikroverfilmungen und die Einspeicherung und Verarbeitung in elektronischen Systemen.
Die Wiedergabe von allgemein beschreibenden Bezeichnungen, Marken, Unternehmensnamen etc. in diesem Werk bedeutet nicht, dass diese frei durch jedermann benutzt werden dürfen. Die Berechtigung zur Benutzung unterliegt, auch ohne gesonderten Hinweis hierzu, den Regeln des Markenrechts. Die Rechte des jeweiligen Zeicheninhabers sind zu beachten.
Der Verlag, die Autoren und die Herausgeber gehen davon aus, dass die Angaben und Informationen in diesem Werk zum Zeitpunkt der Veröffentlichung vollständig und korrekt sind. Weder der Verlag noch die Autoren oder die Herausgeber übernehmen, ausdrücklich oder implizit, Gewähr für den Inhalt des Werkes, etwaige Fehler oder Äußerungen. Der Verlag bleibt im Hinblick auf geografische Zuordnungen und Gebietsbezeichnungen in veröffentlichten Karten und Institutionsadressen neutral.

Planung/Lektorat: Marion Kraemer
Springer ist ein Imprint der eingetragenen Gesellschaft Springer-Verlag GmbH, DE und ist ein Teil von Springer Nature.
Die Anschrift der Gesellschaft ist: Heidelberger Platz 3, 14197 Berlin, Germany

Das Papier dieses Produkts ist recycelbar.

Vorwort

Hallo. Mein Name ist Florian Becker, ich bin Psychologe. Schon im Studium wusste ich: Anders als die meisten anderen Psychologen will ich mich auf ganz „normale" Menschen konzentrieren – nicht auf psychisch Kranke. Mich interessiert: Wie können normale, vielleicht sogar überdurchschnittlich erfolgreiche Menschen noch effektiver werden, mehr Potenzial verwirklichen? Dabei begleite ich seit über 25 Jahren Menschen.

Eine Erfahrung daraus: Viele Menschen wollen Erfolg im Äußeren erzwingen. Sie wollen eine neue Karrierestufe erreichen, Beliebtheit bei anderen oder etwas besitzen, das sie glücklich macht. Doch ich habe wieder und wieder gesehen: **Erfolg entsteht zuerst im Inneren.** Deshalb dreht sich in meinem Leben vieles um die Anwendung von Psychologie.

Auch dieses Buch dreht sich um Psychologie und ihre Anwendung. Ich will kurz etwas dazu sagen, welches Ziel es hat, wie es entstanden ist und wie Du es anwendest.

Was ist das Ziel dieses Buches?

Dieses Buch hat sein Ziel erfüllt, wenn es selbst überflüssig geworden ist. Denn wir leben in einer Gesellschaft, in der die allermeisten Menschen dramatisch **wenig wissen** über die Forschungsergebnisse der Psychologie. Nur die wenigsten haben beispielsweise systematisch gelernt, gute Gewohnheiten aufzubauen – und schlechte zu verändern. Die meisten sind hilflos, wenn es darum geht, mentale Stärke und Selbstwirksamkeit zu entwickeln, Optimismus zu nutzen, Prokrastination zu überwinden, wirksame Ziele zu formulieren und Glück zu erreichen. Dieses Wissen bekommen wir nicht in der Schule, oft auch nicht im Elternhaus und kaum am Arbeitsplatz.

Zum Glück ändert sich das gerade. Ich habe ein Höchstmaß an **Interesse** an den Themen der Positiven Psychologie erfahren: von Führungskräften, Erzieherinnen, Lehrern, Psychotherapeuten, Ärzten, Coaches und ganz normalen interessierten Eltern. Praktiker aus den verschiedensten Bereichen erkennen das Potenzial und bringen Konzepte wie positives Denken, die selbsterfüllende Prophezeiung oder die Änderung von Gewohnheiten in die Anwendung. Danke für die vielen spannenden fachlichen Gespräche. Danke auch für zahlreiche Rückmeldungen und Impulse aus dem Freundes- und Bekanntenkreis.

Als unmittelbares Ziel vermittelt dieses Buch deshalb den Erkenntnisschatz der Positiven Psychologie. Und zwar an Dich, indem Du mit dem Buch arbeitest und es als Deinen Begleiter verwendest. Und ich hoffe auch einen kleinen Beitrag mit dem Buch zu leisten, dass wir als ganze Gesellschaft viel mehr von den wundervollen Früchten der Psychologie ernten. Ein Schritt für eine bessere Welt. Mir gefällt dieser Gedanke.

Wie ist dieses Buch entstanden?

Wie entsteht ein Buch, das uns Wege zu Erfolg, Resilienz und Glück zeigt? Der Impuls, dieses Buch zu schreiben, ist aus mehreren Richtungen gekommen.

Als Psychologe arbeite ich seit vielen Jahren mit Führungskräften und Unternehmern, wie sie wirksam führen, handlungsfähige Teams aufbauen, effektiv kommunizieren und andere motivieren. Doch wenn wir uns besser kennenlernen, dann interessieren sich viele Führungskräfte zunehmend für diese Frage: „Wenn ich selbst nicht effektiv und motiviert bin – wie kann ich dann andere effektiver machen?"

Der Fokus hat sich dann oft von der Frage „Wie mache ich **andere** Menschen effektiv?" verschoben zur Frage: „Wie mache ich **mich** selbst effektiv?" Und das Spannende daran ist: Wer selbst effektiv, erfolgreich und glücklich ist – der fördert das tatsächlich auch bei anderen. Meine Arbeit mit Unternehmern und Führungskräften ist zu einer wichtigen Quelle der Inspiration für das Buch geworden. Danke dafür.

Die Arbeit mit jungen Menschen in der Lehre als Professor hat ebenfalls starke Impulse für das Buch gegeben. Wir haben an unserer Hochschule eine Umfrage gemacht zu den größten Herausforderungen im Studium.

Über 1800 Personen aus allen Studiengängen haben teilgenommen. Viele in unserem Team dachten, die großen Herausforderungen sind fachlich, etwa Mathe-Prüfungen oder die Finanzierung des Studiums. Doch weit gefehlt. Spitzenreiter unter den Herausforderungen ist „Motivation", gefolgt von „Selbstorganisation". Äußere Faktoren wie Geld oder schwierige fachliche Inhalte landeten weit abgeschlagen auf hinteren Plätzen. Es sind also nicht äußere Hindernisse, die Menschen im Studium zurückhalten, sondern **innere Blockaden**. So wie fast überall im Leben. Oder?

Als Reaktion auf diese Umfrage habe ich ein Seminar ins Leben gerufen, das unter dem Titel „Psychologie des Erfolgs" die psychologischen Erfolgsfaktoren im Leben vermittelt. Das Angebot ist auf sehr großes Interesse gestoßen: Teilnehmerinnen und Teilnehmer aus über zehn Studiengängen lernen und entwickeln sich dort in Themenfeldern wie Prokrastination überwinden, Fokus und Konzentration gewinnen, Selbstdisziplin herstellen, motivierende Ziele einsetzen, Gewohnheiten ändern und Resilienz gegen Stress. Auch diese Arbeit und Erfahrungen sind in das Buch eingeflossen. Danke dafür an alle.

Ein weiterer Impuls für dieses Werk stammt aus alarmierenden Daten, die uns verschiedene Wissenschaften über unsere moderne Gesellschaft liefern. Ablenkung und scheinbar „Dringendes" verdrängen oft die wirklich wichtigen Themen in unserem Leben. Es ist erschreckend, was hier die traurige Normalität ist. Menschen verbringen so im Schnitt über fünf Stunden täglich mit Fernsehen, Videostreaming und Computerspielen. Den Großteil ihrer wachen Zeit sitzen sie, wir sind eine „sitzende Gesellschaft". Den meisten gelingt es nicht, sich gute Gewohnheiten bei Ernährung, Bewegung und Schlaf anzueignen. Normal bedeutet mittlerweile: übergewichtig, wenig glücklich und finanziell nicht gut aufgestellt. Finanzen und soziale Beziehungen geraten in Schieflage, Familien zerbrechen. Passive Menschen, die Abhängigkeit von anderen als Lebensmodell gewählt haben, prägen und belasten zunehmend unsere Gesellschaft. Dazu passt: In anonymen Umfragen bezeichnen sich fast ein Drittel der Deutschen selbst als „psychisch erkrankt". Das alles geschieht, **obwohl** die Betroffenen genau wissen, was eigentlich zu tun wäre und dass sie sich selbst und ihren langfristigen Interessen mit ihrem Verhalten schaden. Dennoch gelingt es ihnen nicht, ihre inneren Barrieren zu überwinden, die Komfortzone zu verlassen, zu wachsen und der Mensch zu werden, der sie sein könnten. Sie warten oft passiv darauf, dass andere ihr Leben richten. Diese Forschung ist in das Buch eingeflossen. Es zeigt, wie wir selbst in den „Fahrersitz" unseres Lebens steigen.

Auch die Forschung zu den erfolgreichsten und glücklichsten Menschen und ihrer einzigartigen Psychologie liefert wichtige Impulse. Im Leben gewinnen meist nicht die Menschen mit dem größten Potenzial, sondern diejenigen, die ihr **Potenzial am besten ausschöpfen**. Ein anschauliches Beispiel ist das Fußballspiel zwischen Island und England bei der Europameisterschaft 2016. Island, ein Land mit 400.000 Einwohnern und unbekannten Spielern, die oft einem anderen Hauptberuf nachgingen, hatte viel weniger Potenzial als England in diesem Spiel. England, ein fußballfanatisches Land mit über 55 Millionen Einwohnern war theoretisch haushoch überlegen. Doch die englische Mannschaft aus Profi-Spielern verwirklichte ihr enormes Potenzial nicht. Die isländischen Spieler dagegen schon – sie wuchsen vollkommen über sich hinaus und warfen England aus dem Turnier. Was also lässt manche Menschen ihre scheinbaren Grenzen sprengen, ihr Potenzial und ihre Träume realisieren, während andere scheitern und ihre Zukunft täglich vor dem Fernseher opfern? Die Forschung zu den Top-Performern in Sport, Wirtschaft, Wissenschaft und Glück liefert interessante Einblicke und Impulse für das Buch. Danke an alle High-Performer für die tägliche Inspiration. Ihr zeigt uns, was möglich ist.

Wie verwendest Du dieses Buch?

Erfolg entsteht im Inneren. Deswegen ist dieses Buch ein besonderes Buch. Es handelt nicht von irgendeiner Sache außerhalb von Dir. Es handelt **von Dir**, es geht um Dein Inneres.

Und sind wir ehrlich: Für Erfolg aus dem Inneren gibt es nicht den einen „roten Knopf", den Du einfach nur drückst – und alles ist bestens. Viele verwechseln hier auch die Bremse mit dem Gaspedal, indem sie schädlichen Ideologien und unwissenschaftlichen Ansätzen folgen.

Es gibt viele einfache Schritte und Maßnahmen zu jedem wichtigen psychologischen Thema. Du entdeckst im Buch Themen wie Optimismus, Gewohnheiten, Glück, Selbstwirksamkeit und viele andere psychologische Konzepte. Die Kapitel haben eine logische Abfolge. Jedes Kapitel ist dennoch so aufgebaut, dass Du es auch verstehst, ohne die anderen Kapitel gelesen zu haben.

Du lernst und wächst in diesen Bereichen mit vielen wissenschaftlichen Tipps. Und dann entsteht oft etwas Wundervolles: Die einzelnen Themen entwickeln sich, bilden ein System der Wechselwirkungen. Zunächst ist es eine Evolution – doch aus den **vielen kleinen Schritten** entsteht eine

Revolution. Eine **Revolution** von Dir als Person! Mit zahlreichen kleinen Tipps, Übungen, wissenschaftlichen Erkenntnissen und Maßnahmen transformierst Du Dich zu einer noch handlungsfähigeren Person: Du gewinnst innere Stärke, wirst optimistischer, selbstbewusster, fokussierter, resilienter … Und Du ersetzt alte, schlechte Glaubenssätze, Muster und Gewohnheiten mit Effektivität auf dem Weg zu mehr Glück und Erfolg bei Deinen Lebenszielen.

Das bedeutet auch: Dieses Buch ist als Dein **Begleiter** gedacht. Wenn Du es einfach nur durchliest und danach ins Regal stellst, dann ändert sich genau gar nichts. Arbeite an Dir. Jeder Mensch ist einzigartig und in einer einzigartigen Situation. Wähle Dir deshalb die Themen aus, die Du am besten brauchen kannst und motiviert entwickeln willst. Das Buch zeigt viele Wege zu mehr Effektivität, Resilienz und Glück. Beschäftige Dich mit den Inhalten, nimm sie nicht nur passiv an. Arbeite damit, wachse daran und sprich mit anderen darüber.

Und wer weiß: Wenn Du an Dir arbeitest, erinnerst Du Dich wieder an gute Zeiten, Stärken und Ansätze, die Du schon genutzt hast. Vielleicht entdeckst Du in Dir neue Wege zu mehr Erfolg, Resilienz und Glück. Du wandelst Tipps und Maßnahmen so ab, wie sie für Dich am besten passen. Dann bist Du auch über dieses Buch **hinausgewachsen**. Und das wünsche ich Dir von ganzem Herzen. Damit hat das Buch sein Ziel erreicht, sich selbst „überflüssig" gemacht.

Schenke es dann jemandem, der Dir am Herzen liegt. Oder lese in ein paar Monaten nochmal hinein, um Dich an Wichtiges zu erinnern.

Beherrsche ich selbst alles aus dem Buch perfekt?

Nicht einmal annähernd. Darum geht es nicht. Jeder der Themenbereiche ist ein eigener Weg – etwa gute Gewohnheiten aufbauen. Es gibt in jedem einzelnen der behandelten Themen Menschen, die viel effektiver und unendlich weiter sind. Ich stelle Dir einige davon vor. Wir können viel von ihnen lernen.

Positive Psychologie bietet uns als Wissenschaft interessante Forschungsergebnisse und Interventionen. **Jedes Thema ist eine Reise, ein Weg.** Ein Weg, den es lohnt zu gehen. Davon bin ich überzeugt. Für mich und die Menschen in meinem Umfeld hat es sich gelohnt. Gerade deshalb, weil wir alle Menschen sind und niemand von uns perfekt ist. In den einzelnen

Kapiteln schreibe ich über eigene Erfahrungen und Dinge, die ich für mich auf meinem Weg gelernt habe.

Und jetzt geht es um Dich: **Ich wünsche Dir viel Erfolg – aus Deinem Inneren!**

Neubiberg
Sommer 2023

Florian Becker

Inhaltsverzeichnis

1	**Positive Psychologie**	1
	1.1 Was ist Positive Psychologie? Definition	2
	1.2 Beispiel für Positive Psychologie: Viktor Frankl	5
	1.3 Bereiche der Positiven Psychologie	8
	1.4 Positive Psychologie im PERMA-Modell	10
	1.5 Kritik an Positiver Psychologie	14
	1.5.1 Zuordnung als „positiv" ist nicht allgemeingültig	14
	1.5.2 Folgt der Welle an Selbstoptimierungs-Gurus	15
	1.5.3 Festigt ökonomisches Leistungsdenken	16
	1.5.4 Bietet Menschen aus schwierigen Verhältnissen nichts	16
	1.5.5 Fördert toxische Positivität	18
	Literatur	21
2	**Optimismus und positives Denken lernen**	23
	2.1 Was ist Optimismus? Definition	24
	2.2 Beispiel für Optimismus	27
	2.3 Was macht einen Optimisten aus?	30
	2.4 Vorteile von Optimismus	32
	2.5 Optimismus lernen: Positives Denken	34
	2.6 Gibt es „zu optimistisch"? Blinder Optimismus	37
	Literatur	40

Inhaltsverzeichnis

3	Selbsterfüllende Prophezeiung anwenden	43
3.1	Selbsterfüllende Prophezeiung: Definition	44
3.2	Selbsterfüllende Prophezeiung: Beispiele	44
3.3	Glaubenssätze als selbsterfüllende Prophezeiungen	46
3.4	Rosenthal-Effekt: Experiment	49
3.5	Selbsterfüllende Prophezeiung: Theorie	51
3.6	Den Rosenthal-Effekt anwenden	53
3.7	Selbsterfüllende Prophezeiung: Tipps	55
	Literatur	59

4	Selbstwirksamkeit stärken	61
4.1	Was ist Selbstwirksamkeit? Definition	62
4.2	Beispiel für Selbstwirksamkeit: Der Bannister-Effekt	64
4.3	Selbstwirksamkeit fördern und stärken	66
4.3.1	Erfolgserlebnisse und Erfahrung	66
4.3.2	Kompetenzen aufbauen	67
4.3.3	Vorbilder suchen	68
4.3.4	Positive Erwartungen von anderen	68
4.4	Selbstwirksamkeitserwartung: Vorteile	70
4.5	Nachteile von Selbstwirksamkeit	71
4.6	Selbstwirksamkeit bei Kindern stärken	72
4.7	Beispiel: Selbstwirksamkeit bei Mitarbeitern	75
4.8	Selbstwirksamkeit und Kultur	76
	Literatur	81

5	Resilienz und mentale Widerstandskraft gewinnen	85
5.1	Was ist Resilienz? Definition und Merkmale	86
5.2	Bedeutung von Resilienz: Beispiele	88
5.3	Resilienztraining: Übung für innere Haltung	90
5.4	Säulen der Resilienz: Ursachen und Quellen	92
5.4.1	Soziale Ressourcen	93
5.4.2	Selbstwirksamkeit	93
5.4.3	Emotionale Stabilität	93
5.4.4	Persönliche Kompetenzen	94
5.4.5	Flexibilität und Anpassungsfähigkeit	94
5.4.6	Optimismus und positive Emotionen	94
5.4.7	Selbstdisziplin	95
5.5	Resilienz stärken: Training, Übungen, Tipps	96
	Literatur	101

6 Visionen entwickeln und einsetzen — 103
- 6.1 Macht von Visionen: Beispiele — 104
- 6.2 Bedeutung von Visionen: Vorteile — 106
- 6.3 Vision: Definition — 108
- 6.4 Merkmale einer guten Vision — 109
- 6.5 Erstellen einer Lebensvision — 111
- 6.6 Erfolgskontext: Das lässt Visionen wirken — 114
  - 6.6.1 Selbstwirksamkeit — 114
  - 6.6.2 Soziale Akzeptanz — 115
  - 6.6.3 Kompatibilität mit der Kultur — 115
- 6.7 Wirkung von Visionen — 119
- Literatur — 122

7 Grenzen setzen – Nein sagen — 125
- 7.1 Überflutet von fremden Zielen — 126
- 7.2 Grenzen setzen — 129
  - 7.2.1 Eigene Grenzen bewusst machen — 129
  - 7.2.2 Selbstausbeuterisches Muster klarmachen — 130
  - 7.2.3 Grenzen mitteilen — 132
- 7.3 Missbräuchliche Beziehungen erkennen — 133
- 7.4 Souverän Nein sagen — 137
  - 7.4.1 Innere Haltung festigen — 137
  - 7.4.2 Nicht überrumpeln lassen — 138
  - 7.4.3 Keine rhetorischen Weichmacher — 138
  - 7.4.4 Keine Entschuldigung — 138
  - 7.4.5 Begründungsdebatten vermeiden — 138
- Literatur — 141

8 Ziele wirksam formulieren und erreichen — 143
- 8.1 Was versteht man unter SMART-Zielen? — 144
- 8.2 Vorteile der SMART-Methode — 145
- 8.3 Ziele erreichen: Beispiel — 146
- 8.4 SMART-Ziele formulieren: Beispiele — 148
- 8.5 Ziele spezifisch formulieren — 150
- 8.6 Ziele messbar formulieren — 151
- 8.7 Attraktive und akzeptierte Ziele formulieren — 152
- 8.8 Realistische Ziele formulieren — 153
- 8.9 Ziele mit Terminen formulieren — 154
- 8.10 Kritik und Weiterentwicklung der SMART-Methode — 155
- 8.11 Beispiel: SMART-Ziele bei der Führung — 160
- Literatur — 161

9 Prokrastination überwinden — 165
- 9.1 Was ist Prokrastination? Definition — 166
- 9.2 Beispiele für Prokrastinieren — 167
- 9.3 Wichtige Merkmale von Prokrastination — 168
- 9.4 Was sind Ursachen von Prokrastination? — 169
  - 9.4.1 Eigenschaften von Personen und Prokrastination — 170
  - 9.4.2 Aufgaben als Ursache der Prokrastination — 170
  - 9.4.3 Merkmale der Situation und Prokrastinieren — 171
- 9.5 Prokrastinieren als Teufelskreis — 172
- 9.6 Prokrastination überwinden — 173
- 9.7 Prokrastination testen und Umgang mit Präkrastination — 176
- Literatur — 181

10 Komfortzone verlassen und wachsen — 183
- 10.1 Warum die Komfortzone verlassen? — 184
- 10.2 Komfortzone verlassen: Beispiel — 186
- 10.3 Komfortzone als Modell — 187
- 10.4 Was ist die Komfortzone? Bedeutungen — 189
- 10.5 Komfortzone: Definition — 191
- 10.6 Was hält uns in der Komfortzone fest? — 193
- 10.7 Vorteile der Komfortzone — 196
- 10.8 Komfortzone verlassen: Tipps — 198
  - 10.8.1 Ambitionierte Aufgaben wählen — 198
  - 10.8.2 Selbstwirksamkeit entwickeln — 199
  - 10.8.3 Stufe für Stufe gehen — 199
  - 10.8.4 Mentoren einsetzen — 200
  - 10.8.5 Motivierendes soziales Umfeld — 200
  - 10.8.6 Optimistisches Denken fördern — 200
  - 10.8.7 Disziplin lernen — 201
  - 10.8.8 Die Macht der Vorstellung nutzen — 201
- Literatur — 204

11 Konzentration steigern und Ablenkung reduzieren — 205
- 11.1 Konzentration vs. Ablenkung: Die Herausforderung — 206
- 11.2 Konzentration als Modell: Forschung — 207
- 11.3 Aufmerksamkeit und Konzentration: Definition — 209
- 11.4 Beispiel für Ablenkung: New Coke — 211

11.5	Konzentration steigern: Tipps		214
	11.5.1	Gesunder Schlaf	214
	11.5.2	Pausen	215
	11.5.3	Ausgewogene Ernährung	215
	11.5.4	Bewegung	215
	11.5.5	Freiheit von Angst	215
	11.5.6	Training der Konzentration	216
	11.5.7	Klare und attraktive Ziele	217
	11.5.8	Nicht zu viel vornehmen	217
	11.5.9	Aufgaben herausfordernd gestalten	218
	11.5.10	Monotasking	218
	11.5.11	Richtig unterbrechen	218
	11.5.12	Delegieren	219
11.6	Ablenkung reduzieren		219
Literatur			225

12 Disziplin lernen — 227

12.1	Was bedeutet Disziplin? Definition		228
12.2	Beispiel für mangelnde Selbstdisziplin: Die Havarie		230
12.3	Warum ist Disziplin wichtig? Vorteile und Nachteile		233
12.4	Disziplin lernen: Tipps, um diszplinierter zu werden		234
	12.4.1	Attraktive Vision unserer Zukunft	234
	12.4.2	Konkrete Ziele	235
	12.4.3	Gewohnheiten	235
	12.4.4	Öffentliches Commitment	236
	12.4.5	Ablenkungen ausschalten	237
	12.4.6	Einfach anfangen	237
	12.4.7	„Nein!" sagen	237
	12.4.8	Nicht überstrapazieren	238
12.5	Psychologische Forschung zu Selbstdisziplin: Marshmallows und Co.		239
12.6	Risiken und Nachteile von Selbstdisziplin		241
Literatur			244

13 Flow-Erleben herstellen — 247

13.1	Die Flow-Theorie von Csikszentmihalyi	248
13.2	Beispiele für Flow-Erleben	249
13.3	Flow: Definition und Bedeutung	250
13.4	Flow-Erleben braucht motivierende Aufgaben	252
13.5	Flow-Spirale	254
13.6	Tipps zum Flow-Erleben	255
Literatur		258

14 Gewohnheiten ändern und aufbauen — 261
- 14.1 Macht der Gewohnheit — 262
- 14.2 Beispiel für die Macht der Gewohnheit: Die Polgár-Schwestern — 265
- 14.3 Was sind Gewohnheiten? Definition — 267
- 14.4 Gewohnheiten als Macht aus dem Unbewussten — 269
- 14.5 Prinzipien der Gewohnheitsbildung — 271
- 14.6 Initiierung von Gewohnheiten — 273
  - 14.6.1 Alte Kontexte ändern — 273
  - 14.6.2 Gewünschtes Verhalten sichtbar machen — 274
  - 14.6.3 Trigger festlegen — 275
  - 14.6.4 Starthilfen aufbauen — 276
  - 14.6.5 Gewünschtes Verhalten bewusst starten — 276
- 14.7 Stabilisierung von Gewohnheiten — 277
  - 14.7.1 Gewohnheiten leicht machen — 277
  - 14.7.2 Gewohnheiten belohnen — 278
  - 14.7.3 Unterbrechungen vermeiden — 280
  - 14.7.4 Soziale Unterstützung herstellen — 281
- 14.8 Gewohnheiten ändern — 282
  - 14.8.1 Stress reduzieren — 284
  - 14.8.2 Trigger beseitigen — 284
  - 14.8.3 Emotionen ansprechen — 285
  - 14.8.4 Störung des Ablaufs — 286
  - 14.8.5 Soziale Ächtung — 286
  - 14.8.6 Transparenz herstellen — 287
- 14.9 Nachteile von Gewohnheiten — 287
- Literatur — 291

15 Psychologie zum Glücklichsein — 295
- 15.1 Glück: Definition und Modell — 296
- 15.2 Glücklich sein: Wege zum Glück — 297
- 15.3 Glücklich werden: Beispiel — 299
- 15.4 Zur Bedeutung von Glück: Nur ein Abfallprodukt? — 300
- 15.5 Glück und Erfolg: Vorteile durch Glücklichsein — 301
- 15.6 Kann man Glück kaufen? — 304
- 15.7 Glück lernen: So können wir glücklicher werden — 305
  - 15.7.1 Ungeliebtes delegieren und stoppen — 305
  - 15.7.2 Flow-Erleben herstellen — 306
  - 15.7.3 Gesunder Schlaf — 306
  - 15.7.4 „Mediterrane" Ernährung — 306

	15.7.5	Bewegung	307
	15.7.6	Pausen und Erholung	307
	15.7.7	Dankbarkeitstagebuch	307
	15.7.8	Positives Denken und Optimismus	307
	15.7.9	Achtsamkeitsübungen und Meditation	308
	15.7.10	Soziale Beziehungen pflegen und genießen	308
15.8		Glücksforschung: Genetik und Glück	310
15.9		Kritik: Ist Glück überhaupt ein attraktives Ziel?	312
Literatur			315

Stichwortverzeichnis 319

1 Positive Psychologie

Was lässt manche Menschen vollkommen über sich hinauswachsen, härteste Krisen überstehen und viel effektiver und glücklicher werden – während andere in schlechten Beziehungen feststecken, vor dem Fernseher bleiben und an ihren Zielen scheitern? Das erforscht die **Positive Psychologie,** ein vergleichsweise modernes Gebiet der psychologischen Wissenschaft und Praxis. Ihr Fokus: Wie können ganz normale Menschen ihr Potenzial verwirklichen, wachsen und ein glückliches, erfolgreiches Leben führen? Sie grenzt sich bewusst ab von einer defizitorientierten Klinischen Psychologie, die sich auf psychisch kranke Menschen konzentriert und „Kaputtes" heilen und „reparieren" möchte. Ziel der Positiven Psychologie ist es, psychisch gesunde Menschen noch weiter zu stärken. Statt an Problemen und Defiziten orientiert sie sich an Chancen.

Dieses Kapitel gibt eine **Definition** und stellt ein **Beispiel** vor. Es fasst die **Bereiche** der Positiven Psychologie in die **fünf Säulen nach Martin Seligman** zusammen und schildert **Übungen** und die **Anwendung im Alltag.** Der abschließende Abschnitt diskutiert die häufigste **Kritik an der Positiven Psychologie.**

> **Risiko: Das passiert ohne Positive Psychologie**
>
> Die allermeisten Menschen verwirklichen nur einen Bruchteil ihres Potenzials. Gesundheit, Glück, erfüllende Beziehungen, Karriere, Wohlstand und Sinnerleben – ohne Positive Psychologie entscheiden wir uns hier bestenfalls für Mittelmäßigkeit. Unsere Gewohnheiten, unser Denken, unsere Disziplin und unser Erfolg sind dann „normal". Das bedeutet konkret, dass Menschen in Deutschland

> z. B. durchschnittlich übergewichtig, wenig gebildet, bei der Arbeit eher unterfordert, im Privatleben dafür oft gestresst und unglücklich sind. Erwachsene verbringen im Schnitt täglich über fünf Stunden mit Fernsehen, Videos und Computerspielen. Sie bleiben in der Komfortzone. So verzichten sie darauf, der Mensch zu werden, der sie sein könnten. Und viele Menschen wollen auch einfach „normal" sein, sich anpassen, und ziehen ihren Kopf ein. „Normal zu sein, ist das Ideal der Mittelmäßigen", sagte der Psychoanalytiker Carl Jung dazu.
>
> Was aber, wenn Krisen auftauchen und wir innere Stärke brauchen? Was, wenn wir glücklicher als die Vielen sein wollen? Was, wenn wir nicht ziellos durch unser Leben treiben wollen, bestimmt von anderen Menschen? Was, wenn wir uns wünschen, etwas Besonderes im Leben zu erreichen, einen Sinn suchen? Die Positive Psychologie zeigt uns Wege, mit denen wir unser Potenzial im Leben verwirklichen.

1.1 Was ist Positive Psychologie? Definition

Was ist Positive Psychologie? Beginnen wir mit einer einfachen **Definition: Positive Psychologie** fängt dort an, wo Klinische Psychologie aufhört. Die Klinische Psychologie beschäftigt sich mit psychischen Störungen, ihren Ursachen, Auswirkungen und ihrer Therapie. Doch nur, weil keine Störung (mehr) vorliegt, bedeutet das nicht, dass Menschen ihr Potenzial gut ausschöpfen, glücklich und erfolgreich sind. Kurz gesagt: Positive Psychologie ist definiert als Psychologie für Menschen, die nicht psychisch krank sind und dennoch mehr von ihrem Potenzial verwirklichen wollen (Seligman und Csikszentmihalyi, 2014). Es ist Psychologie für Menschen, denen es nicht reicht, nur „nicht krank" zu sein, die mehr wollen und unter psychischer Gesundheit mehr verstehen als die Abwesenheit von Krankheit. Hier eine wissenschaftliche Definition:

Definition: Positive Psychologie

Positive Psychologie ist die empirische Wissenschaft der Ausschöpfung menschlichen Wachstumspotenzials in den Bereichen Erleben, Verhalten und der allgemeinen Lebenssituation.

Der Begriff **Wachstumspotenzial** ist hier bewusst breit definiert. Es geht um Themen im **Erleben** – etwa Glücksgefühl (Kap. 15) und Selbstwertgefühl (Kap. 4), im **Verhalten** – z. B. gute Gewohnheiten aufbauen (Kap. 14) und Disziplin (Kap. 12), und in der **Lebenssituation** – u. a. Gesundheit, Wohlstand, Berufserfolg und gute Beziehungen mit anderen Menschen.

Manche strecken die Definition auch über den Bereich einzelner Individuen hinaus auf ganze Gruppen von Menschen (etwa deren Zusammenhalt und positive Identität) und Gesellschaften bzw. Kulturen (beispielsweise deren Selbstbewusstsein und Gesundheitszustand). Positive Psychologie definiert sich also als Wissenschaft eines gelingenden Lebens im weitesten Sinne.

Fazit: Die Wissenschaft Psychologie ist im gewissen Sinne noch unterentwickelt (vgl. Ben-Shahar, 2007). Sie sollte nicht nur eine Wissenschaft zu Krankheit, Elend und Resignation sein, sondern mindestens genauso zu Glück, Erfolg und Leidenschaft. Positive Psychologie hat daher das Ziel, die vorherrschende sehr defizitorientierte und damit begrenzte Perspektive der Klinischen Psychologie zu erweitern. Zu den Abgründen der menschlichen Erfahrung rückt sie auch die Gipfel in den Fokus. Es soll nicht mehr allein darum gehen, Menschen zu „reparieren", die psychisch sichtlich „kaputt" sind. Das Ziel ist vielmehr, Personen, die schon funktionieren, noch handlungsfähiger, effektiver, stärker und glücklicher zu machen.

Die Abb. 1.1 zeigt die Definition der Positiven Psychologie und die Abgrenzung zur Klinischen Psychologie.

Das bedeutet natürlich nicht, dass Positive Psychologie nicht auch eine sehr sinnvolle Ergänzung zu Klinischer Psychologie sein kann, wenn jemand psychische Herausforderungen und Defizite bewältigen will. Diese Denkrichtung findet sich beispielsweise in ressourcenorientierten Ansätzen der Psychotherapie wieder.

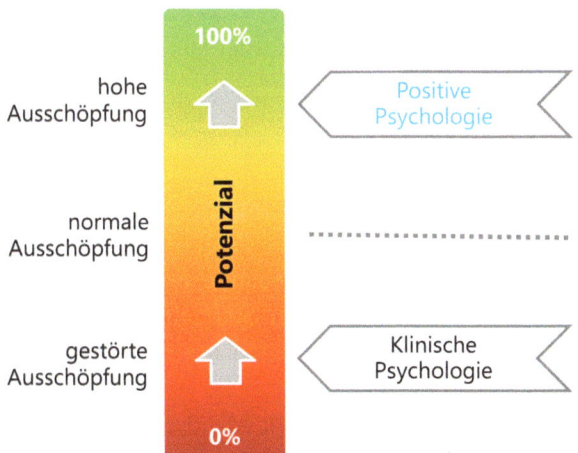

Abb. 1.1 Definition: Positive Psychologie erforscht, wie normale Menschen ihr Potenzial verwirklichen

Die Positive Psychologie verfolgt also den Wachstumsgedanken. Ihr Ziel sind voll handlungsfähige Personen. Damit ist sie auch eine Denkrichtung, eine Philosophie der Betrachtung des Menschen. Entsprechend fokussiert sie sich auf das Studium der erfolgreichsten, besten und glücklichsten Menschen – anstatt auf die Analyse der schwächsten, kranken und gescheiterten Individuen.

Der Infokasten illustriert Positive Psychologie als Denkrichtung einer Wissenschaft durch den Vergleich mit dem Tuning eines Autos.

> **Vergleich: Auto-Tuning**
>
> Nehmen wir das Bild eines Autos, um den Leitgedanken Positiver Psychologie zu verdeutlichen: Wenn ein Auto kaputt ist, dann kommt es in die Werkstatt. Wenn ein Mensch psychisch kaputt (gestört) ist, dann beschäftigen sich damit in ähnlicher Weise Psychotherapie, Klinische Psychologie und Psychiatrie. Sie wollen reparieren, man versteht sich als Reparaturbetrieb.
>
> Nur weil ein Auto nicht kaputt ist, bedeutet das aber nicht, dass man es nicht „besser" machen kann. Man kann Gewicht und Verbrauch reduzieren, Leistungssteigerungen vornehmen und die Sicherheit optimieren, etwa durch eine effektivere Bremsanlage. Viele Käufer bewerten solche Veränderungen als Verbesserung und sind bereit, für entsprechendes Tuning viel Geld extra auszugeben.
>
> Entsprechend gibt es einen riesigen Markt bei psychischen Wachstumsthemen, einen Markt, der Selbstoptimierung und Coaching für mehr Erfolg im Leben verspricht. Die Nutzer dieser Angebote wollen nicht etwas Kaputtes reparieren, sondern etwas, das schon funktioniert, verbessern. Positive Psychologie erforscht die Bereiche, Ursachen, Auswirkungen und Möglichkeiten solcher Verbesserungen im psychologischen Umfeld.
>
> Und auch ohne Schaden oder Tuning braucht ein Auto regelmäßigen Service. So gepflegt und einsatzfähig kann das Auto zukünftige Herausforderungen bestehen und schwierige Situationen gut durchfahren. Bei Menschen nennt man diese Eigenschaft, schwierigste Situationen gut zu überstehen, Resilienz (Kap. 5). Auch daran forscht die Positive Psychologie.

Die **Geschichte der Positiven Psychologie** ist jung. Ursprünglich formuliert hat den Gedanken einer Positiven Psychologie bereits 1954 Abraham Maslow (Maslow, 1954). Bis sein Gedanke ernsthaft aufgegriffen wurde, dauerte es aber noch Jahrzehnte. Den Startzeitpunkt einer wissenschaftlichen Strömung der Positiven Psychologie kann man grob auf das Jahr 2000 legen. Hier erscheinen erste wissenschaftliche Übersichten zu diesem Thema (Csikszentmihalyi und Seligman, 2000). Mit der Bezeichnung „Positive Psychologie" gelang es, bereits vorhandene verstreute Ansätze aus verschiedenen Bereichen unter einem gemeinsamen Begriff zu sammeln. Dazu gehören auch vereinzelte Ansätze aus der Psychotherapie, die den Fokus auf die Stärkung des Positiven anstelle der Bekämpfung des Negativen richten (z. B. Rogers, 1951; Vaillant, 1977; Ryff und Singer, 1996). Beispielsweise ist das Konzept „positive mental health" ein direkter Vorläufer moderner Gedanken in der Positiven Psychologie (Jahoda, 1958).

Positive Psychologie hilft uns also, unser Potenzial abzurufen. Im Extremfall entscheidet sie über Leben und Tod. Das zeigt folgendes Beispiel.

1.2 Beispiel für Positive Psychologie: Viktor Frankl

Die Geschichte des Professors und Psychotherapeuten **Viktor Frankl** zeigt die Bedeutung **Positiver Psychologie** am **Beispiel**.

Beispiel für Positive Psychologie: Viktor Frankl

Viktor Frankl war Psychiater und Psychotherapeut. Und er war Jude. Er durchlebte in vier Konzentrationslagern einen realen Albtraum – unter anderem im Vernichtungslager Auschwitz. Nach dem Beginn der nationalsozialistischen Herrschaft in Österreich wurde seine Frau zur Abtreibung des gemeinsamen ungeborenen Kindes gezwungen. Um als Klinikdirektor seine jüdischen Eltern vor der Deportation zu bewahren, ließ er sein Visum in die USA verfallen, blieb in Wien. Umsonst. Seine äußere Welt brach zusammen. Er verlor Eltern, Bruder und Frau in Ghettos und Konzentrationslagern. Er selbst überlebte und wurde am Kriegsende befreit. Noch Jahre später sagte er: „Jeder Mensch ist Holocaust-fähig." Damit meinte er, zu entsprechenden entsetzlichen Taten fähig.

Wie hat er die Jahre in den Lagern überlebt? Was hat ihm die Kraft gegeben, in dieser Lage an eine Zukunft zu glauben? Warum ist sein Fall ein Beispiel für Positive Psychologie? Sein Buch „... trotzdem Ja zum Leben sagen: Ein Psychologe erlebt das Konzentrationslager" gibt uns Einblicke (Frankl, 2010).

Frankl führt aus, dass diejenigen Häftlinge eher überlebten, die einen psychologischen Sinn hatten durchzuhalten, etwa weil jemand auf sie wartete. Er berichtet, wie er sich selbst immer wieder einen Sinn gegeben hat, in jeder Lage – ganz egal, wie aussichtslos und entsetzlich diese „objektiv" gewesen sein mag. Wie konnte er seinen entsetzlichen Erfahrungen einen übergeordneten Sinn geben, sie als etwas Positives sehen? Er stellte sich als Vision vor, dass er in der Zukunft Studierende darin unterrichten wird, wie sie auch schlimmste Bedingungen mental überstehen können. Unter härtesten Anforderungen dachte er sich: „Das ist ein Test, diese Situation ist dazu da, damit ich lerne, wie man unter solchen Bedingungen mental stark bleibt. Ich lerne das, damit ich es später meinen Studierenden mitteilen kann." So gab er seinen Erfahrungen einen übergeordneten Sinn. Seine äußere Welt brach zusammen – aber seine innere Welt wurde immer stärker. Er wurde zum Vorbild und zur Inspirationsquelle für seine Mithäftlinge.

Aus Viktor Frankls fast unglaublichen Geschichte können wir viel lernen, sie als Inspiration und Beispiel für Positive Psychologie sehen:

- In jedem Menschenleben gibt es extrem harte Situationen. Sie kommen auf uns alle zu, oder sie sind bereits da. Frankl meinte dazu: „Jeder hat sein Auschwitz." Doch manche Menschen überstehen auch härteste Herausforderungen, sind resilient, wachsen sogar daran. Seiner Ansicht nach gibt es nahezu keine schlimme Lebenssituation, die wir nicht zu einer sinnvollen Leistung umwandeln können. Dazu brauchen wir eine enorme mentale Stärke.
- Sein Beispiel unterstreicht, wie wichtig Psychologie auch für ganz normale Menschen ist: Menschen, die nicht psychisch krank sind. Menschen, die einfach kritische Situationen erfolgreich überstehen wollen, Situationen, die in jedem Leben vorkommen. Menschen, die überleben und gut leben wollen. Menschen, die ihr Potenzial entwickeln wollen. Dafür brauchen wir eine Positive Psychologie.
- Der Schlüssel, um auch kritischste Situationen zu überwinden, ist im Inneren, in unserer Haltung. Die äußere Strategie „Dann ändere ich halt meine Situation!" mag mitunter funktionieren. In vielen kritischen Lagen geht das aber nicht, stößt an Grenzen, sie sind äußerlich unabänderbar – z. B., wenn jemand verstorben ist. Da wir das Außen dann nicht ändern können, sind wir gefordert, unser Innen zu ändern, um die Situation zu meistern.
- Viktor Frankl machte sich die Erkenntnis Nietzsches „Hat man sein Warum? des Lebens, so verträgt man sich fast mit jedem Wie?" zum Leitsatz – und er überlebte damit. Er ist sogar daran gewachsen. Nochmal: Er ist an Bedingungen gewachsen, an denen unzählige Menschen zerbrechen würden.
- Viktor Frankls Geschichte bedeutet nicht, dass man immer „selbst schuld" ist, wenn man mit härtesten Bedingungen nicht klarkommt, weil man eben das „falsche Mindset" hat. Aus manchen Situationen gibt es kein Entrinnen. Das wäre eine sehr negative Interpretation. Es ist auch nicht jedes Opfer eines Verkehrsunfalls selbst schuld. Um beim Beispiel mit dem Verkehrsunfall zu bleiben: Viktor Frankl hat uns einen „Airbag" geliefert. Das senkt das Risiko, aber es ist natürlich kein Allheilmittel. Dieses Vermächtnis für uns hat Viktor Frankl teuer bezahlt. Im gewissen Sinne hat er sein Buch für uns mit seinem Blut geschrieben.
- Eine sinnvolle und positive Interpretation von Frankls Vermächtnis ist, dass es für uns alle Ansätze gibt, die uns helfen können, auch schwierigste Situationen besser zu überstehen – und vielleicht zu den wenigen zu gehören, die sogar daran wachsen. Diese Ansätze sollte unbedingt jeder Mensch kennen, sie sind ein Geschenk, für das die Entwickler oft einen hohen Preis gezahlt haben.
- Sagen wir wie Viktor Frankl Ja zum Leben. Wir alle sind gefordert und verantwortlich dafür, unseren Sinn im Leben zu finden, einen Sinn, der uns motiviert und uns Kraft gibt. Viktor Frankl sagte: „Es ist keine Schande, sein Ziel nicht zu erreichen, aber es ist eine Schande, kein Ziel zu haben!" Er inspiriert uns, in unserem Leben aktiv einen Sinn zu finden. Und dieser Sinn kann nicht von außen gegeben, sondern muss von uns selbst gefunden werden. Es ist ein Sinn, den nur wir finden und erfüllen können. Das ist unsere Verantwortung.

> Schließen wir mit einem Zitat von Frankl: „Alles kann einem Menschen genommen werden, nur eines nicht: die letzte der menschlichen Freiheiten – die Wahl der eigenen Haltung in einer gegebenen Situation, die Wahl des eigenen Weges."

Entscheidend ist also nicht nur, wie eine Situation außen ist. Entscheidend ist unsere innere Haltung. Wie können wir Erfolg in unserem Inneren entstehen lassen? Es folgt eine Übung, mit der wir Sinn in Erfahrungen finden.

Übung: Sinn finden

Unser Leben ist wie die Reise auf einem Fluss: Oft ist die Landschaft schön und das Fahrwasser gut, die Sonne scheint. Manchmal kommt Unerwartetes hinter einer Biegung. Und mitunter gibt es gefährliche Felsen im Fahrwasser, Strudel oder sogar Wasserfälle. Es geht dann darum, gut durch diese gefährlichen Wasser zu navigieren.

Viktor Frankl hat uns einen Ansatz hinterlassen, mit dem wir schwierigste Situationen besser überstehen: unsere innere Haltung. Es geht darum, einen Sinn darin zu finden. Wir können damit nahezu jede Situation in eine Leistung für uns umwandeln. Je früher wir das trainieren und lernen, desto besser überstehen wir härteste Herausforderungen, die in jedem Leben auf uns zu kommen. Im Prinzip geht das Finden von Sinn einfach. Doch viele Menschen scheitern daran, weil sie es nicht gewohnt sind, so zu denken.

Ein **Beispiel**: Zwei Personen erleben eine Kindheit in Armut. Die eine Person erlaubt dieser Erfahrung, ihr Inneres zu kontrollieren, entwickelt die Haltung: „Ich kann gar nichts werden in meinem Leben – bei meiner Kindheit. Ich werde nie erfolgreich sein." Sie lässt sich von der Situation beherrschen, verflucht diese und nimmt sie sogar als Entschuldigung, jetzt und in Zukunft nichts erreichen zu können. Die andere Person findet einen Sinn in der Erfahrung und entwickelt die innere Haltung: „Ich habe gelernt, mit fast nichts zu überleben, und mich daraus hochgearbeitet. Ganz egal, welche Bedingungen auf mich zukommen, ich kann damit umgehen. Meine Erfahrungen haben mich mental stark gemacht." Diese Person wächst an der schlechten Erfahrung und gewinnt Selbstbewusstsein und Stärke daraus.

Welche schwierigen Situationen gibt es bei Dir im Leben, die Du äußerlich schwer ändern kannst oder die in der Vergangenheit liegen und die Dich noch belasten? Was kommt absehbar auf Dich zu?
Stelle Dir folgende **Fragen** dazu:

- Was kann ein Ziel oder Sinn dieser Situation für mich sein? Für was trainiert mich diese Situation, was lerne ich daraus, was nehme ich mit? Was kann diese Situation für mich leisten?
- Welche positiven Änderungen in meinem Denken und Erleben gewinne ich aus dieser an sich negativen Situation?

> - Kann ich in dieser Lage ein Vorbild sein für andere? Gibt es etwas, das ich anderen Menschen mit meiner Erfahrung hinterlassen kann, was andere lernen können von mir?
> - Was wartet nach dieser Situation auf mich, worauf ich mich freuen kann?
> - Wie kann meine innere Haltung aussehen, mit der ich in Würde und mit Stolz durch diese harte Situation gehe und nicht zulasse, dass sie mich auch innerlich kontrolliert und zerstört?
> - Auf welche Weise kann mich diese schlimme Lage stärker machen?
>
> Nehmen wir uns nochmal das Zitat von Viktor Frankl zu Herzen: „Es ist keine Schande, sein Ziel nicht zu erreichen, aber es ist eine Schande, kein Ziel zu haben!" Dieses Ziel ist, einen Sinn zu finden, der aus äußerlich schlimmen Situationen eine **Leistung** für uns macht.

In Jahrzehnten an Forschung haben sich zahlreiche Felder der Positiven Psychologie herauskristallisiert.

1.3 Bereiche der Positiven Psychologie

Kommen wir zur konkreten **Anwendung: Positive Psychologie** erstreckt sich auf alle **Bereiche** menschlichen Erlebens und Verhaltens, die aktuell kulturell positiv besetzt sind. Es geht also um psychologische Aspekte, die Menschen mit Glück und einem guten Leben verbinden (Peterson, 2006; Shrestha, 2016). Die Anwendung Positiver Psychologie beinhaltet die **Bereiche:**

- Optimismus und positives Denken lernen (Kap. 2)
- selbsterfüllende Prophezeiungen nutzen (Kap. 3)
- Selbstwirksamkeit und Selbstwertgefühl stärken (Kap. 4)
- Resilienz und mentale Stärke gewinnen (Kap. 5)
- Visionen, Sinnerleben und Selbstverwirklichung (Kap. 6)
- Grenzen setzen (Kap. 7)
- effektive Ziele setzen (Kap. 8)
- Prokrastination überwinden (Kap. 9)
- Komfortzone verlassen, Wachstum, Aufbau von Stärken und Kompetenzen (Kap. 10)
- Entspannung, Fokus und Konzentration (Kap. 11)
- Selbstdisziplin lernen (Kap. 12)
- Flow-Erleben und Motivation (Kap. 13)
- gute Gewohnheiten aufbauen (Kap. 14)
- Glück, Dankbarkeit und positive Emotionen (Kap. 15)

Zudem interessiert sich Positive Psychologie für Wechselwirkungen psychologischer Aspekte mit Gesundheit, Wohlstand und guten Beziehungen.

Diese Übersicht macht klar, dass Positive Psychologie kein abgeschlossener monolithischer Block an Inhalten und Bereichen ist. Positive Psychologie ist eine **Perspektive und Denkrichtung**, die sich auf Chancen anstatt auf Probleme konzentriert. Daher kommen stetig neue Bereiche und Aspekte hinzu, die Wissenschaftler damit verbinden – etwa Tugenden und Werte (Peterson, 2006).

Die positive Perspektive zeigt sich in der vollkommen unterschiedlichen Art, Fragestellungen anzugehen (Ben-Shahar, 2007). Anstelle auf das Problem zu achten, konzentriert sich Positive Psychologie auf die Chancen. Tab. 1.1 zeigt Beispiele für diese **positive Fragestellung**.

Entstanden ist dieser **Blickwinkel der Positiven Psychologie** aus simplen Erfahrungen (vgl. Ben-Shahar, 2007): **Etwas nicht falsch zu machen, bedeutet noch lange nicht, es richtig zu machen.** Nur weil eine Depression „geheilt" ist, sind Menschen noch lange nicht glücklich. Nur weil ich alle Risikofaktoren für niedrige Bildungsleistung abstelle, sind Kinder oft dennoch nicht erfolgreich in der Schule. Nur weil man Risikofaktoren für Scheidungen beseitigt, sind viele Ehen dennoch nicht glücklich. Erst die positive Fragestellung mit dem Fokus auf diejenigen Menschen, die erfolgreich sind, gibt die entscheidenden Hinweise. Wir können sehr viel von den Stärksten, Gesündesten, Erfolgreichsten und Glücklichsten lernen. Oft er-

Tab. 1.1 Frageperspektive der Positiven Psychologie

Fragestellung der klassischen Psychologie	Fragestellung der Positiven Psychologie
An welchen Faktoren scheitern Beziehungen und Ehen?	Was macht manche Beziehungen und Ehen besonders glücklich und robust?
Welche Umstände gefährden den Bildungserfolg von Kindern?	Was macht bestimmte Kinder trotz widrigster Umstände sehr erfolgreich in der Bildung?
Wie entstehen posttraumatische Belastungsstörungen?	Was lässt einige Menschen an traumatischen Erfahrungen sogar wachsen?
Welche Faktoren führen zu Depressionen?	Was macht bestimmte Menschen viel glücklicher und zufriedener als andere?
Warum bleiben viele Kinder aus der Unterschicht als Erwachsene in der Unterschicht?	Wie erreichen einige Kinder aus der Unterschicht herausragenden wirtschaftlichen Erfolg?
Wieso verhalten sich viele Menschen sehr ungesund?	Wie entwickeln Menschen einen sehr gesunden und nachhaltigen Lebensstil?
Warum entwickeln Menschen Burn-out?	Was versetzt Menschen in die Lage, nachhaltig Höchstleistungen in Beruf und Arbeit zu erbringen?

öffnen sie uns die entscheidenden Zusammenhänge, gehen als leuchtende Beispiele voran. Lernen wir also, nicht nur die Probleme zu benennen und zu bekämpfen, sondern mindestens so sehr das Gute, Starke und Erfolgreiche zu beachten, davon zu lernen, es zu fördern und zu **multiplizieren**.

Zur Anwendung Positiver Psychologie erforschen Psychologen die oben genannten Bereiche. Sie entwickeln und testen Maßnahmen, die Menschen helfen, ihr Potenzial auszuschöpfen. Der Infokasten zeigt typische **Methoden der Positiven Psychologie**.

> **Beispiele: Methoden zur Anwendung der Positiven Psychologie**
>
> Damit Menschen bei wichtigen Lebensthemen vorankommen und ihr Potenzial entfalten, haben Wissenschaftler in der Positiven Psychologie bestimmte Maßnahmen, Interventionen und Methoden entwickelt und getestet (Sin und Lyubomirsky, 2009; Bolier et al., 2013). Dazu gehören:
>
> - Training optimistischen Denkens (Kap. 2)
> - Erinnern und Visualisieren positiver Erfahrungen (z. B. als Erfolgstagebuch)
> - Wachrufen von Erfahrungen und Tatsachen, für die man dankbar ist (Lyubomirsky et al., 2011)
> - Meditation und Achtsamkeit (Josefsson et al., 2011)
> - Entwicklung einer positiven Vision der eigenen Zukunft (King, 2001) (Kap. 6)
> - Setzen von wirksamen Zielen (Kap. 8)
> - Abbau von schlechten und Aufbau von guten Gewohnheiten (Kap. 14)
> - Optimierung von Aufgaben für ein Flow-Erleben (Kap. 13)

Die Auflistung der verschiedenen Bereiche und Maßnahmen zeigt: Positive Psychologie ist ein sehr vielfältiges Forschungsgebiet. Einige Wissenschaftler haben daher Modelle entwickelt, um die vielfältigen Anwendungsfelder der Positiven Psychologie zusammenzufassen. Eines davon zeigt der nächste Abschnitt.

1.4 Positive Psychologie im PERMA-Modell

Der Psychologe **Martin Seligman** hat Positive Psychologie als Modell dargestellt (Seligman, 2012). Er fasst in seinem **PERMA-Modell** wesentliche Bereiche in **fünf Säulen der Positiven Psychologie** zusammen:

1. **Positive Emotionen** („positive emotions"). Hier geht es nicht nur um die Abwesenheit negativer Emotionen. Ziel ist es, den Anteil verschiedener positiver Emotionen im Leben zu stärken, wie etwa Stolz, Glück

(Kap. 15), Zufriedenheit, Entspannung und Begeisterung. Wichtige Themen sind hier Optimismus und positives Denken (Kap. 2).
2. **Motivation** („engagement"). Die zweite Säule beschreibt, dass Menschen Aufgaben im Leben haben, die sie mit Leidenschaft tun, bei denen sie ein Flow-Erleben (Kap. 13) bekommen, Raum und Zeit vergessen, in ihrer Tätigkeit voll aufgehen (Csikszentmihalyi, 1975). Um Motivation herzustellen, brauchen Menschen Selbstbewusstsein (Kap. 4), Fokus und Konzentration (Kap. 11) und wirksam formulierte Ziele (Kap. 8).
3. **Gute Beziehungen** („relationships"). Menschen sind soziale Wesen. Wir profitieren von guten zwischenmenschlichen Beziehungen in verschiedensten Bereichen: Freundschaften, Liebesbeziehungen, Partnerschaft und Familie, berufliche und private Netzwerke, Einbettung in Nachbarschaft, Vereine, Kirchen und Gemeinden. Wichtige Forschungsfelder dazu sind Sympathie, Vertrauen und das Setzen von Grenzen (Kap. 7) gegenüber „vereinnahmenden" Personen. Insbesondere über die selbsterfüllende Prophezeiung (Kap. 3) formen wir unsere sozialen Beziehungen unbewusst – und oft nimmt das leider eine falsche Richtung.
4. **Sinnerleben** („meaning"). Empfinden wir eine tiefere Bedeutung bei unseren Aktivitäten und im Leben generell? Tatsächlich ist das Sinnempfinden ein von Psychologen bereits seit Langem beachteter Aspekt, beispielsweise bei der psychologischen Arbeitsgestaltung (Hackman und Oldham, 1976). Eine wichtige Rolle spielen dabei die Lebensziele von Menschen. Komme ich meiner Lebensvision (Kap. 6) näher, lebe ich meinen Traum? Habe ich überhaupt Träume? Oder reagiere ich passiv auf Anforderungen von außen und lebe nach dem Drehbuch von anderen?
5. **Erfolgserlebnisse** („accomplishments"). Dieser Punkt ist sehr breit ausgelegt. Es geht um Erfolg im Sinne von neu erworbenen Kompetenzen und Wachstum in jedem wichtigen Bereich des Lebens (Beziehungen, Finanzen, Bildung, Gesundheit, Selbstwertgefühl, Beruf …). Erfolg basiert unter anderem auf Selbstdisziplin (Kap. 12), dem Verlassen der Komfortzone (Kap. 10) und guten Gewohnheiten (Kap. 14).

Seligman hat das Akronym **PERMA** entwickelt, um die fünf Säulen Positiver Psychologie zu kommunizieren: **P**ositive Emotions, **E**ngagement, **R**elationships, **M**eaning, **A**ccomplishments. Es ist klar, dass diese Bereiche in starker **Wechselwirkung** miteinander stehen. Oft finden sich selbstverstärkende Kreisläufe: So führen etwa Motivation und gute Beziehungen zu mehr Berufserfolg, mehr Berufserfolg wieder zu mehr Motivation, besseren sozialen Netzwerken mit guten Beziehungen etc. Oder positive Emotionen führen zu mehr Beliebtheit und damit besseren Beziehungen und das wieder zu besseren Emotionen. Und einige Themen der Positiven Psychologie sind auch komplett übergreifend mit allen 5 Säulen des Modells verbunden: etwa Resilienz (Kap. 5).

> **Frage an den Autor: Ich sehe bei mir eher wenig Potenzial. Lohnt sich Positive Psychologie für mich überhaupt?**
>
> *Ich sehe bei mir eher wenig Potenzial, das ich ausschöpfen kann – andere sind klüger, attraktiver, fleißiger, beliebter ... Lohnt sich Positive Psychologie für mich überhaupt?*
> Ja. Umso mehr. Aus meiner Erfahrung ist nicht in erster Linie ausschlaggebend, wie viel Potenzial Menschen theoretisch haben, sondern entscheidend ist, wie viel davon sie praktisch ausschöpfen. Nochmal: **Es geht nicht darum, wie viel Potenzial Du hast, sondern darum, wie viel Du davon verwirklichst!** Man kann wunderbar beobachten, wie Menschen sprichwörtlich über sich hinauswachsen.
> Ein gutes Beispiel ist die isländische Nationalmannschaft bei der Europameisterschaft in Fußball 2016. Island: ein Land mit unter 400.000 Einwohnern, weniger als eine Stadt wie Nürnberg. Die Spieler: unbekannt. Der Trainer: unbekannt. Alle mit kaum auszusprechenden Namen. Egal. Die isländische Mannschaft überstand nicht nur die Vorrunde ohne Niederlage und spielte dort gegen den späteren Europameister Portugal unentschieden – wir reden wohlgemerkt von Gegnern wie Cristiano Ronaldo. Die isländische Nationalmannschaft wuchs vollkommen über sich hinaus, wurde selbst für starke Gegner unaufhaltsam. Das gipfelte darin, dass sie die englische Nationalmannschaft im Achtelfinale aus dem Turnier warf – England, ein fußballfanatisches Land mit über 55 Mio. Einwohnern und weltbekannten Fußballspielern. Wenn wir das Potenzial anschauen, dann hatte natürlich die englische Nationalmannschaft ein viel größeres. Aber sie haben es nicht realisiert. Und das isländische Team hatte ein viel kleineres Potenzial – aber sie haben es ausgeschöpft.
> Stell Dir Dein Potenzial vor wie ein Trinkglas. Je mehr Wasser darin ist, desto mehr hast Du von Deinem Potenzial ausgeschöpft. Die meisten Menschen blicken nur auf das „Glas", wie groß es ist. Entscheidend ist aber, wie viel Wasser in einem Glas ist, nicht wie groß das Glas theoretisch ist. Vielleicht ist Dein Glas nicht sonderlich groß? Nicht so wichtig. Das war es bei der isländischen Nationalmannschaft auch nicht. Aber sie haben ihr Potenzial ausgeschöpft. Das ist am Ende entscheidend im Leben.
> Ich weiß, das ist erstmal schwer zu glauben. Doch Du kannst das überall sehen: Angelt sich das hübscheste und netteste Mädchen mit dem meisten Potenzial den Traumprinzen? Hat Kate Middleton etwa das meiste Potenzial gehabt und deswegen Prinz William geheiratet? Ist Angela Merkel CDU-Chefin und dann Bundeskanzlerin geworden, weil sie das meiste Potenzial hatte? Nein. Schau Dir alte Videos von ihr an. Sie ist klein, unscheinbar, war im Auftreten extrem unsicher, konnte nicht gut formulieren, hatte eine katastrophale Körpersprache und Stimme, ist dem Durchschnittsbürger als „verkopfte" promovierte Akademikerin aus der ehemaligen DDR sehr unähnlich und ist zudem eine Frau. All das ist nicht günstig, wenn Du eine Führungsposition anstrebst. Und sie hat es dennoch geschafft, hart an sich gearbeitet, ihr Potenzial verwirklicht. Haben die intelligentesten Schüler und Studenten zwingend den besten

Abschluss und Erfolg im Leben? Ich sehe jeden Tag: nein. Andere, die hart an sich arbeiten, gute Gewohnheiten und Disziplin aufbauen, klare Ziele haben, outperformen diejenigen, die all das nicht machen.

Und schließen wir den Bogen wieder zum Fußball. Sicher hast Du schon mal von Lionel Messi gehört als einem der besten Fußballer der Welt. Was Du aber wahrscheinlich nicht weißt: Er hatte verdammt wenig Potenzial. Er war schon als Kind schwer krank, kleinwüchsig aufgrund einer Hormonstörung. Seine Eltern waren bitterarm, konnten ihm keine teure Behandlung finanzieren. Schlechte Karten für das Leben also. Viele hätten aufgegeben, resigniert. Doch Messi hat es dennoch geschafft, fanatisch trainiert, wurde als Kind entdeckt und bekam mit 13 Jahren einen Vertrag beim FC Barcelona – und damit auch die nötigen Medikamente. Heute ist er erwachsen – und dennoch kaum größer als 1,60 Meter. Lässt er sich dadurch auch nur irgendwie aufhalten, sein Potenzial zu verwirklichen, seine Träume zu verfolgen? Nein! Er ist, was das anbelangt, ein Vorbild für uns alle.

Die meisten Menschen haben überhaupt keine Vorstellung davon, wie viel Potenzial in ihnen steckt, wie effektiv sie sein könnten. Sie ahnen nicht im Entferntesten, was für ein Mensch sie in ein paar Jahren sein können, wenn sie damit anfangen, ihr Potenzial systematisch auszuschöpfen. Und deshalb entwickeln sie sich nicht, betäuben sich mit anderen Aktivitäten – beispielsweise verbringen Deutsche im Durchschnitt jeden Tag über fünf Stunden nur mit Fernsehen, Videostreaming und Computerspielen. Das sind fast 2.000 Stunden im Jahr, 250 volle Arbeitstage.

Was hätten sie mit dieser immensen Zeit erreichen können? Sie schauen Inhalte an, die ihnen meist weder wichtig sind noch irgendetwas zu ihrer positiven Entwicklung beitragen – und sie fühlen sich nachher sogar schlecht damit, dass sie diese Inhalte angesehen haben. Die meisten wissen, dass sie etwas anderes hätten tun können und sollen. Dennoch bleiben sie weiter in ihrer Komfortzone und werden jeden Tag kleiner.

Wenn Du Dein Potenzial also nutzt, nur einen Teil dieser Zeit dafür einsetzt, dann ist es leicht, all diese „normalen" Personen zu outperformen. Bei Weitem. In fast jedem Bereich, den Du Dir aussuchst. Es ist allein Deine Entscheidung. Was für ein Mensch willst Du sein? Welche Art von Leben, soziale Beziehungen, Gesundheit, Wohlstand, Sinnerleben, positive Emotionen, Erfolgserlebnisse möchtest Du in fünf Jahren haben? Und was möchtest Du den Menschen in Deinem Umfeld anbieten? Möchtest Du sie stärker machen und inspirieren? Oder willst Du sie mit Dir nach unten ziehen?

Deswegen gilt: Gerade wenn Du Dein Potenzial als nicht so groß einschätzt, solltest Du das, was Du hast, umso entschlossener verwirklichen. Und wer weiß: Vielleicht hast Du keine Vorstellung davon, wie viel Du in zehn Jahren erreichen kannst? Vielleicht siehst Du zu wenig Deine Stärken? Vielleicht unterschätzt Du Dich massiv? Vielleicht bleibst Du klein, weil Du Dich klein denkst? Vielleicht sind Deine inneren Grenzen, die Du Dir selbst setzt, Deine schlimmsten Hindernisse? Vielleicht bist Du selbst Dein härtester Gegner auf dem Weg zu mehr Glück und Erfolg?

Je einflussreicher etwas wird, desto lauter wird daran auch die Kritik. Das betrifft auch die Positive Psychologie.

1.5 Kritik an Positiver Psychologie

Verdient etwas mit so „edlen" Motiven wie **Positive Psychologie** Kritik? Ja. Zumindest gibt es Einwände und mögliche Nachteile. Es folgen die zentralen Kritikpunkte an Positiver Psychologie.

1.5.1 Zuordnung als „positiv" ist nicht allgemeingültig

Ein Kritikpunkt an Positiver Psychologie ist die klare Zuordnung von bestimmten Aspekten als positiv. So sieht die Positive Psychologie Optimismus (Kap. 2) als etwas Erstrebenswertes. Meist ist das auch so, beispielsweise sind Optimisten beliebter als Pessimisten (Helweg-Larsen, Sadeghian und Webb, 2002). In bestimmten Situationen, in denen hohe Risiken bestehen, kann Optimismus aber auch schädlich sein und negative Wirkung entfalten. Etwa beim Glücksspiel (Gibson und Sanbonmatsu, 2004) oder bei Führungskräften, die unverantwortlich hohe Risiken eingehen aus blindem Optimismus heraus (Hmieleski und Baron, 2009).

Ist deshalb Positive Psychologie zu verwerfen oder schlechter als Klinische Psychologie? Keineswegs. Die Situation in der Klinischen Psychologie ist ganz ähnlich. So können auch Aspekte, welche die Klinische Psychologie als „negativ" betrachtet, unter bestimmten Umständen positiv sein: Ängste haben eine wichtige Funktion und können Menschen im Zweifel vor Gefahren schützen, depressive Menschen haben mitunter realistischere Erfolgserwartungen, manische Züge verleihen einen Produktivitätsschub und können in bestimmten kulturellen Umfeldern Zustimmung erfahren. Auch Personen mit narzisstischen Eigenschaften strahlen oft hohe Überzeugung aus und haben ein enormes Selbstvertrauen – was ihnen etwa bei Karrieren in Politik, Management oder Kultur helfen kann. Letztlich ist „Allgemeingültigkeit" ein Ideal, das es nahezu in keiner Wissenschaft gibt. Selbst in der Physik gibt es immer wieder Ergebnisse, die bisherige Gewissheiten infrage stellen. Das ist Wissenschaft. Es gehört dazu.

Insofern geht es nicht um ein Verwerfen der gesamten Positiven Psychologie, nur weil einige Aspekte nicht immer klar positiv sind. Es geht um eine **reflektierte Betrachtung** der Aspekte, die im Allgemeinen positiv sind, und ihre angemessene Kalibrierung (Lomas und Ivtzan, 2016).

1.5.2 Folgt der Welle an Selbstoptimierungs-Gurus

Jedes Jahr geben Menschen viele Milliarden Euro aus, um sich besser zu fühlen und „erfolgreicher" zu werden. Tatsächlich bedienen nicht-wissenschaftliche Praktiker dieses Bedürfnis nach Selbstoptimierung schon lange. Beispiele sind Personen wie Dale Carnegie mit seinem 1936 erschienenen Buch „How to Win Friends and Influence People", das zu einem der meistverkauften Bücher der Geschichte zählt. Auch vor ihm und nach ihm lieferten zahllose Personen ein reichhaltiges Angebot mit dem Versprechen, schnell glücklich, reich, motiviert oder erfolgreich zu werden.

Tatsache ist, dass es diese Angebote für Themen der Positiven Psychologie bereits vor einer wissenschaftlichen Erforschung der Grundlagen gab. Entsprechend gibt es Menschen, die Positive Psychologie kritisieren: „Was ihr erforscht, das ist doch alles längst bekannt. Ihr bestätigt wissenschaftlich nur das, was jemand anderes schon seit Jahrzehnten in der Praxis predigt!" Braucht es daher die Positive Psychologie überhaupt noch, ist das Feld nicht längst abgegrast?

Ja, es braucht Positive Psychologie, um **besser spät als nie** Wissenschaft in diesen Bereich zu bringen. Positive Psychologie kann hier ganz konkret Theorien und Ansätze, die bisher Spekulation waren, empirisch überprüfen, Menschen vor falschen Versprechen (schnell reich werden usw.) der „Vulgärpsychologie" schützen, Nebenwirkungen aufzeigen, belastbare Ansätze für die Praxis entwickeln, die tatsächlich nachhaltig die gewünschten Wirkungen entfalten. Das ist eine wichtige Erweiterung zu den unwissenschaftlichen und oft überzogenen Versprechen der Selbsthilfe-Praktiker. Behauptungen nach dem Motto „Die fünf Dinge, die du beachten musst, damit jedes Team läuft!", „Drei Dinge, die dich zur perfekten Führungskraft machen!", „Das eine Geheimnis, das dich zum glücklichen, reichen und beliebten Menschen macht!" oder „Ganz einfach in zwei Jahren zum Millionär!" brauchen dringend eine seriöse wissenschaftliche Überprüfung und Einordnung.

Auch die Klinische Psychologie hat wichtige Vorreiter nicht in der Wissenschaft, sondern in Praktikern und Theoretikern wie dem Psychoanalytiker Sigmund Freud. Und auch in der Medizin gibt es praktische Strömungen, die nicht zur naturwissenschaftlichen Schulmedizin gehören. Umso wichtiger, dass es Wissenschaft und Forschung in diesen Bereichen gibt. Genau das leistet auch die Positive Psychologie: **belastbare Wissenschaft in einem Feld, das bisher von Spekulation beherrscht wird.**

1.5.3 Festigt ökonomisches Leistungsdenken

Eine zusätzliche Kritik an der Positiven Psychologie ist: Sie überträgt ökonomisches Leistungsdenken auf das einzelne Individuum, macht den Menschen zum „Unternehmen", das es zu optimieren gilt. Sie führt Menschen in einen Zustand, in dem sie gezwungenermaßen sich selbst optimieren wollen und hart arbeiten an ihrem Geist und Körper, ihrem sozialen Umfeld und Leben. Kritiker reagieren insbesondere negativ auf Themen der Positiven Psychologie wie Selbstständigkeit, Wohlstand, Motivation, Disziplin und den Aufbau von Kompetenzen.

Eine Diskussion, ob ökonomisches Denken in Kategorien von Effizienz und Effektivität an sich wirklich etwas Schlechtes ist und ob es daher verwerflich ist, zum Unternehmer seiner Selbst zu werden, sei den Philosophen überlassen. Tatsache ist, dass Positive Psychologie auch viele Themen aufgreift, die selbst einem eingefleischten Kritiker des Leistungsdenkens unverdächtig sein sollten. Dazu gehören Dankbarkeit, Glück und Achtsamkeit genauso wie gute Beziehungen in Partnerschaft und Familie. Letztlich ist die Berechtigung derartiger Kritik also stark davon abhängig, wie Positive Psychologie im Einzelfall angewendet wird. Und das geschieht natürlich nachfragegetrieben. Offenbar interessieren sich einfach viele Menschen für die von Kritikern bemängelten Themen Selbstständigkeit, Wohlstand, Motivation und Disziplin. Steht es uns zu, das von außen zu bemängeln? Wäre es besser, diese Menschen säßen ganz „unökonomisch" und leistungsfern täglich fünf Stunden vor dem Fernseher?

Besonders wenig durchdacht sind Angriffe gegen die Positive Psychologie nach dem Motto: „Ihr benutzt Positive Psychologie, damit Menschen ökonomisch leistungsfähiger und besser ausbeutbar sind!" Nach diesem Argument müsste man auch alle klinisch psychologischen und medizinischen Behandlungen von Krankheiten kritisieren: „Hey, ihr macht kranke Menschen gesund. Das geht aber gar nicht. So sind die ja dann besser ausbeutbar als Mitarbeitende!" Ja, eine gesunde Person ist ökonomisch besser nutzbar. Sollen aber etwa nur deswegen alle ihr Potenzial nicht entwickeln dürfen, weil davon auch die Wirtschaft oder andere Menschen profitieren könnten?

1.5.4 Bietet Menschen aus schwierigen Verhältnissen nichts

Kritik an Positiver Psychologie hört sich teilweise auch so an: „Positive Psychologie hat zu tun mit Achtsamkeit, guter Ernährung, gesunden

Schlafgewohnheiten und sinnvoller Regeneration. Wie soll die alleinerziehende Mutter im Mindestlohn das anwenden? Sie hat keine Zeit für Meditation und Schlaf, keinen Wald oder Park in der Nähe zum Regenerieren und kann sich gute Ernährung schlichtweg nicht leisten. Positive Psychologie hat solchen gesellschaftlich benachteiligten Menschen nichts anzubieten. Die Gesellschaft ist allein für sie und ihr Glück zuständig, muss das mit Geldtransfer von außen herstellen." Wirklich?

Einerseits zeigen viele Statistiken, dass schwierige sozioökonomische Verhältnisse mit unerwünschten Eigenschaften zusammenhängen wie geringem Bildungserfolg, niedriger Lebenserwartung, instabilen Familien, Gewalterfahrungen, Substanzmissbrauch, geringerer Intelligenz und niedriger Selbstdisziplin. Doch ist das alles allein auf einen Mangel an Wohlstand zurückzuführen, der „endlich" durch die Gesellschaft behoben werden muss – und dann ist alles gut? Es gibt mehrere Punkte, die gegen so eine undifferenzierte und oberflächliche Betrachtung sprechen.

Einer ist: Täglich beweisen uns Tausende erfolgreiche Menschen aus schwierigsten Verhältnissen, dass ein schlechtes Umfeld ihr Schicksal nicht zwangsweise vorherbestimmt. Studierende, die teilweise wortwörtlich aus dem „Dreck" kommen, oft aus anderen Ländern, wissen, was Hunger bedeutet, sind mitunter die Besten – gerade, weil sie wissen, wie wichtig es ist, gebildet zu sein und Geld zu verdienen. Auch in anderen Bereichen zeigen Menschen aus schwierigsten Verhältnissen, dass sie erfolgreich sein können mit Fokus, Selbstdisziplin und einer klaren Vision. Das gilt für Unternehmer, Künstler und Sportler. Lionel Messi, von dem schon oben berichtet wird, ist ein Beispiel von vielen dafür. All diese erfolgreichen Menschen haben eine klare Nachricht an uns: „Deine Umstände bestimmen nicht dein Leben. Du kannst etwas ändern. Du selbst bestimmst dein Leben."

Der Einwand, dass gesellschaftlich benachteiligte Personen keine Zeit hätten, ist nicht stichhaltig. Im Schnitt verbringen Erwachsene in Deutschland mittlerweile über fünf Stunden täglich allein mit Videos, Fernsehen und Computerspielen (Vaunet, 2023). Mit abnehmendem sozialem Status steigt dieser unfassbare Wert sogar weiter. Das sieht nicht so aus, als wäre es unmöglich, täglich etwas Zeit zu investieren, um zu meditieren, Sport zu machen, in der Natur zu regenerieren, gesund zu kochen, etwas Neues zu lernen oder soziale Kontakte zu pflegen.

Umgekehrt könnte man fragen, ob „der CEO, der eine 70-Stunden-Woche arbeitet, international unterwegs ist, sich um mehrere Miethäuser, seine Aktienpakete und ein großes soziales Netzwerk kümmern muss", wirklich mehr Zeit für Meditation, Sport, Regeneration guten Schlaf und seine Familienbeziehungen hat.

Auch Geld ist kein entscheidender limitierender Faktor zur Anwendung Positiver Psychologie. Im Gegenteil, Positive Psychologie ist sogar hochgradig sozial gerecht: Viele Punkte kosten nichts außer etwas Zeit und Disziplin, setzen rein an der inneren Haltung an. Anders als Hochleistungsmedizin oder kostenpflichtige Interventionen wie Nachhilfe ist Positive Psychologie jeder Person zugänglich, die lesen oder auch nur Hörbücher anhören oder Videos ansehen kann. Einzige Voraussetzung dafür scheint die Entscheidung dafür, etwas an seinem Leben zu ändern, sich zu entwickeln.

Und gerade hier kann und sollte eine Gesellschaft ansetzen: Sie kann sozial schwache Menschen auf das Potenzial der Positiven Psychologie für ihr Leben hinweisen und sie mit den Konzepten vertraut machen – und zwar möglichst frühzeitig. Sie kann Menschen dabei begleiten, gute Gewohnheiten aufzubauen und schlechte abzulegen, handlungsfähiger, effektiver, motivierter, disziplinierter, glücklicher und erfolgreicher zu werden.

Fazit: Die stärksten Mitglieder der Gesellschaft haben Themen wie Fokus und Disziplin, gute Gewohnheiten, Glück und Motivation oft schon verinnerlicht – deshalb sind sie stark. Positive Psychologie **bietet gerade den schwächsten Mitgliedern** der Gesellschaft Perspektiven. Denn diese haben das meiste Aufholpotenzial. Ihnen öffnet die Positive Psychologie kostenfreie und leicht zugängliche Möglichkeiten, um ihre Situation nachhaltig zu verbessern. Sie weist Wege aus der Abhängigkeit von anderen durch innere Stärke.

Und sie wirkt präventiv, macht Menschen resilient. Wir alle sollten die Angebote der Positiven Psychologie möglichst früh kennenlernen und praktizieren, damit wir erst einmal gar nicht in prekäre Lagen geraten. Mit Selbstwirksamkeit, Selbstdisziplin, Fokus und Konzentration, Motivation und guten Gewohnheiten werden wir seltener zur klischeehaften „alleinerziehenden Mutter im Mindestlohn". Eine Gesellschaft ist verantwortlich für alle Mitglieder, sollte nicht blind sein. Gerade deshalb sollten wir den schwächeren Mitgliedern wirksame Wege zeigen, um handlungsfähig zu werden – und sie dabei begleiten, dass sie starke Mitglieder werden, nicht mehr abhängig von anderen sind. Dabei sind die wissenschaftlichen Ansatzpunkte der Positiven Psychologie barrierefrei, kostengünstig und effektiv.

1.5.5 Fördert toxische Positivität

Ein sehr ernst zu nehmender Punkt der Kritik an Positiver Psychologie ist, dass sie toxische Positivität fördern kann. Was ist toxische Positivität? Konkrete **Beispiele** sind:

Eine Patientin verliert den Kampf gegen Krebs und fühlt sich schuldig: „Andere haben härter gekämpft. Ich hatte einfach nicht das richtige Mindset, war nicht resilient genug." Eine Führungskraft geht unverhältnismäßig hohe Risiken ein, weil die Person von der Bedeutung des Optimismus überzeugt ist. Ein wenig begabtes Kind mit schlechten Schulleistungen bekommt massive Schuldgefühle und überhöhten Druck, da ihm suggeriert wird: „Du musst dich eben mehr anstrengen. Alles eine Frage von Fokus und Disziplin!" Eltern stehen vor der Tatsache, dass ihr Kind eine Straftat begangen hat, und sagen sich: „Wir haben unseren Sohn selbst zum Kriminellen gemacht, weil wir nicht genug unsere negativen Annahmen ihm gegenüber reflektiert haben. Er ist das Ergebnis einer selbsterfüllenden Prophezeiung."

Was sich erst einmal widersinnig anhört, das ist tatsächlich ernst: Ein zwanghafter Fokus auf Positives, ein Ausblenden von negativen Aspekten des Lebens und ein unreflektiertes, engstirniges Verweisen auf die **alleinige Bedeutung** von Mindset, guten Gewohnheiten und Disziplin kann natürlich schaden. Falsch, undifferenziert und unwissenschaftlich angewendet, können daher alle Konzepte der Positiven Psychologie auch Unheil anrichten.

Typisch **toxisch positive Aussagen** können sein:

- „Wenn du willst, dann kannst du es auch schaffen!" – Suggestion: Wenn du es nicht geschafft hast, hast du eben nicht hart genug gewollt.
- „Sieh es doch einfach von der positiven Seite!" – Suggestion: Du bist selbst schuld an deiner Trauer, deinen Ängsten etc., weil du sie zulässt.
- „Naja. Es gibt Schlimmeres." – Suggestion: Was stellst du dich so an? Finde dich damit ab und gib Ruhe.

Deswegen ist sehr wichtig, dass wir alle Themen der Positiven Psychologie wissenschaftlich fundiert und differenziert betrachten. Die Gefahr der toxischen Positivität vermeiden wir, indem wir Konzepte der Positiven Psychologie seriös und kritisch gegenüber ihren Grenzen und Risiken einsetzen. Solide empirische Forschung und Wissenschaft können in diesem Handlungsfeld reines Selbstoptimierungsgeschwafel ersetzen. Genau das geschieht in den einzelnen Kapiteln dieses Textes. Denn bei einem unreflektierten „Hurra-Rufen" laufen wir Gefahr, mit gut Gemeintem Schlechtes zu erreichen.

Fazit: Es gibt Kritik an der Positiven Psychologie, die in Teilaspekten berechtigt ist. Tatsache ist, dass die Disziplin sich weiterentwickelt, einige Kritikpunkte aufgegriffen hat und berücksichtigt. Keiner der Kritikpunkte ist geeignet, die Positive Psychologie an sich infrage zu stellen. Im Vergleich mit anderen Wissenschaften und Disziplinen der Psychologie finden sich keine besonderen Gründe, die eine komplette Ablehnung rechtfertigen.

> **Blickwinkel: tiefere Ursachen, warum Menschen die Positive Psychologie kritisieren**
>
> Die Kritik, dass Positive Psychologie ökonomisches Leistungsdenken verfestigt, mag in gewissem Umfang stimmen. Allerdings ist das nur ein Teilaspekt der Themen in der Positiven Psychologie. Der Nachweis, dass ein Denken in Kategorien von Effektivität, Effizienz und nachhaltigem Wachstum generell schlecht ist, steht zudem aus. Vielleicht ist so ein Denken nur realistisch und findet sich in der Natur wieder? Jedes Lebewesen muss sich um Effizienz und Effektivität bemühen, um zu überleben und gute Nachkommen zu haben. Wachstum und Verbesserung sind zentrale Bestandteile des Lebens. Warum also den Menschen nicht auch die psychologischen Voraussetzungen dafür anbieten?
>
> Möglicherweise sind die tieferen Ursachen für derartige Kritik selbst psychologisch interessant. Stellt die Positive Psychologie doch tief verwurzelte Glaubenssätze infrage, die fest zum Weltbild zahlreicher Menschen gehören.
>
> Positive Psychologie erforscht, wie jede Person ihr Potenzial verwirklichen kann. Botschaften wie „Du bist nicht Opfer deiner Umstände. Du kannst glücklicher, beliebter, gesünder, wohlhabender und in jeder Hinsicht erfolgreicher sein. Das sind die Methoden dafür, du kannst sie sofort anwenden. Es liegt an dir, übernimm Verantwortung!" rufen bei einigen Menschen tiefe emotionale Ablehnung hervor. Sie passen nicht zu dem, was viele Ohren täglich hören. Sie passen nicht zu einem gern gepflegten Menschenbild, in dem manche Personen rein passive „Opfer" oder andere Personen eben passive „Gewinner" ihrer Umstände in Herkunft, Familie und Gesellschaft sind – und in dem der Staat diesen Gruppen durch Umverteilung „Gerechtigkeit" zukommen lassen soll. Kurz gesagt: Die Forschungsergebnisse der Positiven Psychologie stellen die verbreitete Opfer-Ideologie infrage.
>
> Auch Forschungsergebnisse, die zum Beispiel zeigen, dass Glück zu großen Teilen angeboren ist, Glück eher zu Erfolg führt, als umgekehrt Erfolg glücklich macht und dass äußere Umstände nur extrem wenig Einfluss auf unser langfristiges Glücksgefühl haben, sind vielen Menschen zutiefst suspekt – widersprechen sie doch fest eingepflegten Glaubenssystemen und Gewohnheiten. Schließlich glauben breite Schichten der Gesellschaft an Glück durch Geld und Konsum. Die einen, indem sie selbst daran arbeiten – die anderen, indem sie Umverteilung fordern und den „Sozialgedanken" predigen. Beide haben viel mehr gemeinsam, als sie glauben: Sie hängen dem gleichen materialistischen Weltbild an, huldigen dem Geld, fokussieren sich darauf als trügerische „Erlösung". Unser Wirtschaftsmodell basiert letztlich darauf, dass Menschen versuchen sich „glücklich zu konsumieren" – ein Lebensstil, der nach Erkenntnissen der Psychologie nicht funktioniert, nicht glücklich machen wird.
>
> Albert Einstein hat treffend gesagt: „Es ist schwieriger, eine vorgefasste Meinung zu zertrümmern als ein Atom." Auf derartige Infragestellungen ihres Weltbildes reagieren daher einige Personen mit emotionaler Ablehnung und wütender Kritik. Andere fangen an nachzudenken und erweitern ihren Horizont.

> Alles in allem ist Positive Psychologie daher eine große Bereicherung für die Gesellschaft und jeden einzelnen Menschen, der sich den Forschungsergebnissen öffnet und einen neugierig prüfenden, rationalen Blick darauf wagt: Welches von den vielen Angeboten der Positiven Psychologie will ich nutzen?

Ein wesentliches Forschungsfeld der Positiven Psychologie ist positives Denken. Im nächsten Kapitel geht es deshalb um eine bestimmte Sichtweise auf die Welt: Optimismus. Von dieser Sichtweise hängt ab, ob wir aktiv unser Leben gestalten, die Welt als etwas Gutes sehen – oder ob wir uns vor der Welt verstecken, Angst haben und passiv bleiben.

Literatur

Ben-Shahar, T. (2007). *Happier: Learn the secrets to daily joy and lasting fulfillment* (Bd. 1). McGraw-Hill.

Bolier, L., Haverman, M., Westerhof, G. J., Riper, H., Smit, F., & Bohlmeijer, E. (2013). Positive psychology interventions: A meta-analysis of randomized controlled studies. *BMC Public Health, 13*(1), 1–20.

Csikszentmihalyi, M. (1975). *Beyond boredom and anxiety: Experiencing flow in work and play*. Jossey-Bass.

Csikszentmihalyi, M., & Seligman, M. (2000). Positive psychology. *American psychologist, 55*(1), 5–14.

Frankl, V. E. (2010). *… trotzdem Ja zum Leben sagen: Ein Psychologe erlebt das Konzentrationslager*. Kösel-Verlag.

Gibson, B., & Sanbonmatsu, D. (2004). Optimism, pessimism, and gambling: The downside of optimism. *Personality and Social Psychology Bulletin, 30,* 149–160.

Hackman, J. R., & Oldham, G. R. (1976). Motivation through the design of work: Test of a theory. *Organizational behavior and human performance, 16*(2), 250–279.

Helweg-Larsen, M., Sadeghian, P., & Webb, M. (2002). The stigma of being pessimistically biased. *Journal of Social and Clinical Psychology, 21,* 92–107.

Hmieleski, K. M., & Baron, R. A. (2009). Entrepreneurs' optimism and new venture performance: A social cognitive perspective. *Academy of Management Journal, 52*(3), 473–488.

Jahoda, M. (1958). *Current concepts of positive mental health*. Basic Books.

Josefsson, T., Larsman, P., Broberg, A. G., & Lundh, L. G. (2011). Self-reported mindfulness mediates the relation between meditation experience and psychological well-being. *Mindfulness, 2*(1), 49–58.

King, L. A. (2001). The health benefits of writing about life goals. *Personality and Social Psychology Bulletin, 27*(7), 798–807.

Lomas, T., & Ivtzan, I. (2016). Second wave positive psychology: Exploring the positive–negative dialectics of wellbeing. *Journal of Happiness Studies, 17*(4), 1753–1768.

Lyubomirsky, S., Dickerhoof, R., Boehm, J. K., & Sheldon, K. M. (2011). Becoming happier takes both a will and a proper way: An experimental longitudinal intervention to boost well-being. *Emotion, 11*(2), 391–402.

Maslow, A. (1954). *Motivation and personality.* Harper & Row.

Peterson, C. (2006). *A primer in positive psychology.* Oxford University Press.

Rogers, C. R. (1951). *Client-centered therapy: Its current practice, implications, and theory.* Houghton Mifflin.

Ryff, C. D., & Singer, B. (1996). Psychological well-being: Meaning, measurement, and implications for psychotherapy research. *Psychotherapy and Psychosomatics, 65,* 14–23.

Seligman, M. E. (2012). *Flourish: A visionary new understanding of happiness and well-being.* Simon and Schuster.

Seligman, M. E., & Csikszentmihalyi, M. (2014). Positive psychology: An introduction. In M. Csikszentmihalyi and R. Larson (Hrsg.), *Flow and the foundations of positive psychology* (Bd. 10, S. 279–298). Springer.

Shrestha, A. K. (2016). Positive psychology: Evolution, philosophical foundations, and present growth. *Indian Journal of Positive Psychology, 7*(4), 460–465.

Sin, N. L., & Lyubomirsky, S. (2009). Enhancing well-being and alleviating depressive symptoms with positive psychology interventions: A practice-friendly meta-analysis. *Journal of Clinical Psychology, 65*(5), 467–487.

Vaillant, G. E. (1977). *Adaptation to life. Little.* Brown.

Vaunet (2023). Mediennutzung in Deutschland/2022. https://vau.net/wp-content/uploads/2023/02/VAUNET-Publikation_Mediennutzungsanalyse-2022.pdf. Zugegriffen: 15. Mai 2023.

2

Optimismus und positives Denken lernen

Leben Optimisten wirklich länger? Sollten wir alle Optimismus lernen? Sind wir dann glücklicher, gesünder und beliebter? Oder haben Pessimisten vielleicht Vorteile, weil sie keine Risiken eingehen? Bei vielen Menschen kreisen die Gedanken vornehmlich um negative Dinge und Sorgen, negatives Denken: Was ist schlecht gelaufen, was stört gerade, was droht in Zukunft … Diese Psychologie hat Konsequenzen. Fünf Jahrzehnte an Forschung belegen die Bedeutung von Optimismus und positivem Denken für Gesundheit und Lebenserwartung, Berufserfolg, Bildungsleistung, Motivation und Wohlbefinden bzw. „Glück". Dabei hat die Wissenschaft viele weitere Fragen beantwortet: Was bedeutet Optimismus? Welche Eigenschaften hat eine optimistische Person? Wie kann ich optimistisch sein bzw. werden? Was sind die Vorteile und Nachteile von Optimismus?

Dieses Kapitel **definiert Optimismus**, beschreibt dessen **Auswirkungen**, zeigt **Beispiele**, erforscht seine **Ursachen** und stellt die Frage, wie man gesunden **Optimismus lernen** kann. Es macht deutlich, dass auch naiver, blinder Optimismus nicht gut ist, und zeigt, wie wir mit positivem Denken viele Vorteile in unser Leben holen.

> **Risiko: Das passiert ohne Optimismus**
>
> Ohne Optimismus blicken wir mit Sorgen und Angst auf die Welt. Wir fokussieren auf das Schlechte und Bedrohungen. Wir gehen in eine passive Schutzhaltung, ziehen uns zurück. Nichts lohnt sich mehr. Wir verlieren unsere Motivation, da wir keinen Erfolg und keine Chancen mehr sehen. Als Konsequenz

> hören wir auf zu wachsen. Und wir lassen zu, dass eine sehr düstere und hoffnungslose Sicht auf die Welt unser Leben beherrscht.

2.1 Was ist Optimismus? Definition

Was bedeutet optimistisch? Winston Churchill, der englische Premierminister während des Zweiten Weltkrieges, sagte: „Ein Pessimist sieht die Schwierigkeiten in jeder Chance; ein Optimist sieht die Chancen in jeder Schwierigkeit." Etwas poetischer beschreibt der Dichter Kahlil Gibran: „Der Optimist sieht die Rose und nicht ihre Dornen; der Pessimist sieht die Dornen, der Rose nicht gewahr." Das entspricht dem Alltagsverständnis der meisten Menschen. Doch was bedeutet Optimismus aus Sicht der Wissenschaft (z. B. Seligman, 1991)?

Kommen wir zur **Definition:**

Definition: Optimismus

Optimismus ist eine positiv verzerrte Einstellung zur eigenen Umwelt und Person.

Als Einstellung beinhaltet optimistisches Denken emotionale (Fühlen), kognitive (Denken) und motivationale (Tun) Aspekte (Peterson, 2000). Wir fühlen, denken und handeln anders, wenn wir optimistisch sind. Deshalb hat Optimismus folgende **Merkmale:**

1. **Positive Wahrnehmung.** Optimistische Personen achten auf andere Informationen, sie wählen selektiv die guten Nachrichten aus. Und sie interpretieren diese Nachrichten zusätzlich in einer positiv verzerrten Art und Weise. Sie fragen sich: Was ist das Gute an dieser Nachricht oder an diesem Ereignis?
2. **Zeitübergreifend.** Optimismus definiert die Betrachtung von Vergangenheit, Gegenwart und auch Zukunft. Optimisten blicken „rosig" auf die Vergangenheit zurück, sehen ihre aktuelle Situation als vorteilhaft an und erwarten positive Ergebnisse in der Zukunft.
3. **Entscheidungen und Verhalten.** Eine optimistische Weltsicht und „gefilterte" geistige Verarbeitung schlagen sich direkt in den Entscheidungen

2 Optimismus und positives Denken lernen 25

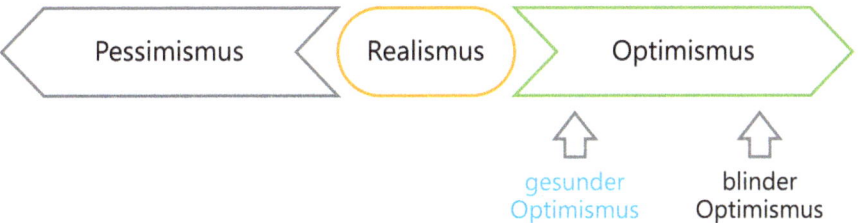

Abb. 2.1 Definition: Optimismus und Pessimismus als Modell

und dem Verhalten von Menschen nieder. Optimisten entscheiden mutiger und unternehmen eher etwas – denn sie erwarten Erfolg.

Die Abb. 2.1 definiert das Spektrum von Optimismus, Pessimismus und Realismus im Modell.

Ist Optimismus nur ein Mangel an Information? Nein, die genannten drei Merkmale zeigen, dass viel mehr dahinter ist. Positives Denken ist eine Verzerrung der Realität, im gewissen Sinne eine Illusion. Eine Illusion, die manche als idiotisch und naiv empfinden. Haben diese Kritiker recht?

Zumindest nicht besser ist das **Gegenteil von Optimismus**, der Pessimismus. Hier eine **Definition von Pessimismus**.

> **Definition: Pessimismus**
>
> Pessimismus ist eine negativ verzerrte Einstellung zur eigenen Umwelt und Person.

Auch Pessimismus äußert sich in unserem Fühlen, Denken und Handeln – allerdings in gegenläufiger Weise wie Optimismus.

Zwischen den Verzerrungen des Optimismus auf der einen und denen des Pessimismus auf der anderen Seite liegt der **Realismus**.

> **Definition: Realismus**
>
> Realismus ist eine zutreffende Einstellung zur eigenen Umwelt und Person.

Ist also **Realismus** die Lösung und das anzustrebende Ideal? Daten aus den entwickelten westlichen Gesellschaften zeigen, dass das aktuell eher nicht der Fall ist. Ein gewisser **„gesunder" Optimismus** hat viele positive Zusammenhänge, die dieses Kapitel weiter unten zeigt. Dagegen ist ein blinder Optimismus tatsächlich schädlich, worauf der Text später ebenfalls im Detail eingeht. Insofern haben Kritiker, die Optimismus als idiotisch empfinden, nur teilweise recht.

Schon früh gab es in wissenschaftlichen Experimenten Hinweise darauf, dass Optimismus Vorteile bietet. Der Infokasten zeigt die grausamen Ursprünge dieser Forschung.

Forschung: grausame Ursprünge der Optimismusforschung

Curt Paul Richter war Psychobiologe. Er veröffentlichte 1957 einen Forschungsbericht zu Experimenten mit Ratten (Richter, 1957). Richter ließ seine Ratten „erzwungene Schwimmtests" durchführen. Ihn interessierte, wie lange diese schwammen, bevor sie aufgaben. Dafür kamen diese in einen großen mit Wasser gefüllten Glasbehälter und mussten schwimmen – bis sie ertranken.

Die Forscher beobachteten, dass gezüchtete **Laborratten** bei idealer Wassertemperatur typischerweise um die **60** Stunden schwammen, bevor sie aufgaben und ertranken. Dann verglichen sie mit wilden, gefangenen Ratten der gleichen Art. Sie erwarteten, dass diese noch wesentlich länger durchhalten würden, da sie aus der Wildnis stammten, an ein hartes Leben gewohnt waren. Doch die Forscher erlebten eine Überraschung. Die 34 **Wildratten** überlebten nur bis **maximal 15 Minuten**. Viele ertranken nach wenigen Minuten. Nochmal: maximal 15 Minuten statt 60 Stunden. Die „verweichlichten" Laborratten schwammen viele Hunderte mal länger als die Wildratten.

Fragen standen im Raum: Merkten die Wildratten, dass es kein Entkommen gab und gaben dann einfach auf? Waren sie einfach hilflos geworden und starben „freiwillig"? Starben sie zuerst mental, bevor sie körperlich starben? Waren sie vielleicht so „krass", dass sie sich bewusst ertränkten, einen Freitod dem aussichtslosen Kampf und Leid vorzogen? Schwammen die domestizierten Ratten einfach länger, weil sie gewohnt waren, dass es ausweglose Situationen gab, aus denen sie doch regelmäßig befreit wurden – etwa Käfige oder eine menschliche Hand, die sie festhält?

Richter und sein Team testeten das, indem sie Wildratten in die Wassertanks gaben und immer wieder daraus „retteten", bevor die Ratten ertranken. Tatsächlich schwammen diese „vorbehandelten" Ratten anschließend viele hundertmal länger, bevor sie ertranken. Sie hatten offenbar gelernt, dass es Rettung geben kann, sie hatten Hoffnung entwickelt. Kurz: Sie waren **„optimistisch"** geworden. Wir können festhalten: **Die Hoffnung stirbt zuerst.** Dann stirbt die Ratte.

Später verwendete die Pharmaindustrie derartige erzwungene Schwimmtests, um Antidepressiva zu testen. Die These: Je später die Ratte aufgibt, desto wirksamer das Antidepressiva.

Der Psychologe Martin Seligman führte vergleichbare Experimente mit **Hunden** und anderen Tieren durch (z. B. Seligman und Maier, 1967). Seine Studien sind bekannt geworden für das Konzept „**gelernte Hilflosigkeit**".
Er setzte Hunde längere Zeit aversiven Reizen und Stress aus, z. B. Elektroschocks. Es gab keinen Ausweg für die Tiere, sie konnten die Schocks nicht kontrollieren, waren in einen Käfig gesperrt, dessen Boden sehr schmerzhafte elektrische Stromschläge erteilt. Die Hunde heulten auf, urinierten, defäzierten und versuchten verzweifelt durch Sprünge der Situation zu entkommen. Aber es gab kein Entrinnen für sie. Die Stromschläge gingen weiter, und weiter, und weiter ...
Diese so vorbehandelten Tiere reagierten in zukünftigen aversiven Situationen hilflos – auch wenn ein Entkommen leicht möglich war. Während andere Tiere der Situation schnell entrannen, versuchten die so konditionierten Tiere gar nicht mehr der unangenehmen Situation zu entkommen, selbst wenn nur eine kleine Barriere zu überspringen war. Sie hatten gelernt, dass es keine Rettung für sie gibt. Im Vergleich zu anderen Tieren, die nicht diese traumatischen Erfahrungen gemacht hatten, entwickelten sie „gelernte Hilflosigkeit", verloren alle Hoffnung. Sie wurden zu **„Pessimisten"**.
Schnell stellte sich heraus, dass dieses psychologische Phänomen der gelernten Hilflosigkeit auch für Menschen gilt (Klein, Fencil-Morse und Seligman, 1976). Manche Menschen haben innerlich aufgegeben, ihre Situation zu verbessern, versuchen es gar nicht mehr. Bei Befragungen stellte man fest, dass dies mit einer pessimistischen Sicht auf die Welt einhergeht. Psychologisch durch Hilflosigkeit gekennzeichnete Menschen sind ihrem gesamten Denken und Fühlen nach Pessimisten und Fatalisten.

Die Experimente weisen darauf hin, dass Optimismus und Pessimismus dramatische Auswirkungen auf unsere Motivation haben können. Das zeigt auch das folgende Fallbeispiel für Optimismus.

2.2 Beispiel für Optimismus

Ein Beispiel für die Macht und Bedeutung von Optimismus im Leben und sogar für das Überleben ist die letzte Fahrt der Endurance.

Beispiel für Optimismus: die letzte Fahrt der Endurance

Es ist Dezember 1914. Das britische Expeditionsschiff „Endurance" segelt in das Packeis der Antarktis. Der Expeditionsleiter Sir Earnest Shackleton hat das ambitionierte Ziel, als Erster eine Landüberquerung der antarktischen Landmasse zu wagen. Dazu will er die Sommerphase auf der Südhalbkugel der Erde nutzen. An Bord sind 28 Männer und mehr als 50 Hunde, um die Schlitten bei der Überquerung auf dem Eis zu ziehen. Doch dazu wird es nie kommen.

Die Situation wendet sich gegen die Expedition: Das Wetter bleibt unerwartet kalt, Eismassen umschließen das Schiff, halten es fest. Am 20. Januar 1915 steckt das Schiff im Eis und ist bewegungsunfähig. Das Wetter wird nicht wärmer. Die Mannschaft versucht, den Weg zum offenen Meer freizusägen und zu -stemmen. Die Männer arbeiten tagelang, bis zur Erschöpfung. Umsonst. Das Schiff steckt wieder fest. Sämtliche Befreiungsversuche scheitern.

Das neue Ziel lautet: Abwarten, ob das Schiff vom Eis irgendwann wieder freigegeben wird. Anstatt zu verzweifeln, spielen die Männer Fußball auf dem Eis, improvisieren Theater und Gesangsvorführungen. Sie konzentrieren sich auf das Positive, spielen mit den Hunden und machen das Beste aus der Situation.

Aber die Lage verändert sich abermals zum Schlechten: Anstatt zu tauen, wird das Eis jeden Tag dicker, türmt sich auf, verwirft und zerklüftet sich. Der Druck auf den Schiffsrumpf steigt. Alle Versuche, Eisplatten abzutragen, die auf den Rumpf drücken, erweisen sich als aussichtslos. Es kommen zu viele neue Eisplatten nach, wochenlang. Das Schiff neigt sich immer stärker. Das sich bewegende Eis zerbricht das Schiffsruder. Kommunikation und Hilfe von außen gibt es nicht. Die Männer sind auf sich gestellt. Allein. Im Oktober 1915 steckt das Schiff bereits seit Monaten fest. Dann, am 18. Oktober neigt sich das Schiff dramatisch, wird vom Eis gequetscht und leckgeschlagen, Wasser tritt ein. Das Schiff ist nicht zu retten, trotz tagelanger Versuche mit immensem Arbeitseinsatz. Expeditionsleiter Shackleton erteilt den Befehl, das verlorene Schiff aufzugeben. Innerhalb weniger Tage wird es vollkommen zerquetscht. Shackleton sagt seinen Männern: „Schiff und Ladung sind verloren. Also lasst uns nach Hause gehen!" Doch wie soll das funktionieren, so ganz allein mitten in der Antarktis?

Shackleton weckt Hoffnung bei den Männern: Es gibt eine mehrere hundert Meilen entfernte Insel, auf der vor Jahren ein Notfalldepot eingerichtet wurde. Die Männer versuchen, sich mit Hundeschlitten in Richtung dieser rettenden Insel vorzukämpfen. Doch das zerklüftete Terrain erweist sich als unpassierbar. Für weitere Monate campiert die Gruppe auf unberechenbaren, sich bewegenden Eisfeldern. Ihre Hoffnung: Sie konnten drei kleine Rettungsboote aus der Endurance retten und haben sie bei sich. Doch die Essensvorräte gehen zur Neige. Im März erteilt Shackleton den Befehl, Hunde zu erschießen und zu essen.

Das Team geht auf eine Eisscholle, versucht in Richtung der rettenden Insel mit den Vorräten zu treiben. Die Männer campieren auf dem Packeis und treiben durch das Meer, ernähren sich von Seehunden und Pinguinen. Doch sie können die geplante rettende Insel nicht erreichen, treiben weit entfernt vorbei, ohne Aussicht, über die aufgebrochenen Eisschollen dorthin zu gelangen. Und es kommt noch schlimmer: Plötzlich bricht ihre Eisscholle in zwei Hälften.

Sie retten sich in die drei Boote, rudern tagelang durch raue See – ohne Schlaf, bei Minusgraden. Schließlich, nach übermenschlicher Anstrengung, erreichen sie eine andere unbewohnte Felseninsel: Elephant Island. Nach über 16 Monaten wieder fester Boden unter den Füßen. Endlich. Doch hier würde sie niemand finden.

Shackleton bricht daher am 24. April 1916 mit einem der kleinen offenen Ruderboote und fünf Männern auf, um Hilfe zu holen. Sein Ziel: eine über 1.000 Kilometer entfernte Insel mit einer Walfangstation. 22 Männer bleiben auf der Insel zurück. Sein Versprechen an diese Gruppe: „Ich werde euch hier abholen. Haltet durch." Das kleine Boot kämpft sich tagelang durch die raue See. Die Männer sind nass, kalt, rudern Tag und Nacht. Wellen werfen das Ruderboot herum. Tatsächlich finden sie die gesuchte Insel in einer Meisterleistung der Navigation bei oft bedecktem Himmel. Am 10. Mai schaffen sie es endlich, an der Insel anzulanden – allerdings an der falschen Seite. Und ihr Boot ist hinüber. Zwei Männer sind physisch am Ende.

Zwischen den Männern und der rettenden Walfangstation: Ein Gebirge, das bisher niemand überquert hat, ein Landweg durch eine im Inneren unerforschte Insel. Und sie haben keine Karte. Sie müssen es versuchen, sie haben keine Wahl. Shackleton und zwei weitere Männer setzen dazu an, als erste Menschen überhaupt die Insel und das Gebirge zu überqueren ... Die Gruppe berichtete darüber später, dass sie auf ihrem Weg neben sich eine unsichtbare und mächtige Präsenz spürten, die sie begleitete und beschützte – ein „third man factor", wie man dieses Phänomen mittlerweile nennt.

Schließlich, am 20. Mai 1916, spazieren überraschend und völlig aus dem Nichts drei völlig zerschundene Männer in eine Walfangstation auf South Georgia Island. Shackleton muss sich sogar jemanden vorstellen, den er eigentlich gut kennt – er wurde nicht mehr erkannt in seinem ausgezehrten Zustand.

Kaum selbst gerettet, lässt Shackleton die drei Männer von der anderen Seite der Insel abholen. Er organisiert ein Schiff und rüstet es aus, um seine übrige Mannschaft von Elephant Island abzuholen. Nach vier Versuchen und drei Monaten schafft er es endlich, zu ihnen durch das Packeis vorzudringen. Alle 22 Männer leben noch. Shackleton hat sie alle nach Hause geholt.

Warum ist die Reise der Endurance ein beeindruckendes Beispiel für die große Bedeutung von Optimismus?

- Das Team konzentriert sich in kritischsten Situationen immer wieder auf die positiven Aspekte, die Männer spielen beispielsweise Fußball und veranstalten Theateraufführungen, als sie festsitzen im Eis.
- In scheinbar ausweglosen Lagen malen sich die Männer immer eine positive Zukunft aus, suchen sich ein ambitioniertes Ziel ihrer Hoffnung, das sie mit geeigneten Schritten erreichen können – oft unter unvorstellbarsten Anstrengungen.
- Das Team nimmt hin, was sie nicht beeinflussen können, und die Männer beeinflussen das, was unter ihrer Kontrolle liegt. Nach Misserfolgen stehen sie immer wieder auf und starten ein neues Projekt für ihre Rettung.
- Shackleton ist dabei kein naiver Optimist, der einfach den Ernst der Lange nicht erkennt. Ganz im Gegenteil. Er erkennt den Ernst jeweils sehr früh. So notiert er in sein Tagebuch, als das Schiff festsitzt, Dinge wie: „Was das Eis einmal hat, das gibt es nie mehr her." Doch er hält die belastenden Gedanken von den Männern fern, bis es Zeit dazu ist, diese mitzuteilen. Dann ergreift er realistische und geeignete Maßnahmen, um die Situation zu verbessern.
- Resignation und Pessimismus gewinnen niemals die Oberhand. Natürlich kollabieren einzelne Männer psychisch, geraten über ihre Grenzen. Die Mannschaft und Shackleton gehen professionell damit um. Sie lassen niemanden zurück, halten in dunkelsten Zeiten eine organisierte und konstruktive Zusammenarbeit aufrecht. Aufgeben des Kampfes, nach Hause zu gelangen, ist für sie nie, nie, nie eine Option.

> - Gleichzeitig schützt sich die Mannschaft vor den Gefahren des blinden Optimismus. Sie halten nicht an aussichtslosen Projekten fest. Sie geben immer wieder einzelne unerreichbare Projekte und Ziele auf, um sich dann einen alternativen erfolgversprechenderen Weg zu wählen. Sie sind realistische Optimisten.
>
> Für uns alle kann der Weg von Sir Earnest Shackleton mit seinen Männern eine tägliche Inspiration sein. Wenn sie in ihrer Lage optimistisch blieben und sich damit am Ende erfolgreich erlösen und befreien konnten – wie können wir dann so oft bei viel kleineren „Problemchen" derart schnell aufgeben und resignieren? Wie können wir uns das erlauben?

Dieses Beispiel für Optimismus macht deutlich, wie wichtig das Thema für die Positive Psychologie (Kap. 1) ist. Doch was macht einen Optimisten aus? Aus psychologischen Untersuchungen lassen sich Merkmale eines Optimisten ableiten. Diese zeigt der nächste Abschnitt.

2.3 Was macht einen Optimisten aus?

Eine ganz spezifische Art zu denken, verleiht den Begriffen Pessimist und Optimist ihre Bedeutung. Optimisten und Pessimisten denken vollkommen unterschiedlich (Abramson, Seligman und Teasdale, 1978). Dieser Abschnitt arbeitet klar heraus, was positives Denken von negativem Denken unterscheidet.

Optimisten glauben, dass negative Ereignisse erstens veränderlich und zweitens isoliert sind, also nur einen kleinen Teil ihres Lebens negativ beeinflussen werden. Positive Ereignisse führen sie auf eigene Leistung und Anstrengung zurück. Zudem fokussieren sie auf die positiven Aspekte von Ereignissen, erwarten Gutes für ihre Zukunft und erinnern sich selektiv an die „sonnigen" Seiten ihres Lebens.

> **Beispiel für positives Denken: typische Denkmuster von Optimisten**
> - Das Wochenende mit der Freundin ist zwar schlecht gelaufen, aber das geht vorüber!
> - Der Auftritt beim Kunden ist schiefgegangen, doch das Leben hat viele Bereiche.
> - Ich habe eine gute Note. Ich habe mich auch angestrengt beim Lernen!
> - Die Kolleginnen werden meine Idee lieben und den Vorschlag unterstützen!
> - Im Urlaub hatte ich einige sehr schöne Erlebnisse und Momente.

Im Gegensatz dazu findet sich bei **Pessimisten** ein anderes Denkmuster. Sie denken, dass negative Ereignisse stabil und nicht veränderlich sind, ihr ganzes Leben negativ beeinflussen werden. Pessimisten führen positive Ereignisse auf Glück und äußere Umstände zurück. Zudem fokussieren sie auf negative Aspekte von Ereignissen, ihnen schwant Schlechtes für die Zukunft und sie erinnern sich selektiv an ungute Aspekte ihrer Vergangenheit. Sie sind durch und durch von negativem Denken geprägt.

> **Beispiel für negatives Denken: typische Denkmuster von Pessimisten**
> - Das Wochenende mit der Freundin ist schlecht gelaufen. Wir werden nie mehr normal miteinander umgehen können!
> - Der Auftritt beim Kunden ist schief gegangen. Meine Karriere ist zu Ende.
> - Ich habe eine gute Note, ich habe zufällig genau das Richtige gelernt.
> - Die Kolleginnen würden meine Idee hassen und den Vorschlag scheitern lassen!
> - Im Urlaub musste ich mich über einiges sehr ärgern.

Aus diesen verschiedenen Denkmustern folgen auch sehr unterschiedliche Entscheidungen und anderes **Verhalten** bei Optimisten und Pessimisten (Carver, Scheier und Weintraub, 1989).

- Tatsächlich ignorieren Optimisten nicht einfach Probleme. Sie erkennen sie als solche an und gehen sie proaktiv an. Sie lösen sie, weil sie an eine Lösung und ihre Kompetenz glauben. Sie haben Hoffnung.
- Dagegen reagieren Pessimisten auf Probleme mit Verdrängung, Leugnung und ausweichenden Strategien. Sie lösen Probleme nicht, weil sie nicht an einen Erfolg glauben. Sie prokrastinieren (Kap. 9).

Natürlich gibt es nicht einfach die beiden Schubladen: Optimist oder Pessimist. Es ist ein Spektrum, ein **Kontinuum**. Die meisten Menschen sind irgendwo in der Mitte zwischen den extremen Kategorien gelagert. Unser Ort auf dem Spektrum bleibt ohne Zutun und gezielte Veränderung offenbar sehr stabil, auch über Jahre hinweg (Carver, Scheier und Segerstrom, 2010). Es ändert sich nicht viel von allein. Die Herausforderung für uns alle ist also, unser Denken proaktiv zu gestalten, selbst zu entscheiden, wie positiv unser Denken sein soll: Welche Art Mensch will ich sein?

Die genannten Merkmale und Eigenschaften von Optimisten haben überraschende und wichtige Auswirkungen im Leben. Insgesamt scheint es dabei für Optimisten wesentlich besser zu laufen.

2.4 Vorteile von Optimismus

„Das größte Risiko ist, kein Risiko einzugehen!", sagt man in Unternehmerkreisen. Scheitern wir auch als Menschen, wenn wir kein Risiko eingehen wollen, weil wir dann auch keine Chancen nutzen? Was sagt die Forschung? Ja, das positive, energiegeladene, erfolgsuchende Mindset des Optimismus zahlt sich aus. Und zwar in noch viel mehr Bereichen, als wir ahnen. Optimisten profitieren von vielen Vorteilen im Leben. Das betrifft Gesundheit, Berufserfolg, Bildungsleistung, Motivation und allgemeines Wohlbefinden. Das sind die wichtigsten **Vorteile von Optimismus**:

- **Beliebtheit.** Menschen mögen Optimisten lieber als Pessimisten. Optimistische Personen profitieren daher durch mehr Beliebtheit (Helweg-Larsen, Sadeghian und Webb, 2002). Das hilft ihnen beim Aufbau von sozialen Netzwerken und wertvollen Kontakten.
- **Erfolg.** Pessimismus schadet unserem Erfolg in vielfältigsten Bereichen. Optimistische Verkäufer generieren mehr Umsatz (Seligman und Schulman, 1986). Optimisten schließen „harte" Studiengänge eher erfolgreich ab (Schulman, 1990). Zudem ist optimistisches Denken im Leistungssport einer der zentralen Erfolgsfaktoren (Gould, Dieffenbach und Moffett, 2002). Der Bonus beim Erfolg mag auch daran liegen, dass Optimisten tendenziell motivierter sind (Hakanen und Lindbohm, 2008) – schließlich rechnen sie mit Erfolg für ihre Anstrengungen.
- **Wohlbefinden.** Optimismus hat einen noch größeren Zusammenhang mit Lebenszufriedenheit als Haushaltseinkommen oder Intelligenz (Daukantaite und Bergman, 2005). Treten herausfordernde negative Situationen wie Erkrankungen auf, dann hat Optimismus offenbar eine Art Schutzfunktion für das Wohlbefinden (Carver et al., 1994). Schlechte Umstände kommen an Optimisten psychologisch nicht so nah heran.
- **Gesundheit.** Optimisten leben länger (Giltay et al., 2004). Ihr Risiko, zu erkranken und an Krankheiten zu sterben, ist deutlich gesenkt (Rasmussen, Scheier und Greenhouse, 2009), das Immunsystem ist stärker, Krankheitssymptome und Schmerzen geringer. Bei Optimisten scheinen sich bestehende Krankheiten zudem langsamer zu verschlimmern. Das betrifft beispielsweise Aids und Arteriosklerose (Taylor et al., 1992; Matthews et al., 2004). Nach schweren Operationen erholen sie sich zudem rascher (Scheier et al., 1989).
- **Resilienz.** Der Begriff Resilienz (Kap. 5) beschreibt, wie gut wir negative Ereignisse mit Krisenpotenzial überstehen. Dazu zählen Schicksalsschläge

jeder Art in Beziehungen, Gesundheit und Wohlstand – etwa der Tod eines geliebten Menschen. Optimisten sind robuster bei solchen negativen Ereignissen (Ellicott et al., 1990).

Optimismus hat offenbar viele Vorteile – wir profitieren in Schule, Sport, Beruf, Partnerschaft und Gesundheit von positivem Denken.

Dass Optimismus und Pessimismus so starke Auswirkungen haben, ist verständlich, wenn man sich mit der Forschung zur **selbsterfüllenden Prophezeiung** (Kap. 3) beschäftigt. Bekannt ist beispielsweise der Placebo-Effekt. Behandlungen und Medikamente helfen besser, wenn Menschen an deren Wirksamkeit glauben. Der Placebo-Effekt ist eine Wirkung von positivem Denken. Weniger bekannt ist der Nocebo-Effekt. Dieser lässt den Glauben an schädliche Auswirkungen zur Realität werden. In asiatischen Kulturen steht die Zahl vier beispielsweise für den Tod, gilt als Unglückszahl. Eine Überzeugung, die offenbar dazu führt, dass Menschen aus dem asiatischen Kulturkreis tatsächlich statistisch gehäuft am vierten Tag eines Monats versterben (Phillips et al., 2001). Der Pessimismus wird hier zur traurigen Realität. Die Wirksamkeit selbsterfüllender Prophezeiungen hat man gefunden bei Schulkindern, Patienten, Mitarbeitern, Sportlern – und sogar in Liebesbeziehungen (Downey et al., 1998).

Blickwinkel: Die Vorteile von Optimismus sind relativ

Warum sind viele Menschen pessimistisch, wenn es solche Nachteile hat? Warum hat sich nicht mehr Optimismus in der menschlichen Evolution durchgesetzt?

Optimismus und Pessimismus können beide hilfreich sein (Sweeny, Carroll und Shepperd, 2006). Positives Denken motiviert uns und lässt uns Risiken eingehen. Negatives Denken dagegen bereitet uns auf Risiken vor und hilft uns, diese zu vermeiden. Je „harmloser" daher eine Welt ist, desto besser fährt man mit Optimismus. Je gefährlicher eine Welt ist, desto vorteilhafter ist Pessimismus.

Das erklärt gut, warum zahlreiche Menschen eher Pessimisten sind: Es hat sich lange Zeiten der menschlichen Entwicklungsgeschichte gelohnt, eher ängstlich zu handeln. Ein Blick nur wenige hundert oder tausend Jahre zurück zeigt, dass negatives Denken seinerzeit eine gute Idee war. Aus heutiger Sicht harmlose Verletzungen wie ein gebrochenes Bein oder Infektionen konnten damals schnell letal sein. Ein Verlust des Besitzes und der Ernährungsbasis war verheerend. Der Kontakt mit einer unbekannten Gruppe junger Männer endete mitunter tödlich. Insofern ist es verständlich, dass die Natur viele Menschen mit einem aus heutiger Sicht zu starken Pessimismus ausgestattet hat.

In unseren modernen Gesellschaften sind jetzt viele dieser Risiken minimiert. Es gibt ein Gesundheitssystem mit moderner Medizin, Polizei, Rechtssicherheit und soziale Absicherung. Es ist daher vorteilhaft geworden, viel risikobereiter

> zu sein, als das in vorangehenden Zeiten vernünftig war. Das bedeutet, wer heute lebt, der ist gefordert, über seinen Schatten zu springen, sich an die neue Welt anzupassen – auch wenn wir für eine andere Welt optimiert sind, eine gefährlichere Welt. Mit Optimismus können wir die vielen Vorteile der neuen Welt besser für uns ernten.

Fazit: Viele Menschen glauben: „Optimisten lügen sich die Welt einfach schön. Irgendwann kommt der Moment der Wahrheit, die Konfrontation mit der bitteren Realität." Das ist ein fataler Irrtum. Tatsächlich macht Optimismus die Realität für uns besser. Die vielen Vorteile machen einen bedeutsamen Unterschied. Wo eine pessimistische Person einfach aufgibt, kämpft eine optimistische Person weiter und gewinnt so die Früchte, die das Leben uns allen bietet. Und diese Früchte sind echt, nicht nur in unserem positiven Denken: Gesundheit, Wohlbefinden, Erfolg und gute Beziehungen.

Im Hinblick auf die genannten Vorteile ist zu begrüßen: Viele Menschen beschreiben sich als eher optimistisch (Segerstrom, 2011). Dennoch gibt es zahlreiche pessimistisch geprägte Menschen, und wir alle können von einem bewusst positiven Denken profitieren. Wie also können wir vorgehen, wenn wir uns mehr Optimismus im Leben wünschen?

2.5 Optimismus lernen: Positives Denken

Welche Ansätze und Strategien gibt es für Menschen, die **Optimismus lernen** wollen? Optimistischer werden – geht das überhaupt? Ja. Doch es gibt Grenzen. Eine wichtige Begrenzung ist die Genetik. Etwa die Hälfte der Unterschiede zwischen Menschen beim Optimismus ist angeboren (Yuh, Neiderhiser und Reiss, 2010). Das bedeutet zwei Dinge:

1. Die andere Hälfte der Unterschiede im Optimismus hat andere Einflüsse. Allerdings liegen davon bei einer erwachsenen Person schon zahlreiche in der Vergangenheit – Eltern und elterliche Wärme (Seligman et al., 1984; Heinonen, Räikkönen und Keltikangas-Järvinen, 2005), Lehrer (Heyman, Dweck und Cain, 1992), sozioökonomischer Status der Familie (Heinonen et al., 2006). Es bleibt also immer noch Luft für Maßnahmen in der Gegenwart und Zukunft.
2. Die meisten Menschen haben überhaupt keine Ahnung, dass sie positives Denken beeinflussen können und wie sie das effektiv tun könnten. Wo

sollten sie es auch gelernt haben? Schule und Medien vermitteln eher negatives Denken und Angst. Auch so manches Elternhaus ist eher geprägt von Furcht als von Zuversicht. Deshalb unternehmen viele erwachsene Menschen wenig selbst für mehr Optimismus. Und so bestimmt ihre biologische Disposition diese Menschen.

Tatsächlich kann sich unser Optimismus deutlich ändern, insbesondere wenn man längere Zeiträume betrachtet (Segerstrom, 2007). Optimismus lernen: Wir können es aktiv und effektiv tun. Und wir sollten es tun. Im Folgenden die entscheidenden **Tipps**, die **Optimismus aufbauen** und fördern.

Tipps: Optimismus lernen

Die Positive Psychologie (Kap. 1) hat zahlreiche Interventionen entwickelt, die Optimismus stärken. So können wir **Optimismus trainieren:**

- **Fokus auf gute Dinge.** Wir schreiben dazu jeden Tag drei **neue** Dinge auf, für die wir dankbar sind – das tun wir zum Beispiel am Abend. Diese Übung nennt man Dankbarkeitstagebuch. Wir stellen uns anschließend die Frage: „Was kann ich tun, damit dieser positive Aspekt häufiger und intensiver in mein Leben kommt?" Auch ohne Aufschreiben können wir uns regelmäßig fragen: „Wofür bin ich heute dankbar? Was ist schön gewesen, was ist mir gut gelungen, was hat sich Gutes ereignet?" Eine gute Gelegenheit dazu ist, wenn wir warten – etwa an der roten Ampel oder beim Arzt. Dieser Fokus auf Gutes hilft uns, positives Denken als Gewohnheit (Kap. 14) aufzubauen.
- **Schlechte Nachrichten reduzieren.** Medien bombardieren uns mit schlechten Nachrichten. Sie zeigen das eine Flugzeug, das abstürzte – nicht die Zehntausenden, die sicher gelandet sind. Sie berichten von dem einen Ehemann, der seine Frau und die Kinder umbringt, nicht von den Millionen liebevollen Vätern, die gut zu ihren Familien sind. Das prägt uns auf Dauer und lenkt unseren Blick darauf, Probleme zu suchen und nur noch Dinge zu sehen, die schlecht laufen. Wir bekommen eine negative „Brille" aufgesetzt, durch die wir die Welt sehen. Jeden Tag. Immer wieder. So programmieren wir Pessimismus.
Um das zu durchbrechen und zu verhindern, gibt es nur einen Weg: Wir reduzieren unseren Nachrichtenkonsum radikal, bestellen die Tageszeitung ab, schauen maximal 10 Minuten Nachrichten am Tag. Dadurch reduzieren wir unseren pessimistischen Blick auf die Welt und unser Leben. Wir vermeiden so zusätzlich das ablenkende „Rauschen der Zeit", das mit uns meist nichts zu tun hat, und fokussieren stärker auf die wichtigen Dinge in unserem Leben.
- **Gedankenhygiene.** Etwas breiter betrachtet können wir insgesamt „negative" Gedanken reduzieren. Das nennt man Gedankenhygiene. Negative Gedanken machen uns schwach, belasten uns auch körperlich. Insbesondere Leistungssportler versuchen sich deshalb davon zu befreien. Das ist nicht

einfach: Wir leben in einer Kultur, die sich vor allem damit befasst, was alles nicht funktioniert. Unsere Gesellschaft hat einen nahezu fetischistischen Kult um Fehler entwickelt. Beispielsweise werden Schulleistungen typischerweise nach der Anzahl der Fehler bewertet. Wer keine Fehler macht, gewinnt: in Schule, Studium, Beruf, Politik ... Das erzeugt eine traurige Vielzahl an passiven Menschen in Führungspositionen, die jedes Unternehmertum und all ihre Proaktivität aufgegeben haben. Sie haben nur noch ein Ziel: Bloß keinen Fehler machen! Es ist Zeit, unseren Erfolg an Leistung zu messen, statt an Fehlern! Es ist Zeit, uns selbst vom Fehlerfetischismus zu befreien.

- **Selbstwirksamkeit fördern.** Selbstwirksamkeit (Kap. 4) ist die Überzeugung, dass wir herausfordernden Situationen gewachsen sind (Bandura, 1977). Dieser Glaube an uns selbst ist ein wesentlicher Aspekt, um Optimismus zu entwickeln. Hier hilft uns ganz konkret: Die eigenen Kompetenzen trainieren, Erfolgserlebnisse erinnern und betonen und die Orientierung an anderen ähnlichen Personen, die „es auch geschafft haben".
- **Rolle eigenen Verhaltens betonen.** Um positives Denken zu lernen, ist es bei allen Ereignissen (positiven wie auch negativen) gut, die Rolle des eigenen Verhaltens zu betonen. „Das Ergebnis ist gut. Ich habe viel dazu mit meinem Verhalten beigetragen." „Das Ergebnis ist nicht gut. Ich habe leider mit dazu beigetragen und werde es das nächste Mal ganz anders angehen. Dann wird auch das Ergebnis besser sein." Wichtig ist die Fokussierung auf Verhalten und nicht auf unveränderliche Eigenschaften. Ein Gedanke wie „Die Note ist schlecht, weil ich einfach zu dumm bin" ist schädlich für Optimismus. Warum? Weil man „dumm" schlecht ändern kann. Gut für Optimismus und Motivation ist ein Gedanke wie: „Die Note ist schlecht, weil ich mich nicht genug angestrengt habe beim Lernen!" Anstrengung können wir ändern. So ist der Ausblick jetzt positiv und konstruktiv mit einer geeigneten Strategie versehen.
- **Veränderbarkeit und Begrenzung negativer Ereignisse sehen.** Oft gestatten wir negativen Ereignissen, dass sie unser ganzes Denken beherrschen. Bei negativen Ereignissen hilft uns deshalb der Blick auf deren Veränderbarkeit und Begrenzung. „Das Ereignis ist schlecht, aber es kann besser werden." „In diesem einen Bereich meines Lebens ist etwas schief gegangen. Das hat nichts mit den ganzen anderen Lebensbereichen zu tun. Dort läuft es gut."
- **Menschen mit positiven Erwartungen anreichern.** Die Menschen in unserem Umfeld mit ihren Gedanken, Erwartungen und Emotionen sind wichtig für uns. Menschen, die aufrichtig Gutes von uns erwarten, an uns glauben, positive Emotionen ausstrahlen, fördern unseren Optimismus.
Geradezu schädlich für positives Denken sind dagegen Personen mit negativen Gedanken und Erwartungen in Bezug auf uns nach dem Motto „Das schaffst du eh nicht. Du kannst es nicht ändern. Gewöhn' dich an die Situation." Auch negative Emotionen aus dem Spektrum Depression und Antriebslosigkeit, Traurigkeit, Angst oder sogar Aggression sind ansteckend (Barsade, 2002). All das schadet unserem Optimismus.
Ebenfalls wenig förderlich sind Personen, die Optimismus nur oberflächlich „heucheln", vielleicht sogar toxische Positivität praktizieren nach dem Motto: „Alles geht vorbei. Ist nicht so schlimm. Ich selbst habe schon viel Schlimmeres überstanden, nämlich ..." Solche Aussagen, vielleicht noch mit einem künstlichen Lächeln untermalt, vermitteln keinen echten Optimismus.

Die folgende Übung zeigt, wie wir negative Gedanken ablegen.

> **Übung: negatives Denken stoppen**
>
> Andauerndes Grübeln, Sorgen, Zukunftsängste, schlechte Erinnerungen, Ahnungen, einfach ein ungutes Gefühl ... negatives Denken kann viele Gesichter haben. Viele Menschen tun sich sehr schwer damit, ihr Denken zu kontrollieren, Gedankenhygiene zu praktizieren. Zusätzlich zu den Tipps oben kann diese Übung helfen:
> Wenn ein negativer Gedanke kommt, dann ist es nicht sinnvoll, diesen aktiv zu bekämpfen. Das ist dann oft so wie in dem Beispiel: „Bitte denken Sie auf keinen Fall an einen rosa Elefanten!" Wir denken dann natürlich erst recht an den rosa Elefanten. Ein aktives Bekämpfen macht unsere negativen Gedanken dann nur stärker.
> Probiere folgende Alternative: Der negative Gedanke kommt, und Du beobachtest ihn, lässt ihn gewissermaßen zu. Manchmal wird er dann von allein gehen.
> Wenn der Gedanke immer noch da ist, dann kann Dir Visualisierung helfen: Packe den Gedanken beispielsweise in Deiner Vorstellung in eine Wolke und lasse die Wolke dann abziehen und am Himmel verdampfen. Stell Dir das wirklich als Bild vor. Oder stell Dir vor, wie der negative Gedanke zu schwarzem Rauch wird und neben Dir im Boden verschwindet.

Optimismus hat also viele Vorteile, und es gibt zahlreiche Möglichkeiten, um Optimismus zu entwickeln. Doch was sind die Nachteile, Nebenwirkungen und Grenzen des Sinnvollen?

2.6 Gibt es „zu optimistisch"? Blinder Optimismus

Ja, es gibt auch **zu optimistisch**. Blinder Optimismus zieht negative Konsequenzen nach sich. Das ist besonders der Fall, wenn Menschen glauben, dass bestehende Risiken sie nicht betreffen. Übertrieben positives Denken ist gefährlich (Weinstein, 1980). Der Infokasten stellt typische Beispiele dar.

> **Beispiel: typische Denkmuster von blinden Optimisten**
>
> - „Ich habe viel beim Pokerspiel verloren. Die Glückssträhne kommt sicher gleich."
> - „Ich kann die Strecke zum anderen Seeufer schwimmen, auch wenn das Wasser sehr kalt ist. Wenn man glaubt, man kann nicht mehr, dann hat man erst 40 % von seinem Potenzial ausgeschöpft."

- „Natürlich ist der Business-Plan aggressiv und nicht ohne Risiko. Viele würden damit scheitern. Ich bin aber krasser als alle anderen!"
- „Wie werden sich die Aktien wohl entwickeln? Richtig, dafür braucht man eine Glaskugel. Und meine Glaskugel ist die größte!"
- „Stimmt, er ist 20 Jahre jünger und ich bin reich. Aber er liebt mich, wie ich bin!"
- „Alkohol kann süchtig machen. Mich nicht."
- „Coole Idee! Ja, lass uns das gleich noch zusätzlich angehen, schaffen wir easy!"
- …

Übertriebene Optimisten schaden sich (und oft auch anderen), indem sie unrealistische Erwartungen haben und Risiken ausblenden. Unvernünftiger Optimismus schadet nicht nur beim Glücksspiel (Gibson und Sanbonmatsu, 2004). Blinder Optimismus betrifft auch Manager und Führungskräfte (Hmieleski und Baron, 2009). Wenn diese überzogen positiv denken, dann gehen sie unverantwortliche Risiken ein. Sie fahren ihren „Laden" sprichwörtlich an die Wand.

Optimismus hat also Vor- und Nachteile. Wer wird jetzt am besten fahren – Optimisten oder Pessimisten? Als **Fazit** der umfassenden Forschungsergebnisse aus den vorangehenden Abschnitten ist positives Denken alles in allem vorteilhaft und gut für Menschen – solange es in einem „gesunden" Rahmen bleibt. Unsere Welt belohnt die Optimisten. Ein gesunder, geerdeter Optimismus passt zu unserer eher „harmlosen" Welt, in der sehr viele Risiken abgefedert sind. So können wir am besten die vielen Chancen nutzen und die süßen Früchte ernten, die unsere Welt uns bietet. Viele Menschen schauen zu sehr auf die Risiken, statt etwas zu tun. Sie vernachlässigen die entgangenen Chancen. Ziel ist also, selbst einen gesunden Optimismus zu entwickeln. Und wir sollten Menschen mit gesundem Optimismus als Führungskräfte und Mitarbeiter auswählen (Peterson, 2000).

Es ist allerdings wichtig, dass wir uns gelegentlich auch dem Pessimismus gezielt öffnen, riskante Situationen realistisch erkennen, uns Risiken bewusst machen und vermeiden. Ein **flexibler Optimist** – wer das sein kann, gewinnt in unserer Welt (Forgeard und Seligman, 2012).

> **Frage an den Autor: Wie kann ich noch heute beginnen, optimistischer zu werden?**
>
> *Wenn ich noch heute damit anfangen will, Optimismus zu lernen, was sollte ich tun?*
>   Oft sind ganz einfache Dinge schon wirksam.

2 Optimismus und positives Denken lernen

Triff Dich heute mit jemandem, der Energie und Unternehmergeist ausstrahlt, der positiv ist. Oder telefoniere zumindest mit so einer Person. Das strahlt auf Dich ab.

Ich versuche, mich regelmäßig mit Menschen zu treffen, die etwas unternehmen, etwas vorhaben, Chancen sehen. Das inspiriert mich.

Beobachte, wie Du Dich mit verschiedenen Menschen fühlst, welche Dir gut tun, welche Dich inspirieren – und welche nicht.

Versuche heute nur kurz, wenn überhaupt, Nachrichten zu konsumieren. Diese sind eine Negativselektion an Ereignissen. Dein Denken wird damit in eine falsche Richtung gelenkt, die nur Probleme und Risiken sieht.

Nachrichtenkonsum beschränken – das versuche ich auch. Zugegeben: Mitunter gelingt es mir nicht, ich verliere viel Zeit, surfe auf verschiedensten Nachrichtenseiten. Danach denke ich negativ – vor allem über Dinge, die ich nicht ändern kann und die sehr wenig mit mir und meinem Leben zu tun haben. Das ist schade und lenkt mich von wichtigen Dingen im Leben ab, die ich wirklich ändern kann. Beobachte, wie Du Dich fühlst, wenn Du kaum Nachrichten konsumierst. Nimmt dann auch Dein negatives Denken ab?

Oft gibt es gar nichts wirklich Schlimmes, und wir sind dennoch pessimistisch. Deshalb: Wenn Du etwas negativ siehst, Dich sorgst und dauernd darüber nachgrübelst, vor etwas Angst hast, dann stelle Dir die Frage: „Was kann denn schlimmstenfalls passieren?" Versuche, das Thema aus der Emotion herauszuholen, rational und sachlich zu betrachten.

Trainiere Dein Gehirn, auch auf Positives zu achten. Dafür musst Du auch nicht aufwendig ein Dankbarkeitstagebuch führen. Mach es einfacher und ohne großen Aufwand. Starte ganz unkompliziert: Wenn Du irgendwo wartest, dann nutze die Zeit. Oder denke kurz vor dem Einschlafen an Positives. Denke an drei Dinge, für die Du heute dankbar bist, die positiv und besonders sind. Denke jeden Tag an neue Dinge, stelle Dir diese Ereignisse nochmal bildlich vor, fühle emotional hinein, visualisiere, erinnere, erlebe nochmal. Hole Dir diese Ereignisse herein in Deine Fantasie und Emotion. So mache ich es – und es tut mir gut.

Diese scheinbar kleinen Dinge werden schon viel ändern, und Du kannst noch heute ganz leicht damit beginnen. Es geht dann natürlich darum, das als Routinen und Gewohnheiten aufzubauen. Nach einer Weile siehst Du die Welt zunehmend anders: Dein Gehirn hat einen positiven Blickwinkel bekommen, Optimismus gelernt, sieht immer mehr Chancen. Du entwickelst Dich damit weg von den ganzen passiven Menschen, hin zu einer proaktiven Person. Und Du fängst an, die vielen Vorteile von Optimismus zu ernten: Beliebtheit, Erfolg, Wohlbefinden, Gesundheit und Resilienz.

Optimismus ist nicht nur wegen der hier geschilderten Vorteile wichtig. Er hat auch eine Macht, die noch weit darüber hinausgeht: Er wird mit einer gewissen Tendenz zur Realität. Das geschieht über die selbsterfüllende Prophezeiung. Alles dazu im nächsten Kapitel.

Literatur

Abramson, L. Y., Seligman, M. E., & Teasdale, J. D. (1978). Learned helplessness in humans: Critique and reformulation. *Journal of Abnormal Psychology, 87*(1), 49–74.

Bandura, A. (1977). Self-efficacy: Toward a unifying theory of behavioral change. *Psychological Review, 84*, 191–215.

Barsade, S. G. (2002). The ripple effect: Emotional contagion and its influence on group behavior. *Administrative Science Quarterly, 47*(4), 644–675.

Carver, C. S., Scheier, M. F., & Segerstrom, S. C. (2010). Optimism. *Clinical Psychology Review, 30*(7), 879–889.

Carver, C. S., Scheier, M. F., & Weintraub, J. K. (1989). Assessing coping strategies: A theoretically based approach. *Journal of Personality and Social Psychology, 56*, 267–283.

Carver, C., Pozo-Kaderman, C., Harris, S., Noriega, V., Scheier, M., Robinson, D., & Clark, K. (1994). Optimism versus pessimism predicts the quality of women's adjustment to early stage breast cancer. *Cancer, 73*, 1213–1220.

Daukantaite, D., & Bergman, L. R. (2005). Childhood roots of women's subjective well-being: the role of optimism. *European Psychologist, 10*, 287–297.

Downey, G., Freitas, A. L., Michaelis, B., & Khouri, H. (1998). The self-fulfilling prophecy in close relationships: Rejection sensitivity and rejection by romantic partners. *Journal of Personality and Social Psychology, 75*(2), 545–560.

Ellicott, A., Hammen, C., Gitlin, M., Brown, G., & Jamison, K. (1990). Life events and the course of bipolar disorder. *American Journal of Psychiatry, 147*(9), 1194–1198.

Forgeard, M., & Seligman, M. (2012). Seeing the glass half full: A review of the causes and consequences of optimism. *Pratiques Psychologiques, 18*(2), 107–120.

Gibson, B., & Sanbonmatsu, D. (2004). Optimism, pessimism, and gambling: The downside of optimism. *Personality and Social Psychology Bulletin, 30*, 149–160.

Giltay, E., Geleijnse, J., Zitman, F., Hoekstra, T., & Schouten, E. (2004). Dispositional optimism and all-cause and cardio-vascular mortality in a prospective cohort of elderly Dutch men and women. *Archives of General Psychology, 61*, 1126–1135.

Gould, D., Dieffenbach, K., & Moffett, A. (2002). Psychological characteristics and their development in Olympic champions. *Journal of Applied Sport Psychology, 14*, 172–204.

Hakanen, J. J., & Lindbohm, M.-L. (2008). Work engagement among breast cancer survivors and the referents: The importance of optimism and social resources at work. *Journal of Cancer Survivorship, 2*, 283–295.

Heinonen, K., Räikkönen, K., & Keltikangas-Järvinen, L. (2005). Dispositional optimism: Development over 21 years from the perspectives of perceived temperament and mothering. *Personality and Individual Differences, 38*(2), 425–435.

Heinonen, K., Raikkonen, K., Matthews, K.A., Scheier, M.F., Raitakari, O.T., Pulkki, L., & Keltikangas-Jarvinen, L. (2006). Socioeconomic status in childhood and adulthood: associations with dispositional optimism and pessimism over a 21-year follow-up. Journal of Personality, 74, 1111–1126.
Helweg-Larsen, M., Sadeghian, P., & Webb, M. (2002). The stigma of being pessimistically biased. *Journal of Social and Clinical Psychology, 21,* 92–107.
Heyman, G., Dweck, C., & Cain, K. (1992). Young children's vulnerability to self-blame and helplessness: relationship tobeliefs about goodness. Child Development, 63, 401–415.
Hmieleski, K. M., & Baron, R. A. (2009). Entrepreneurs' optimism and new venture performance: A social cognitive perspective. *Academy of Management Journal, 52*(3), 473–488.
Klein, D., Fencil-Morse, E., & Seligman, M. (1976). Learned helplessness, depression, and the attribution of failure. *Journal of Personality and Social Psychology, 33,* 508–516.
Matthews, K., Raikkonen, K., Sutton-Tyrrell, K., & Kuller, L. (2004). Optimistic attitudes protect against progression of carotid atherosclerosis in healthy middle-aged women. *Psychosomatic Medicine, 66,* 640–644.
Peterson, C. (2000). The future of optimism. *American Psychologist, 55,* 44–55.
Phillips, D. P., Liu, G. C., Kwok, K., Jarvinen, J. R., Zhang, W., & Abramson, I. S. (2001). The Hound of the Baskervilles effect: Natural experiment on the influence of psychological stress on timing of death. *BMJ, 323*(7327), 1443–1446.
Rasmussen, H., Scheier, M., & Greenhouse, J. (2009). Optimism and physical health: A meta-analytic review. *Annals of Behavioral Medicine, 37,* 239–256.
Richter, C. P. (1957). On the Phenomenon of Sudden Death in Animals and Man. *Psychosomatic Medicine, 19*(3), 191–198.
Scheier, M., Matthews, K., Owens, J., Magovern, G., Lefebvre, R., Abbott, R., & Carver, C. (1989). Dispositional optimism and recovery from coronary artery bypass surgery: The beneficial effects on physical and psychological well-being. *Journal of Personality and Social Psychology, 57,* 1024–1040.
Schulman, P. (1990). Explanatory style and achievement in school and work. In G. Buchanan & M. Seligman (Hrsg.), *Explanatory style* (S. 159–171). Erlbaum.
Segerstrom, S. C. (2007). Optimism and resources: Effects on each other and on health over 10 years. *Journal of Research in Personality, 41*(4), 772–786.
Segerstrom, S. C. (2011). *Breaking Murphy's law: How optimists get what they want from life – and pessimists can too.* Guilford Press.
Seligman, M. (1991). *Learned optimism.* Knopf.
Seligman, M., & Maier, S. (1967). Failure to escape traumatic shock. *Journal of Experimental Psychology, 74,* 1–9.
Seligman, M., & Schulman, P. (1986). Explanatory style as a predictor of productivity and quitting among life insurance sales agents. *Journal of Personality and Social Psychology, 50,* 832–838.

Seligman, M., Peterson, C., Kaslow, N., Tanenbaum, R., Alloy, L., & Abramson, L. (1984). Attributional style and depressive symptoms among children. *Journal of Abnormal Psychology, 93,* 235–238.

Sweeny, K., Carroll, P., & Shepperd, J. (2006). Is optimism always best? *Current Directions in Psychological Science, 15,* 302–306.

Taylor, S., Kemeny, M., Aspinwall, L., Schneider, S., Rodriguez, R., & Herbert, M. (1992). Optimism, coping, psychological distress, and high-risk sexual behavior among men at risk for Acquired Immunodeficiency Syndrome (AIDS). *Journal of Personality and Social Psychology, 63,* 460–473.

Weinstein, N. D. (1980). Unrealistic optimism about future life events. *Journal of Personality and Social Psychology, 39,* 806–820.

Yuh, J. I., Neiderhiser, J. M., & Reiss, D. (2010). Genetic and environmental influences on dispositional optimism and depressive symptoms in adolescence. *International Journal of Human Ecology, 11*(2), 15–23.

3
Selbsterfüllende Prophezeiung anwenden

Für viele hört sich die **selbsterfüllende Prophezeiung** und Forschung dazu unglaublich an: Unsere Erwartungen an uns selbst und andere Menschen, unsere Annahmen und Vorurteile, unsere inneren Bilder werden zur Realität (Rosenthal und Babad, 1985; Eden, 1990). Dieses Phänomen der **Psychologie** wurde mit vielen Begriffen bezeichnet als **Rosenthal-Effekt, Pygmalion-Effekt** oder auch **sich selbsterfüllende Prophezeiung**. Wie bitte? Ein Mitarbeiter kann mehr, nur weil man es von ihm erwartet? Ein Kind entwickelt sich besser, weil seine Eltern an es „glauben"? Werden wir dann womöglich auch zum Millionär, nur weil wir feste daran glauben? Wie soll das konkret funktionieren? Dazu dieses Kapitel.

Es beschreibt **Beispiele** für selbsterfüllende Prophezeiungen und erklärt die **Theorie** dahinter. Es diskutiert, welche Erwartungen an den Effekt tatsächlich **realistisch** sind, stellt ein klassisches **Experiment** dar und liefert uns die entscheidenden **Tipps**, wie wir dieses Phänomen für uns nutzen.

> **Risiko: Das passiert, wenn wir die selbsterfüllenden Prophezeiungen nicht beachten**
>
> Wenn wir uns der Macht unserer inneren Vorstellungen und Erwartungen nicht bewusst sind, dann zahlen wir einen hohen Preis dafür: Wir gehen mit einem negativen Bild von uns selbst durch das Leben und sorgen so unbewusst dafür, dass genau dieses negative Bild zur traurigen Realität wird. Wir schaden den liebsten Menschen in unserer Umgebung, indem wir sie genau zu dem Schlechten machen, das wir in ihnen befürchten. Wir wecken unbeabsichtigt negative Reaktionen in unserem sozialen Umfeld, die uns dann zu etwas formen, was andere Menschen in uns befürchten.

© Der/die Autor(en), exklusiv lizenziert an Springer-Verlag GmbH, DE, ein Teil von Springer Nature 2024
F. Becker, *Positive Psychologie – Wege zu Erfolg, Resilienz und Glück*,
https://doi.org/10.1007/978-3-662-67620-2_3

3.1 Selbsterfüllende Prophezeiung: Definition

Was versteht man unter einer selbsterfüllenden Prophezeiung? Johann Wolfgang von Goethe sagte: „Wenn wir die Menschen nur nehmen, wie sie sind, dann machen wir sie schlechter; wenn wir sie behandeln, als wären sie, was sie sein sollten, dann bringen wir sie dahin, wohin sie zu bringen sind." Hat er damit recht? Und gilt das auch für den Umgang mit uns selbst? Das klärt dieses Kapitel. Los geht es mit einer Definition.

Menschen haben mentale Konzepte und Vorstellungen über sich selbst, andere Personen (Alltagspsychologie) oder die Welt. Aus diesen Vorstellungen leiten Menschen Erwartungen über die Zukunft ab und verhalten sich entsprechend. Und mit ihrem eigenen Verhalten sorgen diese Menschen dann mitunter dafür, dass ihre Erwartungen über die Wirklichkeit tatsächlich real werden.

Ein Beispiel: Zahlreiche Menschen haben die Überzeugung entwickelt, dass eine eigentlich finanziell gesunde Bank bald insolvent sein wird. Also stürmen sie die Filialen und heben ihr Erspartes ab – ein „bank run". Durch dieses Verhalten der Kunden wird die Bank tatsächlich zahlungsunfähig. Solche Mechanismen nennt man selbsterfüllende Prophezeiung.

Es gilt folgende **Definition**:

Definition: selbsterfüllende Prophezeiung

Eine selbsterfüllende Prophezeiung ist eine Annahme über die Zukunft, die dazu führt, dass der Träger sein Erleben und Verhalten so ändert, dass diese Annahme tatsächlich real wird.

Die folgenden Abschnitte zeigen Beispiele, dass diese Definition in verschiedenen Bereichen gilt.

3.2 Selbsterfüllende Prophezeiung: Beispiele

Für die sich selbsterfüllende Prophezeiung gibt es viele **Beispiele**:

- **Placebo-Effekt.** Der Glaube an die Wirksamkeit einer (vermeintlichen) Medizin führt dazu, dass tatsächlich eine Besserung eintritt. Jemand nimmt eine objektiv völlig wirkungslose Tablette, und die Kopfschmerzen sind weg – einfach, weil die Person glaubt, dass die Tablette wirksam ist.

Das ist das vermutlich bekannteste Beispiel für eine sich selbsterfüllende Prophezeiung.
- **Nocebo-Effekt.** So nennt sich der weniger bekannte „dunkle" Zwillingsbruder des Placebo-Effekts. Hier führt die falsche oder übertriebene Überzeugung, dass etwas schädlich ist oder bestimmte Nebenwirkungen hat, dann tatsächlich zu diesen negativen Wirkungen. Eine interessante Auswirkung dieses Beispiels für eine selbsterfüllende Prophezeiung ergibt sich aus dem in asiatischen Kulturen verbreiteten Aberglauben, die Zahl vier bringe Unglück. Dieser hat seinen Ursprung darin, dass sich das Wort für die Zahl „vier" auf Mandarin anhört wie das Wort für „Tod". Die tiefe Überzeugung, dass die vier eine Unglückszahl sei, führt dann offenbar dazu, dass asiatischstämmige US-Amerikaner tatsächlich statistisch gehäuft am 4. eines Monats versterben (Phillips et al., 2001). Der Aberglaube wird zur bitteren Realität.
- **Prüfungsangst.** Ein typisches Beispiel für die selbsterfüllende Prophezeiung ist auch übertriebene Prüfungsangst aus der verzerrten Annahme, dass man scheitern wird. Diese Angst führt zu hohem Stress und zu großer Nervosität bei der Prüfung – und daraus resultiert dann tatsächlich eine schlechte Prüfungsleistung.
- **Marktdynamik.** Auch das Wirtschaftsleben ist voll von Effekten der sich selbsterfüllenden Prophezeiung. Menschen glauben, dass eine Aktie steigen wird, kaufen sie – sie steigt in der Konsequenz tatsächlich. Menschen glauben, dass Toilettenpapier knapp wird, kaufen ein und horten – es wird wirklich ein knappes Gut. Menschen glauben, dass sich die Wirtschaft abkühlt, investieren nicht mehr, stellen keine Mitarbeiter mehr ein – die Wirtschaft schrumpft in der Folge dann tatsächlich wie erwartet.

Es gibt also **viele Formen** der sich selbsterfüllenden Prophezeiung. Unsere Annahmen sind sehr mächtig, denn wir machen sie ganz unbewusst oft zur Realität. Häufig betrifft die Prophezeiung dabei auch Annahmen über uns selbst.

3.3 Glaubenssätze als selbsterfüllende Prophezeiungen

Bei den Annahmen, die sich als selbsterfüllende Prophezeiung auswirken, muss es nicht um andere Menschen gehen. Die Prophezeiung kann auch uns **selbst betreffen**. Alle Menschen tragen tief in sich fest verwurzelte **Glaubenssätze**, Annahmen über sich selbst und die Welt. Das können Annahmen sein wie: „Ich bin nicht liebenswert. Andere werden mich ablehnen." Die selbsterfüllende Dynamik kann vereinfacht ausgedrückt so aussehen: Wer glaubt, andere werden ihn ablehnen, verhält sich sozial introvertiert und defensiv, geht nicht auf andere zu. Dadurch bekommt die Person tatsächlich wenig Kontakt mit anderen Menschen, entwickelt kaum soziale Kompetenz und kein Selbstvertrauen. Ja, sie fällt anderen oft gar nicht auf. Schließlich ist diese Person tatsächlich nicht gut sozial integriert und scheinbar von der Gesellschaft „abgelehnt". Die Person nimmt dieses Ergebnis wahr und fühlt sich in ihrem Glaubenssatz bestätigt „Andere lehnen mich ab. Ich bin eben nicht liebenswert." Das zeigt deutlich, warum die selbsterfüllende Prophezeiung für die Positive Psychologie (Kap. 1) so entscheidend ist.

Eine selbsterfüllende Prophezeiung ist oft als selbstverstärkender Kreislauf aufgebaut, wie Abb. 3.1 zeigt.

Die Abbildung zeigt so einen Kreislauf:

1. Eine Person hat **Annahmen** über sich und die Welt. Beispielsweise glaubt diese Person: „Über 50 findet man keinen Job. Ich kann gleich aufgeben."

Abb. 3.1 Selbsterfüllende Prophezeiung als Modell: Glaubenssätze werden zur Realität

2. Diese Annahmen beeinflussen unser **Verhalten und Entscheidungen**. Wir bewerben uns dann nur halbherzig und treten, wenn wir überhaupt eingeladen werden, zu einem Vorstellungstermin nicht sehr selbstbewusst und eher pessimistisch auf.
3. Das produziert die erwarteten, schlechten **Ergebnisse**. Wir „finden" tatsächlich keinen Arbeitsplatz. Die Prophezeiung ist jetzt eingetreten.

Die Person nimmt die Ergebnisse wahr und interpretiert sie wieder im Sinne ihres Weltbildes: „Habe ich es doch gewusst. Über 50 findet man keinen Job. Ich hätte mir den Aufwand gleich sparen können!" Der negative Kreislauf ist geschlossen und zieht die Person weiter in seinen Strudel. Negative Glaubenssätze führen daher oft unbewusst zu einer **Selbstsabotage**.

Umgekehrt gibt es auch eine Menge positiver Glaubenssätze, die uns im Leben unterstützen. Wer etwa glaubt „Ich bin ein liebenswerter Mensch. Andere werden mich mögen!", der profitiert von einer positiven Spirale der selbsterfüllenden Prophezeiung.

Der Infokasten zeigt **Beispiele** für verbreitete psychologische **Glaubenssätze**.

Beispiele: Glaubenssätze

Hier einige typische negative **Beispiele für Glaubenssätze**:

- Die Welt ist gefährlich. Ich darf keine Risiken eingehen, sonst passiert etwas Schlimmes.
- Menschen darf man nie trauen. Sie werden mich irgendwann hintergehen.
- Andere sind zuständig für mein Glück/Unglück. Ich selbst habe keinen Einfluss.
- Ob ich gut oder schlecht in der Schule bin – das liegt an der Gesellschaft und meinem Elternhaus. Es ist nicht meine Verantwortung.
- Ich bin allein zuständig und verantwortlich, dass andere Menschen (meine Eltern, Partnerin, Kinder, Freunde etc.) glücklich sind. Sie haben keinen Einfluss auf ihr eigenes Glück.
- Wenn ich Spaß habe und mir etwas gönne, dann bin ich egoistisch. Andere hassen mich dann.
- Wenn ich meine Gefühle zeige, dann lehnen mich Menschen ab. Ich darf keine Gefühle haben.
- Frauen/Männer sind böse und berechnend. Sie wollen nur das Eine von mir.
- Wenn ich besser als die anderen bin, dann hassen sie mich. Ich darf nicht erfolgreich sein.
- Wer viel Geld hat, ist ein schlechter Mensch. Er hat es anderen weggenommen.
- Mädchen sind schlecht in Mathe. Ich sollte etwas anderes machen.

- Ein Mann muss kämpfen. Ich muss mich jedem Gegner stellen, sonst bin ich kein Mann!
- Männer müssen es allein schaffen. Ich darf nicht nach Hilfe fragen.
- Wer nichts leistet, der ist nichts wert. Ich muss die/der Beste sein.
- Ich habe Sommersprossen, ich bin hässlich.

Solche negativ geprägten Glaubenssätze führen zu schlechten Entscheidungen. Zahlreiche davon können Teufelskreise bilden, die sich selbst verstärken, unser Glück und unseren Erfolg im Leben verhindern. Die Beispiele zeigen noch einmal sehr deutlich, warum eine pessimistische Weltsicht (Kap. 2) so große Nachteile für uns hat.

Oft stammen unsere Glaubenssätze aus der **Kindheit**, dem Elternhaus, der umgebenden **Kultur**, sind uns **unbewusst**. Sie entfalten dann eine sehr hässliche Dynamik im Erwachsenenleben, sabotieren Erfolg auf subtile Weise. Wir haben es dann mit Menschen zu tun, die immer wieder aus „unerfindlichen" Gründen mit ihren Zielen scheitern. Hier ein Beispiel: Ein Kind hat sehr impulsive und emotional instabile Eltern, die bei geringen Anlässen ausrasten, schreien und es schlagen. Ein unbewusster, tief verankerter Glaubenssatz entsteht: „Wenn ich etwas falsch mache, dann passiert etwas Schreckliches. Ich darf nur machen, was ich ganz, ganz sicher kann." Das Ergebnis ist ein erwachsener Mensch, der sich nicht aus seiner Komfortzone traut, zwanghaft perfektionistisch ist, sich permanent mit Risiken befasst und weit hinter seinem Entwicklungspotenzial zurückbleibt. Wenn diese Person dann doch einmal etwas Neues wagt, dann wird sie sehr ängstlich und unsicher sein – und mit hoher Wahrscheinlichkeit scheitern. Das untermauert wieder ihren Glaubenssatz „Ich darf eben nur machen, was ich ganz, ganz sicher kann." Der Teufelskreis der **Selbstsabotage** ist gefestigt.

Wir haben jetzt die Bedeutung unserer Annahmen über uns selbst diskutiert und wie sie zur Realität werden. Aber was ist mit den Annahmen anderer Menschen über uns? Und was ist mit unseren Annahmen über andere Menschen, die Goethe in seinem Zitat anspricht? Auch das, was andere in unserem Umfeld über uns glauben, entscheidet unsere Zukunft. Und auch wir prägen mit unseren Annahmen die Zukunft anderer Personen. Der nächste Abschnitt beschreibt ein klassisches Experiment dazu.

3.4 Rosenthal-Effekt: Experiment

Psychologische Forschung rund um das Thema selbsterfüllende Prophezeiung gibt es bereits seit Langem. Wie hat alles angefangen? Das Experiment in einer Grundschule von Rosenthal und Jacobson ist die **klassische Studie zur selbsterfüllenden Prophezeiung** und hat breites Interesse am Thema geweckt. Aus diesem Experiment ist der Begriff **Rosenthal-Effekt** entstanden, der ein Beispiel für eine selbsterfüllende Prophezeiung ist.

Forschungsbeispiel: Rosenthal-Effekt (Rosenthal und Jacobson, 1966)

Rosenthal und Jacobson kamen als wissenschaftliches Forschungsteam in eine Grundschule und führten umfangreiche Tests mit den Kindern durch. Anschließend informierten sie die Lehrer zu Beginn des Schuljahres **bewusst falsch** zu 65 zufällig ausgewählten Schülern. Diese hätten in einem Begabungstest der Harvard Universität gut abgeschnitten und wären sozusagen **verborgene Talente** („growth spurters"). Es sei zukünftig bei diesen Kindern mit Leistungssteigerungen zu rechnen. Mit diesem Vorgehen erzeugten die Wissenschaftler künstlich bestimmte **verzerrte Annahmen** bei den Lehrern über das Leistungsvermögen ihrer Schüler.

Tatsächlich hatten die Wissenschaftler alle Kinder der Grundschule getestet – aber nicht auf verborgene Talente, sondern auf logische und verbale Kompetenzen.

In der Folge untersuchten die Forscher, ob es nach einem Jahr zu tatsächlichen Unterschieden in der Leistungsfähigkeit der 65 zufällig ausgewählten Kinder im Vergleich mit ihren Klassenkameraden (Kontrollgruppe, 255 Personen) kam. Die Schulnoten der Versuchsgruppe waren in der Tat besser – aber das könnte auch einfach daran liegen, dass die Lehrer wohlwollender bewerten, wenn sie Kinder für begabt halten. Daher benutzten die Wissenschaftler nochmals die eigenen validen und objektiven Leistungstests zu logischen und zu verbalen Kompetenzen. Und tatsächlich: In ihrer Publikation berichten die Autoren von **signifikanten Unterschieden in der Verbesserung der Leistungsfähigkeit** nach einem Jahr zugunsten der Versuchsgruppe. Dafür verglichen sie einfach für jedes Kind in der Schule die Werte aus der ersten Testung mit den Werten aus der zweiten Testung.

Die Psychologen führen die verstärkte Verbesserung gegenüber den anderen Schülern auf die experimentell manipulierten Erwartungen der Lehrer zurück: Lehrer, die erwarten, dass bestimmte Schüler gut sind, „machen" diese Schüler auch tatsächlich gut – objektiv gut, gemessen von dritten Personen mit validierten Tests. Eine **selbsterfüllende Prophezeiung** tritt ein.

Interessant ist auch, dass Mädchen in der Versuchsgruppe vor allem im Bereich Logik profitierten, Jungen vor allem im Bereich der verbalen Kompeten-

> zen. Es könnte sein, dass durch die veränderten Erwartungen der Lehrkräfte (Das Kind ist ein Talent!) **soziale Stereotype aufgebrochen** und überwunden wurden. Lehrer bekamen einen neuen Blickwinkel, die zuvor geglaubt hatten: „Das ist ein Junge, der ist nicht gut in Sprachen!" oder „Ein Mädchen ... das wird nichts mit Mathe." Und auch die Kinder selbst bekamen möglicherweise neue Annahmen über sich selbst: „Ich bin ein Mädchen, das gut in Mathe ist. Ich mag Mathe!"
>
> Dazu passt auch, dass Kinder mit Minderheitenstatus (Hispanics) mehr profitierten von den künstlich erzeugten positiven Erwartungen ihrer Lehrer. Konsistent mit der Annahme, dass bestehende soziale Stereotype durch die neuen Annahmen künstlich überschrieben wurden, ist folgende Beobachtung: Der Effekt der selbsterfüllenden Prophezeiung traf umso stärker zu, je „mexikanischer" die Kinder aussahen. Es scheint, dass durch das Experiment ein den Lehrern selbst nicht bewusstes, negatives soziales Stereotyp aufgebrochen wurde: „Das Kind ist hispanisch. Es ist schlecht in der Schule." Durch die Harvard-Psychologen bekamen die Lehrpersonen eine neue stärkere und positive Erwartungshaltung: „Das Kind ist ein verborgenes Talent."
>
> Obgleich dieses Experiment mittlerweile methodisch angegriffen wurde (z. B. Raudenbush, 1984), ist es eine klassische Studie, die weitere Forschung zur sich selbsterfüllenden Prophezeiung stimuliert hat. Die zugrunde liegenden Muster wurden dabei wieder und wieder bestätigt.
>
> Die Bedeutung des Rosenthal-Effektes ist extrem weitreichend für Fragen der Bildungsleistung und sozialen Gerechtigkeit. Wie wenige der Lehrer in Deutschland kennen die Macht dieser unbewussten Einflüsse? Wie wenige der Eltern? Und die wenigen, die sich der Effekte bewusst sind: Welche Schlüsse ziehen sie daraus, um Kinder optimal zu fördern? Kennen und nutzen sie effektive Konzepte?

Ein wichtiges Ergebnis weiterer Studien ist, dass der Effekt der Beeinflussung von Erwartungen umso stärker wirkt, je weniger gut sich die beteiligten Personen kennen (Raudenbush, 1984). Das ist logisch, denn wenn sich Personen schon besser kennen, dann sind die gegenseitigen Annahmen bereits relativ gefestigt. Es geht also darum, Annahmen über Menschen relativ früh in die „zweckmäßige" Richtung zu lenken und zu formen.

Die Wirkmechanismen aus diesem Experiment gelten in sehr vielen Bereichen. Darum geht es im Weiteren. Der nächste Abschnitt vertieft die Theorie zur sich selbsterfüllenden Prophezeiung, wenn es um die Wirkung auf andere Personen geht.

3.5 Selbsterfüllende Prophezeiung: Theorie

Wie genau läuft der Prozess einer sich selbst erfüllenden Prophezeiung in Form des Rosenthal-Effektes psychologisch ab? Auch wenn an der Oberfläche sehr unterschiedliche Kontexte betroffen sind: Erwartungen von Eltern an Kinder, von Führungskräften an Mitarbeiter, von Ärzten an Patienten, von Ehepartnern an einander oder auch Trainern an Sportler usw. Die **Schritte in diesem Prozess** sind aus Sicht der **Psychologie** immer dieselben:

1. Menschenbild der Person A
   Person A hat Überzeugungen über Person B entwickelt.
   Eine Lehrerin glaubt, ein Schüler sei besonders begabt.
2. Verhalten der Person A
   Entsprechend diesen Überzeugungen verhält sich Person A gegenüber Person B.
   Die Lehrerin schenkt dem Schüler mehr Aufmerksamkeit, hört mehr zu, schätzt die Meinung, motiviert und ermutigt mehr, fordert Ergebnisse ein, interpretiert die Antworten eher als richtig, lächelt das Kind mehr an, bewertet das Kind wohlwollender.
   Das Kind bekommt anspruchsvolle Aufgaben, mit denen es sich schneller entwickelt, mehr Informationen und Kontakt.
3. Selbstbild und Eigenschaften der Person B
   Dieses Verhalten von Person A beeinflusst bei Person B das Selbstbild und die Eigenschaften, häufig in Richtung der Erwartungen von Person A. Mitunter internalisieren Personen das fremde Bild, übernehmen es also und glauben selbst daran.
   Der Schüler gewinnt die Überzeugung, dass er kompetent ist. Er ist motiviert.
4. Verhalten der Person B
   Person B verändert ihr Verhalten in Richtung der Überzeugungen von Person A.
   Durch mehr Aufmerksamkeit, Übung, Motivation und Selbstvertrauen zeigt der Schüler tatsächlich gute Leistungen.

Und hier schließt sich der Kreis: Person A nimmt das Verhalten wahr und interpretiert es wieder in Richtung ihres Menschenbildes. Ihr Bild über Person B festigt sich. Und so geht es immer weiter. Es handelt sich also um einen **sich selbst stabilisierenden Kreislauf**, der dazu führt, dass Menschen sich tatsächlich in die Richtung entwickeln, wie sie von anderen wahrgenommen werden. Das kann in eine positive (Engelskreis) oder in eine negative Richtung (Teufelskreis) gehen.

> **Perspektive: Sind Lehrer und Eltern schuld, wenn ein Kind schlechte Noten hat?**
>
> Das Wort „schuld" ist in diesem Kontext sehr ungeeignet, wertend, unterstellt bewusste Absichten. Reden wir daher von Einfluss. Bildungserfolg ist ein sehr komplexes Thema. Natürlich sind Lehrer, Eltern und ihre Menschenbilder nicht der einzige Einfluss auf Bildungserfolg. Man kann sich das so vorstellen, dass viele unsichtbare Kräfte auf Kinder wirken. Das richtige Menschenbild verbessert die Chancen von Kindern. Es kann immer noch sein, dass sie dennoch keine guten Leistungen im Bildungssystem zeigen. Das ist allerdings weniger wahrscheinlich. Es wird auch immer Kinder geben, die trotz negativer Menschenbilder in ihrem Umfeld Erfolg haben, resilient sind. Nur: Wie erfolgreich könnten sie erst sein, wenn es günstige Annahmen über sie bei Lehrern und Eltern gibt?
>
> Menschenbilder sind also **ein** wichtiger Einfluss, da sie dazu neigen selbsterfüllende Prophezeiungen zu sein. Aber sie sind **nicht der einzige** Einfluss. Nehmen wir ein Beispiel aus einem ganz anderen Bereich, um das zu verdeutlichen: Mehr als 90 % der Menschen mit Diabetes Typ 2 haben Übergewicht. Das bedeutet aber nicht, dass die Ursache für Diabetes Typ 2 immer Übergewicht war und dass jeder Mensch mit Übergewicht Diabetes Typ 2 bekommen wird.
>
> Unsere Annahmen über Kinder sind ein Einfluss unter vielen auf ihren Erfolg im Leben – doch es ist eine wichtige Kraft, die wir nicht weiter derart ignorieren dürfen. Die Daten sind da. Seit über 50 Jahren!

Diese Effekte der selbsterfüllenden Prophezeiung hat man unter anderem gefunden bei Schulkindern, Patienten, Mitarbeitern, Sportlern – und sogar bei Liebesbeziehungen (Downey et al., 1998; Eden, 1990). Das psychologische Phänomen wirkt offenbar robust und bereichsübergreifend. Wir können es so zusammenfassen: **„Du bekommst, was du erwartest!"** Und sei es mehr Innovationen von Mitarbeitern, wenn man sie nur für kreativ hält (Tierney und Farmer, 2004).

Die Theorie ist somit klar, es folgen Praxis und Beispiele.

3.6 Den Rosenthal-Effekt anwenden

Auch in der Eltern-Kind-Beziehung ist der **Rosenthal-Effekt** aktiv. Das zeigt der folgende Infokasten mit Beispielen.

Beispiel für selbsterfüllende Prophezeiung: die zwei Söhne
Eine Mutter entwickelt die Überzeugung, ihr Sohn sei wenig begabt. Entsprechend diesem Menschenbild verhält sich die Mutter: Ihr Sohn bekommt weniger herausfordernde Aufgaben, darf nicht viel selbst entscheiden, seine Entscheidungen werden hinterfragt und kontrolliert, und er bekommt weniger Lob. Als Konsequenz entwickelt der Sohn ein geringeres Selbstvertrauen und hat weniger Möglichkeiten, Erfahrungen zu sammeln und Kompetenzen zu erwerben. Entsprechend wird der Sohn in seinem Verhalten weniger erfolgreich und kompetent sein. Er verhält sich unbeholfen und wenig selbstständig. Die Mutter, die das beobachtet, wiederum wird in ihrem Menschenbild gefestigt. Sie verhält sich noch intensiver in die oben beschriebene Richtung.
Ein perfekter **Teufelskreis** ist entstanden. Er führt dazu, dass der Sohn tatsächlich wenig Begabung und Selbstständigkeit entwickelt und sich immer mehr in diese ungünstige Richtung bewegt.
Eine andere Mutter hat eine ganz gegensätzliche Überzeugung zu ihrem Sohn entwickelt. Sie hält ihn für selbstständig, lernfähig und kompetent. Ihr Verhalten spiegelt das: Der Sohn darf viel selbst entscheiden, bekommt Taschengeld zur Verfügung, darf selber einkaufen gehen und sich in der Stadt bewegen. Sie überträgt ihm Verantwortung und anspruchsvolle Aufgaben, an denen ihr Kind wächst. Ihr Sohn spürt diese Einstellung und das Vertrauen seiner Mutter in ihn, macht positive Erfahrungen, gewinnt Selbstvertrauen und Kompetenz. Er will die positive Erwartung seiner Mutter nicht enttäuschen. Das spiegelt sich in seinem Verhalten: Er ist extrem selbstständig im Vergleich mit anderen Kindern in seinem Alter, löst anspruchsvolle Aufgaben zuverlässig und souverän. Die Mutter beobachtet das – und ihr positives Bild von ihrem Sohn festigt sich.
Ein **Engelskreis** mit seiner positiven Dynamik ist aus den ursprünglichen positiven Überzeugungen der Mutter entstanden.
Die beiden Beispiele machen klar: **Selbsterfüllende Prophezeiungen sind so mächtig wie ein kleiner Schneeball, aus dem eine ganze Lawine wird.** Unsere Prophezeiungen lösen zirkuläre Dynamiken aus, die sich selbst verstärken. Wir bekommen das, was wir von Menschen erwarten.

Diese Beispiele für selbsterfüllende Prophezeiungen lassen sich ohne Weiteres auf die **Führung** von Mitarbeitern übertragen. Es ist klar, worauf es hinausläuft, wenn eine Führungskraft die Überzeugung entwickelt hat: „Meine

Mitarbeiter sind unfähige Idioten. Man sollte mir Schmerzensgeld zahlen, damit ich ihnen beim Arbeiten zusehe. Lieber mache ich es selbst, dann habe ich am Ende weniger Arbeit, und es ist ordentlich gemacht!" Diese Führungskraft wird schließlich alle ihre Mitarbeiter tatsächlich zu eben jenen unselbstständigen Idioten entwickelt haben, die sie in ihnen sieht – nicht zuletzt auch deshalb, weil die kompetenteren Mitarbeiter gegangen sind.

Die selbsterfüllende Prophezeiung zeigt, wie bedeutsam der Blickwinkel ist, mit dem wir Menschen wahrnehmen. Mit unsichtbaren Seilen zieht er die Realität in die Richtung unserer Annahmen. Das gilt auch für den Blickwinkel auf uns selbst. Die folgende Übung beschreibt, wie wir an unserer Sprache ansetzen können, um den Blick auf uns selbst positiv zu verändern.

> **Übung: die Macht der Worte**
>
> Siehst Du Dich als kompetent, verlässlich, attraktiv? Bist Du jemand, dessen Aussagen zählen? Empfindest Du Dich als relevant? Einiges davon ist sehr unbewusst. Ein wichtiger Zugang ist unsere Sprache, unsere Worte, die wir ohne großes Nachdenken aus Gewohnheit verwenden. Hier die entscheidenden Ansatzpunkte zum Üben:
>
> - Benutzt Du sehr viele „Weichmacher" wie: irgendwie, ziemlich, vielleicht, eigentlich, glaube ich, denke ich, könnte … ? Dann sagst Du anderen – und noch schlimmer Dir selbst – damit permanent: „Ich bin nicht verlässlich und kompetent. Ich bin mir nicht sicher. Auf meine Aussagen und auf mich ist kein Verlass." Ein Beispiel: „Eigentlich würde ich gerne mehr Sport machen." Ach wirklich? Das glaubst Du Dir selber nicht. Anstatt zu sagen „Könntest du das vielleicht noch einmal überdenken?" nutze Botschaften wie: „Bitte überdenke das nochmal gründlich!"
> - Achte auch auf das Wort „nur". „Ich wollte ja nur mal fragen…" „Ich meine ja nur …" Hallo. Das Wort „nur" reduziert Deine Aussage. Als kompetenter und souveräner Mensch gibst Du besser klare Ansagen: „Ich möchte wissen, …" oder „Ich bin überzeugt, dass …".
> - Auch die Formulierung „ich würde" ist ein Indikator, dass Du wenig von Dir selbst hältst. Damit legst Du Dich nicht fest, bist nicht greifbar. Statt „Ich würde vorschlagen…" sagst Du „Ich habe einen Vorschlag: …" oder „Meine Meinung zu dem Thema ist …".
> - Reduziere auch das Wort „müssen". Selbstbestimmte Menschen müssen nicht. Kinder mit strengen Eltern müssen. Nutze auch nicht als Ersatz „dürfen" oder „sollen". Kinder mit netten Eltern dürfen. Du bist aber immer noch in der Kinderrolle mit so einer Formulierung. Sage stattdessen „ich konnte". Ein Beispiel aus der Praxis. Angela Merkel sagt in einem alten Video damals als Umweltministerin: „Woran ich mich besonders gewöh-

nen musste in dem Jahr, das ist die Arbeit als Ministerin in einer obersten Bundesbehörde. Hier habe ich vor allem vieles an Verwaltungstechniken kennenlernen müssen. Und ich habe auch erleben müssen, wie schwierig es ist, andauernd im Licht der Öffentlichkeit zu stehen." Stell Dir vor, sie hätte gesagt: „Ich konnte schon vieles bewegen in diesem Jahr als neue Umweltministerin. Es gibt viel zu tun und ich konnte als Mensch mit den Herausforderungen wachsen. Wir haben hier in meinem Ministerium einiges erreicht. Und ich habe noch viel mehr vor." Eine ganz andere Wirkung, oder? Auch andere Menschen wollen nichts „müssen" – weder Deine Mitarbeiter noch Deine Kunden noch Deine Kinder noch Deine Partnerin oder Dein Partner. Nutze das Wort daher sparsam.

- Wenn Du von Dir viel in der Passivform sprichst, dann ist es ebenfalls ein Hinweis, dass Du wenig von Dir hältst. Passiv ist schwach, es passiert etwas mit Dir. Du solltest aktiv sein, die Situation bestimmen. Entsprechend nutzt Du aktive Formulierungen. Statt „Ich wurde dann von meinem Unternehmen drei Jahre nach China gesandt." sage: „Ich bin dann für die Firma drei Jahre nach China gegangen." Was für ein Unterschied.

Fazit: Mit unserer Sprache programmieren wir uns selbst und unser Umfeld. Jeden Tag. Immer wenn wir sprechen. Ganz unbewusst. Das bedeutet natürlich nicht, dass wir solche Formulierungen überhaupt nicht mehr verwenden sollten. Wir sollten sie mit Bedacht einsetzen. Ja, es gibt Situationen, in denen auch diese Formulierungen ihre Berechtigung haben. Doch in mehr als 90 % der Fälle schaden wir uns mit diesen Formulierungen und Worten. Wir setzen die Macht der Worte immer ein – allerdings oft gegen uns und ohne, dass wir es merken. Deshalb: Erlaube nicht, dass Du mit Deiner Art zu reden, Dein Denken über Dich selbst korrumpierst. Erlaube nicht, dass Deine Worte die Vorstellung, die Deine Mitmenschen von Dir haben, in eine ganz ungünstige Richtung lenken.

Damit kannst Du noch heute anfangen: einen ganzen Tag lang. Achte darauf, wie Du zu anderen sprichst – insbesondere, wenn Du von Dir sprichst. Und verändere in nächster Zeit Deine Gewohnheiten im Sprechen.

Im letzten Abschnitt geht es nochmals zugespitzt um die Frage, welche Tipps für die Praxis sich aus der selbsterfüllenden Prophezeiung ergeben.

3.7 Selbsterfüllende Prophezeiung: Tipps

Wie können wir die **selbsterfüllende Prophezeiung** in der Praxis für uns nutzen? Dazu die folgenden Tipps. Dieser Abschnitt klärt auch, ob Goethe mit seiner Aussage oben recht hat.

Tipps: selbsterfüllende Prophezeiung anwenden

Die Theorie der selbsterfüllenden Prophezeiung bietet uns Praxispotenzial in drei großen Bereichen: erstens unsere Annahmen und Prophezeiungen über uns selbst, zweitens Prophezeiungen unserer Mitmenschen gegenüber uns, drittens unsere Prophezeiungen gegenüber unseren Mitmenschen.

Wir werden zu dem, was wir über uns denken. Ein wesentlicher Aspekt, vielleicht der wichtigste, sind unsere Annahmen über uns selbst. Wer – in gesundem Maße – glaubt „Ich kann das, ich bin den Herausforderungen gewachsen!", entwickelt sich besser als jemand, der befürchtet, nichts zu können und nichts zu schaffen. Resultat ist dann eine höhere Selbstwirksamkeitserwartung (Kap. 4), und diese hat sehr positive Auswirkungen für uns: eine höhere Ausdauer beim Verfolgen unserer Ziele und erhöhte Anstrengung bei Misserfolg, anstatt einfach aufzugeben (vgl. z. B. Stajkovic und Luthans, 1998).

Deshalb geht es darum, uns von den vielen negativen Glaubenssätzen zu befreien, die uns wie mentale Gitterstäbe begrenzen und limitieren. Jeder Mensch trägt nicht nur ein positives Paket aus seiner Kindheit mit sich. Um unser Potenzial frei zu entfalten, müssen wir limitierende mentale Barrieren einreißen, unser Denken ändern. In einem Satz ausgedrückt: „Sieh das in dir, was du werden willst!"

Wir werden zu dem, was andere in uns sehen. Die selbsterfüllende Prophezeiung können wir aber nicht nur in Form unserer Überzeugungen gegenüber uns selbst nutzen. Es lohnt sich auch das Bild, das andere von uns haben, von Anfang an in eine günstige Richtung zu formen: die Macht des ersten Eindrucks. Unsere Chancen stehen dann gut, dass unser soziales Umfeld uns ganz unbewusst zu dem Menschen formt, der wir sein wollen. Das Bild, das wir als ersten Eindruck vermittelt haben, wird dann zur Realität, weil unsere Mitmenschen uns in die Richtung dieser geweckten Erwartungen bewegen. In einem Satz ausgedrückt: „Suche und gestalte dir ein soziales Umfeld, das in dir bereits das sieht und erwartet, was du werden willst!"

Wir machen andere zu dem, was wir in ihnen sehen. Mit diesem Vorgehen können wir unsere Mitmenschen positiv entwickeln:

- Am Beginn einer Beziehung sollten wir starten mit einem Menschenbild, das geprägt ist von Vertrauen, Glauben an die Fähigkeiten und Motivation des anderen Menschen (etwa eines Mitarbeiters/Kindes/Partners) und Wertschätzung. Diese innere Haltung spürt unser Gegenüber und wird sich eher in diese Richtung entwickeln.
- Zudem haben wir mit der positiven Ausstrahlung eine bessere Chance, eine gute Beziehung zu diesem Menschen aufzubauen. Andere Personen spüren, was wir von ihnen halten. Das ist eine wichtige Basis für Erziehung, gute Paarbeziehungen, die Mitarbeiterführung und jede andere Form der Zusammenarbeit und des Miteinanders.
- Natürlich dürfen wir nicht blindlings an diesem positiven Start-Bild festhalten, wenn die Person sich deutlich anders verhält. Die Chance für einen guten Start ist es aber wert, einen Vertrauensvorschuss zu geben. Der Trick beim Vertrauensvorschuss ist, dass es eben nur ein Schuss ist – ein kleiner Schuss mehr also, als man eigentlich für angemessen hält.

- Menschenbilder sollten also immer etwas (aber nur etwas) positiver sein, als eigentlich objektiv gerechtfertigt. Behandeln wir demzufolge unsere Mitmenschen immer als ein wenig kompetenter, selbstständiger, vertrauenswürdiger ..., als diese vielleicht tatsächlich sind. So entwickeln sich diese Menschen in die von uns gewünschte Richtung.

In einem Satz: „Versuche in anderen das zu sehen, was du in ihnen entwickeln willst!"

Fazit: Hat Goethe jetzt also recht mit seiner oben zitierten Aussage? Einerseits ja. Gerade wenn wir eher pessimistische Annahmen über uns oder unsere Mitmenschen haben, besteht die Gefahr einer **negativen sich selbsterfüllenden Prophezeiung**. Wir und andere entwickeln uns dann genau in die Richtung, die wir befürchten. Umgekehrt hat es offenbar positive Auswirkungen, wenn wir Menschen leicht positiv verzerrt sehen. Optimismus (Kap. 2) lohnt sich also auch hier. Es gibt aber eine **wichtige Ergänzung** zu Goethes Aussage:

Wir sollten andere und uns selbst immer **nur einen Schuss** mehr in die Richtung sehen, in der wir sie gerne hätten.

Der Trick ist der kleine Schuss. Übertreibung ist schädlich. Es nutzt nichts, andere oder uns selbst als künftige „Nobelpreisträger" oder „Superwoman" zu sehen. Eine überzogene Erwartung bei anderen Menschen zu wecken, ist ebenfalls keine gute Idee. Wir können dann nur enttäuschen.

Frage an den Autor: Wie kann ich anfangen, die selbsterfüllende Prophezeiung zu nutzen?

Wenn ich damit beginnen will, die selbsterfüllende Prophezeiung für mich zu nutzen, wie gelingt mir der Einstieg?

Die gute Nachricht: Du nutzt sie schon. Sie ist immer aktiv. Deine Erwartungen prägen Deine Zukunft und die der Menschen um Dich. Und die Erwartungen anderer Menschen prägen Dich. Die schlechte Nachricht: Du nutzt die selbsterfüllende Prophezeiung nicht bewusst und nicht strategisch. Daher schadest Du Dir und anderen Menschen vermutlich mehr damit als Du nutzt. Es geht also darum: Wie kannst Du die selbsterfüllende Prophezeiung strategisch nutzen? Das ist in der Tat nicht so einfach, da viele unserer Annahmen über uns selbst und über andere Menschen unbewusst sind.

Dennoch gibt es Möglichkeiten. Damit kannst Du noch heute beginnen: Achte darauf, ob andere Menschen Dich immer wieder positiv überraschen. Das wäre ein Hinweis darauf, dass Du ihnen zu wenig zutraust, Deine Erwartungen an sie zu niedrig sind und Du ihnen damit schadest, ohne es zu wollen. Das gilt für alle möglichen Beziehungen: Mitarbeiter, Kinder, Partner ... Du machst sie mit zu niedrigen Erwartungen zu dem Niedrigen, das Du in ihnen siehst.

Wenn mein Sohn beispielsweise immer wieder bessere Noten nach Hause bringt, als ich erwartet habe, dann versuche ich, mein Bild von ihm positiv anzupassen. „Er lernt doch engagierter und disziplinierter, als ich dachte. Er ist offenbar zunehmend im Gymnasium angekommen." Umgekehrt ist es ein Alarmzeichen, wenn andere Dich immer wieder enttäuschen, dann sind Deine Erwartungen möglicherweise zu überzogen, naiv. Die Kunst ist, wie gesagt, unsere Erwartungen immer nur einen Schuss positiver zu gestalten, um die Menschen in die richtige Richtung bewegen. Mir gefällt ein Zitat von Konfuzius dafür: „Es ist beschämender, Freunden zu misstrauen, als von ihnen getäuscht zu werden." Ich liege lieber positiv daneben, als jemandem fälschlich zu misstrauen.

Eine weitere Maßnahme ist ebenfalls recht einfach: Umgib Dich mehr mit Menschen, die bereits das Potenzial in Dir sehen, das Deine Entwicklung bestimmen soll. Vermeide Menschen, die Dich gering sehen, die Deine Ziele und Träume kleinreden, Dich klein machen, die Deinen Erfolg nicht wollen. Damit ist natürlich nicht gemeint, dass Du Dich mit einer vollkommen unkritischen sozialen Umgebung zufriedengibst oder keine kritische Rückmeldung mehr holst. Suche Menschen, die an Dich glauben und Dir gerade deshalb ehrlich und wertschätzend Feedback auf Deinem Weg geben, damit Du Deine Ziele erreichen kannst, wächst und lernst. Dazu gehört unbedingt auch konstruktive kritische Rückmeldung. Zu abstrakt? Jemand sagt zu Dir regelmäßig Botschaften wie: „Ich fass' es nicht. Das ist so simpel. Ich versteh' einfach nicht, warum Du das immer noch nicht begreifen kannst! Bitte hör' auf zu denken und mach' einfach, was ich Dir sage." Das ist wenig wertschätzend und nicht konstruktiv. Eine andere Person kommuniziert eher in diesem Stil: „Nicht schlecht, der Gedanke von Dir. Aber so ganz funktioniert das so noch nicht. Ich erkläre Dir kurz warum und zeige Dir dann, was Du noch ändern kannst, damit es das nächste Mal klappt!" Das ist konstruktiv, motivierend und wertschätzend. Umgib Dich mit der zweiten Art von Menschen.

Nutze die Macht des ersten Eindrucks. Dass die Erwartungen anderer Dich formen, unterstreicht die immense Bedeutung des ersten Eindrucks. Menschen, denen Du neu begegnest, formen teilweise innerhalb von Sekunden eine Einstellung zu Dir: Bist Du kompetent, freundlich, neutral oder sogar feindlich, bist Du attraktiv, hast Du einen hohen Status? Das geht extrem schnell. Du landest dann in einer Kategorie und wirst dort mit hoher Wahrscheinlichkeit bleiben. Als Folge werden sie Dich mögen oder hassen, respektieren oder verachten, lieben oder ignorieren.

Ich hatte dazu ein Schlüsselerlebnis als Schüler. Während des Schuljahres habe ich zu einem neuen Deutschlehrer gewechselt, wir kannten uns nicht. Ich hatte aber von Mitschülern gehört: „Er ist krass, er ist extrem anspruchsvoll, der ist einfach krank im Erwartungsniveau. Geh nicht zu ihm." Entsprechend vorgewarnt habe ich mich in die erste Reihe gesetzt. Wir sollten zur nächsten Stunde ein Gedicht lesen. Ich habe es nicht nur gelesen. Ich konnte es fast auswendig, hatte mir alle Interpretationen dazu durchgelesen. In der nächsten Stunde wollte er wissen, was wir über das Gedicht denken, und hat Fragen gestellt. Keiner hat sich gemeldet, außer mir. Und meine Antworten waren gut. Er hat angefangen mich anzulächeln. Ein Mann, der sonst nie lächelt. Er hat mich in die Schublade „Das ist ein Guter." gesteckt. Und ich war motiviert. Deutsch wurde zu einem meiner liebsten Fächer. Ich kam im Fach Deutsch von Bewertungen von um die fünf Punkte bei „leichteren" Lehrern auf Bewertungen um die 14 Punkte – bei ihm, einem viel anspruchsvolleren Lehrer. So konnte ich

überhaupt Psychologie studieren. Im Rückblick sehe ich auch, wie viele Beziehungen zu Menschen ich durch vollkommen negative erste Eindrücke nachhaltig ruiniert habe. Und wie ich mir selbst geschadet habe damit.
Achte also immer auf den Eindruck, den Du bei anderen machst, vor allem auf den ersten. Achte auch später darauf, Menschen positiv zu überraschen. Etwa indem Du von ihrem Geburtstag weißt und ihnen gratulierst.
Kommen wir zur wichtigsten Erwartung in Deinem Leben. Deiner eigenen Erwartung an Dich selbst. Ein paar Vorschläge? Du bist:

- relevant (vielleicht sogar wichtig?),
- liebenswert,
- liebevoll,
- attraktiv,
- ein guter Freund,
- kompetent,
- intelligent,
- stabil,
- glücklich,
- vertrauenswürdig,
- motiviert und fleißig,
- ...

Wenn Du magst, ergänze die Liste. Wähle aus, was Dir besonders wichtig ist. Es geht ja schließlich um die Richtung, in die Du Dich entwickeln willst, wer Du werden und sein willst. Was ist Dir wichtig? Welche Art Mensch willst Du sein?

Die selbsterfüllende Prophezeiung zeigt uns die Macht unserer inneren Bilder. Vermutlich das wichtigste Menschenbild, das wir in uns haben, ist das Bild von uns selbst. Es geht daher weiter mit einem Kapitel zur Selbstwirksamkeit: Für wie handlungsfähig und kompetent halten wir uns selbst?

Literatur

Downey, G., Freitas, A. L., Michaelis, B., & Khouri, H. (1998). The self-fulfilling prophecy in close relationships: Rejection sensitivity and rejection by romantic partners. *Journal of Personality and Social Psychology, 75*(2), 545–560.
Eden, D. (1990). *Pygmalion in management*. Heath.
Phillips, D. P., Liu, G. C., Kwok, K., Jarvinen, J. R., Zhang, W., & Abramson, I. S. (2001). The Hound of the Baskervilles effect: Natural experiment on the influence of psychological stress on timing of death. *BMJ, 323*(7327), 1443–1446.
Raudenbush, S. W. (1984). Magnitude of teacher expectancy effects on pupil IQ as a function of the credibility of expectancy induction: A synthesis of findings from 18 experiments. *Journal of Educational Psychology, 76*(1), 85–97.

Rosenthal, R., & Babad, E. Y. (1985). Pygmalion in the gymnasium. *Educational Leadership, 43*(1), 36–39.
Rosenthal, R., & Jacobson, L. (1966). Teachers' expectancies: Determinants of pupils' IQ gains. *Psychological Reports, 19*(1), 115–118.
Stajkovic, A. D., & Luthans, F. (1998). Self-efficacy and work-related performance: A meta-analysis. *Psychological Bulletin, 124*(2), 240–261.
Tierney, P., & Farmer, S. M. (2004). The pygmalion process and employee creativity. *Journal of Management, 30*(3), 413–432.

4

Selbstwirksamkeit stärken

Wenn wir auf die nächste große Herausforderung im Leben treffen: Stehen wir dann immer wieder auf und kämpfen weiter – oder geben wir auf und resignieren? **Selbstwirksamkeit** gilt als das, was uns unaufhaltsam macht: in Schule und Bildung, Karriere und Beruf, Beziehungen und selbst bei unserer Gesundheit. Bei der Selbstwirksamkeitserwartung geht es um die tiefe innere Überzeugung, dass wir etwas können. Wir glauben dann fest daran, dass wir ein Ziel erreichen, eine Aufgabe erfolgreich abschließen werden. Henry Ford sagte dazu: „Egal ob du denkst, du schaffst es, oder du schaffst es nicht – du wirst damit recht behalten."

Dieses Kapitel **definiert Selbstwirksamkeit** und zeigt anhand vieler **Beispiele** und **Forschung der Psychologie**: Warum reagieren viele Menschen hilflos auf Herausforderungen? Wie können wir unsere **Selbstwirksamkeit stärken** und damit unsere Motivation steigern? Wie können wir schon **bei Kindern Selbstwirksamkeit fördern?** Wie werden **Mitarbeiter** selbstwirksam? Und trotz aller **Vorteile** diskutiert das Kapitel auch die Risiken, **Kritik** und Nachteile der Selbstwirksamkeitserwartung.

> **Risiko: Das passiert ohne Selbstwirksamkeit**
>
> Das Gegenteil von Selbstwirksamkeit ist Hilflosigkeit. Wenn wir uns als hilflos empfinden, dann geht jede Hoffnung verloren, jeder Glaube, etwas ändern zu können, jeder Antrieb, unser Leben zu verbessern. Hilflose Menschen hören auf, ihr Leben zu leben. Sie werden zum Spielball fremder Interessen, bleiben auch in schlimmsten Umständen passiv. Dazu kommt, dass wir uns als hilflose

> Menschen oft in Abhängigkeit von anderen begeben. Anstatt selbstständig und proaktiv unser Leben zu führen, warten wir abhängig auf Hilfe und Unterstützung – andere sollen es für uns richten.

4.1 Was ist Selbstwirksamkeit? Definition

Was ist Selbstwirksamkeit einfach erklärt? Viele würden sagen: „Das Gleiche wie Selbstbewusstsein, Selbstsicherheit oder Selbstvertrauen!" Das stimmt nicht ganz. Der Psychologe **Albert Bandura** (Bandura, 1977) entwickelte die Theorie der „self-efficacy", zu Deutsch **Selbstwirksamkeitserwartung** (SWE). Diese Theorie beschreibt, dass wir nur dann eine Handlung ausführen, wenn wir daran glauben, dass wir diese erfolgreich ausführen können. Entsprechend lautet die **Definition**:

> **Definition: Selbstwirksamkeit**
>
> Selbstwirksamkeit ist der Glaube einer Person oder Gruppe, dass sie fähig ist, eine bestimmte Aufgabe in einem bestimmten Kontext erfolgreich zu erledigen.

Selbstwirksamkeit definiert also ein entsprechend positives Bild von uns selbst und von der gestellten Aufgabe. Tatsächlich kann man bei Selbstwirksamkeit zwei Arten definieren:

1. **Spezifische Selbstwirksamkeit.** Diese bezieht sich auf die Überzeugung, eine ganz bestimmte konkrete Herausforderung bestehen zu können – etwa eine erfolgreiche Rede vor 300 Führungskräften zu halten, einen Marathon zu laufen oder eine attraktive Frau erfolgreich anzusprechen. Das ist die ursprüngliche Definition von Albert Bandura.
2. **Allgemeine Selbstwirksamkeit.** Sie ist definiert als die allgemeine Überzeugung, die Welt und unsere Umgebung erfolgreich gestalten zu können. Diese Art der Selbstwirksamkeit entspricht am ehesten den umgangssprachlichen Begriffen Selbstvertrauen und Selbstbewusstsein.

Zu einer guten Definition gehört auch die Abgrenzung von anderen Begriffen. Abb. 4.1 zeigt die Begriffsabgrenzung und Definition von Selbstwirksamkeit.

4 Selbstwirksamkeit stärken

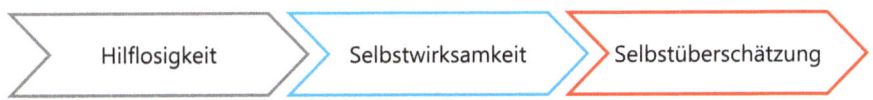

Abb. 4.1 Selbstwirksamkeit: Definition und Abgrenzung

Wenn wir nicht selbstwirksam sind, ist der Zustand **Hilflosigkeit**. Wir können genauso lernen, hilflos zu sein, wie wir lernen können, selbstwirksam zu sein. Im Extrem bedeutet „**gelernte Hilflosigkeit**", dass Menschen die Hoffnung aufgeben, eine Situation zum Guten verändern zu können (Maier und Seligman, 1976). Tatsächlich sind viele Menschen selbst ihr schlimmster Kritiker. Sie reden sich ein, was sie nichts können und alles falsch machen, sie begrenzen sich selbst. Die Bedeutung für unsere Motivation ist logisch: Warum auch sollten wir etwas tun, wenn wir nicht an den Erfolg glauben?

Doch es geht auch in die andere Richtung über Selbstwirksamkeit hinaus: Eine extreme Übersteigerung der Selbstwirksamkeit ist **Selbstüberschätzung** (Whyte und Saks, 2007). Zu den Risiken davon später mehr.

Sich selbstwirksam zu fühlen, ist nicht nur für einzelne Menschen und ihre Motivation entscheidend. Es ist auch bedeutsam für die Positive Psychologie (Kap. 1) von Gruppen und Teams. Sie können eine **kollektive Selbstwirksamkeit** entfalten. Beispielsweise kann ein Fußballteam die innere Überzeugung gewinnen, dass es jeden Gegner besiegen wird – und damit nahezu unaufhaltsam werden. Wir kennen die Beispiele von Mannschaften, die dann vollkommen über sich hinauswachsen, objektiv weit überlegene Gegner überrennen. Das hat beispielsweise Island in der Fußballeuropameisterschaft 2016 gegen die englische Nationalmannschaft gemacht – ein Land mit 400.000 Einwohnern hat ein fußballfanatisches Land mit über 55 Mio. Einwohnern besiegt und aus dem Turnier geworfen.

Selbstwirksamkeit ist somit ein besonderes Menschenbild. Ein Menschenbild von uns selbst, das extrem wichtig für unsere Motivation ist. Der Infokasten zeigt ein Beispiel für hohe Selbstwirksamkeitserwartung bei einer Frau auf ihrem Lebensweg.

Beispiel: hohe Selbstwirksamkeit und sozialer Aufstieg

Ein eindrucksvolles Beispiel für hohe Selbstwirksamkeit ist diese Schilderung einer Frau:

> „Als Kind habe ich Glasscherben gesammelt und verkauft, damit ich mir davon Bücher ausleihen kann. Meine Hände haben geblutet. Wasser mussten wir 15 Minuten nach Hause tragen. Meine ältere Schwester ist an einer Infektion gestorben, weil es kaum medizinische Versorgung gab. Meine Mutter hat Kleidung für uns selbst hergestellt, Schuhsolen aus Papierlagen geklebt, Wäsche im Fluss gewaschen. Oft gab es zu wenig zum Essen ...
> Ich bin nach Deutschland gegangen, habe studiert, nebenbei die Sprache gelernt und zusätzlich gearbeitet, um mein Studium zu finanzieren. Ich bin nach zwei Jahren im Vordiplom als beste Studentin ausgezeichnet worden. Meine Kollegen im Baumarkt, in dem ich nebenbei arbeitete, haben mich gefeiert, weil ich in der Zeitung war. Ich habe Karriere gemacht, mir mehrere Immobilien erarbeitet. Ich werde nie zulassen, dass mir jemand sagt: ‚Das kannst du nicht schaffen.' Ich werde nie aufhören zu träumen."

Die Definition der Selbstwirksamkeitserwartung macht deutlich: Das Konzept ist anders definiert und abgegrenzt als der umgangssprachliche Begriff **Selbstbewusstsein**. Selbstbewusstsein bezieht sich auf die ganze Person und ihr Selbstwertgefühl als Mensch. Spezifische Selbstwirksamkeit dagegen ist sehr konkret auf ganz bestimmte Aufgaben ausgerichtet – einen Vortrag vor 300 Führungskräften zu halten, 20 Kilometer in einer bestimmten Zeit zu laufen, eine Frau erfolgreich beim Flirt anzusprechen oder die Mathe-Klausur am nächsten Tag zu bestehen.

Etwas vereinfacht kann man sagen: Extrem niedriges Selbstbewusstsein ist ein Fall für den klinischen Psychologen. Niedrige Selbstwirksamkeitserwartungen dagegen sind etwas, worum wir uns selbst erfolgreich kümmern können – sei es bei uns selbst, bei Mitarbeitern, Kindern und anderen Menschen in unserem Umfeld.

Weiter geht es mit einem Beispiel für Selbstwirksamkeit.

4.2 Beispiel für Selbstwirksamkeit: Der Bannister-Effekt

Ein anschauliches Beispiel für Selbstwirksamkeit ist die Weltrekordzeit des Läufers Roger Bannister.

> **Beispiel für Selbstwirksamkeit: Der Bannister-Effekt**
> Kann eine ganze Gesellschaft glauben, dass etwas nicht geht – und es deswegen nicht erreichen?

Roger Bannister war Medizinstudent – und er war Läufer. Die Rekordzeit für das Laufen einer Meile lag seit über zehn Jahren bei knapp über vier Minuten. Noch nie war jemand eine Meile schneller als vier Minuten gelaufen. Das führte zur verbreiteten Überzeugung bei Experten, Athleten und Physiologen, dass das schlichtweg nicht möglich sei. Ja, manche nahmen offenbar sogar an, dass eine derartige Anstrengung tödlich sein könnte.

Doch nicht Roger Bannister. Er war als Medizinstudent persönlich überzeugt, dass Menschen eine Meile in weniger als vier Minuten laufen können. Er setzte sich das Ziel, als erster Mensch überhaupt, die Meile in unter vier Minuten zu laufen. Dafür trainierte er körperlich nicht einmal viel – eine halbe Stunde täglich. Schließlich wollte er sein Medizinstudium erfolgreich abschließen. Aber er trainierte sich mental, visualisierte seinen Erfolg, visualisierte, dass es möglich sei. Er schloss seine Augen und stellte sich jede Bewegung, jede Situation vor – wie er am Ende die Ziellinie durchläuft, wie die Menge jubelt, wie er den Weltrekord und den Glaubenssatz „Das geht nicht!" bricht. Er schrieb sich sein Ziel sogar auf einen Zettel, den er während der Rennen in seinem Schuh platzierte.

Am 6. Mai 1954 war es so weit. Roger Bannister schaffte, was bislang als unmöglich galt: Er lief die Meile in drei Minuten und 59,4 Sekunden. Die „four-minute mile" war geknackt.

Was dann passierte, kann man unterschiedlich interpretieren: Innerhalb von nicht einmal zwei Monaten lief ein anderer Läufer die Meile ebenfalls in unter vier Minuten. Und das ging so weiter: Über zehn Läufer schafften es innerhalb der nächsten drei Jahre, die Zeit von vier Minuten zu knacken. Mittlerweile haben es nahezu 2.000 Läufer geschafft. Manche sagen, das sei nichts Besonderes, läge an besseren Trainingsbedingungen und daran, dass nach dem Zweiten Weltkrieg Sport wieder mehr in den Fokus geriet. Andere sagen, es habe daran gelegen, dass Roger Bannister der Welt bewiesen habe: Es ist möglich, eine Meile in unter vier Minuten zu laufen!

Diese psychologische Interpretation lautet: Bannister hat limitierende Glaubenssätze gesprengt und so alle anderen zu neuem Denken, was möglich ist, zu ambitionierteren Zielen motiviert. Er hat nach dieser Interpretation zunächst selbst als isolierter Einzelner eine hohe Selbstwirksamkeitserwartung gehabt, daran geglaubt, dass er die Rekordzeit laufen kann, und sich den Erfolg mental visualisiert. Nach seinem Erfolg hat sich dann die kollektive Selbstwirksamkeit positiv verschoben. Andere waren jetzt auf einmal ebenfalls überzeugt davon, dass es möglich sei.

Der Bannister-Effekt (Wooten, 2022) beschreibt daher die Tatsache, dass Menschen oft nur deshalb etwas nicht schaffen, weil eine Gesellschaft glaubt, dass es unmöglich ist. Diese Überzeugung, dass etwas nicht geht oder man es nicht kann, führt zu kollektiver Hilflosigkeit und unambitionierten Zielen. Sobald allerdings jemand öffentlich zeigt, dass es doch möglich ist, zerstört das diesen kollektiven und begrenzenden Glaubenssatz. Es regt auch andere dazu an, die Situation und Herausforderung neu zu bewerten, und führt zu einer Innovation bzw. neuem Denken. Nach der Befreiung von ihrer mentalen Barriere tun dann auf einmal viele, was vorher alle für unmöglich gehalten haben. Sie haben Selbstwirksamkeit entwickelt, den Glauben, dass sie es schaffen können.

Ein Beispiel für den Bannister-Effekt ist die lange Zeit verbreitete Annahme, dass Frauen für Wissenschaft ungeeignet seien. Von der Antike bis zur Neuzeit

> wurde Frauen der Zugang zur Wissenschaft verwehrt, ja oftmals sogar zur Bildung an sich. Schulen gab es lange Zeit nur für Jungen. Auch in neuerer Zeit war die Haltung gegenüber Frauen in der Wissenschaft reserviert. So sagte stellvertretend für den jahrhundertelangen Zeitgeist etwa der Nobelpreisträger für Physik Max Planck: „Amazonen sind auch auf geistigem Gebiet naturwidrig." Dieser tief verwurzelte Glauben hielt lange Jahre und auch heute noch Frauen zurück, ihr wissenschaftliches Potenzial zu verwirklichen. Beispiele wie Marie Curie (Entdeckerin der Radioaktivität), Emmy Noether (Begründerin der modernen Algebra) oder Lise Meitner (erste Professorin Deutschlands und Kernphysikerin) rissen diesen limitierenden Glaubenssatz für viele andere Mädchen und Frauen ein. Sie machten den Weg frei für mehr Akzeptanz in der Wissenschaft. Tausende Frauen folgten und folgen ihren großen Fußstapfen.

Der nächste Abschnitt zeigt die Möglichkeiten, um gesunde Selbstwirksamkeit zu entwickeln.

4.3 Selbstwirksamkeit fördern und stärken

Wie erreicht man Selbstwirksamkeit? Die Selbstwirksamkeitserwartung aufbauen kann man bei sich selbst, am Arbeitsplatz bei Mitarbeitern oder bei Kindern. Die Positive Psychologie (Kap. 1) hat dafür zahlreiche Ansatzpunkte und Interventionen entwickelt (vgl. auch Bandura, 1997). Es gibt wirksame Ansatzpunkte, mit denen wir **Selbstwirksamkeit stärken**.

4.3.1 Erfolgserlebnisse und Erfahrung

Übung und Erfahrung mit einer Aufgabe nimmt Ängste und Hemmungen und führt durch Erfolgserlebnisse und Routine zu einem Gefühl der Beherrschung. Das stärkt Selbstwirksamkeit. Ähnlich wie bei einer Person mit Führerschein, die nie fährt, erstickt auch bei anderen Tätigkeiten durch zu starke Schonung und Behütung unsere Selbstständigkeit und das Selbstvertrauen.

Wichtig ist natürlich, dass unsere Erfahrungen positiv sind. Es ist also gut, regelmäßig Erfolgserlebnisse zu haben, ja sogar aktiv zu suchen. Besser ist es noch, zusätzlich regelmäßig daran zu erinnern. Indem wir Erfolge benennen und feiern, fördern wir Selbstwirksamkeit. Hier spielen **Lob und Anerkennung** eine große Rolle – etwa als Führungskraft oder Kollege oder als Eltern gegenüber Kindern. Wichtig ist es auch, unsere **Resilienz** (Kap. 5) gegenüber Fehlern aufzubauen. Leitmotto: „Fehler sind normal und eine gute Gelegenheit, um zu lernen!"

> **Übung: Erfolgstagebuch**
>
> Wir haben jeden Tag Erfolg. Doch oft nehmen wir unsere kleinen Erfolge gar nicht wahr. Eine Übung, um unsere Erfolge mehr zu beachten, ist das Erfolgstagebuch. Dafür können wir uns abends kurz Zeit nehmen und an drei konkrete Erfolge dieses Tages denken. Ein paar Beispiele für Fragen dazu:
>
> - Was ist mir heute besonders gut gelungen?
> - Welche Situation habe ich gut gemeistert?
> - Was habe ich heute gelernt?
> - Welche schwierigen Situationen habe ich vermieden?
> - Wovor habe ich mich und andere beschützt?
> - Wie habe ich anderen geholfen, die Welt ein wenig besser gemacht?
> - Wem habe ich heute eine Freude gemacht?
>
> Idealerweise schreiben wir diese Erfolge auf. Das kann im digitalen Kalender als Notiz geschehen. Es kann ein Textdokument sein, ein Tagebuch aus Papier oder einfach ein Schreibblock. Schön ist, wenn wir am Ende einer Woche auf unsere Erfolgsnotizen zurückblicken und uns nochmal lebhaft daran erinnern. Mit dieser Übung lenken wir kontinuierlich mehr Fokus auf unsere Erfolge, definieren für uns über die Zeit viel klarer, was Erfolg für uns persönlich bedeutet, und bauen Selbstwirksamkeit auf.

4.3.2 Kompetenzen aufbauen

Auch Kompetenzen stärken die Selbstwirksamkeit. Unsere Selbstwirksamkeit ist nicht vollkommen von der Realität losgelöst, sondern hängt stark mit den tatsächlichen Kompetenzen zusammen. Sie kann zwar in Einzelfällen weit von der Realität abweichen, was dann als Selbstüberschätzung oder Selbstunterschätzung auffällt – aber in der Regel folgt sie den Kompetenzen. Damit haben wir einen wichtigen Ansatzpunkt, der unsere Selbstwirksamkeit fördert: den Aufbau von Kompetenzen. Das geschieht beispielsweise ganz klassisch durch die **Unterweisung** durch eine kompetente Person (Unterricht) und **Übung**. Erhöhte Kompetenzen machen auch die im vorangehenden Punkt genannten Erfolgserlebnisse wahrscheinlicher. Ein weiterer angenehmer Nebeneffekt für unsere Motivation ist, dass Kompetenzen selbst das betreffende Verhalten motivieren. Wer etwas gut kann, wird es gerne praktizieren – wer etwas nicht gut beherrscht, der wird es meist ungern ausführen. Tatsächlich zeigen Studien, dass beispielsweise Angebote zur Personalentwicklung Kompetenzen aufbauen und dadurch Mitarbeiter motivieren (Crawford, LePine und Rich, 2010).

4.3.3 Vorbilder suchen

Wenn wir andere, **ähnliche Personen beobachten**, die **erfolgreich** ein Verhalten zeigen, dann stärkt das unseren Glauben an die eigenen Möglichkeiten. Sie wirken als Vorbild. Das Motto „Wenn der das kann, kann ich das auch!" stärkt Selbstwirksamkeit. Dabei geht es eher um Menschen, die uns ähnlich sind, als um Menschen, die wir als unerreichbar wahrnehmen. Diese Strategie der Vorbilder nutzt auch die Werbung, etwa um Ängste von bestimmten Zielgruppen abzubauen. So setzte seinerzeit der Internetanbieter AOL gezielt auf Boris Becker mit dem Spruch „Bin ich schon drin?" für die Bewerbung seiner Internetangebote. Damals hatten noch viele Menschen „Angst" vor dem Internet, fühlten sich hilflos im Umgang damit. Mit dieser Strategie wollte AOL bei technisch weniger affinen Personen Selbstwirksamkeit aufbauen. Diese Zielgruppe sollte denken: „Wenn sogar der das kann, kann ich das erst recht!"

4.3.4 Positive Erwartungen von anderen

Auch das soziale Umfeld kann unsere Selbstwirksamkeit fördern. Positive Erwartungen anderer an unsere Leistungsfähigkeit strahlen auf uns aus. Das gilt umso mehr, wenn unsere Mitmenschen diese positiven Erwartungen in Form von **Ermutigungen** äußern. Die Psychologie hat diesen Effekt der sich selbsterfüllenden Prophezeiung (auch Rosenthal-Effekt) (Kap. 3) erforscht und in zahlreichen Kontexten bestätigt; unter anderem bei Schülern, Paarbeziehungen, Patienten und Mitarbeitern. Dabei zeigt sich kontinuierlich, dass positive Erwartungen an eine Person die Entwicklung und das Verhalten der Person auch objektiv in diese Richtung führen. Niedrige Erwartungen bewirken das Gegenteil.

Lehrern wurden beispielsweise falsche Werte für die Leistungsfähigkeit ihrer Schüler mitgeteilt. Es zeigt sich, dass die Lehrer mit positiven Erwartungen die Schüler nicht nur entsprechend besser behandelten und bewerteten. Man beobachtete darüber hinaus, dass tatsächlich diejenigen Schüler objektiv eine bessere Leistung entwickelten, deren Lehrer falsche positive Vorabinformationen bekommen hatten. Dagegen zeigten diejenigen Schüler später eine objektiv schlechtere Leistung, bei denen Lehrer fälschlicherweise übertrieben negative Erwartungen hatten (Rosenthal und Jacobson, 1966; Rist, 2000).

Bei Mitarbeitern sind besonders die positiven Erwartungen der Führungskraft wichtig. Führungskräfte, die an ihre Mitarbeiter glauben, strahlen das auch aus. Bei ihren Mitarbeitern stärken sie damit die Selbstwirksamkeitsüberzeugung. Gleiches gilt bei Eltern und Kindern.

Daneben gibt es Hinweise, dass auch **positive Emotionen** unsere Selbstwirksamkeit stärken (z. B. Oriol-Granado, 2017). Das ist ein wichtiger Ansatzpunkt: Mit guter Stimmung fühlen wir uns eher so, als könnten wir die Welt erobern. Und auch die Emotion in einer ganzen Gruppe ist wichtig – etwa die Stimmung in einem Arbeitsteam. Das Betriebsklima ist also genauso relevant für das Stärken von Selbstwirksamkeit wie die Stimmung in einer Familie oder Schulklasse.

Abb. 4.2 zeigt die Zusammenhänge im Überblick.

All diese Maßnahmen helfen beim Fördern von Selbstwirksamkeit – etwa bei Mitarbeitern (Saks, 1994), Kindern, dem Partner oder bei uns selbst.

Wir können also systematisch Selbstwirksamkeit stärken, steigern und aufbauen. Dadurch eröffnen wir uns und anderen Menschen große Vorteile im Leben. Der nächste Abschnitt geht auf diese Auswirkungen und Vorteile der Selbstwirksamkeit ein.

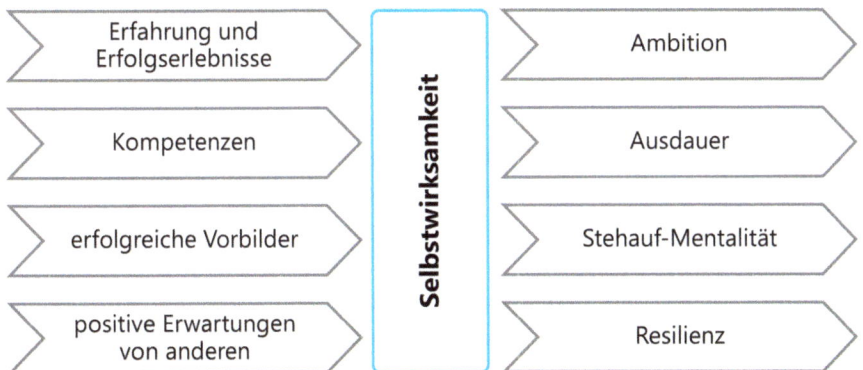

Abb. 4.2 Selbstwirksamkeit stärken: Entwicklung und Auswirkungen von Selbstwirksamkeit

4.4 Selbstwirksamkeitserwartung: Vorteile

Selbstwirksamkeit hat positive **Auswirkungen auf unser Verhalten**. Personen mit hoher Selbstwirksamkeitserwartung zeigen Verhaltensweisen, die sie erfolgreich machen und die man auch am Arbeitsplatz positiv bewertet (vgl. z. B. Stajkovic und Luthans, 1998). Das sind die **Vorteile von Selbstwirksamkeit**:

- **Ambition.** Menschen mit hoher Selbstwirksamkeit suchen sich realistische und anspruchsvolle Ziele aus. Sie zielen auf eine Übereinstimmung ihrer Fähigkeiten mit den Anforderungen von Aufgaben. Personen mit niedriger Selbstwirksamkeit wählen dagegen häufig entweder zu leichte oder mitunter überraschenderweise auch zu schwierige Ziele. Das Motto ist dann: „Ich musste ja scheitern!" Danach geben sie auf.
- **Ausdauer.** Selbstwirksame Personen zeigen eine höhere Ausdauer, verfolgen Ziele hartnäckiger, steigern ihre Anstrengung in schwierigen Situationen und geben nicht auf. Das liegt daran, dass sie an ihren Erfolg glauben. Sie glauben, dass sie es schaffen können, und wollen das den anderen Menschen beweisen.
- **Stehauf-Mentalität.** Bei negativer Rückmeldung und Misserfolg erhöhen wir bei hoher Selbstwirksamkeitserwartung unsere Anstrengung. Wir halten bei Misserfolg eher an unseren Zielen fest und versuchen es erneut. Dabei suchen wir nach neuen und besseren Strategien und verbessern unsere Leistung. Personen mit geringer Selbstwirksamkeit dagegen reduzieren ihre Anstrengung.
- **Resilienz.** Selbstwirksame Menschen haben eine höhere Resilienz (Kap. 5) gegenüber negativen Situationen, ein dickeres Fell. Soziale Konflikte, Stress und Misserfolge können ihnen nicht so viel anhaben, sie raffen sich auf und versuchen, die Situationen zu verändern (Luthans, 2002). Wo andere passiv bleiben und aufgeben (Sweetman und Luthans, 2010) oder sogar Burn-out entwickeln, kämpfen sie weiter (Bakker, Demerouti und Euwema, 2005).

Das kommt daher, dass sich selbstwirksame Personen aktiv darauf konzentrieren, **was sie selbst an ihrer Situation ändern können**. Sie handeln. Menschen mit geringer Selbstwirksamkeit fokussieren stattdessen passiv darauf, **was andere für sie tun sollen**. Sie warten ab, dass sich ihre Situation ändert, erwarten, dass andere für sie ihr Leben regeln.

Tab. 4.1 Auswirkungen hoher und geringer Selbstwirksamkeit

hohe Selbstwirksamkeit	niedrige Selbstwirksamkeit
glauben an den Erfolg/positive Konsequenzen	erwarten Misserfolg/negative Konsequenzen
fokussieren auf das, was sie selbst ändern können	fokussieren auf das, was sie nicht ändern können/(er)warten, dass andere etwas für sie ändern
nutzen proaktiv Chancen und stellen sich Herausforderungen	versäumen Chancen und erdulden Probleme passiv
wählen anspruchsvolle, aber realistische Ziele aus	wählen meist zu leichte und unambitionierte Ziele
zeigen eine hohe Ausdauer, verfolgen Ziele hartnäckig	geben bei Herausforderungen schnell auf
halten an ihren Zielen fest, wenn sie diese Ziele zunächst nicht erreichen	wählen schnell leichtere Ziele, wenn sie ihre Ziele nicht erreichen
erhöhen ihre Anstrengung, wenn Ergebnisse nicht gut sind	reduzieren die Anstrengung, wenn Ergebnisse nicht gut sind
sind robust bei negativen Ereignissen	geben bei negativen Ereignissen schnell auf

Tab. 4.1 stellt Vorteile hoher und Auswirkungen niedriger Selbstwirksamkeit gegenüber.

Fazit: Die Vorteile zeigen klar, dass hohe Selbstwirksamkeit eine wertvolle psychologische Ressource ist. Sie beeinflusst letztendlich unsere Motivation und Leistung positiv (Bandura, 1997). Selbstwirksame Menschen leben ihren Traum. Sie bereichern unsere Gesellschaft, indem sie ihre ambitionierten Visionen in Wissenschaft, Wirtschaft, Kultur und Politik zur Realität werden lassen. Einige wenige richten auch Katastrophen an. Auch das darf nicht verschwiegen werden. Darauf geht der nächste Abschnitt ein.

4.5 Nachteile von Selbstwirksamkeit

Alles hat seine Schattenseite. Eine hohe Selbstwirksamkeitserwartung hat nicht nur Vorteile. Was ist die andere Seite der Medaille? Was sind die Risiken davon, wenn wir selbstwirksam sind? Tatsächlich hat **Selbstwirksamkeit Nachteile:**

1. **Festhalten an gescheiterten Projekten.** Mitunter klammern sich Personen mit hoher Selbstwirksamkeit an Projekte und Aufgaben, die keinen Erfolg versprechen und unproduktiv sind (Whyte und Saks, 2007). Sie wollen nicht aufgeben, selbst wenn die Situation es dringend erfordert.

2. **Selbstüberschätzung.** Selbstüberschätzung hat negative Auswirkungen auf die Leistung (z. B. Vancouver et al., 2002), etwa indem zu schwere Aufgaben ausgewählt werden oder zu viele Aufgaben auf einmal. Selbstwirksamkeit darf daher nicht zu Selbstüberschätzung ohne jeden Realitätsbezug heranwachsen oder zu einem pathologischen Multitasking nach dem Motto: „Das schaffe ich alles gleichzeitig!"
3. **Charismatische Narzissten.** Als Gesellschaft ist es wichtig, dass wir uns vor charismatischen Narzissten schützen, die mitunter sehr erfolgreich ihre Wahnideen vermarkten und umsetzen. Im Extremfall kann Selbstüberschätzung so zum Größenwahn führen – mit fatalen Auswirkungen, wie Beispiele aus der Geschichte zeigen.

Diese Nachteile sollten wir kennen und klar benennen. Es ist wichtig, uns selbst sowie andere vor diesen Risiken der Selbstwirksamkeit zu schützen. Dennoch stehen diese Nachteile in keinem Verhältnis zu den immensen Vorteilen für die Gesellschaft. Selbstüberschätzung ist viel seltener und führt meist zu kleineren Problemen als eine zu geringe Selbstwirksamkeitserwartung.

Die Lösung für dieses Dilemma ist eine „geerdete" und realistische Selbstwirksamkeit, die nicht den Bezug zur Realität verloren hat.

4.6 Selbstwirksamkeit bei Kindern stärken

Viele Eltern wünschen sich mehr Selbstwirksamkeit für ihre Kinder. Angesichts der genannten Vorteile bei Bildung, sozialen Beziehungen und Berufserfolg ist das verständlich. Mit den genannten Methoden können Eltern nachhaltig **bei Kindern Selbstwirksamkeit stärken:**

1. **Erfolgserlebnisse herstellen.** Wir sollten unsere Kinder realistische, aber anspruchsvolle Herausforderungen lösen lassen, bei denen sie spezifische Erfolgserlebnisse haben. Wenn ein Kind sagt, „Mathe kann ich nicht, Mathe mag ich nicht!", dann ist es Zeit für einfache Matheaufgaben, die das Kind mit hoher Wahrscheinlichkeit lösen kann. Der Erfolg stärkt Selbstwirksamkeit und Selbstvertrauen. Mit dem Selbstvertrauen kommt Motivation. Nach einer Weile passiert dann meist etwas Überraschendes. Das gleiche Kind, das vorher Mathematik abgelehnt hat, sagt: „Gib mir mehr Aufgaben, ich mag die lösen." Nicht nur der objektive Erfolg zählt,

das subjektive Gefühl dazu ist entscheidend. Eltern sollten dafür konkret und beschreibend loben, die Erfolge benennen, genau beschreiben, was ihr Kind gut gemacht hat. Ideal ist dabei, vom Kind kontrollierbare Ursachen für den Erfolg zu betonen: „Du hast eine gute Note, du hast auch viel gelernt. Das ist das Ergebnis für deine Anstrengung. Super." So weiß das Kind, dass es seinen Erfolg selbst unter Kontrolle hat. Weniger hilfreich ist dagegen, nicht kontrollierbare Ursachen zu betonen. Ein Negativbeispiel ist daher: „Du hast eine gute Note. Du bist halt auch einfach klug." Lernen hat ein Kind unter Kontrolle, „klug sein" liegt dagegen außerhalb seiner Kontrolle.
2. **Kompetenzen entwickeln.** Können stärkt Selbstwirksamkeit: Wer etwas gut kann, der zeigt es gern. Wer glaubt, etwas nicht zu können, mag es oft gar nicht erst versuchen. Das gilt vor allem bei Kindern. Das erfordert eine Strategie der Eltern, gemeinsam mit dem Kind Bereiche zu identifizieren, in denen das Kind sich entwickeln will, Talent hat, motiviert ist. Und es hat mit Angeboten zu tun: Gibt es Material und Gelegenheiten für Sport, Bildung, Kunst? Am Ende gehört zur Wahrheit: Es wird Zeit und Geld kosten.
3. **Vorbilder wirken lassen.** Auch auf Kinder entfalten Vorbilder starke Wirkung. Zu denken ist an andere Kinder, vielleicht etwas älter, die in bestimmten Bereichen den Erfolg vormachen. Wichtig ist, dass Kinder die Überzeugung gewinnen: „Er hat hart trainiert, deshalb ist er erfolgreich. Wenn der das kann, kann ich das auch schaffen!" Das fördert Selbstwirksamkeit bei Kindern. Ein Vergleich mit extrem erfolgreichen anderen Kindern kann dagegen demotivieren, sie werden als unerreichbar, als „anders" gesehen.
4. **Positive Erwartungen.** Unsere Kinder werden mit einer gewissen Zugkraft zu dem, was wir in ihnen sehen. Diesen Effekt der selbsterfüllenden Prophezeiung (Kap. 3) können wir uns zunutze machen: Wir sollten unser Kind immer einen Tick besser, talentierter, vertrauenswürdiger usw. sehen und behandeln, als es tatsächlich ist. Kinder spüren unsere Einstellung und bekommen Selbstvertrauen. So können wir die Selbstwirksamkeit der Kinder fördern.

Trotz aller konkreten und bewährten Maßnahmen, die bei Kindern Selbstwirksamkeit stärken: Wir sollten nicht so tun, als hänge alles nur an den Eltern. Kinder kommen zu einem gewissen Teil schon als fertiges „Paket" auf die Welt. Darauf geht der Infokasten ein.

> **Forschung: Wovon hängt Selbstwirksamkeit ab?**
>
> Selbstwirksamkeit ist, wie vieles andere auch, von angeborenen Merkmalen abhängig. Konsistent zu dieser Annahme zeigen Studien zur Vererbung von Selbstwirksamkeit tatsächlich deutliche **angeborene Einflüsse** (Waaktaar und Torgersen, 2013). Das mag auch daran liegen, dass Selbstwirksamkeit mit **relativ unveränderlichen Persönlichkeitseigenschaften** zusammenhängt. Positive Zusammenhänge zeigen sich beispielsweise mit der
>
> - allgemeinen **Intelligenz** und den
> - Persönlichkeitsdimensionen **Gewissenhaftigkeit,**
> - **Extraversion** und
> - **emotionale Stabilität** (z. B. Judge et al., 2007).
>
> Personen mit hohen Werten auf diesen Persönlichkeitsdimensionen sind selbstwirksamer als Menschen mit niedrigen Werten auf diesen Dimensionen. Wegen der hohen angeborenen Anteile dieser genannten Persönlichkeitsdimensionen ist ein entsprechend unveränderlicher Anteil bei der Selbstwirksamkeit logisch (vgl. z. B. die Übersichten von Asendorpf, 2007, S. 343).

Die Selbstwirksamkeit von Kindern wird also am Ende an einer Mischung liegen:

- Einflüsse der Umwelt, vor allem der Eltern – fördernde Maßnahmen siehe oben,
- angeborene Dispositionen – diese sind als Ausgangsbasis relevant und zu berücksichtigen.

Für Eltern bedeutet das: Wir sollten Kinder nicht stupide und stumpf gleich behandeln, sondern jedes Kind nach seinen Bedürfnissen und Möglichkeiten fördern und entwickeln. Es geht darum, Kinder vor allem mit sich selbst in der Vergangenheit zu vergleichen, nicht relativ zu anderen Kindern. Ein Beispiel: „Du bist die rote Piste gerade das erste Mal ohne Sturz gefahren. Was für ein Unterschied, wenn wir ein paar Tage zurückschauen, zu Beginn unseres Skiurlaubs. Das freut mich!"

Die folgenden Abschnitte vertiefen Selbstwirksamkeit am Beispiel von Mitarbeitern.

4.7 Beispiel: Selbstwirksamkeit bei Mitarbeitern

Unser fester Glaube daran, gute Ergebnisse erreichen und schlechte Ereignisse verhindern zu können, ist entscheidend für hohe Motivation. Das gilt auch am Arbeitsplatz. **Selbstwirksamkeit bei Mitarbeitern** entfaltet eine hohe Bedeutung bei Arbeit und Karriere. Mitarbeiter mit hoher Selbstwirksamkeit

- streben eher Karriere an,
- halten auch bei Herausforderungen und Misserfolgserlebnissen an ihren Karriereambitionen fest (Lent, Brown und Hackett, 1994),
- bereiten sich intensiver auf neue Karrierepositionen vor,
- zeigen mehr Initiative,
- bevorzugen mehr Freiraum bei der Arbeit,
- entwickeln sich selbst,
- machen mehr Vorschläge für Verbesserungen (Speier und Frese, 1997) und
- sind eher bestrebt, neue Unternehmen zu gründen (Zhao, Seibert und Hills, 2005).

Während Personen mit niedriger Selbstwirksamkeit über Stress und Belastung berichten und sich Richtung Burn-out bewegen, bleiben hoch selbstwirksame Menschen auch bei hohen Arbeitsanforderungen unbeeindruckt (Jex und Bliese, 1999). Viele von ihnen fühlen sich sogar unterfordert und gebremst, ihr Potenzial in die Firma einzubringen (Matsui und Onglatco, 1992).

Wenn das nicht das Herz jeder Führungskraft höher schlagen lässt, was dann?

Neben dieser individuellen Ebene gibt es auch die **Ebene ganzer Teams**. Man spricht hier von kollektiver Selbstwirksamkeit. Manche Teams glauben an ihren Erfolg, dass sie Herausforderungen gewachsen sind – andere nicht. Die Ersteren haben höhere Zufriedenheit, stärkere Motivation und mehr Arbeitsleistung (Little und Madigan, 1997).

Am Arbeitsplatz gilt es also, Selbstwirksamkeit zu stärken als wichtige Ressource auf jeder Ebene. Wie werden Mitarbeiter **selbstwirksam**? Die folgenden **Tipps** fassen die wichtigsten Maßnahmen zusammen, mit denen Führungskräfte die Selbstwirksamkeit ihrer Mitarbeiter stärken.

> **Praxistipps: Selbstwirksamkeit aufbauen bei Mitarbeitern**
>
> Für die Motivation in der Praxis sind folgende Gedanken zentral:
>
> 1. Es lohnt sich, **Selbstwirksamkeit** bei Mitarbeitern zu erhöhen. Die Forschungsdaten dazu zeigen, dass Selbstwirksamkeit eine entscheidende Rolle bei Motivation und Verhalten von Menschen spielt. Hohe Selbstwirksamkeit ist mit einer Reihe positiver Aspekte bei Motivation und Verhalten verbunden.
> 2. Offenbar kann bereits die **Personalauswahl für die Selbstwirksamkeit** der Mitarbeiter einen entscheidenden Beitrag leisten. Es besteht ein deutlicher Zusammenhang der Selbstwirksamkeit mit weitgehend unveränderlichen Merkmalen von Personen (z. B. Judge et al., 2007). Einige Studien sagen, dass generelle Selbstwirksamkeit zu über 50 % angeboren ist (Waaktaar und Torgersen, 2013). Wir sollten daher unsere Mitarbeiter besonders sorgfältig auswählen. Für Selbstwirksamkeit ist zu achten auf hohe Werte bei der allgemeinen Intelligenz und den Persönlichkeitsdimensionen Gewissenhaftigkeit, Extraversion und emotionale Stabilität. Sämtliche dieser Eigenschaften kann man schnell und zuverlässig mit psychologischen Tests messen.
> 3. Zudem sollte man bei bereits vorhandenen Mitarbeitern die **Selbstwirksamkeit stärken**. Dafür sind diese Aspekte zentral: Erfolgserlebnisse bei der Tätigkeit, Entwicklung und Aufbau von relevanten Kompetenzen, Präsenz von erfolgreichen Vorbildern und der Glaube von anderen Menschen an den Erfolg und die Kompetenz der Person. Dabei spielt vor allem die Führungskraft eine große Rolle. Welche innere Haltung haben wir gegenüber unseren Mitarbeitenden? Sehen wir sie als kompetent, vertrauenswürdig und handlungsfähig?

Selbstwirksamkeit ist nicht nur eine Frage der Führung und Unternehmenskultur, sondern auch der Kultur einer ganzen Gesellschaft.

4.8 Selbstwirksamkeit und Kultur

Das Fallbeispiel mit dem Bannister-Effekt zeigt, dass unsere Selbstwirksamkeit auch eine Frage der ganzen umgebenden Gesellschaft und Kultur ist. Tatsächlich gibt es Hinweise darauf, dass **verschiedene Kulturen Selbstwirksamkeit unterschiedlich stark fördern**. So sind die USA bekannt für ihre Can-do-Einstellung. US-Amerikaner und Afrikaner neigen dazu, Erfolg stark auf die eigene Person zurückzuführen (vgl. Mezulis et al., 2004; Chandler et al., 1981). Entsprechend ist ihre Selbstwirksamkeit höher. Gerade in asiatischen Kulturen, die das Individuum weniger betonen und mehr die Gruppe in den Vordergrund stellen, ist die Selbstwirksamkeit dagegen insgesamt geringer (Klassen, 2004).

Wenn Selbstwirksamkeit auch eine Frage der Kultur ist – tun wir dann in Deutschland genug, um sie zu fördern? Der Infokasten wirft einen kritischen Blick dazu auf die deutsche Gesellschaft.

Perspektive: Gesellschaftliches Narrativ als Gefahr für die Selbstwirksamkeit?
Haben wir uns als ganze Gesellschaft angewöhnt, die Ursachen für Erfolg und Misserfolg zu stark im Äußeren zu suchen? Nehmen wir Menschen ihre Selbstwirksamkeit, indem wir ihnen suggerieren: „Du hast Probleme im Leben? Schuld sind deine Eltern, die systemisch benachteiligende Gesellschaft, die korrupte Regierung, die Wirtschaft, dein Vermieter, dein Ehepartner, deine Chefin ..."?
Ein paar Beispiele für dieses Muster:

- Jemand ist schlecht in der Schule. Sofort macht man „Schuldige" aus: „Die Eltern sind zu bildungsfern und haben nicht genug Bücher ins Kinderzimmer gestellt! Die Gesellschaft hat der Person keine Bildungschancen gegeben! Der Wohnort und die soziale Herkunft sind verantwortlich. Die Gesellschaft hat die Herkunftsfamilie sozial benachteiligt."
- Eine Personengruppe versagt bei Beruf und Karriere. Die Ursachen liegen natürlich außerhalb der Person selbst: „Die Gesellschaft ist systemisch diskriminierend, sozial undurchlässig. Arbeitgeber gehen bei Personalentscheidungen stumpfen Vorurteilen nach."
- Der wirtschaftliche Erfolg von Menschen ist unterschiedlich. „Der Beruf X ist unterbezahlt. Die Personengruppe Y bekommt zu wenig von der Gesellschaft. Da beutet jemand sicher andere aus, hat den anderen etwas weggenommen. Er hat bestimmt geerbt, sonst wird man nicht reich. Das ist ein leistungsloses Einkommen, er hat im Sperma-Lotto gewonnen, er muss teilen!"
- Eine Person über 50 findet keine Arbeit. „Die Unternehmen wollen einfach niemanden mehr in diesem Alter, diskriminieren die Älteren."

Solche und ähnliche Narrative gibt es mittlerweile für fast jeden Erfolg oder Misserfolg in der Gesellschaft – sei es bei Gesundheit, Bildung, Wohlstand oder sozial begehrten Positionen. Tatsächlich ist das **Sozialdeterminismus** in Reinform. Die Ursachen sucht man damit **ausschließlich außerhalb** der betreffenden Personen, nimmt sie komplett aus der Verantwortung, zeigt mit dem Finger auf andere Menschen und die „Umstände". Und viele Betroffenen saugen diese Erzählung beruhigt auf, hat man doch eine bequeme Ausrede für die eigene Situation und braucht selbst nichts zu ändern.
Dieses **Opfer-Narrativ** mag nett gemeint sein. Man möchte die betroffenen Personen trösten, die Gesellschaft in die Verantwortung nehmen, vielleicht als Politiker zeigen, dass man „Gerechtigkeit" herstellt und wie wichtig der Staat ist, der all diese Probleme lösen kann – wenn nur die richtigen Politiker gewählt werden. Und es gibt auch Daten, dass **ein Teil** der Ursachen tatsächlich

in solchen Aspekten liegt – wohlgemerkt ein Teil und nicht einmal der größere Teil. Doch was richtet das Narrativ psychologisch bei den Betroffenen an? Was passiert, wenn der Fokus einer ganzen Gesellschaft sich auf scheinbare Verantwortung rein außerhalb der betroffenen Personen richtet?

Tatsächlich ist die Botschaft eine **Katastrophe für die Selbstwirksamkeit** der betroffenen Personen. Mit der Verschiebung der Erklärung auf Ursachen rein außerhalb der Personen nimmt man den Menschen die Macht, selbst etwas zu ändern, schiebt sie in eine passive **Opferrolle**. Die Botschaft ist: „Deine Umstände machen aus dir, was du bist. Du bist ein Produkt deiner Umstände. Du kannst nichts ändern. Andere sind zuständig für deinen Erfolg!" Das zerstört die Selbstwirksamkeitserwartung, erzeugt Passivität und Groll bei den Betroffenen. Der Groll beeinträchtigt ihre Lebensqualität, saugt ihre Energie ab und schädigt den sozialen Zusammenhalt. Sie warten passiv und zunehmend verärgert auf jemanden, der sich endlich um ihre Probleme „kümmert", der ihnen hilft.

Damit wird die Botschaft zu einer besonders traurigen Art der **sich selbsterfüllenden Prophezeiung** (Kap. 3). Eine Gesellschaft sorgt so dafür, dass die beklagten Ergebnisse auch wirklich eintreten, indem sie den betroffenen Menschen die Idee suggeriert „Wegen dieser anderen Menschen kannst du nicht erfolgreich sein. Du kannst nichts tun. Warte darauf, dass die anderen sich ändern." Damit verhindern wir als Gesellschaft Erfolg. Es gibt kaum etwas Dümmeres, das wir als Gesellschaft tun könnten.

Vielmehr brauchen Menschen **Proaktivität** und Optimismus. Eine ganz **neue Botschaft**, ein neues **Mindset** ist gefordert, um zu motivieren, hohe Selbstwirksamkeit aufzubauen:

- „Du bist kein passives Opfer – du bist aktiver Gestalter deines Lebens."
- „Ja, deine Herkunft, Situation und Lebensgeschichte nehmen Einfluss. Aber sie bestimmen dich nicht. Du bist nicht deine Umstände."
- „Zwischen deiner Situation und deinem Verhalten gibt es etwas: Dich! Du kannst dich entscheiden, wie du damit umgehst. Wächst du daran – oder scheiterst du daran und gibst auf?"
- „Deine Situation ist nicht ideal? Du kannst das ändern. Arbeite an dir und ändere deine Umstände! Sieh dir die Menschen an, die so sind wie du und die es vor dir geschafft haben. Folge ihrem Beispiel!"

Zugegeben: Ein derartiger Perspektivwechsel vom passiven Erdulden zum aktiven Gestalten des eigenen Lebens ist für viele Menschen nicht einfach. Schließlich ist es viel einfacher, die Verantwortung für eigene Probleme außen bei anderen Menschen zu suchen. Doch diese neue Botschaft gibt den Menschen ihre Macht, ihren Glauben und ihren Stolz zurück.

Wie können wir Selbstwirksamkeit stärken? Im Infokasten ein paar persönliche Gedanken des Autors.

Frage an den Autor: Wie kann ich anfangen, meine Selbstwirksamkeit zu stärken?

Ich will anfangen, meine Selbstwirksamkeit zu fördern. Wie gelingt mir der Einstieg?

„Ich bin nicht das, was mir passiert ist. Ich bin das, was ich entscheide zu werden", sagte der Psychoanalytiker Jung. Doch heute ist es gar nicht so leicht, wirklich daran zu glauben, dass man etwas ändern kann. Wir sehen Nachrichten und erfahren von Klimawandel, Krieg und Erdbebenkatastrophen. Man erzählt uns von Mangel an allen Enden: Lehrer, Pflegepersonal, Wohnungen, Geld. Schon Kinder hören: „Wer jetzt in die Schule kommt, der schaut in eine düstere Zukunft!" All das sind Dinge, die uns zwar betreffen, die wir aber nicht wirklich ursächlich ändern können. Es ist nachvollziehbar, dass wir versucht sind zu sagen: „Die Politik muss das alles ändern. Ich warte darauf, dass etwas geschieht, andere sind zuständig." Deshalb beschäftigen sich in unserer modernen Gesellschaft die meisten Menschen viel mit Dingen, die sie nicht ändern können, schauen Nachrichten, lesen Zeitung. Sie sorgen sich, jammern und schauen nach außen, dass es „endlich" jemand richtet. Dagegen befassen sie sich zu wenig mit den Dingen, die sie selbst beeinflussen könnten. Sie sind **passiv**.

Deshalb ein erster Hinweis für mehr Selbstwirksamkeit: **Ändere das Narrativ.** Verabschiede Dich von dem verlockenden, aber giftigen Gedanken, dass für jedes Thema in Deinem Leben jemand anderes zuständig ist. Ja, es ist psychologisch angenehm und bequem, auf andere zu zeigen, vermeintliche Schuldige zu suchen und zu warten. Dein Partner, Deine Eltern, die Gesellschaft sind dann für alles scheinbar verantwortlich. Doch für diesen kurzen psychologischen Nutzen zahlst Du einen hohen Preis im Leben: Es wird niemand kommen, es gibt keine gute Lösung, und Du entwickelst Dich nicht. Ich kann sehr gut verstehen, dass diese Änderung im Narrativ schwer ist für viele. Das ist vor allem dann der Fall, wenn Du Dich mit der Opferrolle identifiziert hast, sie Teil Deiner Identität ist. Es ist schwer, wenn Du Dir und anderen jahrelang erzählt hast, wer verantwortlich dafür ist, dass Deine Situation schlecht ist. Mache Dir daher das Muster klar: Du machst damit Dich und Deinen Erfolg abhängig von den Schwächen der anderen. Es ist, als ob Du hinten in einem Bus sitzt und wartest und schimpfst, dass der Bus nicht losfährt. Doch der Bus ist Dein Leben. Zeit, dass Du in den Fahrersitz steigst. Es kommt kein anderer Fahrer.

Ich klage auch gern, jammere und beschwere mich über andere, die ihren Job aus meiner Sicht nicht machen ... Nur was nutzt es mir? Gar nichts. Es festigt nur einen falschen Gedanken: Andere sind zuständig, ich kann nichts tun. Mittlerweile merke ich das schneller, wenn ich anfange so zu denken. Ich stoppe das, gehe in einen anderen Modus und sage mir: „Die Situation kann ich nicht ändern. Doch ich kann meine Reaktion darauf ändern. Wie sieht meine Reaktion aus?" Im Rückblick kann ich sagen: Ja, andere haben mir immer mal wieder sehr geholfen im Leben – oder große Probleme gemacht. Doch ich war der aktive Part, habe mir Hilfe geholt – oder Probleme geholt. Es waren immer meine Entscheidungen. Wenn ich mich nicht gekümmert habe, dann ist es schlecht gelaufen, wenn ich mich gekümmert habe, dann ist es gut gelaufen. Ich bin verantwortlich. **Ich bin kein Opfer – ich bin Gestalter.**

Sei proaktiv. Zeit, den Fokus zu ändern. Fokussiere Dich auf Dinge, die Du ändern kannst. Investiere dort Deine Energie. Den Lehrermangel wirst Du schwer beheben – aber Du kannst als Schüler mehr selbst lernen oder als Elternteil Dein Kind in eine Schule senden, in der es wenig Mangel gibt. Du kannst in gewissem Umfang Schulen und Lehrer aussuchen, Deine Kinder gut bilden, gute Beziehungen mit Lehrkräften aufbauen. Vergleiche doch mal mit anderen Ländern, dort helfen sich die Menschen auch selbst und lösen noch viel größere Herausforderungen. Warte auch nicht darauf, dass Deine Partnerin oder Dein Partner sich ändert – ändere Dein Verhalten und Deine Einstellung und schau, was passiert. Du kannst das Abholzen der Regenwälder nicht beenden, aber Du kannst schöne Bäume in Deinem Garten behalten, pflanzen und pflegen. Vielleicht gibt es wenige Wohnungen in Deutschland – aber Du kannst eine bauen für Dich und Deine Familie.

Sobald Du anfängst Dich auf Dinge zu fokussieren, die Du ändern kannst, gibt es Fortschritte. Diese Erfolgserlebnisse geben Dir Kraft. Du siehst eine unmittelbare Wirkung, merkst, dass Du etwas ändern kannst. Du übernimmst dadurch Verantwortung und die Initiative. Um nicht mehr auf Dinge zu fokussieren, die Du nicht ändern kannst, reduziere massiv Deinen Nachrichtenkonsum. Dadurch gewinnst Du neues Denken. Und Du gewinnst Zeit, auf das zu achten, was Du wirklich ändern kannst.

Meine persönliche Erfahrung: Trotz allem angeblichen Mangel können wir alles „organisieren", was wir möchten und brauchen in Deutschland. Indem wir uns kümmern. Und wenn das mal nicht mehr reicht? Dann sind unsere Kinder von Beginn an zweisprachig erzogen, und wir sind als Familie international mobil. Wir haben uns proaktiv so aufgestellt.

Achte auf Deine Körpersprache. Zeigst Du wie viele andere unbewusst Unsicherheitssignale und Unterordnungssignale? Machst Du Dich klein, wenn andere (insbesondere ranghohe Personen) kommen, stehst Du enger als schulterbreit, wenn andere Dich beachten – etwa bei einer Präsentation, die Du hältst? Weichst Du anderen Menschen auffällig oft aus? Vermeidest Du häufig Blickkontakt, lächelst und nickst Du fortwährend in Gesprächen? Vielleicht redest Du auch zu schnell und hast eine rasche Gestik? Das alles ist wenig hilfreich für Deine Selbstwirksamkeit. Warum? Weil unsere Psychologie unserem Körper folgt. Wenn wir uns verhalten wie jemand, der nichts zu melden hat und nichts kann, der sich permanent unterordnet und bedroht fühlt, dann fühlen wir uns auch wirklich so. Eine selbstbewusste Körpersprache senkt dagegen unseren Spiegel an Stresshormonen (Cortisol) und schüttet Testosteron aus. Sie macht uns ruhig, selbstbewusst und fokussiert. Ein Beispiel? Sieh Dir Aufnahmen an von Cristiano Ronaldo, wenn er einen Freistoß im Fußball ausführt. Er steht mehr als schulterbreit, die Arme seitlich eingestützt, nimmt maximal Raum ein. Die Haltung ist gerade, das Kinn weit oben – eine „Power-Pose". So steht er eine halbe Minute. Danach kommt eine sehr selbstbewusste und fokussierte Ausführung – auch wenn Millionen zusehen, es ein Finale ist.

Ein letzter Gedanke: Selbst ein Hund wird eine „Pussycat", wenn er nie viel Bewegung bekommt, immer reichlich zu fressen hat, nicht mit anderen Hunden balgen darf und nie im Kalten ist. Das bedeutet für uns Menschen: **Komfortzone ausdehnen** (Kap. 10). Ist es ein Wunder, dass viele Menschen keine Selbstwirksamkeit haben, wenn sie täglich über fünf Stunden fernsehen, die Mehrheit Übergewicht hat und sich nur ungern mental und körperlich fordert?

Indem wir ein bisschen hart zu uns selbst sind, sind wir in Wahrheit liebevoll. Wenn wir sehen, dass wir mental und körperlich Herausforderungen bestehen, entfalten wir Selbstwirksamkeit. Was bedeutet das für Dich? Suche Dir jeden Tag ein paar Herausforderungen. Tätige einen Anruf, vor dem Du Angst hast. Fordere Dich körperlich und mental über das Angenehme hinaus – und wenn Du nur mal kalt duschst. Streng' Dein Gehirn einmal am Tag an. Mindestens. Ich will ehrlich sein: Mir fällt das oft nicht leicht, ich gebe gern dem Schweinehund nach. Vermutlich ist das auch gelegentlich gut. Wichtig ist, dass es auch das Andere gibt. Die Zeit der Forderung. Mir persönlich hat geholfen, den Fernseher „rauszuschmeißen". Schon als junger Mann habe ich den entsorgt. Das habe ich so beibehalten und viel gewonnen. Eine wichtige Quelle der Ablenkung und Passivität ist damit für mich entfernt. Für mich ist das so viel leichter, als zu versuchen: „Jeden Tag maximal eine Stunde fernsehen!" Den Kindern habe ich erklärt: „Es liegt nicht an euch, dass wir keinen Fernseher haben. Es liegt an mir. Ich habe das sonst nicht im Griff. Das ist dann schade um die Zeit!" Finden die Kids das gut? Vermutlich nicht. Aber sie fragen nicht mehr. Ich glaube, in 20 Jahren sind sie mir dann dankbar dafür.

Wer selbstwirksam ist, der steht immer wieder auf, auch bei Misserfolg. Das ist eine wichtige Grundlage für Resilienz. Resilienz gibt uns die Fähigkeit, Situationen mit Krisenpotenzial nicht nur zu überstehen, sondern sogar daran zu wachsen. Nochmal: Resiliente Personen wachsen an etwas, woran andere zerbrechen. Die psychologische Forschung dazu beschreibt das nächste Kapitel.

Literatur

Asendorpf, J. (2007). *Psychologie der Persönlichkeit* (4. Aufl.). Springer.
Bakker, A. B., Demerouti, E., & Euwema, M. C. (2005). Job resources buffer the impact of job demands on burnout. *Journal of Occupational Health Psychology, 10*(2), 170–180.
Bandura, A. (1977). Self-efficacy: Toward a unifying theory of behavioral change. *Psychological Review, 84,* 191–215.
Bandura, A. (1997). *Self-efficacy: The exercise of control*. Freeman.
Chandler, T., Shama, D., Wolf, F., & Planchard, S. (1981). Multiattributional causality: A five cross-national samples study. *Journal of Cross-Cultural Psychology, 12,* 207–221.
Crawford, E. R., LePine, J. A., & Rich, B. A. (2010). Linking job demands and resources to employee engagement and burnout: A theoretical extension and meta-analytic test. *Journal of Applied Psychology, 95,* 834–848.

Jex, S. M., & Bliese, P. D. (1999). Efficacy beliefs as a moderator of the impact of work-related stressors: A multilevel study. *Journal of Applied Psychology, 84*(3), 349–361.

Judge, T. A., Jackson, C. L., Shaw, J. C., Scott, B. A., & Rich, B. L. (2007). Is the effect of self- efficacy on job/task performance an epiphenomenon? *Journal of Applied Psychology, 92,* 107–127.

Klassen, R. M. (2004). Optimism and realism: A review of self-efficacy from a cross-cultural perspective. *International Journal of Psychology, 39*(3), 205–230.

Lent, R. W., Brown, S. D., & Hackett, G. (1994). Toward a unifying social cognitive theory of career and academic interest, choice, and performance. *Journal of Vocational Behavior, 45*(1), 79–122.

Little, B. L., & Madigan, R. M. (1997). The relationship between collective efficacy and performance in manufacturing work teams. *Small Group Research, 28*(4), 517–534.

Luthans, F. (2002). The need for and meaning of positive organizational behavior. *Journal of Organizational Behavior, 23*(6), 695–706.

Maier, S. F., & Seligman, M. E. (1976). Learned helplessness: Theory and evidence. *Journal of Experimental Psychology, General, 105*(1), 3–46.

Matsui, T., & Onglatco, M. L. (1992). Career self-efficacy as a moderator of the relation between occupational stress and strain. *Journal of Vocational Behavior, 41*(1), 79–88.

Mezulis, A. H., Abramson, L. Y., Hyde, J. S., & Hankin, B. L. (2004). Is there a universal positivity bias in attributions? A meta-analytic review of individual, developmental, and cultural differences in the self-serving attributional bias. *Psychological Bulletin, 130*(5), 711–747.

Oriol-Granado, X., Mendoza-Lira, M., Covarrubias-Apablaza, C. G., & Molina-López, V. M. (2017). Positive emotions, autonomy support and academic performance of university students: The mediating role of academic engagement and self-efficacy. *Revista de Psicodidáctica (English ed.), 22*(1), 45–53.

Rist, R. C. (2000). Student social class and teacher expectations: The self-fulfilling prophecy in ghetto education. *Harvard Educational Review, 70*(3), 266–301.

Rosenthal, R., & Jacobson, L. (1966). Teachers' expectancies: Determinants of pupils' IQ gains. *Psychological Reports, 19*(1), 115–118.

Saks, A. M. (1994). Moderating effects of self-efficacy for the relationship between training method and anxiety and stress reactions of newcomers. *Journal of Organizational Behavior, 15*(7), 639–654.

Speier, C., & Frese, M. (1997). Generalized self efficacy as a mediator and moderator between control and complexity at work and personal initiative: a longitudinal field study in East Germany. *Human Performance, 10,* 171–192.

Stajkovic, A. D., & Luthans, F. (1998). Self-efficacy and work-related performance: A meta-analysis. *Psychological Bulletin, 124*(2), 240–261.

Sweetman, D., & Luthans, F. (2010). The power of positive psychology: Psychological capital and work engagement. In A. B. Bakker & M. Leiter (Hrsg.), *Work engagement: A handbook of essential theory and research* (S. 54–68). Psychology Press.

Vancouver, J. B., Thompson, C. M., Tischner, E. C., & Putka, D. J. (2002). Two studies examining the negative effect of self-efficacy on performance. *Journal of Applied Psychology, 87*(3), 506–516.

Waaktaar, T., & Torgersen, S. (2013). Self-efficacy is mainly genetic, not learned: A multiple-rater twin study on the causal structure of general self-efficacy in young people. *Twin Research and Human Genetics, 16*(3), 651–660.

Whyte, G., & Saks, A. M. (2007). The effects of self-efficacy on behavior in escalation situations. *Human Performance, 20*(1), 23–42.

Wooten, J. O. (2022). Leaps in innovation and the Bannister effect in contests. *Production and Operations Management, 31*(6), 2646–2663.

Zhao, H., Seibert, S. E., & Hills, G. E. (2005). The mediating role of self-efficacy in the development of entrepreneurial intentions. *Journal of Applied Psychology, 90*(6), 1265–1272.

5

Resilienz und mentale Widerstandskraft gewinnen

„Was uns nicht umbringt, macht uns stärker!", sagt man. Doch das stimmt leider nur bei ganz wenigen Menschen. Sie sind resilient. Was gibt diesen besonderen Menschen das mentale Extra, sodass sie auch widrigste Situationen nicht nur überstehen, sondern sogar gestärkt daraus hervortreten? Wie können wir **Resilienz stärken**? Unfälle, Erkrankungen, Todesfälle, toxische Mitmenschen sowie politische und gesellschaftliche Verwerfungen: Die Frage ist nicht ob, sondern nur wann solche Krisenereignisse auf jeden von uns zukommen. Werden wir dann erfolgreich damit umgehen? Viele Menschen zerbrechen in solchen Krisen, kollabieren, geben auf, werden zum „Opfer" der Situation. Und manche Personen scheitern schon am ganz normalen Alltag, sind auf Hilfe angewiesen. Andere überwinden dagegen auch schlimme Situationen. Und ganz wenige Menschen wachsen sogar im Feuer widrigster Umstände vollkommen über sich hinaus, beherrschen die Situation. Was macht diese Menschen so unzerstörbar?

Dieses Kapitel diskutiert die aktuelle Forschung. Es gibt eine **Definition von Resilienz**, schildert ihre **Bedeutung** und verrät die **Säulen**, mit denen wir unsere mentale Widerstandskraft aufbauen. Tipps und Übungen erklären, wie wir unsere **psychologische Resilienz fördern**.

> **Risiko: Das passiert ohne Resilienz**
> Wer nicht resilient ist, der zerbricht an herausfordernden Situationen mit Krisenpotenzial. Anstatt stärker aus dem Feuer herauszugehen, gilt für diese Menschen der Satz: „Was uns nicht umbringt, macht uns schwächer." Sie scheitern

an Krisen und bleiben geschwächt und traumatisiert zurück. Wo Menschen ohne Resilienz eine posttraumatische Belastungsstörung entwickeln, da erleben resiliente Personen ein posttraumatisches Wachstum. Was ist ihr Geheimnis?

5.1 Was ist Resilienz? Definition und Merkmale

Schon der lateinische Ursprung „resilere" (abprallen, zurückspringen) definiert Resilienz sehr anschaulich: Etwas prallt wirkungslos an uns ab, als hätten wir einen Schutzschild. Soweit die einfache Antwort auf die Frage: Was ist Resilienz? Was aber bedeutet es, resilient zu sein, wissenschaftlich gesehen? Handelt es sich um eine Eigenschaft, ein Verhalten, etwas im Umfeld von Personen, einen Entwicklungsprozess oder ein Ergebnis (Reich, Zautra und Hall, 2010)? Wenn wir wissenschaftlich **Resilienz definieren**, sieht das so aus:

> **Definition: Resilienz**
>
> Resilienz ist die Kompetenz, potenziell widrige Umstände und Situationen gut zu überstehen und daran zu wachsen.

Abb. 5.1 zeigt, wie Resilienz definiert ist und wirkt. Hohe Resilienz führt zu einem Überstehen von Situationen mit Krisenpotenzial. Im Idealfall findet sogar ein Wachstum statt, wir treten dann umso kompetenter und stärker aus dem „Feuer" der Krise hervor. Wir sind **gestärkt** für zukünftige Herausforderungen. Niedrige Resilienz führt dagegen dazu, dass eine Situation tat-

Abb. 5.1 Resilienz: Sie entscheidet darüber, wie wir Situationen mit Krisenpotenzial bewältigen

sächlich zu einer Krise eskaliert, bewirkt ein Scheitern. Die Folge ist oft eine weitere Schwächung für zukünftige Herausforderungen.
Die **Definition von Resilienz** weist auf wichtige **Merkmale** hin:

1. Resilienz ist eine **Kompetenz**. Es ist eine Kompetenz in Bezug auf potenziell widrige Situationen. Per Definition ist Resilienz mehr als eine bloße Eigenschaft oder ein Verhalten von Menschen. Sie umfasst verschiedene Säulen, beinhaltet neben inneren psychologischen Eigenschaften wie Intelligenz oder emotionaler Stabilität auch zwischenmenschliche Aspekte wie Freundschaften oder Ressourcen wie Geld und Information.
2. Resilienz lässt sich **entwickeln und stärken**. Da Resilienz als Kompetenz auf vielen Säulen fußt, lässt sie sich gezielt aufbauen. Menschen können bestimmte Verhaltensstrategien lernen, Eigenschaften stärken, Beziehungen knüpfen, Denkmuster ablegen und erwerben, Ressourcen schaffen. Wie beim Aufbau von Muskeln ist das anstrengend, braucht Zeit, ist aber gut möglich.
3. Widrige Umstände, **keine Krisen**. Viele Definitionen der Resilienz beinhalten das Überstehen von Krisen. Das trifft den Kern, was resilient bedeutet, nur zum Teil. Denn es geht gerade darum, dass für resiliente Personen etwas oft gerade eben **nicht** zur Krise wird, was für andere eine Krise ist. Es geht um potenziell widrige Umstände, mitunter potenziell traumatisierende Situationen (Bonanno, 2004). Resilienz bedeutet, dass diese Umstände ihr schädliches Potenzial bei einer Person nicht entfalten können.
4. Resilienz beinhaltet **auch Wachstum**. Es geht nicht nur darum, eine Situation zu überstehen, an sich „abprallen" zu lassen. Resilienz hat eine größere Bedeutung. Frei nach dem Motto: „Was uns nicht umbringt, das macht uns stärker!" Was für andere eine Krise ist, das ist für resiliente Menschen idealerweise eine Herausforderung, an der sie wachsen.
5. Resilienz gilt auch für **ganze Gruppen**. Resilienz bezieht sich nicht nur auf einzelne Menschen. Nach dieser Definition können auch ganze Gruppen von Personen resilient sein, trotz potenziell widriger Umstände wachsen. Das betrifft zum Beispiel Gruppen mit starkem Zusammenhalt, gutem emotionalem Klima, klarer Hierarchie und sinnvoller Rollenverteilung. Diese Gruppen haben dann kollektive Resilienz.

Fazit: Dieser Abschnitt beantwortet fokussiert die Frage „Was ist Resilienz?". Er zeigt, warum verbreitete Definitionen zu kurz greifen und die Perspektive zu sehr verengen. Resilienz bedeutet, richtig definiert, viel mehr, als nur eine

Krise zu überstehen. Resiliente Menschen sorgen dafür, dass widrige Situationen erst einmal gar keine Krise werden. Sie vermeiden oder überstehen die Situation nicht nur, sie wachsen daran und treten gestärkt daraus hervor. Die wissenschaftliche Definition geht also weit über ein bloßes „Abprallen" hinaus. Widrige Umstände prallen nicht einfach ab an resilienten Menschen – sie werden konsumiert, genutzt, um zu lernen und stärker zu werden. Was für viele andere Gift ist, das ist für resiliente Menschen Medizin und eine Chance zu wachsen.

5.2 Bedeutung von Resilienz: Beispiele

Unstrittig hat **Resilienz Bedeutung** für unser Leben. Wer profitiert denn nicht davon, wenn er bei Herausforderungen in Gesundheit, Familie, Beruf oder Finanzen dafür sorgt, dass diese erst einmal keine Krisen werden? Wer möchte denn nicht lieber an Herausforderungen und Schicksalsschlägen wachsen und stärker werden als daran zu zerbrechen? Und es geht bei der Bedeutung von Resilienz nicht nur um unangenehme psychologische Wirkungen, wie etwa eine posttraumatische Belastungsstörung (PTSD), die man anhand einer schlimmen Erfahrung entwickelt – oder eben nicht. Mitunter geht es um das nackte Überleben. Es gibt extreme **Beispiele für Resilienz**, die ihre Bedeutung untermauern. Zwei davon zeigt der Infokasten.

Beispiele für Resilienz und ihre Bedeutung

Der Fluss des Lebens bringt für jeden von uns Situationen, in denen Resilienz erforderlich ist. Manche Menschen geraten unter allerhärteste Bedingungen. Zwei Beispiele.

- Resilienz bei **Krankheit**. Lance Armstrong ist bekannt als einer der erfolgreichsten Radsportler der Geschichte. Er ist aber auch ein gutes Beispiel für die Bedeutung von Resilienz. Ein potenziell traumatisches Ereignis für ihn war die Diagnose von Hodenkrebs mit Metastasen in Lunge und Gehirn. Es folgten Operationen und eine Chemotherapie. Er hat den Krebs nicht nur besiegt. Er berichtet, durch das Ereignis sogar stärker geworden zu sein, sinngemäß: „Im Rückblick würde ich nichts daran ändern wollen. ... Ich habe viel gelernt und bin persönlich gewaltig gewachsen die letzten beiden Jahre."
- Resilienz bei **Gefangenschaft**. Admiral Robert Shumaker kam, nachdem sein Flugzeug in Vietnam abgeschossen wurde, in achtjährige Kriegsgefangenschaft. Er geriet damit in eine Situation, in der Resilienz eine hohe Bedeutung hat, überlebensnotwendig wurde. Er durchlebte körperliche Folter, Isolationshaft und psychischen Druck. Dabei hat ihm und seinen

Mitgefangenen zwischenmenschlicher Austausch und geheime Kommunikation geholfen. Das gelang ihm trotz Isolationshaft unter anderem, indem er einen „Tap Code" nutzte, ein Morsesystem mit Klopfzeichen. So konnte er Informationsaustausch aufrechterhalten: Wem wurden welche Fragen im Verhör gestellt? Welcher frische Gefangene weiß etwas Neues? Der Hauptvorteil war aber, dass sich kein Gefangener allein fühlte. Shumaker stellte so mit den anderen Gefangenen einen Zusammenhalt im Team her und hielt sogar die militärische Hierarchie aufrecht – trotz Isolationshaft. Damit ist das auch ein schönes Beispiel für kollektive Resilienz.

Beide Beispiele zeigen Menschen, die auch deswegen resilient waren, weil sie dazu eine sehr gute Basis hatten. Sie kamen alles andere als unvorbereitet in diese schwierigsten Situationen. Lance Armstrong konnte auf seine ungeheure Disziplin und mentale Stärke als Spitzensportler aufbauen, seine Fähigkeit, sich auch in widrigsten Situationen zu motivieren, wenn jede Faser des Körpers danach schreit aufzugeben. Robert Shumaker hatte militärische Disziplin, Kenntnisse über verdeckte Kommunikation, Führungserfahrung und das Wissen, wie man eine Mannschaft unter schwersten Bedingungen zusammenschweißt und handlungsfähig erhält.

Es ist daher kein Zufall, dass gerade diese Personen resilient waren. Sie geben uns wichtige Hinweise auf Ursachen und Quellen von Resilienz. Dazu später mehr.

So wie diese beiden Beispiele zeigen unzählige weitere, dass Resilienz Bedeutung hat: Holocaust-Überlebende, Menschen, die Schiffsbrüche überlebt haben oder lange im arktischen Eis gefangen waren, Soldaten, die Kriegserfahrungen nicht nur überlebt haben, sondern handlungsfähiger und selbstbewusster zurückkamen. Menschen, die sprichwörtlich durch das Feuer gingen und stärker daraus hervortraten.

Resilienz ist nicht nur in Hollywood-artigen Extremsituationen wichtig. Jedes Leben bringt Situationen mit Krisenpotenzial, bei einigen ist der Alltag davon geprägt. Auch dazu zwei Beispiele für Resilienz im Alltag.

Typische Situation: Person mit Resilienz vs. Person ohne Resilienz

Resilienz ist auch im Alltag wichtig, bei ganz „normalen" Menschen. Wir alle begegnen schlimmen Erfahrungen im Leben – einige von uns schon als Kinder. Dabei ist sehr entscheidend, wie wir psychologisch damit umgehen. Zwei kontrastierende Beispiele:

- Peter ist ein liebevoller Familienvater. Seine Kinder und Ehefrau behandelt er voller Respekt und Wertschätzung. Er hat eine tiefe Ablehnung für Gewalt, auch in der Kommunikation. Und er lebt abstinent. „Mein Vater war schwerer Alkoholiker, hat uns Kinder und meine Mutter misshandelt. Er hat jeden Tag herumgeschrien, uns beschimpft und geschlagen. Wie könnte ich es je zulassen, dass so etwas in meiner Familie geschieht? Wie könnte ich meinen Kindern so etwas antun? Ich habe mir geschworen, nie die Hand gegen meine Kinder und meine Frau zu heben und niemals Alkohol zu trinken." Peter ist resilient, an der schwierigen Situation gewachsen und mit einem starken inneren Kern aus festen Werten und klaren Regeln daraus hervorgetreten. Seine schlimme Kindheit hat ihn klarer und stabiler gemacht – klar und stabil, wie ein Diamant.

- Michael ist als Familienvater gewalttätig und schwerer Trinker: „Ja, ich hatte selbst eine schlimme Kindheit. Tägliche Gewalt und Alkohol waren normal. Das hat mich geprägt. Natürlich finde ich das nicht gut – aber mit meiner eigenen Kindheitserfahrung bekomme ich das nun mal nicht besser hin. Normal. Was will man erwarten? Und mir hat es ja auch nicht wirklich geschadet. Außerdem schlage ich ja nur mit der Hand." Michael ist nicht resilient. Er ist von seinen schwierigen Kindheitserfahrungen nach wie vor gezeichnet. Er nutzt sie sogar als Entschuldigung, sich nicht entwickeln zu müssen, keine festen Regeln und Werte zu haben, seine Familie schlecht zu behandeln. Seine schlimme Kindheit hat ihn passiv und instabil hinterlassen.

Auch diese Kontrastbeispiele weisen auf eine wichtige Quelle der Resilienz: die Selbstwirksamkeitserwartung (Kap. 4). Wir können vielleicht unsere Situation nicht immer ändern – aber wir können über unsere Reaktion auf die Situation entscheiden. **Unsere innere Haltung entscheidet, wie äußere Umstände wirken.** Peter glaubt fest, dass er selbst über sein Leben entscheiden kann, seine Situation die Folge eigener Entscheidungen ist. Er übernimmt aktiv Verantwortung, wandelt die entsetzlichen Erfahrungen innerlich in etwas Positives um.

Dagegen blickt Michael nach außen, sucht die Verantwortung für sein Leben und seine Situation bei seinen Eltern, der Gesellschaft. Er bleibt passiv und zeigt nach außen auf vermeintlich „Schuldige". Er glaubt nicht (oder will nicht glauben), dass er sich anders entscheiden könnte. Er lässt sich und sein Leben von der schlimmen Situation bestimmen.

Die Beispiele geben uns bereits Hinweise: Resilienz ist kein Zufall. Unsere innere Haltung entscheidet.

5.3 Resilienztraining: Übung für innere Haltung

Wir können durch Übung Resilienz trainieren. Dazu zeigt der Infokasten einen Ansatz, der unsere innere Haltung auf mehr Resilienz trainiert. Das fördert unsere mentale Stärke.

Übung: Resilienz trainieren durch innere Haltung

Die äußeren Umstände sind oft hart. Das bringt jedes Leben mit sich. Wir können vielleicht unsere Situation nicht immer ändern – doch über unsere innere Haltung entscheidet nur eine Person: wir selbst. Und unsere innere Haltung verändert dann, wie äußere Umstände auf uns wirken. Das haben die zahlreichen Beispiele eindrucksvoll gezeigt.

Wenn Du Deinen Blick nach innen richtest: **Welche innere Haltung siehst Du?**

- Wenn Du an Erfolge ein Deinem Leben denkst, worauf führst Du diese zurück? Auf äußere Dinge wie Glück, Zufall, Dein gutes Elternhaus, die „richtigen" Freunde und Kontakte? Oder auf innere Faktoren wie Deine Anstrengung oder Intelligenz?
Wozu neigst Du, welche Ursachen dominieren?
- Wenn Du an Misserfolge und schlechte Umstände in Deinem Leben denkst, worauf führst Du diese zurück? Auf äußere Dinge wie Glück, Zufall, Dein Elternhaus, die „falschen" Freunde, die Gesellschaft, die Dich benachteiligt? Oder auf innere Faktoren wie mangelnde Anstrengung, Ablenkung vom Wesentlichen, Angst oder Inkompetenz?
Wozu neigst Du, welcher Blickwinkel überwiegt?

Mit einer **gesunden inneren Haltung** können wir neu aufstehen. Für das Training von Resilienz ist folgendes Denkmuster entscheidend:

1. Interne Kontrollüberzeugung. „Erfolg und Misserfolg in meinem Leben liegen zuallererst an einer Person: an mir selbst. Andere sind nicht verantwortlich für mein Glück, ich selbst sitze im Fahrersitz meines Lebens. Es wird kein anderer ‚Fahrer' kommen!"
In der Psychologie sagen wir dazu „interne Kontrollüberzeugung" – Du glaubst, dass Du selbst über Dein Leben bestimmst. Viele Menschen haben leider eine „externe Kontrollüberzeugung" – sie glauben, dass externe Kräfte über ihr Leben bestimmen, und bleiben passiv.
2. Fokus auf innen. „Selbst wenn ich äußere Umstände einmal nicht schnell ändern kann, dann kann ich meine innere Haltung dazu bestimmen, über meine Reaktion entscheiden. Damit bestimme ich zu großen Teilen über die Wirkung dieser Umstände auf mich. Diese Freiheit kann mir niemand nehmen."
Damit behältst Du auch in härtesten Situationen, über die Du keine direkte äußere Kontrolle hast, die innere Kontrolle. Über die innere Haltung bestimmst nur Du. Damit bestimmst Du auch die Wirkung der Situation auf Dich. Wandle die Situation innerlich in etwas möglichst Positives für Dich um – so wie der Familienvater Peter in der Geschichte oben oder Lance Armstrong bei seiner Erkrankung.
3. Growth Mindset. „Wenn ich erfolgreich oder nicht erfolgreich bin, dann liegt es an Dingen, die ich ändern kann: meinem Wissen, meiner Disziplin, meiner Anstrengung, meiner Konzentration, meiner Motivation. Es liegt nicht an fixierten, weitgehend unveränderlichen Dingen wie etwa meiner Intelligenz."

> Mit dieser inneren Haltung maximierst Du Deine Selbstwirksamkeitserwartung. Du gewinnst damit ein „growth mindset", glaubst, dass Du etwas verändern und Dich entwickeln kannst. Viele Menschen haben ein „fixed mindset". Sie glauben vielleicht, dass Erfolg oder Misserfolg an ihnen liegt, aber denken, dass es stabile, unveränderliche Eigenschaften sind – etwa ihre Persönlichkeit oder Intelligenz. Das macht einen enormen Unterschied für die Motivation. Eine Person mit „growth mindset" wird zum Beispiel sagen: „Ich habe den Kunden nicht für das Projekt gewonnen, weil ich mich nicht gut vorbereitet habe und zu wenig über seine Ziele und Situation wusste. Nächstes Mal bereite ich mich besser vor." Eine Person mit „fixed mindset" wird sagen: „Ich habe den Kunden nicht für das Projekt gewonnen, weil ich einfach nicht mit Menschen umgehen kann. Ich sollte mir einen anderen Beruf suchen."
>
> Dieses Mindset ist Dir nützlich, Du solltest es leben. Es motiviert Dich und trainiert Resilienz. Es wendet Deinen Blick auf Dinge, die Du ändern kannst, und macht Dich **proaktiv**. Versuche, dieses Mindset auch Deinen Mitmenschen zu vermitteln, etwa Kindern und Mitarbeitern. Sie profitieren davon und klettern in den Fahrersitz ihres Lebens.
> Beschreibt dieses Denkmuster aus der Übung für mehr Resilienz die **Realität** ganz objektiv und zutreffend? Das ist die falsche Frage, das ist gar nicht seine Aufgabe. In der Positiven Psychologie (Kap. 1) heißt es: **„Wirklich ist, was wirkt."** Deshalb sollten wir nie erlauben, dass sich eine innere Haltung ausbreitet, die Menschen aus der Verantwortung für ihr Leben und ihre Entscheidungen entlässt, ihnen suggeriert, dass sie keinen Einfluss haben, nur Spielbälle der Gesellschaft und Umstände sind, nur Chancen wie in einem Glücksspiel haben – aber keinen eigenen Einfluss entfalten können. Diese Haltung ist die Entscheidung, nicht zu leben, sondern gelebt zu werden, eine Entscheidung für Passivität und den Tod.

Woraus schöpfen manche Personen das mentale Extra, dass sie sogar an etwas wachsen können, woran andere zerbrechen? Das vertieft der nächste Abschnitt.

5.4 Säulen der Resilienz: Ursachen und Quellen

Wie stark wir sind, das merken wir meist erst dann, wenn wir stark sein müssen. Dennoch können wir auch vorher eine Idee von unserer inneren Stärke bekommen, wenn wir auf die Ursachen und Wurzeln der Resilienz achten. Diese speist sich aus verschiedenen Quellen (Pangallo et al., 2015). Es gibt **sieben Säulen der Resilienz**.

5.4.1 Soziale Ressourcen

„Your network is your net worth." So sagt man in den USA. Und hierin liegt einiges an Wahrheit, wie zahlreiche wissenschaftliche Studien zeigen. Familie, Freunde und ein umfangreiches soziales Netzwerk darüber hinaus sind eine unermessliche Hilfe, um resilient zu sein (House und Kahn, 1985; Brewin, Andrews und Valentine, 2000). Ein soziales Umfeld macht Menschen resilienter bei verschiedensten gefährdenden Situationen von Kriegserfahrungen (Stretch, 1986) bis hin zu sexuellem Missbrauch (Golding et al., 1989). Woran liegt das? Soziale Ressourcen liefern: relevante Informationen und Hinweise, operative Unterstützung, etwas umzusetzen, Ressourcen (Geld, Material, Zugang zu wichtigen Menschen) und emotionale Unterstützung. Letztlich kann unser soziales Netz in alle anderen Säulen der Resilienz einzahlen.

5.4.2 Selbstwirksamkeit

Hinter dem psychologischen Begriff Selbstwirksamkeit (Kap. 4) verbirgt sich der Glaube, auch kritischen Situationen gewachsen zu sein, dass man es schaffen kann, selbst sein Leben bestimmt. Das ist eine wichtige Säule der Resilienz. Menschen mit dieser Mentalität stehen nach Schicksalsschlägen wieder auf, kämpfen weiter (Earvolino-Ramirez, 2007; Garcia-Dia et al., 2013). Menschen ohne Selbstwirksamkeit reagieren hilflos. Sie resignieren und warten passiv auf andere, die es richten sollen.

5.4.3 Emotionale Stabilität

Emotionsregulation lässt Menschen entscheiden, wann und wie lange sie welche Emotionen wie stark empfinden, anwachsen lassen und ausdrücken (Gross, 2014). Bei potenziell traumatischen Ereignissen hilft uns diese Eigenschaft, die emotionalen Auswirkungen zu steuern. Manche Menschen können sich einen gewissen Schutzschirm aus positiven Emotionen aufbauen, wenn sie mit adversen Situationen wie Terrorismus, Kriegsgefangenschaft oder Unfällen konfrontiert sind (Feder et al., 2010). Sie bleiben damit handlungsfähig. Sie legen ihren Fokus auf das, was sie ändern können. Andere stürzen in ein tiefes Loch aus Hoffnungslosigkeit, Verzweiflung und Resignation. Sie fokussieren auf Dinge, die sie nicht ändern können. Ihre Säule der Resilienz fällt dadurch in sich zusammen.

5.4.4 Persönliche Kompetenzen

An sich ist dieser Punkt trivial – und vielleicht gerade deshalb auch eine zentrale Resilienzsäule: „Man muss sich halt zu helfen wissen." Wer bestimmte Kompetenzen mitbringt, ist eher immun potenziell schädlichen Situationen gegenüber (Ahern, 2006; Simmons und Yoder, 2013). Ähnlich wie ein sehr kompetenter Autofahrer eine gefährliche Verkehrssituation besser übersteht, sind Personen mit einschlägigen Kompetenzen resilienter. Diese Personen verstehen auf Basis ihrer Kompetenzen eine Herausforderung wirklich und entwickeln konstruktive Strategien, um die Herausforderung zu lösen. Welche Kompetenzen sind eine Säule der Resilienz? Das sind insbesondere Kompetenzen in Kommunikation und Umgang mit anderen Menschen, der Fähigkeit, sich selbst zu motivieren, Kompetenzen in Finanzangelegenheiten, Selbstverteidigung und Gesundheitswissenschaften.

5.4.5 Flexibilität und Anpassungsfähigkeit

Wer sich an alte Konzepte und Gewohnheiten klammert, wenn sich die Umstände radikal ändern, den überrollt die Situation. Das Persönlichkeitsmerkmal Offenheit für Veränderung ist daher wichtig, um konstruktiv mit neuen Begebenheiten umzugehen. Hohe Ausprägungen hängen mit dem Meistern von schwierigen Situationen zusammen (Tedeschi und Calhoun, 2004). So hat Lance Armstrong im Beispiel oben seine Kompetenzen als Spitzensportler flexibel auf die neue Situation als Krebspatient übertragen und angepasst – und damit den Krebs besiegt. Ebenso hat Admiral Robert Shumaker seine Kompetenzen sehr flexibel auf die neue Situation als Gefangener angewendet. Zuvor war er objektiv Admiral, hatte die formelle Macht und militärische Befehlsgewalt. Er war ganz oben in der Hierarchie. Plötzlich war er objektiv einfach ein Gefangener unter anderen, zudem isoliert, hatte formell nichts zu melden. Egal. Er hat sich an die vollkommen andere Situation angepasst – und wieder eine Hierarchie und Zusammenhalt geschaffen.

5.4.6 Optimismus und positive Emotionen

Positive Emotionen führen zu Erfolg – stärker als andersherum Erfolg zu positiven Emotionen führt (Lyubomirsky, King und Diener, 2005). Das hat seine Gründe (vgl. Fredrickson, 2009): Positive Emotionen erweitern unseren Aufmerksamkeitsfokus, begünstigen Kreativität, schützen vor Stress, verbessern die Gesundheit und stärken das Selbstvertrauen ebenso wie unsere Beziehungen mit anderen Menschen. Mit positiven Emotionen verbunden ist auch Optimismus (Kap. 2). Optimisten erleben ihre Situation eher als günstig, sie glauben, dass widrige Umstände vorübergehend und veränderbar sind (Seligman, 1989). Dieses Denkmuster ist eine Säule für Resilienz und hilft bei widrigen Umständen. Ein Optimist fokussiert die Energie auf Dinge, die er ändern kann – anstatt auf Dinge, die er nicht ändern kann. Und er gibt nicht auf.

5.4.7 Selbstdisziplin

Aus schwierigen Situationen herauskommen. Das verlangt häufig Disziplin und Durchhaltewillen. Diese Tatsache gilt für gesundheitliche Krisen ebenso wie für Krisen in der Schullaufbahn oder im Berufsleben. Es geht dann darum, unmittelbare Motive und Impulse zu beherrschen, um langfristige wichtige Ziele zu erreichen. Es geht darum, das „Jetzt" in den Hintergrund zu drängen zugunsten einer Zukunft, die man herstellen will. In der Psychologie hat sich dafür der Begriff Selbstdisziplin (Kap. 12) eingebürgert (Gillebaart, 2018). Es gelingt Personen mit niedriger Selbstdisziplin nicht, ihre augenblicklichen Bedürfnisse zu beherrschen, um langfristige Ziele zu erreichen. Sie sind daher in kritischen Situationen nicht resilient, sie kämpfen nicht für eine positive Zukunft.

> **Forschung: Genetik und Resilienz**
>
> Wir haben diese Säulen der Resilienz teilweise in unserer eigenen Hand – doch nicht ganz. Eine wichtige oft übersehene Wurzel von Resilienz ist die **Genetik** (Waaktaar und Torgersen, 2012; Pluess, 2015). Resilienz scheint tatsächlich zu über der Hälfte auf angeborenen Aspekten zu beruhen. Auf den ersten Blick mag das für viele verwunderlich klingen nach dem Motto: „Was hat mein soziales Umfeld oder Kompetenzen mit meinen Genen zu tun?" Ein näherer Blick zeigt aber bei vielen Säulen der Resilienz erbliche Einflüsse. So scheint die Fähigkeit der Emotionsregulation etwa hälftig angeboren (Weinberg et al., 2015). Hormone, Intelligenz, Lernfähigkeit und andere körperliche und geistige Voraussetzungen spielen mit, wenn es um den Aufbau von persönlichen Kompetenzen geht. Selbst soziale Ressourcen hängen an Einflüssen wie unserer Attraktivität oder Persönlichkeit – eine extrovertierte Person tut sich leichter damit, soziale Kontakte zu knüpfen, als eine introvertierte. Genetisch mitgeprägte Aspekte wie Extraversion oder emotionale Stabilität spielen daher eine Rolle im erfolgreichen Durchschreiten von potenziell traumatischen Begebenheiten (Tedeschi und Calhoun, 2004).

Nicht alles an unserer Resilienz ist angeboren oder stabil. Es gibt viel Spielraum, um die eigene Resilienz zu fördern und zu stärken.

5.5 Resilienz stärken: Training, Übungen, Tipps

Wie kann man Resilienz stärken? Die oben genannten Säulen der Resilienz geben uns einige Tipps für ein wirksames **Resilienztraining**.

- **Kommunikative Fähigkeiten trainieren.** Soziale Ressourcen haben sich als eine der wesentlichen Säulen von Resilienz erwiesen. Fähigkeiten, die uns helfen, ein starkes persönliches soziales Netz aufzubauen und zu pflegen, sind daher entscheidend. Im Ernstfall ist es dieses Netz, das da ist und uns auffängt – oder eben nicht. Wichtige Kompetenzen im Bereich Kommunikation, um positive Bindungen mit anderen Personen zu etablieren, sind Sympathie und Vertrauen aufbauen, Empathie entwickeln, Zuhören können, Rückmeldung wertschätzend geben, Ideen präsentieren und Fragen stellen. Insbesondere der letzte Punkt ist wichtig. Wer sich nicht öffnet und aktiv nach Unterstützung fragt, der bekommt auch nichts von seinem sozialen Umfeld. Wer seine Kommunikation trainieren will, fokussiert die Aufmerksamkeit zunächst auf einen einzelnen Aspekt: „Habe ich eine offene Körperhaltung, wenn ich zuhöre?" oder „Wie oft unterbreche ich andere, wenn sie sprechen?". So kann man nach und nach seine Fertigkeiten im Bereich Kommunikation trainieren. Auch der Umgang mit Konflikten und Verhandlungstechniken sind ganz zentrale Kompetenzen, mit denen wir Situationen mit Krisenpotenzial meistern.
- **Selbstwirksamkeit stärken.** Wer seine Selbstwirksamkeit (Kap. 4) stärkt, der stärkt Resilienz. Eine gute Übung dazu ist, sich (auch die kleinen) Erfolge des Tages am Abend nochmal zu visualisieren: „Was habe ich heute geschafft und gut gemacht? Wie hat es ich angefühlt, welche Bilder sind im Gedächtnis geblieben?"
- **Gute Gewohnheiten aufbauen.** Wie kann die Macht der Gewohnheit (Kap. 14) Resilienz aufbauen? Ein gesunder Körper und ein gesunder Geist sind eine wichtige Basis, um potenziell traumatisierende Ereignisse zu überstehen. Viele Menschen gehen mit traumatischen Ereignissen wenig nachhaltig um. Sie betäuben sich mit Alkohol und Medikamenten,

flüchten in eine digitale Realität oder lenken sich mit Arbeit, Aufräumen und Ähnlichem ab. Sport, gesunde Ernährung sowie vernünftiger Schlaf, Pausen und Regenerationszeiten sind daher wichtige Gewohnheitselemente, die unsere Resilienz trainieren. Bei guten Gewohnheiten wie Sport ist oft das Schwierigste, „einfach" damit anzufangen. Wir können als praktische Maßnahme mit uns selbst einen kleinen „Deal" machen und sagen: „Ich fange an, aber ich muss nur drei Minuten machen!" Am Ende machen wir dann natürlich mehr als die drei Minuten – die neue Gewohnheit ist zumindest gestartet. Und dann gilt es, diese zu festigen, oft zu wiederholen und auszubauen.

- **Herausforderungen wirklich verstehen.** Mitunter sagt man beim Militär den Rekruten: „Was auch immer deine Aufgabe ist: Versuche, so viel wie möglich darüber zu lernen!" Im Prinzip ist das richtig. Je besser wir herausfordernde Situationen verstehen, desto eher finden wir gute Lösungen. Zudem ist die Angst größer vor Dingen, die abstrakt bleiben. Sobald Menschen eine Herausforderung, wie etwa eine Krankheit, wissenschaftlich rational verstehen, ist der Schrecken geringer, und konstruktive Schritte zur Lösung sind wahrscheinlich. In der Praxis führt also kein Weg daran vorbei zu lernen. Dazu gibt es die verschiedensten Ansätze, besonders hilfreich ist oft das soziale Netzwerk. „Wer in meinem Umfeld ist Experte oder weiß zumindest mehr als ich über die Herausforderung? Wer war in einer ähnlichen Situation und hat diese gemeistert?" Zeit, mit diesen Personen Kontakt aufzunehmen!
- **Proaktivität.** Wer wartet, bis das sprichwörtliche Kind in den Brunnen gefallen ist, verschlimmert die Situation für sich völlig unnötig. Wesentlich günstiger ist es, frühzeitig zu handeln, das „Kind auf dem Weg zum Brunnen zu stoppen." Daher sind Menschen, die rein reaktiv warten, bis ein Problem voll ausgeprägt und eskaliert ist, weitaus weniger resilient. Wer seine Resilienz trainieren will, der entwickelt ein Gespür für mögliche Risikoszenarien, achtet auf die ersten Anzeichen von potenziell traumatischen Situationen und handelt frühzeitig, um diese Situationen abzuwenden oder abzumildern. Dafür gewöhnen wir uns an, wichtige Dinge möglichst frühzeitig zu erledigen, beenden Prokrastination (Kap. 9). Wir können uns dafür an den erfolgreichen Menschen in unserem Umfeld orientieren: „Wer war wiederholt schlauer als die anderen? Wer erkennt eine Entwicklung immer schon etwas früher als alle anderen? Wie handelt diese Person jetzt? Wie bereiten sich Experten in meinem Umfeld auf eine bestimmte Situation vor?"

- **Selbstregulation trainieren.** Die Forschung zu Quellen der Resilienz weist immer wieder auf einen zentralen Aspekt hin: Regulation. Wer seine Emotionen regulieren kann, positive Emotionen fördert, negative Emotionen beiseiteschiebt, um für ein langfristiges Ziel zu kämpfen, der übersteht auch härteste Herausforderungen besser. Um unser Mindset auf Resilienz zu optimieren, sollten wir daher in Emotionsregulation investieren. Wir sollten Fokus und Konzentration (Kap. 11) lernen, unsere Aufmerksamkeit kontrollieren, auf wichtige Dinge fokussieren – anstatt über Unveränderliches zu klagen.

Fazit: Ist Resilienz erlernbar? Das war die Ausgangsfrage dieses Abschnitts. Die Antwort ist ein klares „Ja". Alle oben genannten Ansatzpunkte können unsere Resilienz stärken. Der Blick auf die Forschungsergebnisse macht aber auch klar, dass Aufbau und **Training von Resilienz harte Arbeit** sind. Wer Resilienz stärken will, der baut sich ein starkes soziales Netzwerk auf, kultiviert gute Gewohnheiten, arbeitet sich in Themen fundiert ein, handelt schon dann, wenn andere noch tatenlos wegsehen, arbeitet an seinen Emotionen und baut Disziplin auf. Selbstverständlich geht das nicht alles auf einmal. Indem wir konsequent Zeit und Energie investieren, absolvieren wir Schritt für Schritt unser Resilienztraining bis zur Meisterschaft.

> **Frage an den Autor: Wie kann ich damit anfangen, meine Resilienz zu fördern?**
>
> *Ich will meine Resilienz stärken. Wie beginne ich damit?*
> Aus meiner Sicht gibt es hier eine klare Hierarchie. Diese Hierarchie wissen die meisten Menschen tief in sich ohnehin. Es geht mir eher darum, dass ich hier noch einmal daran erinnere. Das ist meine persönliche Hierarchie für Resilienz im Leben:
>
> 1. Deine **Gesundheit** ist die Basis von allem. Wenn die weg ist, kannst Du alles andere vergessen. Dir hilft dann irgendwann kein Netzwerk, kein Geld. Du verlierst Deine Flexibilität. Das Wichtigste, was Du heute für Deine Resilienz tun kannst, ist daher die Beantwortung der folgenden Frage: Welche einzelne Maßnahme sollte ich diese Woche tun, um meine Gesundheit maximal zu fördern? Darauf wirst Du eine klare Antwort wissen. Eine Person wird vielleicht anfangen, mehr Bewegung und Sport in ihr Leben zu bringen. Eine andere wird nur noch vernünftige Mengen essen. Eine dritte damit aufhören, harten Alkohol zu trinken.
> Ich persönlich achte hier auf vernünftiges Schlafverhalten, Bewegung, gute Ernährung und darauf, nur Alkohol zu trinken, wenn Freunde da sind oder ich bei Freunden bin. Zugegeben, der Punkt „Bewegung" fällt mir am schwersten.

2. Zweitwichtigster Punkt sind Deine **sozialen Beziehungen**. Deine Familie und Freunde sind diejenigen, die Dich raushauen, wenn es eng wird. Dein Netzwerk zählt. Nicht wenige Menschen gründen keine Familie mehr – oder nur welche mit sehr loser Bindung. Scheidung, Patchwork, Single-Gesellschaft sind die Folge. Und jedes Mitglied in der Familie sollte handlungsfähig sein. „Der Staat wird meine Rente bezahlen, sich um meine Gesundheit kümmern, und ich habe doch eine Pflegeversicherung!", sagen viele, schauen fünf Stunden am Tag fern und haben keine Freunde und gefestigte Familie mehr. Das ist eine riskante Wette. Frage Dich: „Was kann ich diese Woche als Wichtigstes tun, um meine sozialen Beziehungen zu stärken?" Vielleicht wird es ein freier Tag zu zweit mit Deiner Partnerin oder Deinem Partner? Ja, ich habe eine liebevolle Frau und zwei wundervolle Kinder. Aus meiner Sicht haben wir den Wert der Familie in Deutschland aus dem Blick verloren, auch im Vergleich mit anderen Kulturen. Gute Beziehungen untereinander und eine Top-Ausbildung der Kinder sind uns wichtig. Das bedeutet nicht, dass es bei uns keinen Spaß geben darf. Bestimmte Aktivitäten, insbesondere digitale, reduzieren wir allerdings stark. Steve Jobs, der Gründer und CEO von Apple, wurde von Journalisten gefragt: „Deine Kinder lieben sicher das iPad?" Seine Antwort: „Sie kennen das Gerät nicht." Er hat es von ihnen ferngehalten, dafür gab es lange Abendessen mit der Familie und viel Gespräch, etwa über Bücher. Das finde ich richtig so. Mir war tatsächlich bei der Partnerwahl eine Frau wichtig, die handlungsfähig ist. Wenn meine Frau oder ich ausfallen sollten (etwa durch Unfall oder Krankheit), dann kann jeder von uns die Kinder allein bis zur Selbstständigkeit begleiten. Unser soziales Netzwerk ist groß und beinhaltet verschiedenste Experten für alle möglichen Informationen, die wichtig sind. Was mir hier bedeutsam scheint: Jede einzelne Person in einer Familie kann ein Problem für die Resilienz darstellen. Suche Dir daher stabile Menschen als Partnerin oder Partner.
Zugegeben, oft fällt es mir nicht leicht, Beziehungen zu priorisieren. Ich verbringe weniger Zeit mit meiner Frau und den Kindern, als ich weiß, dass gut ist. Ein Projekt soll abgeschlossen werden, es gibt ein spannendes neues Forschungsergebnis, das Schreiben an einem Blogbeitrag macht Spaß, der Alltag drängt mit einer riesigen Liste an „dringenden" Zielen. Dabei geraten diese wichtigen, aber nicht dringenden Dinge in den Hintergrund.
3. Aus meiner Sicht drittwichtigster Punkt für Resilienz ist **Wissen**. In einem Bereich solltest Du wirklich tiefes Wissen haben, Experte sein. Das macht Dich wertvoll für andere, damit verdienst Du am Ende Deine Brötchen. Gleichzeitig sollte die Wissensbasis breit sein. Aus meiner Sicht sollte jeder zumindest eine basale Ahnung von Kommunikation, Medizin, Finanzen, Technologie und rechtlichen Belangen haben. Dieses Wissen wird sehr häufig dafür sorgen, dass Du schlimme Situationen rechtzeitig kommen siehst und reagierst oder diese sogar komplett vermeidest. Frage Dich also: Welches Wissensdefizit ist das größte Risiko für mich, welche Informationen kann ich diese Woche gewinnen, die mir am meisten helfen?
Der amerikanische Starinvestor Warren Buffett wurde einmal gefragt: „Was ist das beste Investment?" Seine Antwort: „Investieren sie in die Ausbildung ihrer Kinder!" Wir erziehen die Kinder komplett zweisprachig, um international flexibel zu sein – im Fall der Fälle. Wir achten auf sehr hohe Selbstständigkeit der Kinder in Haushalt, Lernen und Alltagsgeschäften. Und einer in

der Familie sollte gut kochen können. Das bin in dem Fall ich. Ich finde das sehr wichtig, weil es Genuss mit Gesundheit und guter Familienzeit kombiniert. Ein paar persönliche Erfahrungen zum Thema Wissen: Wenn Du viel Geld verdienst und keine Ahnung von Investment hast – dann gibt es ein Problem. Je erfolgreicher Du wirst, desto rauer wird der Wind – Du brauchst gute Anwälte und vor allem juristisches Wissen, um möglichst zu vermeiden, dass Du diese Anwälte brauchst, und auch, damit Du rechtzeitig merkst, wenn Du überhaupt welche brauchst. Ärzte machen zudem wie alle anderen auch Fehler, sind oft am Limit und überarbeitet – Du brauchst selbst Medizinwissen, musst extrem gut kommunizieren und Entscheidungen treffen.

4. Wenn die ersten drei Punkte passen, dann kommt **Geld** von allein. Wenn sie nicht passen, wird es von allein verschwinden, selbst wenn es da war, weil Du es vielleicht geerbt hast. Du kannst noch so viel aufbauen – wenn die Gesundheit, Ehe oder Kinder missraten oder Du schlechte Entscheidungen triffst, dann ist es weg. Spätestens in der nächsten Generation. Zu oft habe ich gesehen, wie Menschen ihr Unternehmen oder die Familie an die Wand gefahren haben, alles verloren haben – etwa, weil sie gute Beziehungen mit den anderen Eigentümern oder in der Ehe vernachlässigt haben. Deshalb ist Geld aus meiner Sicht nur der viertwichtigste Punkt für Resilienz. Es sollte da sein, denn sonst, wenn es nicht da ist, wird es zu wichtig. Dann musst Du leider wirklich nur an Geld denken, vernachlässigst alles andere. Das wäre schade, wenn Geld so wichtig wird in Deinem Leben. Oder? Frage Dich also auch hier: Was wäre das Wichtigste, was ich diese Woche beginnen kann, um eine finanzielle Basis zu schaffen, die mich langfristig handlungsfähig macht und ein Polster für harte Zeiten wird? Vielleicht testest Du auch einfach mal und trainierst, in einer Woche nur mit einem bestimmten Betrag auszukommen. Du wirst merken, es geht, es gibt kreative Lösungen, vieles ist Luxus, den Du nicht wirklich brauchst. Oder ziehe mit dem Rucksack durch ein anderes Land, schlage Dich dort durch mit Jobs, minimiere die Ausgaben, schau, wo Deine Grenzen sind, und verschiebe sie nach unten – einfach als Training.

Wieder ein paar persönliche Worte zu meiner Person: Ich kenne Menschen, die deutlich mehr verdienen als ich, die nicht mit Geld umgehen können, nichts übrig haben am Ende des Monats – und zwar nicht wegen Investments, sondern wegen ihres Konsums. Für mich persönlich ist unverständlich, warum viele mehr konsumieren, als sie einnehmen. Harte Zeiten kommen in jedem Leben. Also stelle Dich auf dafür – auch finanziell! Gerade in anderen Ländern habe ich Familien gesehen, die alles opfern, um gute Ausbildung für die Kinder zu erreichen, zu investieren, sich eine Zukunft aufzubauen. Es sind in Deutschland oft Personen, denen es finanziell viel besser geht, die fünf Stunden am Tag fernsehen und gleichzeitig klagen: „Ich habe zu wenig Geld, ich kann nichts zur Seite legen!" Da gehe ich nicht mit. Ich habe selbst in sehr bescheidenen Verhältnissen immer etwas für noch härtere Zeiten auf die Seite gelegt, mich früh mit Investment befasst. Meine Frau ist aus meiner Sicht noch extremer, sie ist in einem anderen Land aufgewachsen, weiß, wie es ist, nicht genug zu essen zu haben. Dennoch gab es gute Bildung für sie und ihre Geschwister. Es geht uns heute sehr gut, doch wir wissen aus eigener Erfahrung: Wir können auch anders – unter bescheidenen Bedingungen leben. Das macht uns unabhängig. Unabhängig von

> schlechten Jobs, schlechten Kunden, schlechten Krediten. Noch ein Prinzip: Geld ist für mich da, um mein Leben zu führen und nicht mein Leben dafür da, um maximalen Ertrag zu holen. Deshalb zocke ich begrenzt mit Geld, nur mit dem, was ich übrig habe. Für mich wäre es zum Beispiel ein Stress, den ich gar nicht haben will, nicht zu wissen, ob ich einen Kredit wirklich zurückzahlen kann.
>
> Du wunderst Dich, warum in meiner persönlichen Hierarchie gar nicht so viel Psychologie enthalten ist? Stimmt, Resilienz ist ein Feld, das weit über Psychologie hinaus geht – und oben im Text finden sich schon viele rein psychologische Tipps. Alle die Punkte hier stehen natürlich in starker Beziehung mit psychologischen Themen. Ohne die richtige Psychologie wirst Du weder Gesundheit noch gute soziale Beziehungen noch Wohlstand oder Wissen haben. Insofern: Betrachte Deine Resilienz maximal breit.
>
> Noch ein wichtiger Gedanke zum Schluss: Resilienz bedeutet natürlich nicht, dass Du in Umgebungen bleibst, die toxisch und schädlich sind, nur weil Du es „aushältst". Wenn Du in der Situation nicht wächst, dann gehe einfach. Wenn ich in eine toxische Arbeitsumgebung oder Beziehung geraten bin, dann habe ich abgewogen und meist gesagt: „Ich habe zwei gesunde Beine, auf Wiedersehen."

Optimismus, selbsterfüllende Prophezeiungen, Selbstwirksamkeit und Resilienz: Sie geben uns einen selbstbewussten Blick auf die Welt und uns selbst. Sie füllen uns mit Energie und Mut, geben uns eine **Plattform** aus Sicherheit. Jetzt geht es darum, von dieser Plattform aus zu wachsen. Es geht darum, unseren Mut und unser Selbstbewusstsein, unsere Energie in eine klare Richtung zu bündeln. Das ist die Rolle von Visionen. Visionen unserer Zukunft geben uns Richtung und Sinn im Leben und können uns zu Außergewöhnlichem motivieren. Wie das geht, zeigt das nächste Kapitel.

Literatur

Ahern, N. R. (2006). Adolescent resilience: An evolutionary concept analysis. *Journal of Pediatric Nursing, 21*(3), 175–185.

Bonanno, G. A. (2004). Loss, trauma, and human resilience: Have we underestimated the human capacity to thrive after extremely aversive events? *American Psychologist, 59*(1), 20–28.

Brewin, C. R., Andrews, B., & Valentine, J. D. (2000). Meta-analysis of risk factors for posttraumatic stress disorder in trauma-exposed adults. *Journal of Consulting and Clinical Psychology, 68*(5), 748–766.

Earvolino-Ramirez, M. (2007). Resilience: A concept analysis. *Nursing Forum, 42*(2), 73–82.

Feder, A., Nestler, E. J., Westphal, M., & Charney, D. S. (2010). Psychological mechanisms of resilience to stress. In J. W. Reich, A. J. Zautra, & J. S. Hall (Hrsg.), *Handbook of adult resilience* (S. 35–54). The Guilford Press.

Fredrickson, B. (2009). *Positivity*. New York: Crown.

Garcia-Dia, M. J., DiNapoli, J. M., Garcia-Ona, L., Jakubowski, R., & O'Flaherty, D. (2013). Concept analysis: Resilience. *Archives of Psychiatric Nursing, 27*(6), 264–270.

Gillebaart, M. (2018). The 'operational' definition of self-control. *Frontiers in Psychology, 9*, Article 1231.

Golding, J. M., Siege, J. M., Sorenson, S. B., Burnam, M. A., & Stein, J. A. (1989). Social support sources following sexual assault. *Journal of Community Psychology, 17*(1), 92–107.

Gross, J. J. (2014). Emotion regulation: Conceptual and empirical foundations. In J. J. Gross (Hrsg.), *Handbook of emotion regulation* (2. Aufl., S. 3–20). The Guilford Press.

House, J. S., & Kahn, R. L. (1985). Measures and concepts of social support. In D. Williams & S. Cohen (Hrsg.), *Social support and health* (S. 83–108). Academic.

Lyubomirsky, S., King, L., & Diener, E. (2005). The benefits of frequent positive affect: Does happiness lead to success? *Psychological Bulletin, 131*, 83–855.

Pangallo, A., Zibarras, L., Lewis, R., & Flaxman, P. (2015). Resilience through the lens of interactionism: A systematic review. *Psychological Assessment, 27*(1), 1–20.

Pluess, M. (2015). Individual differences in environmental sensitivity. *Child Development Perspectives, 9*(3), 138–143.

Reich, J. W., Zautra, A. J., & Hall, J. S. (2010). *Handbook of adult resilience*. Guilford Press.

Seligman, M. E. (1989). *Learned optimism: How to change your mind and your life*. Pocket Books.

Simmons, A., & Yoder, L. (2013). Military resilience: A concept analysis. *Nursing Forum, 48*(1), 17–25.

Stretch, R. H. (1986). Incidence and etiology of post-traumatic stress disorder among active duty army personnel. *Journal of Applied Social Psychology, 16*(6), 464–481.

Tedeschi, R. G., & Calhoun, L. G. (2004). Posttraumatic growth: Conceptual foundations and empirical evidence. *Psychological Inquiry, 15*(1), 1–18.

Waaktaar, T., & Torgersen, S. (2012). Genetic and environmental causes of variation in trait resilience in young people. *Behavior Genetics, 42*(3), 366–377.

Weinberg, A., Venables, N. C., Proudfit, G. H., & Patrick, C. J. (2015). Heritability of the neural response to emotional pictures: Evidence from ERPs in an adult twin sample. *Social Cognitive and Affective Neuroscience, 10*(3), 424–434.

6

Visionen entwickeln und einsetzen

„Wer Visionen hat, sollte zum Arzt gehen!" Hatte Altbundeskanzler Schmidt recht mit dieser Aussage? Schaden uns Visionen? Nein. Im Gegenteil. Visionen sind ein hoch wirksamer Erfolgsfaktor im Leben. Forschungsergebnisse der Psychologie belegen die vielen Vorteile, wenn wir für unser Leben eine **Vision entwickeln**: Mit einer wirksamen Vision können wir schnell entscheiden und lange bei unserer Entscheidung bleiben – während andere Menschen unsicher sind, lange überlegen und ihre Entscheidungen rasch wieder verwerfen. Das bringt uns mehr Gesundheit, Motivation und Erfolg in vielfältigster Hinsicht. Viele außergewöhnliche Leistungen und Karrieren lassen sich auf die Kraft von Visionen zurückführen – sei es die bemannte Mondlandung, Gleichberechtigung für Schwarze in den USA oder der Lebensweg von Arnold Schwarzenegger.

Dieses Kapitel gibt eine **Definition für Vision**, schildert die **psychologischen Wirkmechanismen** und **Vorteile**. Es zeigt die besten **Ansätze, Tipps und Übungen**, mit denen wir wirksame Visionen entwickeln.

> **Risiko: Das passiert ohne Vision für unser Leben**
> Ohne klare Lebensvision und klare Werte treiben wir ziellos durch das Leben. Wir wissen dann nicht genau, was uns wichtig ist. Und so bestimmen Ablenkungen aus dem Alltag unsere Aufmerksamkeit und unser Leben. Weil wir keinen tieferen Sinn und keine langfristige Vision haben, fehlt uns oft ein eigener Antrieb, und wir entwickeln keine nachhaltige Motivation. Wofür sollen wir uns anstrengen? Das Leben scheint sinnlos. Da wir keine eigene Richtung haben,

> bekommen wir oft eine Richtung vorgegeben – von anderen. Mit einer klaren eigenen Vision können wir uns davor schützen und selbstbestimmt unseren Weg gehen. Wir bündeln damit all unsere Kräfte über einen langen Zeitraum und erreichen herausragende Ergebnisse.

6.1 Macht von Visionen: Beispiele

Für die **Macht einer Vision** gibt es viele **Beispiele**. Der damalige US-Präsident John F. Kennedy hielt 1962 eine visionäre Rede, in der er eine **bemannte Mondlandung** für das Ende des Jahrzehntes ankündigte. Tatsächlich glückte diese Mondlandung termingerecht 1969, Kennedy selbst war längst ermordet worden. Es gelang ihm, mit seiner Vision über seinen Tod hinaus ein ganzes Land für Jahre zu mobilisieren: die klügsten Köpfe und gewaltige Mengen an Geld und Ressourcen. Wie ist Kennedy vorgegangen, was hat sein Beispiel einer Vision so wirkungsvoll gemacht?

- Er hat in seiner Rede das **Ziel klar** benannt: „Zum Ende des Jahrzehnts werden wir einen Mann zum Mond senden."
- Zudem beschreibt Kennedy seine Vision der Mondlandung **bildlich**: „Wir werden zum Mond – 240.000 Meilen entfernt, eine riesige Rakete fliegen – mehr als 300 Fuß lang. Auf einer neuartigen Mission, zu einem unbekannten Himmelskörper. Und dann werden wir sie sicher zur Erde zurückbringen." Damit verknüpft er seine Vision mit einem klaren Konzept, um sie zu erreichen.
- Er verbindet in diesem Beispiel die Vision mit hohem **Anspruch und Werten**: „Aber warum der Mond, sagen manche, warum das als unser Ziel auswählen? – Sie könnten genauso fragen: Warum den höchsten Berg besteigen? Warum, vor 35 Jahren, den Atlantik überfliegen? ... Wir entscheiden, zum Mond zu fliegen in diesem Jahrzehnt und all die anderen Dinge zu tun. Nicht weil sie einfach sind. Sondern weil sie schwer sind!" Dadurch erreicht Kennedy, dass seine Vision mit den Werten seiner Bürger stark übereinstimmt. Die Reaktion seiner Zuhörer: donnernder Applaus.

Seine Vision war derart formuliert so mächtig, dass sie auch nach seinem gewaltsamen Tod ein ganzes Land mit all seinen Ressourcen über Jahre mobilisiert hat.

Mit Visionen können wir aber nicht nur andere führen, sondern auch uns selbst. Ein Beispiel für die Macht von Visionen, um uns selbst zu führen, schildert **Arnold Schwarzenegger** regelmäßig in Vorträgen und Interviews: „The first rule of success is to have a vision." Er begründet das so: Ohne Vision treiben Menschen ziellos umher und kommen nirgendwo im Leben an – höchstens am falschen Platz. Er schildert, wie er als Schuljunge auf einer Zeitschrift den damaligen Mister Universe sah. Noch heute führt er wort- und detailreich aus, wie er die Zeitschrift immer wieder durchlas und erfuhr, dass dieser Bodybuilder zusätzlich Filmstar wurde. Er entschied: „Das ist meine Vision, das ist der Plan für mein Leben. Ich werde Mister Universe sein. Ich werde danach Filmstar. Genau wie dieser Mann. Ich werde berühmt und reich sein." Schwarzenegger schildert, wie ihn seine Vision motivierte, täglich viele Stunden härter zu trainieren als alle anderen und auch anspruchsvollste Herausforderungen und Rückschläge zu überwinden.

Die Gemeinsamkeiten beider Beispiele für Visionen sind deutlich: Die Vision ist klar. Die Vision ist emotional und bildlich. Die Vision verbindet sich eng mit Werten. Die Vision ist anspruchsvoll. Die Vision ist verknüpft mit einem ambitionierten, aber realistischen Konzept, um sie zu erreichen.

> **Visionen: Fehlannahmen und falsche Glaubenssätze**
>
> Das sind verbreitete, aber falsche Überzeugungen zu Visionen:
>
> - Wer Visionen hat, sollte zum Arzt gehen, ist psychisch labil, ein Träumer.
> - Mit Visionen zu führen, das ist nicht mehr zeitgemäß.
> - Visionen sind zu emotional, Ziele müssen aber rational und messbar sein.
> - Visionen müssen realistisch sein und vollständig erreicht werden.
> - Visionen sind nur dazu da, um viele Menschen zu führen. Die sind nichts für einzelne Personen.
> - Was wichtig ist im Leben? Das ist doch jedem klar. Wozu brauche ich eine Vision?
>
> Der Beitrag deckt auf, warum das alles Denkfehler sind, die uns begrenzen und unseren Erfolg gefährden.

Sind Visionen tatsächlich so vorteilhaft, wie diese Beispiele nahelegen? Was sagt die Wissenschaft dazu?

6.2 Bedeutung von Visionen: Vorteile

Gibt es empirische Daten, die uns die Vorteile und Bedeutung von Visionen „beweisen"? Ja, diese Daten gibt es. Zuhauf. Attraktive Visionen haben nach zahlreichen Studien **höchste Bedeutung** für den Erfolg von Einzelpersonen, Gruppen und Organisationen. Das sind die konkreten **Vorteile von Visionen:**

- Optimismus (Peters et al., 2010) (Kap. 2)
- Gesundheit (King, 2001)
- Wohlbefinden und Zufriedenheit (Lyubomirsky et al., 2011)
- positive Emotionen (Layous, Nelson und Lyubomirsky, 2013) (Kap. 15)
- Flow-Erleben (Layous, Nelson und Lyubomirsky, 2013) (Kap. 13)
- individuelle Leistung (Howell und Frost, 1989; Oswald, Mossholder und Harris, 1994)
- Teamleistung (Schaubroeck, Lam und Cha, 2007)
- Erfolg einzelner Unternehmensbereiche mit Visionen (Bass et al., 2003)
- Erfolg von Unternehmen (Baum, Locke und Kirkpatrick, 1998)
- Commitment der Mitarbeiter zur Organisation und ihren Zielen (Barling, Weber und Kelloway, 1996)
- Vertrauen in die Führungskraft (Podsakoff et al., 1990)
- effektives Change-Management (Larwood et al., 1995)

Alles in allem bieten Visionen also deutliche Vorteile auf allen Ebenen – sowohl für einzelne Personen als auch für Teams sowie für ganze Unternehmen und andere Organisationen. Wir fühlen uns besser mit ihnen, sind optimistischer, motivierter und leistungsfähiger.

Eine bewusste, effektiv ausgearbeitete Vision für ihr Leben haben nur wenige Menschen. Doch auf unbewusster Ebene haben wir alle eine Vision. Diese äußert sich in unseren Standards für das Leben. Diese unbewusste Vision ist oft wenig ambitioniert, schadet uns. Davon handelt der Infokasten.

> **Perspektive: Haben wir zu niedrige Lebensstandards?**
> Was sind Deine Lebensstandards? Die meisten Menschen denken beim Begriff Lebensstandard an Dinge außerhalb von sich selbst: ein großes Haus in einer bevorzugten Wohnlage, schöne Autos, gutes Essen, Flugreisen und finanziellen

6 Visionen entwickeln und einsetzen

Wohlstand. Davon wollen sie möglichst viel haben. Ihr Denken und ihre Träume kreisen um die Frage: Wie kann ich dieses und jenes **haben**?

Doch der Blick nach außen ist bei unseren Lebensstandards eine sehr begrenzte Perspektive. Es ist Zeit, den Blick nach innen zu richten: Welche Standards habe ich für mich als Mensch? Welche Art Mensch will ich sein? Wie kann ich dieses und jenes **werden**?

Für Deinen persönlichen Lebensstandard ist wichtig, dass Du Dir ganz bewusst immer wieder folgende Fragen stellst:

- Was ist mein Standard für persönliche Kontakte? Mit welcher Art von Menschen möchte ich mich umgeben, gemein sein, mit welcher lieber nicht? Mit wem möchte ich mich zukünftig öfter treffen, mit wem weniger?
- Wo will ich wirklich leben, was ist mein Standard für mein Umfeld?
- Was ist mein Standard im Umgang mit anderen Menschen? Wie möchte ich kommunizieren? Und wie erwarte ich, dass andere mit mir kommunizieren?
- Was ist mein Standard für meine Tätigkeiten? Mit welcher Art von Tätigkeit bin ich glücklich, welche Art von Arbeit mute ich mir nicht zu? Mit wem arbeite ich zusammen, mit wem nicht?
- Was ist mein Standard für Kunden? Mit welchen Kunden arbeite ich zusammen, mit welchen nicht?
- Was ist mein Standard für Bezahlung? Ab wie viel Tagessatz „gehe ich aus dem Haus"?
- Was ist mein Standard für Ernährung? Was und wie viel nehme ich auf in meinen Körper? Was mute ich meinem Körper zu? Welche Art von Restaurants möchte ich überhaupt besuchen, welche sind meiner „würdig"?
- Was ist mein Standard für Bewegung? Wenn ich die Wahl habe zwischen Aufzug und Treppe oder einer Rolltreppe: Was wähle ich?
- Was ist mein Standard für das, was ich in mein Gehirn aufnehme: gute Bücher und Gespräche, Fernsehprogramme, Computerspiele, Videos, Social Media …? Betäube ich mich mit geistigem Fastfood oder konsumiere ich Inhalte, mit denen ich wachse?
- Was ist mein Standard für Hierarchie? Welcher Art von Führungskräften und welcher Art von Politik und Politikern bin ich bereit, mich unterzuordnen? Welche Art von Führung bin ich bereit zu akzeptieren, und welcher Art widersetze ich mich?

Ergänze die Liste mit Deinen Standards für Freundschaften, Standards für Liebesbeziehungen, Standards für das Verhalten von Kindern, …

Die meisten Menschen sind mit sehr geringen Standards für sich zufrieden. Sie bleiben in ihrer Komfortzone, schauen täglich viele Stunden fern, sind übergewichtig und lassen sich mit einem Mini-Gehalt abspeisen. Sie haben keine Vision von sich, entwickeln sich nicht und bleiben klein.

Deshalb: **Hebe Deine Lebensstandards an!** Damit hebst Du auch Dich an, verwirklichst Dein Potenzial. Indem Du Dich mit Deinen Standards befasst, lernst Du Dich und Deine Werte besser kennen. Und Du entwickelst schrittweise eine Vision Deiner Zukunft: Welche Art von Mensch möchtest Du sein?

Die Vorteile von Visionen sind also bedeutsam. Doch was genau ist eine Vision?

6.3 Vision: Definition

Was ist eine Vision? Die Psychologie definiert Visionen aus wissenschaftlicher Sicht. So lautet die konkrete **Definition**:

> **Definition: Vision**
> Eine Vision definiert und beschreibt auf emotionale, kognitive und motivierende Weise einen langfristigen Zielzustand.

Die Bezeichnung „langfristiger Zielzustand" in der Definition für Vision bezieht sich darauf, dass Visionen keine kurzfristigen oder mittelfristigen Ziele definieren, sondern Idealvorstellungen, die über einen langen Zeitraum Orientierung bieten.

Visionen wirken als Zielzustand wie ein „Magnet", der Individuen, Gruppen und Organisationen in eine bestimmte Richtung zieht – oft über viele Jahre hinweg. Warum sollten wir uns engagiert bewegen, wenn die Richtung nicht attraktiv ist, ja wir vielleicht nicht einmal die Richtung kennen? Mit einer Vision können wir uns nachhaltig in eine anvisierte Richtung entwickeln und weitaus mehr von unserem Potenzial ausschöpfen.

Dabei kann es sein, dass eine Vision niemals vollständig erreicht wird. Das ist auch nicht ihre wichtigste Aufgabe. Selbst wenn die USA es nicht geschafft hätten, schon 1969 bemannt auf dem Mond zu landen – ihre Vision hätte sie trotzdem viel weiter auf dem Weg der Technologie und Raumfahrt gebracht.

> **Typische Situation: Person ohne Vision für ihr Leben**
> „Es ist nicht so, dass ich nicht wüsste, was ich tun soll. Ich habe ständig etwas zu tun. Arbeit, Kunden, Kollegen, mein Ehemann, das Finanzamt, der Mieter … alle wollen etwas, alle brauchen etwas, der Terminkalender ist voll. Das konsumiert meine ganze Zeit. Mir kommt das alles manchmal so sinnlos vor, ich frage mich dann, wofür ich das alles tun soll. Ich wünsche mir sehr, dass es etwas gibt, wofür ich gern jeden Tag aufstehe, das einen Unterschied macht. Wozu habe ich gelebt am Ende? Nur um Steuern zu zahlen? Es ist schon einiges von meinem Leben vorbei, und ich fühle mich, als hätte ich viel Zeit verschwendet."

Eine Vision hilft uns dabei, Entscheidungen schnell und sicher zu treffen und lange bei unseren Entscheidungen zu bleiben. Wer keine Vision für sich, sein Team oder seine Organisation hat, der braucht dagegen lange, um Entscheidungen zu treffen – und er kämpft nicht für seine Ziele, verwirft seine Entscheidungen schnell, da er keinen **Fixpunkt** zur Orientierung besitzt.

Wir können sogar festhalten: **Wer keine eigene Vision hat, lebt am Ende für die Vision von anderen.** Beispielsweise setzen Führungskräfte daher erfolgreich Visionen ein, um Menschen langfristig und außergewöhnlich stark zu motivieren (Burns, 1978; House, 1977). Stichworte dazu sind charismatische Führung und transformationale Führung. Diese Menschen leben dann für die Vision ihrer Führungskraft.

Was sind die Kennzeichen einer besonders wirkungsvollen Vision?

6.4 Merkmale einer guten Vision

Gute Visionen haben bestimmte Eigenschaften, die sie wirksam machen (Baum, Locke und Kirkpatrick, 1998). Umfangreiche Studien haben sich damit befasst. Abb. 6.1 gibt einen Überblick zu den **Merkmalen einer guten Vision**.

Das sind die entscheidenden **Merkmale einer Vision**:

1. **Langfristig**. Eine Vision soll uns langfristig motivieren und leiten, gilt meist für viele Jahre. Dafür ist es notwendig, ein übergreifendes Thema, einen Endzustand zu visualisieren. Konkretere Zwischenziele und Meilensteine leiten sich dann leicht und fast automatisch aus der Vision ab.

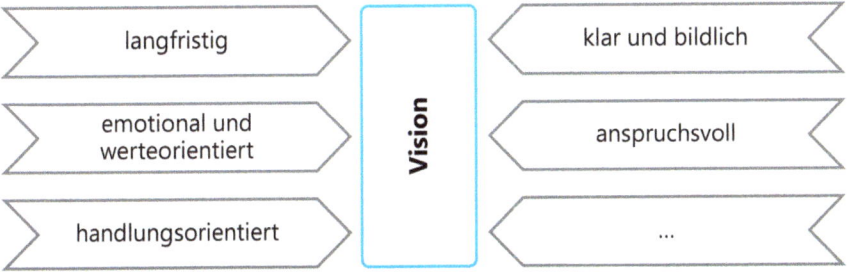

Abb. 6.1 Vision: Merkmale wirksamer Visionen

2. **Klar und bildlich.** Eine Vision sollte kristallklar bildlich sichtbar sein. „Einen Mann mit einer Rakete zum Mond bringen und sicher wieder nach Hause", das ist unmissverständlich klar und vor dem inneren Auge sichtbar. Bilder, Modelle, Symbole und Metaphern helfen, eine Vision zu verbildlichen (Fairhurst und Sarr, 1996). Je besser unser Kopfkino ist, je klarer wir visualisieren, je öfter wir so an unser Ziel denken, desto motivierter sind wir.
3. **Emotional und werteorientiert.** Visionen sollten uns emotional berühren, mit unseren Werten in Einklang stehen, uns stolz machen. Zum Mond zu fliegen, einfach weil es schwer ist und wir das können, weil wir krass sind … Das resoniert mit Werten wie Mut, Leistung und Freude am Erfolg. Es spricht den Optimismus (Kap. 2) von Menschen und ihre Selbstwirksamkeitserwartung (Kap. 4) an (Shamir, House und Arthur, 1993). Es macht Menschen stolz. So wird eine Vision attraktiv und erstrebenswert.
4. **Anspruchsvoll.** Ein Goldfisch wird nur so groß wie das Glas, in dem er lebt. Ähnlich ist es mit uns Menschen und unseren Zielen: Wir wachsen mit unseren Zielen. Eine gute Vision ist deshalb schwer zu erreichen, anspruchsvoll. Sie fordert uns und verlangt uns alles ab. Deshalb wachsen wir mit ihr. Menschen mit einer Vision entwickeln sich daher viel schneller als Menschen ohne Vision. Anspruchsvolle Leistungserwartungen führen zu besseren Ergebnissen als geringe Erwartungen und unambitionierte Ziele (Eden, 1990). Der Tennisspieler Roger Federer entwickelte beispielsweise schon als Jugendlicher die Vision, unter die Top Ten der Weltrangliste zu kommen und dann die Nummer eins zu werden. Eine Vision, mit der er gewachsen ist, die er schließlich erreicht hat. Wäre er auch so weit gekommen, wenn er nur vorgehabt hätte, unter die Top Ten der Schweiz zu kommen?
5. **Wegweisend und handlungsorientiert.** Zu den Merkmalen einer guten Vision gehört auch Handlungsorientierung, ein Hinweis auf den einzuschlagenden Weg, ein klar verknüpftes Konzept zur Umsetzung. „Mit einer Rakete zum Mond zu fliegen." Damit zeigt Kennedy in seiner Vision klar den Weg. „Wir wollen einen Mann auf dem Mond haben." wäre dagegen zu wenig handlungsweisend. Ebenso ist die Vision von Schwarzenegger sehr handlungsorientiert. „Berühmt und reich werden, durch Bodybuilding und anschließender Karriere als Schauspieler." Das ist handlungsorientiert. Jemand, der sich einfach nur abstrakt vorstellt,

„reich und berühmt" zu sein, bekommt von seiner Vision dagegen keinen klaren Weg vorgezeichnet, den er motiviert gehen kann.

Handlungsorientierung, die letzte Eigenschaft einer guten Vision in dieser Aufzählung, ist die **Verbindung der Vision zur Realität**, zum Plan, zu den konkreten Schritten und Maßnahmen. Die attraktivste Vision nutzt uns nichts ohne realistisches Konzept. Es geht also immer darum, eine Vision herunterzubrechen. Herunterzubrechen auf die Frage: Wie sieht meine Woche aus? Was ist heute mein Tagesziel? Auf dieser Ebene geht es dann darum, Ziele messbar zu machen, wirksame Ziele zu entwickeln (Kap. 8).

Eines ist nach diesen Ausführungen klar: Alle noch so tollen konkreten Tagesziele und das beste Zeitmanagement führen uns höchstens noch effektiver in die falsche Richtung, wenn wir keine Vision für uns haben. Wie also können wir eine Vision für uns erstellen, für unser Leben?

6.5 Erstellen einer Lebensvision

Wie komme ich jetzt zu einer wirksamen und motivierenden **Vision für mich selbst** – so ganz privat, als einzelner Mensch? Was ist meine persönliche „Mondlandung" in fünf Jahren? Es gibt dafür einen Ansatz aus der Positiven Psychologie (Kap. 1): die „best possible selves intervention", kurz BPS-Intervention (King, 2001). Dabei geht es, wie der Name schon sagt, darum, eine positive Lebensvision von sich selbst zu erstellen. Motto: Was wäre das beste mögliche Selbst von mir in fünf Jahren? Der Infokasten zeigt die dazugehörige Übung.

> **Übung: Vision „bestes mögliches Selbst" in fünf Jahren**
>
> Stellen wir die Welt mal auf den Kopf und nutzen die Fantasie: Alles läuft für Dich so gut, wie es nur irgendwie laufen kann. Du hast hart gearbeitet und alle Lebensziele in diesem Zeitraum erreicht ... Stelle Dir Dich so selbst in fünf Jahren vor.
>
> 1. Frage Dich: Wie sieht mein Leben in fünf Jahren aus? Was tue ich? Wo bin ich? Wer bin ich? Was habe ich erreicht? Was gibt meinem Leben wirklich Sinn? Was für ein Mensch will ich sein?
> 2. Nutze alle Sinne, stelle es Dir möglichst bildlich vor. Wie sieht das da aus, wie fühlt es sich an, wie hört es sich an? Visualisiere in Deiner Vorstellung: Wer ist mit mir, wie riecht es dort, was schmecke ich?
> 3. Schreibe oder male Deine Vision auf, halte sie fest.

Bei der Erstellung Deiner Vision für Dich können Dir diese großen **Lebensthemen** eine gute Orientierung geben:

- Gesundheit (mental und körperlich)
- Emotionen (Stimmung, Glück, Zufriedenheit)
- Beziehungen (Familie, Freunde, Netzwerk)
- Freiheit und Unabhängigkeit
- sozialer Status
- Karriere
- Wohlstand (Lebensstandard, Grad finanzieller Freiheit)
- Kompetenzen und Wissen
- Spiritualität
- Impact (Wirkung, etwas hinterlassen, über sich hinausgehen)

Wer eine maximal **langfristige Perspektive** bei einer positiven Vision einnehmen will, kann sich folgende Frage stellen und ausarbeiten (vgl. Covey, 2020).

Übung: Vision „Reden auf meiner Beerdigung"

„Bei meiner Beerdigung – was würde ich gern von den einzelnen Rednern und Menschen hören? Was sollen sie über mich und mein Leben sagen?" Wenn das eintritt, was Du Dir wünschst, was würden diese Personen sagen?

- Was sollte meine Partnerin/mein Partner sagen?
- Was wünsche ich mir, dass meine Kinder sagen?
- Was sagt jemand aus meinem Freundeskreis?
- Was würde jemand aus meiner Nachbarschaft, Gemeinde, Religionsgemeinschaft sagen?
- Welche Worte sollte eine ehemalige Führungskraft sagen?
- Was wünsche ich mir, dass meine Mitarbeiterinnen und Mitarbeiter sagen?
- Was möchte ich, dass jemand aus meinem Kundenkreis spricht?
- Was sollte jemand stellvertretend für die Gesellschaft oder Menschheit sagen?
- Was würde „die Natur" zu mir sagen, wenn sie denn könnte?

Visionen sind in der Regel langfristig. Doch sie können für uns auch **bei kurzfristigen Zielen** sehr nützlich sein (Heimsoeth, 2017). Das greift folgende Übung auf:

Übung: positive Erwartung zur Vorbereitung

Ein wichtiger Präsentationstermin steht bevor? Eine Rede vor Führungskräften oder wichtigen Kunden? Die Gedanken kreisen um Nervosität und mögliches

Versagen? Hier hilft folgende Vision, die Du idealerweise schon Tage vorher regelmäßig abrufst:

- Stelle Dir vor, wie alle sehr interessiert zuhören.
- Visualisiere, wie die Menschen Dich dort anlächeln und Deine Expertise schätzen.
- Male Dir aus, wie die Teilnehmer positiv auf Deine Präsentation reagieren.
- Spiele in Deiner Fantasie ab, wie am Ende alle klatschen und sich freuen.

Die Vorstellung sollte dabei maximal bildlich und mit allen Sinnen erlebbar sein. Dieser Ansatz hilft uns, künftigen Herausforderung mit Vorfreude statt mit Angst zu begegnen. Das funktioniert natürlich nicht nur bei Präsentationen, sondern auch bei anderen wichtigen und herausfordernden Situationen wie Dates, Verhandlungen, Vorstellungsgesprächen oder Verkaufsgesprächen.

Dabei ist zusätzlich hilfreich, wenn Du an vergangene ähnliche Herausforderungen denkst, die Du bereits gut gemeistert hast. Diese „Kraft aus der Vergangenheit" kannst Du so in zukünftige Herausforderungen mitnehmen.

Auch **negative Visionen** können uns stark motivieren. Sehr stark sogar. Eine wirksame Leitfrage dazu ist: „Wenn ich so weitermache wie bisher, wo lande ich dann in fünf Jahren? Wie sind mein Zustand und mein Leben in zehn Jahren?" Auch hier ist es sinnvoll, sich das Bild möglichst anschaulich und plastisch mit allen Sinnen vorzustellen. Wie bei den positiven Visionen sind Niederschreiben und eine Zeichnung zusätzlich wirksam. Dieses abschreckende Bild einer möglichen Zukunft können wir uns dann regelmäßig ins Gedächtnis rufen und einbrennen, um es zu vermeiden. So erstellte Bill Gates als Microsoft-Chef ein „Nightmare-Memo", in der er sehr anschaulich Szenarien schilderte, die das Unternehmen vernichten könnten. Durch die negative Vision angetrieben, unternahmen er und seine Mitarbeiter alles, um diese Schreckensszenarien zu verhindern.

Übung: negative Visionen

Sehr schnell und effektiv einsetzen kannst Du negative Visionen, um Dich zu motivieren. Je nachdem, was Du vorhast: Stelle Dir ein entsprechendes abschreckendes Ergebnis bildlich vor, falls Du bei Deinem Vorhaben scheiterst.

- Du willst Dich besser ernähren und abnehmen oder anfangen, Sport zu machen: „Wie sehe ich in fünf Jahren aus, wenn ich mich weiter so falsch ernähre?"

> - Du willst Veränderung in der Partnerschaft: „Wie sieht mein Leben in ein paar Jahren aus, wenn ich weiter diese negative Dynamik in der Partnerschaft zulasse? Wie geht es den Kindern damit?"
>
> Ein Schüler hat folgende negative Vision genutzt, um sich für ein gutes Abitur zu motivieren: „Ich habe mir die unsympathischste Person in der Klasse ausgesucht und mir vorgestellt, wie sie meine Chefin ist – wenn ihr Abitur besser ist als meines. Das hat mich motiviert."
> Ein Trainer hat seinem Sportteam Bilder der jubelnden gegnerischen Fans und Spieler vorgespielt und gefragt: „Wer soll nächste Woche jubeln?"
> Deine negativen Visionen können ruhig etwas übertrieben und erschreckend sein, um gut zu motivieren. Was Du Dir vorstellst und was bei Dir funktioniert, das ist sehr individuell. Welche negativen Visionen Dich besonders motivieren? Wahrscheinlich weißt Du es bereits.

Eine gute Vision ist das eine. Die Voraussetzungen für ihre Wirksamkeit zu schaffen, das ist das andere.

6.6 Erfolgskontext: Das lässt Visionen wirken

Die meisten Menschen, aber auch Teams, Unternehmen, ja selbst Regierungen haben keine Vision. Zumindest keine, die den genannten Erfolgskriterien entspricht. Doch selbst dann, wenn eine brauchbare Vision da ist, benötigt sie einen Kontext, um ihre volle Wirkung zu entfalten. Wie sieht dieser Kontext aus? Es gibt wichtige Voraussetzungen für eine erfolgreiche Lebensvision.

6.6.1 Selbstwirksamkeit

Menschen streben nur etwas an, wenn sie es für erreichbar und realistisch halten. Das Problem: Die meisten Menschen unterschätzen total, was sie in ein paar Jahren erreichen können, wie effektiv sie sein können. Jetzt wäre es schade, den Anspruch einer Vision zu senken, nur damit diese erreichbar scheint. Besser ist es, unsere Überzeugung zu steigern, dass die Ziele erreichbar sind: Das tun wir mit Selbstwirksamkeit (Kap. 4). Sie ist der Gegenpol von Hilflosigkeit, sie ist die Überzeugung, einer Herausforderung gewachsen zu sein. Eine hohe Selbstwirksamkeitserwartung können sowohl einzelne Personen als auch ganze Gruppen haben. Man spricht bei Gruppen von kollektiver Selbstwirksamkeit.

Auch besonders wirkungsvolle Führungskräfte setzen darauf, wenden charismatische Führung an. Sie vermitteln ihren Anhängern, dass sie eine besondere Gruppe sind, die alles erreichen kann (Shamir, House und Arthur, 1993).

6.6.2 Soziale Akzeptanz

Wenn unsere Vorstellungen über die Zukunft mit den Zielen der Menschen in unserem sozialen Umfeld übereinstimmen, ist der Erfolg höher (Crown und Rosse, 1995). Ein Umfeld aus Menschen, die unsere Ziele und Träume ablehnen, ist dagegen hinderlich. Wie sollen wir unsere Vision leben, wenn die Ehefrau, der Ehemann, die Kinder oder andere sich dagegen stemmen? Besonders ungünstig sind Menschen, die uns permanent mit dringenden eigenen Anliegen überfluten. Diese „dringenden" Anliegen führen dazu, dass wir keine Zeit mehr für die uns selbst wichtigen Ziele haben. Das bedeutet für uns: „Achte darauf, dass du die richtigen Menschen in deinem Umfeld hast. Das gibt deiner Vision den nötigen Rückenwind. Lehnen deine nächsten Personen deine Vision jedoch ab, dann hast du permanent Gegenwind durch die Gruppendynamik."

Als Führungskraft bedeutet das zusätzlich: „Achte darauf, dass die Menschen in deinem Team ähnliche Werte und Vorstellungen haben. Bringe die Vision in Einklang mit ihren Werten. Nur so kann eine Vision ihr Feuer entfachen."

6.6.3 Kompatibilität mit der Kultur

Tatsächlich gibt es Kulturen, die Visionen grundsätzlich eher ablehnend gegenüber stehen – etwa weil sie schlechte Erfahrungen mit hoch manipulativen politischen „Führern" gemacht haben (Javidan et al., 2006). Ein Beispiel dafür ist Deutschland mit den Ereignissen rund um das Dritte Reich. Diese Haltung gipfelt im dem ehemaligen Bundeskanzler Helmut Schmidt zugeordneten Zitat: „Wer Visionen hat, sollte zum Arzt gehen!" Oberflächlich betrachtet ist diese Haltung nachvollziehbar. Bei tieferer Betrachtung ist sie ein schädlicher Glaubenssatz, der unsere Handlungsfähigkeit sehr limitiert.

Eine Vision ist erst einmal ein mächtiges Instrument zur Motivation und als solches neutral. Sie ist per se weder schlecht noch gut. Entscheidend ist, welche Vision man wie verfolgt. Es ist hilfreich, sich das bewusst zu machen und nicht einfach aus emotionalen Gründen auf dieses mächtige Motivationsinstrument zu verzichten.

Visionen sollten die Kultur berücksichtigen, um wirksam zu sein. Es gibt beispielsweise Kulturen, die leistungsorientierte Werte teilen und begrüßen. Und es gibt Kulturen, die Leistungsdenken und Wettbewerb eher ablehnen (House et al., 1999). Wer bestimmte Werte ablehnt, möchte sie auch nicht in einer Vision vorgesetzt bekommen. Die Vision muss, um zu funktionieren, zu den vorhandenen Werten der Menschen passen. Das bedeutet: „Achte darauf, dass deine Vision eng mit den Werten verknüpft ist, nach denen du und dein Umfeld leben."

Perspektive: Machen uns Visionen zum Menschen?
Auch Tiere verfolgen Ziele. Wölfe und Löwen jagen Beute, Bienen sammeln Nektar – und sie kommunizieren untereinander, wo er zu finden ist. Was also ist das typisch Menschliche? Die wirklich langfristigen Ziele. Das Setzen von Visionen. Ziele, die wir in zehn Jahren erreichen wollen, unsere Lebensziele, die wir am Tag unserer Beerdigung gelebt und hinterlassen haben wollen. Der Grundschüler, der sich in der dritten Klasse in Mathematik anstrengt, weil er als Erwachsener Ingenieur sein will. Das können nur Menschen. **Kein Tier kann so gut träumen wie der Mensch!**

Mit einer klaren Vision nutzen einige Menschen ihr spezifisches menschliches Potenzial und führen ein erfolgreiches Leben.

Doch es ist noch mehr „Tier" in uns, als den meisten Menschen lieb ist. Vielen fällt das Setzen von langfristigen, wichtigen persönlichen Zielen sehr schwer. Sie entscheiden sich für den leichten Weg. Sie entscheiden sich dafür, auf dem Funktionsniveau eines Tieres zu bleiben. Sie bleiben abgelenkt vom Leben vor ihrem Fernseher und arbeiten ansonsten für die „dringenden" Ziele anderer. Erst wenn ein Bedürfnis tatsächlich sehr stark wird, das Konto oder der Kühlschrank leer, eine Krankheit eingetreten, dann werden sie aktiv. Wer so nur in den Tag hinein lebt oder rein reaktiv laute und dringende Ziele von anderen Menschen abarbeitet, der verzichtet auf seine Zukunft. Er hält sein Potenzial zurück, lässt seine menschliche Gabe ungenutzt verkommen.

Fazit: Visionen verändern die Welt. Und sie verändern Menschen. Sie können unser Potenzial zur vollen Blüte entfalten, sind eines der mächtigsten Instrumente der Motivation, das wir als Menschen haben. Und es ist auch klar, warum viele Menschen nicht mögen, wenn wir eine Vision haben, uns am liebsten zum „Arzt" schicken wollen: Wir leben dann nicht mehr dafür, was **sie** von uns wollen, sondern dafür, was **wir** selbst wollen. Und wir machen ihnen vor, was sie auch erreichen könnten – aber nicht schaffen. Das stört ihr Ego. Anstatt Visionen mit Misstrauen zu begegnen, sollten wir uns dafür öffnen, sie verstehen und für uns selbst und für andere wirksam einsetzen. So können wir Außergewöhnliches erreichen – als einzelner Mensch, als Gruppe, als Organisation und als ganze Gesellschaft.

6 Visionen entwickeln und einsetzen

Frage an den Autor: Wie kann ich damit anfangen, Visionen für mich einzusetzen?

Ich will Visionen für mich einsetzen. Wie gelingt mir der Einstieg?
Auch ohne dass sie sich bewusst dafür entscheiden – die meisten Menschen leben für irgendetwas:

- die Arbeit
- Genuss, Spaß und Betäubung
- jemand anderen, z. B. die Partnerin oder den Partner, die Kinder, die Eltern und ihre Wünsche
- Besitz im weitesten Sinn, wie Geld, Ruhm, Macht oder Wissen
- Anerkennung
- Gesundheit (insbesondere, wenn diese bereits durch Krankheit abhandengekommen ist)
- eine Ideologie aus der Politik oder Religion
- eine Identität, etwa die des „Opfers"
- ihre eigene Entwicklung
- ...

In einen oder mehrere solcher Bereiche investiert jeder Mensch seine Energie, seine Gedanken, seine Lebenszeit. Worum dreht sich Dein Leben? Was ist Dein **Lebensinhalt**. Welche Kombination ist es?

Was soll über Dein Leben bestimmen? Die äußeren Umstände, die Ziele und Wünsche anderer Personen oder **Deine eigene bewusste Vision**? Der erste Schritt zur Freiheit ist deshalb, dass Du möglichst mit Dingen aufhörst, die nicht Deine bewusst gesetzten Ziele sind. Sonst treibst Du ziellos umher, oder Du bist vielleicht sehr fleißig, hast ein super Zeitmanagement, bist sehr effektiv – aber Du bewegst Dich in die falsche Richtung, eine von außen vorgegebene Richtung, eine Richtung, die **andere** für Dich bestimmen. Es ist Zeit, bewusst selbst zu gestalten.

Woran merkst Du, dass Du in die „falsche" Richtung lebst? Es gibt viele Indikatoren. Ich persönlich achte besonders darauf: Meine Erfolge sind dann leere Siege, sie machen nicht glücklich, erfüllen nicht. Wenn das so ist, mich Erfolg in einem Bereich überhaupt nicht glücklich macht, sich leer anfühlt, alles „nach Sand schmeckt", dann weiß ich: Es hat nichts mit meiner Bestimmung zu tun. Zu den Warnzeichen gehört für mich auch, wenn ich schnell müde werde von einer Tätigkeit, kein Flow-Erleben (Kap. 13) entsteht. Ich merke das auch, wenn ich versuche, mich falsch von einer Tätigkeit zu regenerieren, mich davon zu betäuben – etwa mit Videos und Computerspielen. Ein weiterer Indikator, der mir zeigt, ob ich abweiche von meiner Vision und meinen Werten: Hat die Art und Weise wie ich jeden Tag mit mir selbst umgehe, mit meiner Frau umgehe, mit meinen Kindern umgehe, nur sehr wenig mit dem zu tun, wie ich gegenüber mir, meiner Frau und meinen Kindern fühle? Habe ich mir Dinge angewöhnt, lasse ich mich zu Dingen hinreißen, die unwürdig sind? Das alles zeigt mir, dass ich in die falsche Richtung lebe, dass es an einer wirksamen Vision fehlt.

Sobald Du wirksame Visionen einsetzt, folgt Deine ganze Aufmerksamkeit, Dein gesamtes Denken diesen Visionen. Die Welt, wie Du sie siehst und Dir erschließt, ordnet sich neu – rund um Deine Visionen. Du fängst an, Dich ganz automatisch in diese Richtung zu bewegen.

Welche Fragen können Dir helfen, um bestimmte Visionen für Dein Leben zu erstellen? Ich stelle mir gern folgende Fragen:

- Wie sollen meine Kinder sich entwickelt haben, welche Menschen sollen sie sein, wenn sie ausziehen? Was sollen sie mental mitnehmen, gelernt haben? Welche Verhaltensmuster sollen sie kennen gelernt und gesehen haben?
- Wenn ich 50 Jahre alt bin, wie soll mein körperlicher Zustand, meine Fitness sein? Wie soll ich aussehen?
- Wenn meine Frau und ich 20 Jahre verheiratet sind, wie soll unsere Beziehung dann sein?
- Wie ist mein Leben, mein Wohlstandsniveau, meine wirtschaftliche Situation, wenn ich 50 Jahre alt bin?
- Wenn ich meine gegenwärtige Arbeitsstelle in ein paar Jahren verlassen würde: Was möchte ich erreicht haben? Was will ich dort gern hinterlassen?
- Welche Art von Arbeit mache ich, wenn ich 50 Jahre alt bin? Welche Art von Arbeit mache ich dann **nicht** mehr?
- Wie sieht meine Freizeit aus mit 50 Jahren? Was mache ich, wo bin ich?
- Welche Rolle in der Gesellschaft habe ich mit 50 Jahren, wie viele Menschen erreiche ich, wofür bin ich bekannt?

Nimm Dir Zeit für diese Fragen. Frage Dich das auch an mehreren Tagen. Blicke immer wieder darauf und mache Dein Bild konkreter.

Diese Aufstellung an Fragen macht auch klar, dass wir oft **viel zu eng** in unserem Leben aufgestellt sind. Beispielsweise leiden dann unsere Gesundheit und private Beziehungen durch einen sehr starken Fokus auf die Arbeit. Oft leidet alles durch einen sehr starken Fokus auf Genuss. Deshalb ist wichtig, dass Du Deine Lebensvision **breit** aufstellst und als Orientierung für den Alltag im Blick behältst. Und die Aufstellung macht auch klar, dass wir Dinge vom Ende her denken sollten. Die Art, wie ich mit 50 arbeiten will und was ich nicht arbeiten möchte, bestimmt meine Entscheidungen von heute, was ich tue, was ich lerne, wie ich mich aufstelle – idealerweise jeden Tag.

Visionen kannst und solltest Du nicht nur allein für Dich erstellen. Es ist sinnvoll, gemeinsam Visionen zu erstellen, zum Beispiel für die Partnerschaft und Familie. Wie sieht Euer ideales Zusammenleben als Familie in einem Jahr oder in fünf Jahren aus? Wo wohnt Ihr, was macht Ihr, wie lebt Ihr?

Ich selbst arbeite also viel mit Visionen. **Auch dieses Buch ist aus einer Vision entstanden.** Die Vision, ein Buch zu schreiben, das wissenschaftlich ist, gleichzeitig aber allgemein verständlich und viele Menschen erreicht. Dafür bin ich neue Wege für wissenschaftliche Bücher gegangen: Wissenschaft überzogen mit einem „Zuckerguss" aus Geschichten und Fallbeispielen, Tipps und Übungen, Infokästen, in denen ich persönlich in Beziehung mit den Lesern gehe und von mir selbst berichte. Infokästen mit philosophischen Perspektiven. Und Infokästen am Anfang der Kapitel, die Risiken beschreiben – was passiert, wenn wir uns **nicht** um ein Thema kümmern.

Ideal ist zudem eine wirklich übergreifende langfristige Vision, eine Ambition, ein Sinn im Leben. Bei mir ist dieser übergreifende Sinn: **„Psychologie eröffnen"**. Für mich selbst, für meine nächsten Menschen, für meine Studierenden, für Unternehmen, für die Gesellschaft. Damit wir alle effektiver, erfolgreicher und glücklicher werden – was auch immer wir vorhaben. Aus meiner

> Sicht nutzen wir bisher nur einen Bruchteil der Erkenntnisse der Psychologie. Auch ich selbst. Aus diesem Sinn kann ich dann vieles in meinem Leben sehr gut ableiten: meine Tätigkeit als Professor, meine Tätigkeit für Unternehmen und Führungskräfte, Bücher, die ich veröffentliche, Interviews, die ich gebe. Das alles fügt sich wunderbar zusammen unter dieser Mission. Und mit meinen übrigen Zielen im privaten Bereich, in der Familie, in der Gesundheit, in Bezug auf Wohlstand gibt es zumindest keinen Widerspruch. Im Gegenteil.
> Eine Vision ist nicht statisch. Du kannst und solltest sie weiterentwickeln. Je erfolgreicher Du vorankommst, desto ambitionierter kann Deine Vision werden. Beschäftige Dich alle sechs Monate mit Deiner Vision und schärfe sie nach: Was hast Du erreicht? Was steht als Nächstes an? Auch meine Vision dieses Textes als Buch hat sich während des Schreibens weiterentwickelt. Nicht alles hatte ich von Anfang an so konkret geplant, so genau im Kopf. Das ist immer so. Eine Vision entwickelt sich weiter, je näher wir ihr kommen. Wir tragen sie als Orientierung vor uns her und entwickeln sie weiter.

Wie aber funktionieren Visionen, was ist ihr genauer Wirkmechanismus?

6.7 Wirkung von Visionen

Wie genau wirken Visionen? Warum machen sie einen Unterschied? Eine Vision lenkt unsere gesamte Aufmerksamkeit, unser Denken, Entscheiden und Handeln. Sie ist eine Quelle für nachhaltige Energie und Motivation. Sie bietet spontan Orientierung, wenn eine neue Situation eintritt. Das zu zeigen, hilft uns ein weiterer US-Präsident. Ein guter Zugang zum noch tieferen Verständnis der Wirkung von Visionen ist die sogenannte **Eisenhower-Matrix**. Eisenhower zitierte während einer Rede: „Ich habe zwei Arten von Problemen: die dringenden und die wichtigen. Die dringenden sind nicht wichtig. Und die wichtigen sind niemals dringend." Er unterscheidet also zwei Dimensionen bei Problemen: Dringlichkeit und Wichtigkeit.

Diese Dimensionen kann man auf Ziele übertragen. Nach dem Eisenhower-Prinzip gibt es letztlich **vier Arten von Zielen:**

1. **Wichtig und dringend**
   Wir sollten uns sofort darum kümmern.
   Diese Ziele bringen uns in ein Krisenmanagement. Sie sind wichtig und dringend – etwa, weil wir schwer erkrankt sind. Oft ist der Grund, dass diese Ziele auftreten, dass wir uns nicht um die Themen gekümmert haben, solange sie zwar wichtig, aber noch nicht dringend waren. Im Beispiel mit

der Erkrankung haben wir uns vielleicht nicht wirklich um unsere Gesundheit gekümmert.
2. **Wichtig und nicht dringend**
Wir sollten zeitnah planen, wann und wie wir das Ziel rechtzeitig erreichen.
Unsere Gesundheit ist beispielsweise wichtig – aber nicht dringend, solange wir gesund sind. Solche zentralen Ziele für den langfristigen Erfolg im Leben bleiben oft auf der Strecke, werden von den anderen Zielen verdrängt. Oft kommen diese Themen dann irgendwann auf uns zu, mit einem hässlicheren Gesicht, sind auf einmal wichtig und dringend: Unsere Ehe, die wir nicht gepflegt haben, kommt dann als Brief von einem Scheidungsanwalt.
3. **Unwichtig und dringend**
Es empfiehlt sich, öfter und sozialverträglich Nein zu sagen, Grenzen zu setzen (Kap. 7) – *oder das Thema in gute Hände zu delegieren.*
Diese Art von Zielen kommt oft von außen, andere Menschen tragen sie an uns heran, wollen uns dafür einspannen. Diese Ziele sind „laut", erwecken den Anschein, wichtig zu sein. Doch sie sind nur dringend: Der Kollege braucht wieder jemanden, der ihn vertritt, das E-Mail-Postfach ist voll, das Telefon klingelt, die Schule braucht jemanden zum Plätzchenverkauf, beim Mieter geht die Klospülung nicht, das Finanzamt schreibt …
4. **Unwichtig und nicht dringend**
Hier ist es sinnvoll, die Ziele kurz zu prüfen und idealerweise zu streichen. Wir können das Thema liegen lassen, bis es ggf. dringend wird oder sich erübrigt. Vieles löst sich von allein.
Diese Ziele sind oft Fluchtziele, die uns ablenken von wichtigen Themen, mit denen wir prokrastinieren (Kap. 9). Wir bleiben dann angenehm in der Komfortzone (Kap. 10), schauen Serien im Fernsehen an, spielen Computer, treffen uns mit den falschen Menschen zur Zerstreuung und Betäubung. Insofern geht es hier vor allem um eines: Selbstdisziplin (Kap. 12), uns selbst Grenzen setzen.

Diese Aufstellung macht klar, dass unser Erfolg im Leben daran hängt, **möglichst viel Zeit in Kategorie zwei zu investieren** – wichtig und nicht dringend.

Das empfinden viele Menschen als große Herausforderungen. Sie verbringen viel Zeit mit Kategorie drei, den „dringenden", aber unwichtigen Zielen, die von außen kommen. Sie reagieren permanent auf die Anforderungen anderer. Zahllose Menschen tun sich sehr schwer, fremde Ziele als solche zu erkennen, wirksam Grenzen zu ziehen (Kap. 7), zu delegieren und Nein zu sagen. Von ihrem fremdbestimmten Hamsterrad betäuben sie sich dann mit Aktivitäten in Kategorie vier: Der durchschnittliche Deutsche verbringt so schließlich über fünf Stunden täglich mit Videos, Fernsehen und Computerspielen (Vaunet, 2023). In dieser Kategorie verbringen die meisten Menschen den **größten Teil ihres Lebens**. Sie befassen sich damit, wer Deutschlands nächster Superstar wird – anstatt an sich selbst zu arbeiten.

Das Einzige, was diese Menschen aus ihrer Lethargie herausreißt, und manchmal auch langfristig erweckt, ist, wenn sich die vernachlässigten Ziele der Kategorie zwei dann in neuem hässlichem Gewand als Ziele der Kategorie eins vorstellen: Die Beziehung, die man nicht gepflegt hat, ist am Ende, eine Trennung zu überstehen. Die Gesundheit, um die man sich nie gekümmert hat, tritt jetzt als Krankheit auf. Vermögen, das man nie aufgebaut hat, stellt sich als Abhängigkeit von anderen, Armut und Not vor.

Mit folgender Übung setzen wir unsere Lebenszeit besser ein:

Übung: die Lebenszeit einsetzen

Die meisten Menschen gehen sehr gedankenlos mit ihrer Lebenszeit um. Das ist ein wichtiger Grund, warum sie ihr Potenzial nur zu einem Bruchteil ausschöpfen. Womit verbringst Du Deine Lebenszeit?

1. Beobachte Dich einen Tag lang und notiere Deine Aktivitäten.
2. Ordne vor dem Schlafengehen Deine Aktivitäten den vier Kategorien aus der Eisenhower-Matrix zu.
3. Schätze grob, wie viel Prozent Deiner wachen Zeit Du in den einzelnen Kategorien verbringst.

Viele Menschen stellen fest, dass sie unglaublich viel Zeit in der Kategorie „unwichtig und nicht dringend" verbringen – zum Beispiel auf Social Media und beim Fernsehen. Oft sind das über 40 % der wachen Lebenszeit. Sie merken, dass sie zudem viel Zeit die dringenden, doch für sie selbst wenig wichtigen Anliegen anderer Menschen abarbeiten. Auch das sind oft über 40 % der wachen Lebenszeit. Für das Wichtigste, die nicht dringenden, aber wichtigen Ziele, für ihre Träume, bleibt sehr vielen Menschen kaum Zeit. Manche haben nicht einmal mehr Träume. Sie haben das Träumen verlernt, vergessen, wie es war, als Kind Träume zu haben.

Wie sieht es aus bei Dir und Deiner Lebenszeit? Nimmst Du Dir wirklich Zeit für die Dinge, die wichtig sind? Fällt Dir ein Missverhältnis auf? Möchtest Du etwas ändern?

Beobachte Dich noch ein paar weitere Tage. Oft stößt allein diese Bewusstheit für Lebenszeit schon eine Veränderung an. Ansonsten kannst Du auch gezielt fragen: Was nimmt Dir am meisten Zeit in Kategorie „unwichtig und nicht dringend"? Reduziere es stark oder schalte es ganz ab. Was nimmt Dir am meisten Zeit in Kategorie „unwichtig und dringend"? Übe, Nein zu sagen, anderen Grenzen zu setzen, und reduziere auch in dieser Kategorie. So gewinnst Du Zeit für die wichtigen Dinge in Deinem Leben.

Was leistet eine Vision? **Dringende Ziele machen uns reaktiv. Eine Vision macht uns proaktiv.** Eine Vision setzt uns Ziele in den Zielbereich „wichtig und nicht dringend". Sie erinnert uns immer wieder an die wichtigsten Ziele für unsere Entwicklung. Sie beantwortet die Frage nach dem Sinn für uns: Was ist wirklich wichtig? Woher weiß ich, welche Probleme, Aufgaben und Ziele zentral und welche nur dringend und „laut" sind?

Eine Vision **sortiert** für uns auch automatisch alle Ziele, Aufgaben und Probleme nach Wichtigkeit. Sie wirkt wie ein **Filter** für alles, was das Leben an uns heranträgt. Sie sortiert das Unwichtige aus. Sie befreit uns davon, ein reiner Spielball äußerer Einflüsse zu sein. Sie hilft uns, gesunde Grenzen zu setzen, auf uns selbst zu achten. Sie schützt uns davor, dass fremde Ziele unser Leben aufzehren. Sie sorgt dafür, dass wir das Heft des Handelns in die Hand nehmen und aktiv unsere Lebensziele verfolgen, statt permanent nur die „dringenden" Ziele von anderen abzuarbeiten.

Fazit: Wer keine Vision hat, lebt reaktiv. Diese Menschen und Organisationen arbeiten Aufgaben ab, die scheinbar dringend sind – die aber ausschließlich „laut" sind und von außen kommen. Sobald eine klare eigene Lebensvision da ist, haben wir eine eigene Orientierung, einen Maßstab. Unsere Vision gibt unseren Zielen einen Wert und damit eine klare Struktur. Wir erkennen, welche Aufgaben vielleicht gar nicht wichtig sind, und setzen uns **aktiv** neue Ziele, die sonst gar nicht vorhanden wären. Eine Vision füllt vor allem die wichtigste Kategorie an Zielen für unsere Entwicklung auf, die wir sonst leicht vergessen: wichtig aber nicht dringend.

Unsere Lebensvision ist wichtig. Wir sind gefordert, sie zu schützen – wie etwas Heiliges. Das tun wir, indem wir unsere Grenzen schützen und lernen, souverän Nein zu sagen. Wie das geht, zeigt das nächste Kapitel.

Literatur

Barling, J., Weber, T., & Kelloway, E. K. (1996). Effects of transformational leadership training on attitudinal and financial outcomes: A field experiment. *Journal of Applied Psychology, 81*, 827–832.

Bass, B. M., Avolio, B. J., Jung, D. I., & Berson, Y. (2003). Predicting unit performance by assessing transformational and transactional leadership. *Journal of Applied Psychology, 88*, 207–218.

Baum, J. R., Locke, E. A., & Kirkpatrick, S. A. (1998). A longitudinal study of the relation of vision and vision communication to venture growth in entrepreneurial firms. *Journal of Applied Psychology, 83*, 43–54.

Burns, J. M. (1978). *Leadership*. Harper and Row.

Covey, S. R. (2020). *The 7 habits of highly effective people.* Simon & Schuster.
Crown, D. F., & Rosse, J. G. (1995). Yours, mine, and ours: Facilitating group productivity through the integration of individual and group goals. *Organizational Behavior and Human Decision Processes, 64,* 138–150.
Eden, D. (1990). *Pygmalion in management.* Heath.
Fairhurst, G. T., & Sarr, R. A. (1996). *The art of framing: Managing the language of leadership.* Jossey Bass.
Heimsoeth, A. (2017). *Mentale Stärke: Was wir von Spitzensportlern lernen können.* Beck.
House, R. J. (1977). A 1976 theory of charismatic leadership. In J. G. Hunt & L. L. Larson (Hrsg.), *Leadership: The cutting edge* (S. 189–204). Southern Illinois University Press.
House, R. J., Hanges, P. J., Ruiz-Quintanilla, S. A., Dorfman, P. W., Javidan, M., Dickson, M., Gupta, V. plus 170 GLOBE Country Co-Investigators (1999). Cultural influences on leadership and organizations: Project GLOBE. In J. Mobley (Hrsg.), *Advances in global leadership* (Bd. 1, S. 171–233). JAI Press.
Howell, J. M., & Frost, P. J. (1989). A laboratory study of charismatic leadership. *Organizational Behavior and Human Decision Processes, 43*(2), 243–269.
Javidan, M., Dorfman, P. W., deLuque, M. S., & House, R. J. (2006). In the eye of the beholder: Cross cultural lessons in leadership from Project GLOBE. *Academy of Management Perspectives, 20,* 67–90.
King, L. A. (2001). The health benefits of writing about life goals. *Personality and Social Psychology Bulletin, 27*(7), 798–807.
Larwood, L., Falbe, C. M., Kriger, M. P., & Meising, P. (1995). Structure and meaning of organizational vision. *Academy of Management Journal, 38,* 740–769.
Layous, K., Nelson, S. K., & Lyubomirsky, S. (2013). What is the optimal way to deliver a positive activity intervention? The case of writing about one's best possible selves. *Journal of Happiness Studies, 14*(2), 635–654.
Lyubomirsky, S., Dickerhoof, R., Boehm, J. K., & Sheldon, K. M. (2011). Becoming happier takes both a will and a proper way: An experimental longitudinal intervention to boost well-being. *Emotion, 11*(2), 391–402.
Oswald, S. L., Mossholder, K. W., & Harris, S. G. (1994). Vision salience and strategic involvement: Implications for psychological attachment to organization and job. *Strategic Management Journal, 15,* 477–489.
Peters, M. L., Flink, I. K., Boersma, K., & Linton, S. J. (2010). Manipulating optimism: Can imagining a best possible self be used to increase positive future expectancies? *The Journal of Positive Psychology, 5*(3), 204–211.
Podsakoff, P. M., MacKenzie, S. B., Moorman, R. H., & Fetter, R. (1990). Transformational leader behaviors and their effects on followers' trust in leader, satisfaction, and organizational citizenship behaviors. *Leadership Quarterly, 1,* 107–142.

Schaubroeck, J., Lam, S. S. K., & Cha, S. E. (2007). Embracing transformational leadership: Team values and the impact of leader behavior on team performance. *Journal of Applied Psychology, 92*, 1020–1030.

Shamir, B., House, R. J., & Arthur, M. B. (1993). The motivational effects of charismatic leadership: A self-concept-based theory. *Organization Science, 4*, 577–594.

Vaunet. (2023). Mediennutzung in Deutschland/2022. https://vau.net/wp-content/uploads/2023/02/VAUNET-Publikation_Mediennutzungsanalyse-2022.pdf. Zugegriffen: 15. Mai 2023.

7

Grenzen setzen – Nein sagen

Viele Menschen sagen zu oft Ja zu unberechtigten Forderungen anderer und ärgern sich danach. Zu Recht. Denn: Jedes Ja ist immer auch ein Nein. Und viel zu oft ist es ein Nein zu unseren eigenen Lebenszielen, Wünschen, Interessen, Bedürfnissen und Träumen. Um überhaupt Platz und Zeit in unserem Leben für unsere eigenen Ziele zu haben, brauchen wir deshalb klare Grenzen. Grenzen schützen uns: Sie schützen uns vor Übergriffen auf unseren Körper, unsere Psyche, unseren Besitz und unsere Zeit. Indem wir Grenzen setzen, teilen wir den Menschen in unserem Umfeld wirksam mit, was geht – und was nicht geht. Das Thema betrifft längst nicht nur sogenannte „überangepasste" Menschen, die es andauernd allen recht machen wollen.

Dieses Kapitel zeigt typische Anforderungen von außen, die scheinbar wichtig sind – aber meistens nur laut und schrill drängen. Es zeigt, wie wir aus Sicht der **Psychologie Grenzen setzen** und stärken. Und es geht darum, wie wir **ausbeuterische Beziehungen und Menschen erkennen**. Zudem gibt es Tipps, wie wir souverän **Nein sagen lernen.**

> **Risiko: Das passiert ohne klare Grenzen**
>
> Ohne klare Grenzen wissen oder respektieren unsere Mitmenschen nicht, was uns wichtig ist – und was uns nicht wichtig ist, was wir mögen, was wir tolerieren und was wir ablehnen. Als Konsequenz werden wir andauernd verletzt. Damit laufen wir große Gefahr, dass uns andere Menschen für ihre Ziele und ihr Leben einspannen. Wir gewöhnen unser Umfeld daran und ziehen Personen an, die sich darauf spezialisiert haben, andere sehr einseitig für ihre Interessen

> einzusetzen. Andere schreiben dann das Drehbuch für unser Leben. Viele Menschen verbringen so ihr Leben damit, jeden zufriedenzustellen – außer sich selbst. Oft spüren sie nicht einmal mehr, was sie selbst wollen.

7.1 Überflutet von fremden Zielen

Über 80 % der Deutschen geben in Umfragen an, regelmäßig Ja zu sagen, wenn sie jemand um etwas bittet – auch wenn sie es später bereuen und sich darüber ärgern. Besonders schwer Nein sagen können sie offenbar ihren Freunden, ihren Eltern und Vorgesetzten. Männern fällt es eher schwer, ihrer Frau ein Nein zu geben. Frauen tun sich tendenziell schwerer, ihren Kindern einen Wunsch abzusprechen. Selbst ihrem Hund gegenüber ist es für viele schwierig, Grenzen zu ziehen. Jüngere Menschen sind noch stärker davon betroffen als ältere (Strobel, 2015). Offenbar lernen einige Menschen im Alter zunehmend, Grenzen zu setzen.

Wir tun uns also schwer, Grenzen zu ziehen. Im Alltag dominieren daher oft laute, dringende Ziele von außen unser Leben. Diese Forderungen machen Lärm und erwecken den Eindruck, dass sie wichtig sind. Typischerweise kommen diese Ziele von außen, sind „fremde" Ziele. Das zeigt der Infokasten mit Beispielen.

Beispiele: Menschen als Spielball der Umwelt

Viele **Menschen** wissen nur, was gerade dringend ist. Sie **handeln dann rein reaktiv**, von der Umwelt gesteuert:

- Das E-Mail-Postfach ist voll mit verschiedenen Anfragen. Die müssen dringend beantwortet werden.
- Das Telefon klingelt – sofort rangehen!
- Die Chefin fragt, ob wir ein paar Überstunden machen können – der Kunde will Ergebnisse!
- Unser Kind will seine Lieblingsserie sehen. Jetzt gleich!
- Die Putzfrau kommt, die Wohnung muss aufgeräumt werden.
- Das Finanzamt möchte die Umsatzsteuervoranmeldung. Jetzt aber hurtig.
- Die Frist für die Nebenkostenabrechnung läuft ab. Schnell.
- Weihnachten steht vor der Türe, es müssen Geschenke her. Dalli.
- Laub liegt auf dem Rasen, es muss gerecht werden.
- Die Kinder brauchen Ski-Ausrüstung, weil es ins Skilager geht.
- Irgendjemand in der Schulklasse muss wieder Elternsprecher „machen". Ach komm, bitte, du kannst das doch schon so gut!

Diese Beispiele zeigen: Viele Menschen können nicht ihren Impuls unterdrücken, diesen „dringenden", aber meist nicht wichtigen Dingen nachzugeben. So opfern sie immer und immer wieder ihre kostbare Lebenszeit diesen unwichtigen Unterbrechungen. Das eigene Leben, die eigenen Ressourcen bleiben dabei dann oft auf der Strecke. Und manchmal entlädt sich der Druck dann in einem ungerechten Wutanfall, in einer Überreaktion – etwa den eigenen Kindern gegenüber.

Warum fällt es vielen Menschen so schwer, Grenzen zu anderen zu ziehen, selbstbestimmt zu sein? Warum lassen Menschen das zu?

Ein Grund ist: Dafür bekommen sie oberflächliche Anerkennung, denn andere finden es ganz toll, dass diese Menschen sofort auf alle Ansprüche und Forderungen von außen reagieren. Sie bekommen Applaus dafür, dass sie sich für die Ziele anderer aufzehren. Sie bekommen Zustimmung dafür, dass sie ein Leben als Krisenmanager verbringen, ein „Feuer" nach dem anderen austreten müssen. Sie sind ein Spielball ihrer Umwelt. Doch die Anerkennung von außen für die Selbstaufopferung ist auch nur ein oberflächliches Schauspiel, ein Trugschluss (Parks und Stone, 2010) – dazu später mehr.

Ein anderer Grund ist, dass diese Menschen glauben, andere wären sonst enttäuscht von ihnen. Im Hintergrund haben sie oft Glaubenssätze wie: „Wenn ich anderen nicht helfe, dann mögen sie mich nicht mehr!", „Wenn mich jemand um Unterstützung bittet, dann darf ich nicht Nein sagen, sonst bin ich kein guter Mensch!", „Wenn ich eigene Interessen zeige, dann lehnen mich andere Menschen ab." oder „Wenn ich anderen oft helfe, dann werden sie dankbar sein!".

Einige der Beispiele zeigen, dass es auch darum geht, gelegentlich **zu uns selbst Nein zu sagen**. Wir haben nicht unendlich Zeit. Was ist uns wirklich wichtig? Den Rasen immer perfekt haben und kein Blatt Laub im Garten – oder etwas zu lesen für unsere Bildung? Fünf Stunden Fernsehen am Tag – oder doch etwas Zeit für die Kinder, Sport und Freunde? Dabei geht es um Selbstdisziplin (Kap. 12).

Der Infokasten diskutiert, ob unser Schulsystem fremdbestimmte Menschen „produziert" und damit seinen Teil dazu beiträgt, dass viele Menschen nicht Nein sagen können.

Perspektive: Schule als System der Fremdbestimmung?

Fördert unser Schulsystem fremdbestimmtes Handeln? Erzieht unser Schulsystem Kinder dazu, ihre Grenzen zu ignorieren, ja sogar nicht mehr zu spüren?

> Als Erwachsene sind wir erfolgreich, wenn wir einer Sache mit hoher Leidenschaft und viel Fokus nachgehen – einer Sache, die uns erfüllt. Einer Sache, bei der wir spüren, sie ist unsere. Einer Sache, die unser Denken und unsere Aufmerksamkeit bestimmt und verhindert, dass wir uns von anderen Themen ablenken lassen. Einer Sache, für die wir sehr oft Nein sagen zu anderen Sachen. So entstehen Spitzenleistung, Fortschritt, und all die Menschen, die wir bewundern. Albert Einstein zum Beispiel hat sehr viel Ja gesagt zu Physik – und dafür sehr viel Nein zu anderen Dingen. Michael Phelps hat 28 olympische Medaillen gewonnen – mehr als jeder andere Mensch. Dafür hat er sehr viel Ja gesagt zum Schwimmen – und sehr viel Nein zu anderem.
>
> Schule funktioniert anders. Die Erwartung ist hier: „Alles muss dich zumindest mittelmäßig interessieren! Du darfst zu nichts Nein sagen – sonst erreichst du das Klassenziel nicht." Selbst Förderklassen für hochbegabte Kinder funktionieren so, dass die Kinder mehr Fächer haben (z. B. früher und mehr Fremdsprachen), anstatt dass sie ihre Hochbegabungen in die Tiefe zur Blüte und Perfektion entfalten könnten: mehr „Ja zu Allem" statt Fokus und Leidenschaft.
>
> Ein proaktives Kind mit klarem Fokus und starker Leidenschaft für ein Thema, z. B. Mathematik und Informatik, das alle Aufmerksamkeit, alle Leidenschaft dort investiert, das Nein sagt zu Ablenkungen aus anderen Bereichen, scheitert in der Schule. Nochmal: Ein Kind, das sich psychisch gesund verhält, Grenzen setzt, scheitert. Ein Kind, das sich so verhält, wie wir es uns bei einem selbstbestimmten Erwachsenen später wünschen, scheitert in unseren Schulen.
>
> Kein Wunder also, dass viele Kinder psychisch leiden im Schulsystem, Medikamente bekommen, um zu allem Ja zu sagen, konzentriert zu sein, passiv zu reagieren, zu funktionieren. Kein Wunder also, dass viele Erwachsene gelernt haben, zu allem Ja zu sagen, reaktiv Anforderungen und Aufgaben von außen zu erfüllen, abzuarbeiten. In der Schule haben sie verlernt, ihre Interessen und Leidenschaften zu spüren. Ja, um erfolgreich zu sein, mussten sie sehr oft Nein sagen zu ihren Leidenschaften und sehr oft Ja zu fremden Anforderungen. Wer nichts mehr spürt und zu allem Fremdem Ja sagt, überlebt das Schulsystem besser. Doch wir scheitern dann als Erwachsene, spüren unsere Träume und Leidenschaften nicht mehr. Wir sind dann reaktiv geworden. Wir sind Befehlsempfänger und sagen nicht mehr oft Nein zu anderen – dafür sagen wir umso öfter Nein zu uns, zu unseren Träumen.

Fazit: Unsere Zeit ist unsere kostbarste Ressource und sehr begrenzt. **Wir können nicht Nein sagen.** Jedes Ja zu einer Tätigkeit ist auch immer ein Nein zu anderen Tätigkeiten. Denn immer, wenn wir Ja zu etwas sagen, dann sagen wir automatisch Nein zu etwas anderem. Oft trifft dieses Nein dann unsere wichtigen, aber nicht dringenden Ziele, unsere Träume, unsere Zukunft. Und allzu oft sagen wir dafür gedankenlos Ja zu unwichtigen und fremden Zielen. Es ist Zeit, souverän Nein zu sagen. Und damit ist natürlich nicht gemeint, dass wir gnadenlos egoistisch nur noch die eigenen Interessen betonen. So wären wir auch schnell unbeliebt und sozial isoliert. Es geht um das freundliche, aber bestimmte Setzen von angemessenen Grenzen.

Grenzen, die uns Respekt und Anerkennung bringen – und Zeit für unsere wirklich wichtigen Themen im Leben. Wie also setzen wir Grenzen?

7.2 Grenzen setzen

Grenzen zu setzen, ist für eine Positive Psychologie (Kap. 1) also zentral. Wie können wir uns vor der Überflutung mit scheinbar dringenden, fremden Zielen schützen? Wie können wir klar und doch sozial verträglich Grenzen setzen? Es folgen Tipps zum Setzen von Grenzen.

7.2.1 Eigene Grenzen bewusst machen

Die wichtigste Grundlage, um Grenzen zu setzen, ist, uns diese überhaupt bewusst zu machen, unsere Grenzen zu fühlen. Das tun wir einerseits mit einer eigenen klaren und attraktiven **Lebensvision** (Kap. 6). Jedes klare Ja ist auch immer ein klares Nein. Unser brennendes Ja zur eigenen Vision, zu uns selbst, führt automatisch zu einem Nein zu fremden Zielen. Es ist wichtig, uns selbst klar zu sagen: „Ein Nein ist immer auch ein Ja – ein Ja zu meinen Bedürfnissen!" Wenn wir nicht wissen, was wir selbst wollen, dann sagen uns andere, was wir zu wollen haben.

Um unserer Grenzen gewahr zu werden, ist zudem **Achtsamkeit** gegenüber uns selbst wichtig: Wie fühle ich mich in einer bestimmten Situation mit jemand anderem? Was löst das Verhalten einer Person bei mir aus? Der Infokasten gibt Tipps dazu, wie wir unsere Grenzen besser spüren.

Übung: Grenzen spüren

Wenn wir unsere Grenzen nicht spüren, dann können wir sie nicht schützen, weil wir die Übergriffe gar nicht bemerken. Unser Körper gibt uns klare Hinweise auf Grenzen und Grenzverletzungen. Nur haben wir oft verlernt, darauf zu hören, spüren z. B. kaum mehr, wenn wir Durst haben oder eine Pause brauchen. Viele lassen daher alles Mögliche mit sich machen und bemerken es kaum.

Diese Fragen helfen Dir, Deine Grenzen besser zu spüren in typischen Alltagssituationen.

- Im Gespräch: Wann fängt es an, mich zu langweilen, und ich möchte gern weg? Mit welcher Frage fühle ich mich unter Druck gesetzt, welche geht zu tief in meine privaten Belange? Wie geht es mir, wenn andere mich unterbrechen? Wann sprechen andere mir zu laut? Wann ist mir ein

> Kommunikationsstil zu wenig wertschätzend, vielleicht sogar erniedrigend? Welche Berührungen finde ich nicht angemessen?
> - Wenn wir etwas tun: Was macht mir wirklich Freude und Spaß? Womit geht es mir nicht so gut, wenn ich das mache? Was unterfordert mich? Welche Tätigkeiten überfordern mich?
> - Pausen und Regeneration: Wann brauche ich eine Pause? Ab wann bin ich müde?
> - Essen und Trinken: Wann möchte ich etwas trinken, habe ich Durst? Ab wann bin ich satt – und wo fängt es an, dass ich nur noch aus Appetit esse oder um etwas „fertig" zu essen? Wann müsste ich mal auf die Toilette?
> - Bei Temperatur und Kleidung: Wann fühle ich mich etwas zu kalt oder etwas zu warm? Welche Kleidung ist mir unbequem?
> - Unterwegs in der Stadt: Ab wann kommt mir jemand zu nahe? Wann möchte ich jemandem ausweichen? Wie geht es mir, wenn ich jemandem nicht ausweiche?
> - Beim Thema Finanzen: Wann fühle ich mich von anderen unfair behandelt, vielleicht sogar ausgenutzt?
> - In einer Runde mit Menschen: Wie fühle ich mich dabei, wenn ich meine eigenen Grenzen körperlich ausdehne? Wie reagieren andere, wenn ich Raum einnehme, breitbeinig stehe, die Ellenbogen ausfahre? Wann nehmen andere mehr Raum ein, als ich das mag?
> - Wenn andere etwas von mir wollen: Wie fühle ich mich, wenn ich antworte: „Nein.", „Ich überlege mir das und sage dir dann Bescheid.", „Ich kann dir zu einem anderen Zeitpunkt helfen, und zwar am Tag X von Y bis Z Uhr."
> - Bei der Zusammenarbeit: Wann ist es für mich nicht mehr partnerschaftlich, sondern einseitig, vielleicht sogar ausbeuterisch?
>
> Stelle Dir regelmäßig diese Fragen. Diese Übung hilft uns, unsere Grenzen wieder besser zu fühlen und zu respektieren.

7.2.2 Selbstausbeuterisches Muster klarmachen

Ein wirksamer Schutzmechanismus für unsere Grenzen ist, dass wir uns das selbstausbeuterische Muster klar machen. Wenn wir immer Ja zu zweifelhaften Forderungen anderer sagen, dann sind wir vielleicht kurzfristig beliebt, bekommen scheinbar Anerkennung – aber langfristig verzichten wir dafür auf unsere eigenen Träume. Und überhaupt: Wofür sind wir beliebt bei diesen Profiteuren? Respektieren sie uns dafür wirklich – oder sind wir nur angenehm und bequem für sie? Tatsächlich zeigen Daten, dass selbstausbeuterische Menschen, die immer Ja sagen, **sogar weniger beliebt** und respektiert sind (Parks und Stone, 2010). Das hat auch damit zu tun, dass sie den **Standard** anheben, den Führungskräfte, Lehrer oder Eltern dann auch von allen anderen erwarten. Die kleine Schwester beispielsweise, die immer alles für die Eltern tut, ist nicht beliebt bei ihren Geschwistern. Wenn die Eltern weg sind, dann wird sie sprichwörtlich an den Haaren gezogen. Das Motto ist: „Wenn diese Person so viel für andere macht, wie sehe ich dann daneben aus? Ich will sie nicht in meiner Nähe haben!" Und die Ablehnung hat auch damit zu tun, dass solche Menschen als abnormal betrachtet werden: „Diese Person ist so anders als wir alle. Sie hat nichts mit uns zu tun. Sie ist nicht normal." Wichtig zu wissen: Wer immer Nein sagt, der ist natürlich auch nicht beliebt, zeigt die gleiche Studie. **Fazit:** Es geht um eine **vernünftige Balance,** ein **souveränes Setzen von Grenzen.** Einen unerwarteten Einblick in Forschung zum Thema „jemandem einen Gefallen tun und Beliebtheit" zeigt der Infokasten.

Forschungsbeispiel: Benjamin-Franklin-Effekt

Sind wir beliebter, wenn wir jemandem einen Gefallen tun? Forschung zum Benjamin-Franklin-Effekt legt eine überraschende Alternative nahe: Es ist möglicherweise genau anders herum. Wir werden tatsächlich beliebter, wenn wir **andere** Menschen bitten, **uns** einen Gefallen zu tun. Der Effekt ist benannt nach dem US-Präsidenten Benjamin Franklin. Er beschrieb sein Vorgehen selbst so: Wenn wir jemanden dazu gebracht haben, uns einen kleinen Gefallen zu tun, dann ist es leichter, einen zweiten und dritten größeren Gefallen zu bekommen. Offenbar wandte er diese Taktik auch an, etwa indem er Menschen systematisch darum bat, ihm ein seltenes Buch zu leihen, jemandem eine Botschaft auszurichten oder eine Information für ihn zu erfragen – all das mit dem Ziel, diese Menschen für sich zu gewinnen, beliebt bei ihnen zu werden.

Jahrzehnte später untersuchten Psychologen diesen Effekt. Unter anderem erfragten sie in Experimenten als Gefallen kleine Geldbeträge als Geschenk (Jecker und Landy, 1969), brachten Versuchsteilnehmer dazu, jemanden zu loben (Schopler und Compere, 1971) oder jemanden bei einer Aufgabe zu unterstützen (Niiya, 2016). Der Effekt davon war jeweils ein stärkeres „Mögen" der Person, für die Menschen etwas taten. Nochmal: Versuchspersonen mochten die andere Person lieber, nachdem man sie dazu gebracht hatte, etwas für diese Person zu tun.

Wie funktioniert der Benjamin-Franklin-Effekt? Eine psychologische Theorie besagt, dass in dem Moment, in dem Personen etwas für uns tun, eine Frage bei diesen Personen im Kopf auftritt: „Warum tue ich das für diesen anderen Menschen?" Diese Frage erzeugt psychologisch eine Spannung, kognitive Dissonanz. Unbewusst beantworten diese Personen die Frage für sich so: „Weil ich diesen Menschen mag!" Diese Antwort baut die kognitive Dissonanz ab, die Spannung ist aufgelöst. Wichtig scheint zu sein, dass es Gefallen sind, die andere Personen gern bereit sind zu tun, also kleine Gefälligkeiten – und dass es keinen direkten Austausch dafür gibt, also keine Bezahlung oder andere direkte Gegenleistungen. Denn mit Gegenleistungen baut sich diese kognitive Spannung nicht auf, und der erhoffte Sympathiegewinn bleibt dann aus.

7.2.3 Grenzen mitteilen

Grenzen sind sehr unterschiedlich bei Menschen. Manche tolerieren etwas, ja mögen vielleicht sogar etwas, was für andere eine Grenzverletzung darstellt. Wenn andere unsere Grenzen nicht kennen, dann ist es kein Wunder, wenn sie uns verletzen. Woher auch sollten sie es wissen oder merken? Vielleicht halten sie uns nur für stark oder „reich" oder für belastbar und motiviert? Typische Alltagsbeispiele für Grenzverletzungen sind:

- Eine Kollegin unterbricht uns wiederholt bei unserer Arbeit.
- Unser Mitbewohner kommt regelmäßig in unser Zimmer, um über sein Leben zu klagen.
- Im Meeting fällt uns ein Kollege fortwährend ins Wort.
- Der Nachbar hört immer wieder spät nachts laut Musik.
- Eine Führungskraft kommt uns körperlich zu nahe.
- Die Schwiegermutter „erklärt" uns ungefragt, wie „richtige" Erziehung geht.
- Der Beifahrer weiß, wie man besser Auto fährt.

Manchmal ist es uns unangenehm, Grenzüberschreitungen anzusprechen, jemandem mitzuteilen, dass uns etwas nicht interessiert, stört oder wir dies nicht unterstützen oder dabei mitmachen wollen. Diesem kurzfristig unangenehmen Gefühl müssen wir uns stellen, es überwinden. Langfristig schaden wir uns selbst zu sehr und auch den Beziehungen zu unseren Mitmenschen, wenn wir unsere Grenzen nicht achten und nicht schützen.

> **Übung: Grenzen mitteilen**
>
> Wir sprechen unsere **Gefühle**, die eine **bestimmte Situation oder ein Verhalten** bei uns auslöst, klar an. Und wir sollten selbstbewusst mitteilen, **welches Verhalten wir uns stattdessen wünschen** – natürlich möglichst höflich und sozial verträglich.
>
> Ein Beispiel für eine Formulierung bei der Unterbrechung beim Arbeiten: „Ich arbeite gerade und denke über eine komplexe Angelegenheit nach. Wenn du mich unterbrichst, passieren mir Fehler, ich muss mich danach wieder eindenken, und wichtige Gedanken gehen verloren. Bitte komme mit spontanen Anliegen zu mir, bevor ich mit der Arbeit anfange oder gleich nach der Mittagspause."
>
> Dabei halten wir **festen Blickkontakt** und **sprechen klar und deutlich**. Wir **entschuldigen uns nicht**, denn unsere Forderung ist berechtigt. Wir haben nichts falsch gemacht, die andere Person hat etwas falsch gemacht. Wir bleiben

dabei immer **gelassen** und lassen uns nicht provozieren. Notfalls wiederholen wir unsere Forderung sachlich.
Übe das anhand der obigen Alltagsbeispiele. Überlege Dir jeweils eine wirksame Formulierung, in der Du Deine Gefühle mitteilst, die das konkrete Verhalten und die Situation auslösen. Entwickle zudem eine klare Forderung, was Du Dir stattdessen wünschst. Übe vor dem Spiegel, das klar und deutlich mit festem Blickkontakt mitzuteilen.
Sicher erlebst Du im Alltag Grenzverletzungen. Übe das Vorgehen vor dem Spiegel mit einem eigenen Beispiel.
Als Letztes folgt der Schritt in die Praxis: Wende es in der nächsten Situation an.
Wie sind Deine Erfahrungen? Gibt es noch Übungsbedarf? Experimentiere und beobachte genau, wie andere reagieren. So baust Du Kompetenz auf und kannst Deine Grenzen immer wirksamer mitteilen.

Unsere Grenzen zu spüren und mitzuteilen, ist ein wichtiger Schutzfaktor. Zusätzlich geht es darum, missbräuchliche Beziehungen zu erkennen.

7.3 Missbräuchliche Beziehungen erkennen

Um unsere Grenzen zu schützen, sollten wir missbräuchliche Beziehungen erkennen und Personen meiden, die unsere Grenzen verletzen. Wie können wir grenzverletzende Menschen erkennen? Eine wichtige Art grenzverletzenden Verhaltens zeigen Menschen, die uns für ihre Ziele einspannen wollen, ohne etwas zurückzugeben. Diese Art von missbräuchlichen Beziehungen ist besonders schädlich, da diese Menschen unser Leben mit fremden Zielen fluten. Gleichzeitig ist unsere Gesellschaft in dieser Hinsicht überraschend tolerant und unsensibel – im Vergleich zu anderen Grenzverletzungen, wie etwa körperlicher Gewalt. Für diese Personen gibt es viele Begriffe. Umgangssprachlich redet man von jemandem „vom Stamme der Nimm" oder Egoisten. Wissenschaftlich gibt es den Begriff **soziale Trittbrettfahrer** (Hung, Chi und Lu, 2009). Eine Definition:

Definition: soziales Trittbrettfahren

Soziales Trittbrettfahren fasst Verhaltensweisen zusammen, die Personen in sozialen Gruppen bewusst dazu einsetzen, um mit möglichst wenig eigener Leistung (Kosten) möglichst viele Vorteile (Nutzen) zu bekommen.

Oft ist das soziale Trittbrettfahren mit geringer Empathie für die Bedürfnisse anderer gepaart. Wie können wir solche Personen erkennen, die unsere Grenzen verletzen, uns ausnutzen wollen? Wie können wir missbräuchliche Beziehungsmuster erkennen?

Es gibt Alarmzeichen im **Verhalten von Trittbrettfahrern**, die wir sehr ernst nehmen sollten. So verhalten sich soziale Trittbrettfahrer:

- **Nicht-Zurückgeben.** Soziale Trittbrettfahrer wollen unsere Aufmerksamkeit, unsere Zeit, unsere Gedanken und unserer Hände Arbeit für sich – doch es kommt wenig bis nichts zurück. Wir sollen ihnen zuhören, uns um ihre Sorgen kümmern. Doch wenn wir sie einmal selbst brauchen, dann haben sie dafür keine Kapazität.
- **Vermeiden von persönlicher Verantwortung.** Trittbrettfahrer wollen nicht klar als Einzelperson für Ergebnisse verantwortlich sein. Sie brauchen einen „Dummen". Daher suchen sie Bedingungen, in denen sie immer etwas „zusammen" mit anderen machen, sich hinter anderen Personen verstecken können.
- **Wegdelegieren von Aufgaben.** Trittbrettfahrer versuchen, Aufgaben von sich fernzuhalten. Dabei sind sie sehr erfindungsreich. Sie nutzen Inkompetenz als Waffe, lassen ihre Aufgaben absichtlich scheitern. Oder sie haben auf einmal diese und jene „Krankheiten", schwere soziale Probleme, früher „so viel für jemanden gemacht", der sich jetzt „erkenntlich zeigen" und etwas zurückgeben soll … Gern richten sich Trittbrettfahrer dafür in einer scheinbaren und permanenten „Opferrolle" ein. „Ich bin ein Opfer, du musst dich jetzt um mich kümmern!" Tatsächlich machen sie ihre Mitmenschen zu ihren Opfern.
- **Arbeitsvermeidung.** Arbeitsvermeidung bei gemeinsamen Tätigkeiten ist das zuverlässigste Phänomen: unangemessen häufige Pausen, schlechte Qualität bei der Umsetzung, überflüssige und langatmige Gespräche mit anderen, ausbleibende Reaktionen auf E-Mails und Anfragen und einfach Vernachlässigung der Aufgaben und Pflichten. All dies ist fester Bestandteil im Trittbrettfahrerverhalten.
- **Suche nach selbstaufopfernden Personen.** Trittbrettfahrer suchen und lieben Menschen, die sich für andere aufopfern, denn sie „leben" davon. Manche Menschen sind überangepasst, haben sich fest mit der Rolle des helfenden, netten Menschen identifiziert. Sie sind das perfekte Gegenstück.

Wir sollten diese Verhaltensweisen als das erkennen, was sie sind: Strategien, um Arbeit zu uns zu schieben und die Beziehung sehr einseitig zu unserem

Nachteil zu gestalten. Häufig haben Betroffene einen Teil der Verantwortung für das Entstehen eines solchen Systems. Indem sie ihre Grenzen nicht schützen, fördern sie dieses einseitige Verhalten anderer. Die Trittbrettfahrer profitieren, gewöhnen sich an diese Art der Beziehung und entwickeln sogar ein Anspruchsdenken.
Der Infokasten zeigt Merkmale von Trittbrettfahrern.

Forschung: Merkmale von Trittbrettfahrern

Die Forschung zu Merkmalen von sozialen Trittbrettfahrern fördert Interessantes zu Tage (Karau und Williams, 1993). Soziale Trittbrettfahrer haben statistisch gesehen diese **Eigenschaften:**

- **Nicht gewissenhaft.** Eines der wichtigsten Persönlichkeitsmerkmale für Menschen ist Gewissenhaftigkeit. Gewissenhafte Personen planen sorgfältig, fangen pünktlich mit ihren Arbeitsaufgaben an und erledigen diese wie besprochen. Bei ihnen ist Trittbrettfahren wesentlich weniger ausgeprägt (Tan und Tan, 2008).
- **Geringe Belastbarkeit.** Personen, die sich nicht vernünftig von Anstrengung regenerieren, wenig belastbar sind und schnell erschöpft fühlen, reduzieren ihre Leistung auf Kosten anderer, um sich zu schonen (Hoeksema-van Orden, 1998; Bluhm, 2009).
- **Niedrige Motivation.** Personen, die nicht wirklich an einer Aufgabe interessiert sind und wenig Freude daran haben, neigen bei der Zusammenarbeit zum Trittbrettfahren. Personen, die also extrinsisch motiviert sind, nur wegen äußeren Gründen (etwa Geld) an einer Tätigkeit oder Beziehung interessiert sind, zeigen eher Trittbrettfahrerverhalten.
- **Eher männlich.** Frauen sind weniger anfällig für soziales Faulenzen in Teams. Männer bringen tendenziell lieber „ihr Ding" voran, als etwas für alle in einem Team oder gemeinsam zu tun.
- **Mangelnde soziale Orientierung.** Menschen, denen die Zugehörigkeit zu einer Gruppe und gute Beziehungen unwichtig sind, sind anfälliger für soziales Faulenzen.

Natürlich sollten wir unser soziales Umfeld nicht rein anhand dieser Merkmale umbauen – die genannten Kennzeichen können jedoch erste Warnhinweise sein, die wir bei der Auswahl von Personen beachten sollten, mit denen wir leben und arbeiten.

Eine weitere Variante der ausbeuterischen Beziehungen etablieren Menschen mit **narzisstischen Zügen.** Während soziale Trittbrettfahrer sich häufig hinter scheinbarer Schwäche verstecken, aus einer Opferrolle agieren, missbrauchen narzisstische Personen Beziehungen aus einer dominanten Position heraus. Das sind typische **Denk- und Verhaltensmuster von narzisstischen Personen:**

- **Mangeldenken.** Narzisstische Personen sehen das Leben als Nullsummenspiel, in dem es nur darum geht, maximal viel vom „Kuchen" zu bekommen. Das Konzept, dass beide Seiten von einer Zusammenarbeit profitieren können oder der „Kuchen" sogar wächst, ist ihnen fremd. Sie freuen sich daher nicht, wenn andere erfolgreich sind – sie sehen es als ihren Verlust an. Mitunter verzichten sie sogar auf einen Gewinn, wenn andere noch mehr profitieren würden. Ein Beispiel dafür ist folgende Testfrage an ein Kind (allein ohne weitere Zuhörer): „Was ist dir lieber: Du bekommst zwei Gummibärchen und das andere Kind vier Gummibärchen – oder du bekommst ein Gummibärchen und das andere Kind überhaupt keines?" Manche Kinder wählen dabei die zweite Alternative. Sie schaden sich selbst, damit andere noch weniger bekommen. Das ist Mangeldenken. Bei Erwachsenen ist es das Gleiche – nur geht es nicht mehr um Gummibärchen.
- **Schwaches Umfeld.** Typischerweise umgeben sich narzisstische Personen mit schwächeren Menschen und Jasagern, die sie bewundern. Der Grund ist, dass sie stärkere Menschen nicht als Möglichkeit, um gemeinsam zu wachsen, oder als Bereicherung erkennen. Sie sehen sie rein als Bedrohung, jemanden, der ihnen etwas wegnehmen könnte. Manche Menschen sind „people pleaser", wollen es allen recht machen. Sie sind ein natürliches Gegenstück für ausbeuterische Personen mit der Orientierung „win/lose" – ich gewinne auf Kosten von anderen.
- **Dreiste Ansprüche.** Passend zum schwachen Umfeld entwickeln narzisstische Personen dann oft dreiste Ansprüche, sehen sich als Mensch mit „Vorfahrt", mit einer Sonderstellung. Die Bedürfnisse und Interessen anderer zählen dann nicht – nur eine Person steht im Mittelpunkt: sie selbst.
- **Emotionale Manipulation.** Ausbeuterische Persönlichkeiten haben oft eine sehr charismatische und beeindruckende Ausstrahlung. Sie haben die Überzeugung, etwas Besonderes zu sein, und strahlen das auf andere aus. Dabei machen sie andere Menschen emotional von sich abhängig und vermitteln Schuldgefühle.

Wie können wir grenzverletzende Menschen von uns fernhalten? Manche Menschen haben sich gezielt darauf spezialisiert, ganz bewusst ihre Ziele über andere Menschen als „Lastesel" zu erreichen. Jeder soziale Trittbrettfahrer und jeder Narzisst braucht komplementäre Mitmenschen, damit die missbräuchliche Beziehung funktioniert. Zu einem wirksamen Neinsagen gehört, dass wir Menschen mit dieser Neigung auf Distanz halten, Personen sind zu meiden, die rücksichtslos über unsere Grenzen gehen, unsere Zeit allein für sich und ihre eigenen Ziele einsetzen wollen. Wichtig sind daher Fragen wie: „Will ich überhaupt eine Beziehung, in der meine Bedürfnisse so wenig beachtet werden?" Dagegen sollten wir Menschen in unserem Umfeld anreichern, die partnerschaftlich sind. Solche Menschen denken langfristig in Form von „win/win", suchen positive Synergie und Resonanz mit uns und wollen, dass wir ebenso Vorteile aus der Beziehung haben wie sie selbst.

Fazit: Grenzen schützen bedeutet nicht, selbst zum grenzverletzenden Menschen zu werden. Doch es bedeutet, dass wir denjenigen Grenzen setzen, die auf Kosten anderer ihr Leben führen wollen. Ein parasitärer Lebensstil auf unsere Kosten darf nicht stattfinden. Dazu ist im Leben mitunter ein klar ausgesprochenes Nein erforderlich.

7.4 Souverän Nein sagen

Um uns vor Ausbeutung zu schützen, sind wir gefordert, wirksam Nein zu sagen. Damit erreichen wir mehr Zeit für das, was uns wichtig ist im Leben. Mit den folgenden Tipps sagen wir richtig Nein.

7.4.1 Innere Haltung festigen

Unsere innere Haltung entscheidet darüber, ob wir wirksam Nein sagen. Wir haben das Recht, ja sogar die Pflicht, unsere Interessen zu vertreten und zu schützen. Mit einem Nein geben wir anderen Menschen Klarheit, wo unsere Grenzen sind, und sie können zuverlässig planen. Diese innere Haltung sollten wir daher festigen: „Wenn ich jetzt Ja sage, dann mache ich mir selbst und meinen liebsten Menschen Probleme. Es ist mein Recht, Nein zu sagen!"

Es ist ja erstmal positiv, wenn eine Person an uns mit einem Wunsch herantritt: Jemand sieht Kompetenz in uns, möchte etwas von uns. Besonders Menschen, deren Ego sich stark mit der Vorstellung „Ich bin ein sozialer Mensch!" identifiziert, sind allerdings stark gefährdet für selbstausbeuterische Muster. Sie denken sich Dinge wie: „Wenn ich jetzt Nein sage, dann mache ich der anderen Person Probleme. Sie wird enttäuscht sein. Dann bin ich nicht mehr so beliebt." Das ist bei unberechtigten Forderungen kontraproduktiv. Wir brauchen innere Stärke, damit wir wirksam Nein sagen.

7.4.2 Nicht überrumpeln lassen

Grenzverletzende Menschen platzen oft vollkommen überraschend mit Forderungen in unser Leben. Sie haben sich auf die Situation vorbereitet – wir nicht. Wenn uns jetzt ein „o. k." herausrutscht, dann können wir nicht mehr leicht zurück. In so einer Situation geht es für uns darum, Zeit zu gewinnen. Eine gute Antwort kann hier sein: „Das Anliegen kommt jetzt für mich überraschend. Ich kläre das und melde mich nochmal dazu."

7.4.3 Keine rhetorischen Weichmacher

Worte sind mächtig. Das gilt ganz besonders beim Setzen von Grenzen. Weichmacher sind Worte wie: eigentlich, ziemlich, irgendwie, vielleicht. Sie reduzieren unsere Aussage. Wenn wir versuchen, eine Forderung abzulehnen mit Aussagen wie „Eigentlich habe ich am Wochenende etwas anderes vor …", dann bleibt es meist beim Versuch. Rücksichtslose Forderer erkennen daraus die Schwäche unserer Position – und setzen nach. Stattdessen sagen wir: „Ich habe das Wochenende schon anders eingeplant."

7.4.4 Keine Entschuldigung

Viele Menschen entschuldigen sich dafür, wenn sie etwas berechtigt ablehnen. Wenn wir uns entschuldigen, suggerieren wir aber anderen und uns selbst, dass wir etwas falsch machen. Zweifelhafte Forderungen ablehnen ist unser gutes Recht. Wir vertreten unsere Interessen, dafür sollten wir uns nicht entschuldigen. Formulierungen wie „tut mir leid", „sorry", „leider" etc. sind daher fehl am Platz und nehmen der Ablehnung die nötige Selbstverständlichkeit.

7.4.5 Begründungsdebatten vermeiden

„Kannst du nicht ein anderes Mal deine Eltern besuchen?" „Lässt sich der Arzttermin nicht verschieben?" „Können deine Eltern nicht die Kinder abholen und auf sie aufpassen?" Hartnäckige Forderer suchen genau solche Debatten. Wenn wir unsere Ablehnung begründen, dann laden wir zur Debatte ein. Ein berechtigtes Nein braucht keine Begründung. Es ist nicht in unserem Interesse, zu diskutieren, warum etwas nicht geht.

Im Übrigen können wir sehr **wertschätzend** sein und gleichzeitig klar Nein sagen. Ein Beispiel: „Ich weiß es zu schätzen, dass du mich fragst. Das hört sich nach einem wundervollen Vorhaben für dich an. Ich will ganz ehrlich zu dir sein: Diesmal bin ich definitiv nicht mit dabei. Ich möchte mich um ein paar zentrale private Themen kümmern." Bei dieser Aussage ist ein klares Nein kombiniert mit Wertschätzung und dem positiv besetzten Ziel „ganz ehrlich" zu sein. Die Betonung des Wortes **„privat"** setzt außerdem eine Grenze, dass wir darüber nicht weiter reden, weil das Thema eben privat ist.

Weitere Gedanken zum Setzen von Grenzen zeigt der folgende Infokasten.

Frage an den Autor: Was ist noch wichtig, um souverän Grenzen zu setzen?
Wenn ich jemandem wirksam eine Grenze setzen will, was sollte ich tun?
Unsere Interessen und auch die anderer Menschen zusammenzubringen – das gehört zum Leben. Je mehr wir mit Menschen zu tun haben, desto öfter geht es auch darum, Grenzen zu ziehen. Mir ist immer wichtig, dass ich nicht einfach Ja oder Nein sage, sondern bei größeren Themen klare **Kriterien** aufstelle, damit ich Ja sage. Oft sage ich dann auch Ja, aber es gibt Spielregeln, sodass ich mit dem Ja glücklich bin. Ein Ja kann also auch klare Grenzen ziehen und Anforderungen definieren. Ein Beispiel: Jemand möchte eine Bachelorarbeit bei mir schreiben. Dann kann ich sagen: „Theoretisch ja, das ginge. Eine Bachelorarbeit bei mir sieht allerdings so und so aus, hat die Anforderungen xyz. Kommen Sie zum nächsten Treffen mit meinen Studierenden, deren Arbeiten ich gerade betreue, und sagen mir dann die Tage danach Bescheid, ob das so für Sie infrage kommt." Manche sagen dann selber nicht mehr Ja, mit anderen komme ich bei den Interessen zusammen.
Wir müssen also nicht immer Nein sagen, wenn wir unsere Interessen schützen wollen. Es kann auch ein Ja mit klaren Bedingungen sein. Und wir sollten auch oft Ja sagen – und zwar zu Menschen, die ebenfalls Ja zu uns sagen, die „win/win" denken, den Kuchen für uns beide größer machen wollen. Mein persönliches Prinzip ist, dass ich für jede Art der Zusammenarbeit „win/win" anstrebe. Wenn nur die andere Seite profitiert, ist es für mich wenig sinnvoll. Wenn nur ich davon profitiere, dann ist es für die andere Seite nicht sinnvoll – und damit auch für eine langfristige Beziehung schlecht. Aus meiner Sicht ist es daher wichtig, Interessen von Beginn an klar anzusprechen – und ggf. mit gutem Gefühl Nein zu sagen, weil es für eine der Seiten keinen Sinn macht. Persönlich habe ich beste Erfahrungen damit gemacht, mitunter auch Anfragen von Kunden abzulehnen mit dem Hinweis darauf, dass ich keinen ausreichenden Vorteil der Kunden im geplanten Projekt sehe. Nicht immer, aber oft kamen dann von eben diesen Kunden andere Anfragen und Aufträge. Mein „Nein" hat die Beziehung gestärkt, nicht geschwächt. Nochmal: Ein Nein aus den richtigen Gründen macht Beziehungen oft stärker.

Manchmal geht es natürlich auch darum, relativ direkt Nein zu sagen. Und vorneweg: Es gibt **nicht die eine Art, richtig Nein zu sagen.** Warum sollte ich jemandem maximal deutlich Nein sagen, wenn die Person es auch sanfter versteht oder es eine sehr wichtige Person in meinem Leben ist? Es geht also darum, sich auf sein Gegenüber sozial kompetent einzustellen. Ich habe in meinem Leben auch schon sehr einflussreichen und mächtigen Personen Nein gesagt. Das kann ich gut, weil ich meine Interessen relativ genau kenne.

Teilweise begegnen wir Menschen, für die ein normal und sozial kompetent formuliertes Nein nicht funktioniert. Vielleicht sind sie auch hoch manipulativ und Selbstdarsteller mit narzisstischen Zügen. Es ist dann Zeit für härtere Ablehnung, damit die Botschaft ankommt. **Körpersprache** ist hier enorm wichtig, um unseren Standpunkt zu transportieren. Negativ sind hier alle Unsicherheitssignale wie beispielsweise das Vermeiden von Blickkontakt, unsicheres Herumrutschen auf unserem Stuhl, unsicherer Stand, Zurückweichen mit dem Oberkörper oder das Schützen des Bauches mit den Armen. Ein schulterbreiter Stand und fester Blickkontakt können unser Nein gut unterstreichen. Zudem schließe ich nach der Aussage den Mund. Das zeigt: Es gibt keine Diskussion mehr darüber. So sieht das Gegenüber, dass wir fest in unserer Ablehnung sind. Ich würde dabei bis auf ganz harte Fälle immer freundlich bleiben und eine offene Körpersprache behalten. Es geht ja meist darum, freundlich Nein zu sagen. Wir wollen damit nicht andere verletzen, sondern unsere Prioritäten schützen. Arme verschränken, Augen zusammenkneifen oder sich wegdrehen ... das ist daher zu viel der ablehnenden Körpersprache.

Wenn ich ablehne, dann mache ich keine langen Begründungen. Doch ich **begründe kurz und klar**, weil ich glaube, dass es gegenseitige Klarheit schafft. Andere Menschen sollen mich besser verstehen, damit sie besser mit mir umgehen können. Das kann dann beispielsweise so aussehen: „Der Termin klappt nicht, weil ich meiner Tochter versprochen habe, an dem Tag mit ihr ihren Geburtstag zu feiern." oder „Die Tätigkeit kommt für mich nicht infrage. Wenn ich etwas mache, dann will ich darin kompetent sein und dahinter stehen. Das ist hier nicht der Fall. Ich bin x und kompetent in y. Dafür immer gern." oder „Das Projekt nehmen wir nicht an, weil wir glauben, dass jemand anderes diesen Bedarf zu einem besseren Preis liefern kann." oder „Aktuell nehme ich keine weiteren Abschlussarbeiten an, weil ich eine sehr umfangreiche neue Veranstaltung für nächstes Semester gut vorbereiten will. Ich habe bereits ein paar anderen abgesagt und möchte da gerecht sein. Ich habe mitbekommen, Kollegin xy ist in dem Thema fachlich stark und nimmt noch Abschlussarbeiten an." Dabei versuche ich immer, sehr wertschätzend zu sein, spreche auch die Interessen meines Gegenübers an und danke dafür, dass andere mich fragen. Oft erwähne ich zusätzlich Möglichkeiten, wie die Personen gut an ihr Ziel kommen, ohne mich zu brauchen.

Nochmal kurz zusammengefasst: Lebst Du für Deinen eigenen Traum oder für den Traum anderer? Das entscheidest nur Du selbst. Dafür ist es wichtig, Deine Grenzen zu schützen und gelegentlich souverän Nein zu sagen.

Wir haben die Überflutung mit fremden Zielen gestoppt, indem wir klare Grenzen setzen. Unsere Lebensvision sagt uns, was das Richtige ist, in welche Richtung es geht. Um jetzt erfolgreich in diese Richtung zu gehen, ist noch eine andere Art von Zielen wichtig: konkret, messbar, mit festen Terminen versehen. Darum geht es im nächsten Kapitel.

Literatur

Bluhm, D. J. (2009). Adaptive Consequences of Social Loafing. *Academy of Management Annual Meeting Proceedings,* 1–6.

Hoeksema-van Orden, C. Y. (1998). Social loafing under fatigue. *Journal of Personality and Social Psychology, 75*(5), 1179–1190.

Hung, T. K., Chi, N. W., & Lu, W. L. (2009). Exploring the relationships between perceived coworker loafing and counterproductive work behaviors: The mediating role of a revenge motive. *Journal of Business and Psychology, 24*(3), 257–270.

Jecker, J., & Landy, D. (1969). Liking a person as a function of doing him a favour. *Human Relations, 22*(4), 371–378.

Karau, S. J., & Williams, K. D. (1993). Social loafing: A meta-analytic review and theoretical integration. *Journal of Personality and Social Psychology., 65*(4), 681–706.

Niiya, Y. (2016). Does a favor request increase liking toward the requester? *The Journal of Social Psychology, 156*(2), 211–221.

Parks, C. D., & Stone, A. B. (2010). The desire to expel unselfish members from the group. *Journal of Personality and Social Psychology, 99*(2), 303–310.

Schopler, J., & Compere, J. S. (1971). Effects of being kind or harsh to another on liking. *Journal of Personality and Social Psychology, 20*(2), 155–159.

Strobel, B. (9. September 2015). Die Kunst des klugen Nein. *FOCUS-online.* https://www.focus.de/gesundheit/ratgeber/psychologie/gesundepsyche/die-kunst-des-klugen-nein-das-zehn-punkte-programm_id_2226767.html. Zugegriffen 10. Juli 2023

Tan, H. H., & Tan, M. L. (2008). Organizational citizenship behavior and social loafing: The role of personality, motives, and contextual factors. *The Journal of Psychology, 142*(1), 89–108.

8

Ziele wirksam formulieren und erreichen

Die Psychologie hat erforscht, wie wir wirksam Ziele formulieren und erreichen. „Ich will abnehmen", „Lerne mehr in Mathe!", „Wir brauchen mehr Umsatz", „Ich will reich werden" … so ähnlich sehen viele „Ziele" aus, die sich Menschen selbst oder anderen setzen. Die **SMART-Methode** sagt: So erreichen diese Personen ihre Vorhaben nie. Denn das sind keine starken Ziele, sondern nur schwache Wünsche. Wirksame Ziele formulieren und effektiv erreichen funktioniert nach einer klaren Formel, die in den Buchstaben S, M, A, R und T verborgen liegt. Dieses Kapitel erklärt die SMART-Formel anhand von **Beispielen** und zeigt, wie wir damit **motivierende Ziele setzen**. Es stellt aktuelle Erkenntnisse zur Zielsetzung aus der **Psychologie** vor, diskutiert auch die **Kritik** am **SMART-Ansatz** und betont wichtige **Weiterentwicklungen.**

> **Risiko: Das passiert ohne wirksame Ziele**
>
> Konkrete Ziele sind die Brücke zwischen unseren Träumen und der Realität. Wenn wir keine SMART-Ziele haben, dann haben wir vielleicht eine Vision – aber es gibt keinen Weg zur Realität, kein Konzept, um die Vision in die Praxis zu bringen. Unsere Lebensziele werden dann immer nur Träume bleiben. Dazu kommt: Ein Goldfisch wird nur so groß wie das Glas, in dem er lebt. Ähnliches gilt für uns und unsere Ziele. Wir wachsen mit unseren Zielen. Wenn wir uns mittelmäßige Ziele setzen, dann bleiben auch wir Mittelmaß. Wer klein denkt, bleibt auch klein. Warum also unambitioniert? Irgendwann werden wir uns sonst fragen: „Was für ein Mensch wäre ich geworden, hätte ich mir bloß anspruchsvolle Ziele gesetzt?" Zeit also für wirksame Ziele!

8.1 Was versteht man unter SMART-Zielen?

Die SMART-Formel stammt aus den 1980er-Jahren (Doran, 1981) und hat sich sehr erfolgreich verbreitet. Ihr Erfolgsgeheimnis: Die Formel hat psychologische Forschung zu Zielen in eine griffige Formel mit fünf Buchstaben verdichtet (z. B. Steers und Porter, 1974). SMART ist ein sogenanntes Akronym, jeder Buchstabe steht für ein Prinzip der Zielformulierung.

Das sind die **Eigenschaften der SMART-Ziele:**

1. **Spezifisch.** Der Buchstabe „S" bedeutet, dass SMART-Ziele spezifisch sind. Dabei sollte nicht nur das Ziel selbst spezifisch sein, sondern auch ein konkreter Weg formuliert sein, um es zu erreichen.
2. **Messbar.** In der SMART-Formel steht der Buchstabe „M" für messbar.
3. **Attraktiv.** Der Buchstabe „A" steht in der SMART-Formel meist für „attraktiv", mitunter auch für „akzeptiert", was auf das Gleiche hinausläuft. Attraktiv sind Ziele beispielsweise, wenn wir einen Sinn dahinter sehen, sie uns helfen, stark gewünschte Wirkungen zu erreichen.
4. **Realistisch.** SMART-Ziele sind realistisch erreichbar. Dafür steht der Buchstabe „R". Wichtig ist hier, dass ein Ziel zudem anspruchsvoll ist, nicht zu einfach. Ansonsten bleiben wir in der Komfortzone (Kap. 10) und entwickeln uns nicht.
5. **Terminiert.** Ziele brauchen laut SMART-Ansatz einen festen Termin, an dem sie abgeschlossen sind. Dafür steht der Buchstabe „T".

Die SMART-Methode bewirkt, dass unsere Ziele klar definiert, mit einem konkreten Plan versehen, motivierend und umsetzbar sind. Sie fördert ein gründliches Nachdenken, wenn wir Ziele formulieren. Wir können SMART als Checkliste für jedes Ziel verwenden, wenn wir es motivierend und wirksam gestalten wollen.

Doch was genau ist ein Ziel? Hier die Definition.

> **Definition: Ziel**
>
> Ein Ziel ist ein zukünftiger Zustand oder Prozess, den eine Person oder Gruppe anstrebt.

Menschen streben also zukünftige Zustände oder Prozesse an. Das bedeutet, man kann Ziele grob unterscheiden in

- zukünftige **Zustände** (z. B. „Ich wiege in einem Jahr zehn Kilo weniger!") und
- zukünftige **Prozesse** (z. B. „Ich gehe Montag, Mittwoch und Freitag gleich nach der Arbeit für eine halbe Stunde joggen!").

Doch welche Vorteile haben wir, wenn wir SMART-Ziele formulieren?

8.2 Vorteile der SMART-Methode

Welche Vorteile bietet die SMART-Methode? Wirksame Ziele verleihen unserem Verhalten **Richtung, Intensität** und **Ausdauer** (Locke, 1996). Ziele fördern zudem **Lerneffekte** und wirken als **Belohnung**, weil sie Erfolg messbar machen. Wir erkennen durch Ziele Erfolg: „Hurra ich hab's geschafft!" oder „Oh, das war nichts. Leider nicht geschafft!" Und wir können uns dann fragen: „Warum war ich erfolgreich/nicht erfolgreich? Was lerne ich für nächstes Mal daraus?" Da wir mit wirksamen Zielen unsere Komfortzone verlassen (Kap. 10), **wachsen** wir.

So unterstützen uns Ziele in vielfältigsten Lebensbereichen. Dazu gehören Gesundheit, gute Beziehungen zu Freunden, ein leistungsfähiges berufliches Netzwerk, eine gute Familie, Kompetenzen und Selbstvertrauen, positive Emotionen, Karriere, sozialer Status und materieller Wohlstand. Idealerweise haben wir Träume und Visionen zu den Zielen, die wir in diesen wichtigen Bereichen erreichen wollen. Doch oft bleibt es bei den Wünschen und Träumen, wir schaffen es nicht, diese zu verwirklichen. Erst die SMART-Formel macht unsere Ziele konkret und wirksam. Damit ist sie eine **Brücke** von unseren Visionen zur Praxis, macht „Träume wahr".

Umfangreiche empirische Studien belegen klare **Vorteile der SMART-Formel** bei der Zielerreichung. Zielsetzung nach SMART-Kriterien bewirkt:

- Erfolg bei **Bildung und Studium** (Moeller, Theiler und Wu, 2012)
- höhere Motivation und Leistung bei der **Arbeit** (Latham, 2011; Shoaib und Kohli, 2017)
- bessere Ergebnisse bei **Verhandlungen** (Zetik und Stuhlmacher, 2002)
- mehr **Teamerfolg** (Kleingeld, van Mierlo und Arends, 2011)
- mehr **Bewegung im Alltag** und Leistung im **Sport** (McEwan et al., 2016)

- **gesunde Lebensweise** (Fredrix et al., 2018)
- besseres **Überstehen von Krankheiten** (Tabaei-Aghdaei, McColl-Kennedy und Coote, 2022)

Psychologisch optimierte Ziele bieten uns also messbare Vorteile. Das folgende Fallbeispiel zeigt die große Bedeutung wirksamer Ziele für unseren Erfolg im Leben.

8.3 Ziele erreichen: Beispiel

Manche Menschen lernen schon von Kindesbeinen an, sich effektive Ziele zu setzen. Ein Beispiel dafür, wie man anspruchsvolle Ziele erreicht, ist die Geschichte von Sara Blakely.

> **Beispiel für das Erreichen von Zielen: Sara Blakely**
>
> Sara Blakely ist die **Gründerin der Modemarke Spanx** und wurde als **jüngste Self-Made-Milliardärin** bekannt.
> Ihr Vater ermutigte sie und ihren Bruder als Kinder regelmäßig, sich ambitionierte Ziele zu setzen, um daran zu wachsen und zu lernen. Er betonte, dass es normal sei, etwas nicht zu erreichen. Er sagte, das Entscheidende sei, etwas anzustreben, um sich zu entwickeln und zu lernen. Regelmäßig stellte er seinen Kindern daher abends Fragen wie: „Woran bist du diese Woche gescheitert, was hast du versucht? Was hast du daraus gelernt? Was ist dir gelungen?" Sein Ziel in der Erziehung war die Einstellung: Gescheitert bist du nur, wenn du es gar nicht versucht hast.
> Sara studierte Kommunikation und strebte zunächst an, Anwältin zu werden wie ihr Vater. Sie fiel durch die Prüfung. Sie lernte umso härter – und fiel wieder durch die Prüfung. Offenbar war das nicht ihre Bestimmung. Um sich aufzumuntern, arbeitete sie eine Weile bei Disney, verkleidet als Chipmunk. Danach startete sie als Verkäuferin von Fax-Maschinen: Haustürgeschäft, Kalt-Akquise, Läuten und Verkaufen, 50-mal abgelehnt werden, um vielleicht einmal zu verkaufen, nicht entmutigen lassen, nicht aufgeben … Sara lernte zu verkaufen, und sie lernte dabei nicht aufzugeben. Sie spürte, dass sie eines Tages ihr eigenes Produkt verkaufen wollte!
> Dann kam eine Idee, die ihr Leben veränderte. Es ärgerte sie, dass sie an heißen Tagen Nylonstrumpfhosen tragen musste, weil ihr Arbeitgeber das vorschrieb. Sara wollte offene Schuhe anziehen, die Stümpfe störten dabei am Fuß. So kam sie auf die Idee, die Nylonstrumpfhosen unten abzuscheiden, um die figurbetonenden Vorzüge oben zu erhalten, doch die Füße frei zu machen. Sie zog die abgeschnittene Strumpfhose an und merkte vor dem Spiegel, dass sie durch die unsichtbare Unterbekleidung in ihrer engen weißen Hose eine

schön betonte und straffe Figur bekam. Sie spürte: „Das wird mein Produkt sein!" Heute ist sie deshalb als **„Shapewear-Mogulin"** berühmt. Sie hatte die Vision, aus ihrer Idee ein erfolgreiches Produkt zu machen.

Aus ihrer Vision leitete Sara ganz **konkrete Ziele** ab: ein klar definiertes Produkt entwickeln, patentieren, einen Markennamen finden und schützen, einen Produzenten finden, das Produkt herstellen und auf den Markt bringen. So trieb sie ihr Projekt kontinuierlich neben der Arbeit voran. Sie investierte alle Ersparnisse aus ihrem Job in die Zukunft des Produktes. Sara meldete ein Patent an und schützte den Markennamen Spanx. Sie recherchierte sämtliche Produzenten in ihrem Bundesstaat und rief dort an. Durch ihre Vertriebserfahrung wusste sie, wie das geht. Sie setzte sich konkrete Ziele nach dem Motto: Heute rufe ich x Produzenten an. Ich gebe erst auf, wenn ich eine definitive persönliche Antwort habe. Scheinbar umsonst, sie bekam nur Absagen. Doch Sara rief wieder an, und wieder an, und wieder an ... Sie blieb dran, bis sie ihre Zielperson am Apparat hatte. Niemals verließ sie sich auf eine Nachricht auf dem Anrufbeantworter. Das hatte sie im Vertrieb gelernt. Irgendwann stimmte einer der Produzenten zu – offenbar hatte er mit seinen Töchtern über die Produktidee gesprochen, und diese hatten ihn überredet.

Jetzt ging es darum, mindestens eine Kleidungskette zu finden, die das Produkt in ihr Sortiment aufnehmen würde. Sara setzte sich das spezifische Ziel, die verantwortlichen Einkäufer zu erreichen, persönlich zu treffen und ihnen das Produkt zu zeigen. Jemand sagte: „o. k. – wenn du extra zu mir fliegst ... dann gebe ich dir zehn Minuten." Sara flog hin, fungierte selbst als „Model" für ihr Produkt, überzeugte die Einkäuferin. Das gelang ihr zunächst mit einer der größten Textileinzelhandelsketten der USA, andere folgten.

Auch im Marketing setzte sich Sara konkrete und **ambitionierte Ziele**. Sie wollte zu Gast in der bekanntesten Talkshow der USA sein, bei Oprah Winfrey, mit ihrem Produkt. Sie sandte ein paar ihrer Produkte als Demo zum Team, mit schönen Grüßen. Tatsächlich wurde sie eingeladen. Ab da explodierte die Nachfrage ... Spanx wurde zum Millionengeschäft.

Sara Blakely startete mit 5.000 Dollar und dem Wissen, wie sie sich erfolgreich Ziele setzt und daran wächst. Sie nutzte Ziele mit SMART-Kriterien, um ihre Vision in die Praxis zu bringen, ihren Traum wahr zu machen. Sie setzte sich große Ziele und wurde damit selbst groß. Sara hat sich mit effektiven Zielen eine andere Zukunft geschaffen: Wie viele andere Menschen wären an ihrer Stelle einfach Telefaxverkäuferin geblieben, bis es keine Telefaxgeräte mehr gab? Wie viele Menschen bleiben passiv. Wie viele Menschen denken klein – und bleiben klein?

Wenn wir wirksame Ziele definieren wollen, dann sollten wir also immer die SMART-Methode beachten. Diese Positive Psychologie (Kap. 1) der Ziele sorgt dafür, dass unsere Träume Wirklichkeit werden. Die folgenden konkreten Beispiele zeigen, wie wir Ziele mit SMART-Kriterien klar formulieren.

8.4 SMART-Ziele formulieren: Beispiele

Wie formulieren wir Ziele richtig, wie machen wir schwache Alltagsziele zu starken SMART-Zielen? Ein Vergleich ist die beste Methode, um Unterschiede deutlich zu machen. Tab. 8.1 zeigt Beispiele für SMART-Ziele im Vergleich zu Alltagszielen.

Tab. 8.1 Alltagsziele in SMART-Ziele übersetzen

Alltagsziel	SMART-Ziel
Ich will eine schönere Figur haben!	Ich mache ab heute immer montags bis freitags jeden Abend vor dem Abendessen 20 Minuten Ganzkörper-Work-out.
Ich wünsche mir bessere Noten in Mathe.	Ich verbessere meine Noten in Mathematik auf mindestens 3,0. Dafür mache ich jeden Tag nach der Schule eine kurze Entspannungspause und bearbeite dann mindestens 30 Minuten konzentriert Übungsaufgaben. Danach gehe ich ca. 20 Minuten spazieren, damit sich die gelernten Inhalte festigen. Ich höre auf, unter der Woche Computer zu spielen, um mein Gehirn von Reizüberflutung zu entlasten.
Ich möchte meine Laune verbessern.	Ich höre auf, jeden Tag zwei Stunden fernzusehen. Die gewonnene Zeit verbringe ich am Dienstag- und Freitagabend mit Freunden, die mir gut tun. An den anderen Wochentagen nutze ich eine Stunde für Bewegung, eine halbe Stunde für Entspannung und eine weitere halbe Stunde für das Lesen von Büchern, die mir Impulse für meine Entwicklung geben. Nachrichten-Websites besuche ich nur noch einmal am Tag, und zwar am Abend.
Ich will auch mal ein Buch schreiben.	Ich schreibe Montag, Mittwoch und Freitag von 9 Uhr bis mindestens 10 Uhr an Blogbeiträgen zum Thema X. Ich will jeden Monat mindestens sechs neue Blogbeiträge haben. Am Donnerstagvormittag überarbeite ich für eine Stunde bestehende Blogbeiträge. Am Donnerstagnachmittag treffe ich mich mit Experten und Praktikern, um Feedback zu meinen Texten zu holen. Wenn ich 15 hochwertige Blogbeiträge zusammen habe, mache ich daraus Buchkapitel und gewinne einen Verlag für mein Buchprojekt.
Unsere Ehe soll besser sein.	Jeden Freitagabend übernachten die Kids bei den Großeltern/ein Babysitter passt auf. Mama und Papa machen sich einen schönen Abend mit viel Interaktion. Wir gehen essen, besuchen Freunde und Kulturveranstaltungen. Das Smartphone bleibt in der Zeit stumm. Der erste Freitag im Monat ist komplett Partnertag. So lange die Kids in der Schule sind, unternehmen Mama und Papa etwas Schönes, das nichts mit Arbeit oder Organisation des Familienlebens zu tun hat.

Diese Beispiele geben einen Vorgeschmack, wie SMART-Ziele aussehen können. Die folgende Übung gibt Gelegenheit, eigene Alltagsziele mit der SMART-Formel in wirksame Ziele zu übersetzen.

Übung: wirksame Ziele formulieren

Mit diesen Schritten kannst Du Deine Alltagsziele zu wirksamen SMART-Zielen machen:

1. Sammle Alltagsziele aus wichtigen Lebensbereichen. Denke dabei an Beziehungen, Gesundheit, Karriere, Finanzen, Wissen bzw. Können und Emotionen. Was möchtest Du in diesen Bereichen erreichen? Bei dieser Frage hilft Dir auch das Kapitel zum Entwickeln einer Lebensvision (Kap. 6).
2. Übersetze diese abstrakten Ziele nach der SMART-Methode in konkrete, realistische und motivierende Maßnahmen, die Du umsetzen kannst und willst. Dafür geben die nächsten Abschnitte weitere Impulse.
3. Achte darauf, dass Du nicht zu viel auf einmal angehst. Fokussiere Dich auf einzelne, entscheidende Ziele. Wenn Du zu viel auf einmal erreichen willst, dann erreichst Du am Ende oft nichts. Gewohnheiten verändern sich langsam.
4. Suche deshalb Ziele aus, die Du wirklich gern angehen willst und die einen gewissen Anspruch haben. Formuliere die Ziele dafür weder zu einfach noch zu schwer. Du solltest wirklich Lust haben, das Thema voranzubringen. Auf der anderen Seite ist wichtig, die Komfortzone zu verlassen (Kap. 10). Nur so kannst Du an Deinen Zielen wachsen. Woran merkst Du, dass Du die Komfortzone verlässt? Im Prinzip ist eine gute Richtlinie: Wenn Du mehr für ein Thema tust als in einer normalen Woche, dann bist Du außerhalb der Komfortzone und wächst.
5. Belasse es nicht nur bei dem Ziel. Entwickle einen konkreten Plan, einen Weg mit Zwischenstationen zu diesem Ziel.
6. Achte darauf, dass Du auch wirklich die Zeit und Möglichkeiten hast, Dein Ziel umzusetzen.
7. Schreibe Dein Ziel auf, rede mit anderen Menschen darüber – das erzeugt zusätzlich Verbindlichkeit und Motivation.
8. Fange zeitnah an. Warte auf keinen Fall länger als drei Tage, sonst nimmt das Risiko der Prokrastination (Kap. 9) zu.
9. Teste. Wenn einmal etwas nicht klappt: Das ist normal. Vielleicht war das Ziel zu ambitioniert oder der Weg der falsche? Egal. Entscheidend ist, dass Du mit dem Versuch etwas gelernt hast und gewachsen bist. Versuche es wieder oder passe das Ziel und den Weg an. Betrachte es so: Wenn ein Ziel einmal nicht funktioniert, dann kannst Du daraus etwas über Dich und das Setzen von Zielen lernen.
10. Selbst wenn Du ein Ziel nicht ganz erreichst: Das Wichtigste ist, in Bewegung zu bleiben. Oft hast Du dadurch wesentliche Verhaltensweisen aufgebaut, neue Gewohnheiten (Kap. 14) entwickelt, bist auf dem Weg gewachsen. Der chinesische Gelehrte Konfuzius hat dazu gesagt: „Es ist nicht wichtig, wie schnell du gehst. Hauptsache, du bleibst nicht stehen."

Ein noch tieferer Blick in die einzelnen Merkmale der SMART-Ziele folgt in den nächsten Abschnitten.

8.5 Ziele spezifisch formulieren

Die SMART-Methode setzt **spezifische Ziele**. „Ich will abnehmen." „Wir brauchen mehr Umsatz." Das sind abstrakte Ziele. Konkret und spezifisch ist zum Beispiel: „Ich wiege jetzt 81 Kilo. Ich will mein Gewicht in den nächsten 5 Wochen auf 76 Kilo reduzieren. Das ist jede Woche ein Kilo weniger." Oder „Wir machen jetzt mit unserem Unternehmen 240.000 Euro Umsatz im Monat. Ich will das auf 300.000 Euro Umsatz innerhalb der nächsten zwölf Monate steigern. Das bedeutet, ich brauche jeden Monat 5.000 Euro mehr Umsatz als im Monat davor."

Ohne konkrete Vorstellungen von Zielen motiviert eine Tätigkeit oft wenig. Entsprechend eindeutig sind hier die empirischen Befunde: Je konkreter die Vorstellung von Prozess und Ergebnis ist, desto stärker motiviert das Menschen. Klassische abstrakte Formulierungen nach dem Motto „Gebt euer Bestes!" sind weniger wirksam. Das Gleiche gilt für „Sie müssen mehr tun!" oder „Machen Sie doch bitte schneller!". Eine genaue und konkrete Erwartung ist wesentlich effektiver. Ziele können konkret sein, indem Sie **einzelne Aspekte** des Zieles betonen (z. B. „Für mehr Bewegung setzt du auf Joggen, Donkey Kicks, Frog Pumps …" oder „Ihre Aufgabe für das Umsatzziel ist es, Mobilfunkverträge und Datenflatrates zu verkaufen!") und indem Sie diese Aspekte **mit Zahlen versehen** (z. B. „Gehe Montag, Mittwoch und Freitag 30 Minuten Joggen, mache täglich 25 Donkey Kicks, 15 Frog Pumps …" oder „Versuchen Sie, diese Woche 60 Mobilfunkverträge und 35 Datenflatrates zu verkaufen!"). So bekommen Menschen eine ganz klare Vorstellung, woran sich ihre Leistung bemisst.

> **Übung: spezifische Ziele formulieren**
>
> Um ein Ziel spezifisch zu machen, helfen folgende **Fragen**:
>
> - Welche ganz konkreten Merkmale hat das Ziel?
> - Was ist genau zu tun? Wie sieht der Weg aus, was sind wichtige Teilaspekte bzw. Zwischenschritte?
> - Bei Teamzielen: Wer ist wofür zuständig?

8.6 Ziele messbar formulieren

SMART-Ziele sind **messbar**. „Ich will Stress reduzieren." Das ist als Ziel schwer messbar. Messbar formuliert ist ein Ziel, wie z. B. „Ich gehe jeden Nachmittag nach der Arbeit eine halbe Stunde in der Natur spazieren." oder „Nach 21 Uhr beschäftige ich mich nicht mehr mit meiner Arbeit." Bei guten spezifischen Zielen ist die leichte Messbarkeit gegeben.

Wichtig ist allerdings auch bereits eine Messbarkeit auf dem Weg zum Ziel. Komme ich meinem Ziel näher? Erlebe ich Fortschritt? Ist der Erfolg absehbar? Das motiviert uns, dran zu bleiben, weiterzumachen. Diese Messbarkeit kann unmittelbar sein, etwa indem wir uns erholt fühlen, wenn wir in der Natur sind und nachher am Abend besser einschlafen. Oft ist zur Messbarkeit des Fortschritts ein konkreter **Plan** hilfreich. Wie reduziere ich konkret Stress? Welche Methoden setze ich ein? Wann setze ich welche Methode wie lange ein? Wir sehen dann z. B. „Super, die ganze Woche habe ich es geschafft, nach 21 Uhr nicht mehr zu arbeiten und vor 23 Uhr im Bett zu sein und zu schlafen. Ich bin auf einem guten Weg, das den ganzen Monat zu schaffen."

Zudem ist eine **positive Formulierung** hilfreich, damit ein Ziel messbar ist. Statt „Vermeiden Sie in Zukunft Zeitdruck bei der Vorbereitung von Workshops!" ist das Ziel „Beginnen Sie die Vorbereitung von Workshops in Zukunft zwei Wochen vor dem Termin!" messbar und lenkt die Aufmerksamkeit gleich auf das Wesentliche. Experimente dazu zeigen: Die Leistung bei positiv formulierten Zielen ist entsprechend höher (Drach-Zahavy und Erez, 2002).

> **Übung: messbare Ziele formulieren**
>
> Diese **Fragen** machen ein Ziel messbar:
>
> - Ist das Ziel positiv formuliert?
> - Wie kann ich das Ziel bzw. einzelne Teilaspekte davon genau messen?
> - Ist eine Messung auf dem Weg zum Ziel möglich, die idealerweise Rückmeldung über die Annäherung zum Zielzustand gibt? Wie kann ich Fortschritt spüren, erleben?
> - Wie sieht der konkrete Plan mit Zwischenschritten aus, um das Ziel zu erreichen?

8.7 Attraktive und akzeptierte Ziele formulieren

SMART-Ziele sind **attraktiv und akzeptiert**. Idealerweise haben wir eine attraktive Lebensvision (Kap. 6), aus der sich die SMART-Ziele ableiten und begründen. Entscheidend dafür, dass unsere Ziele akzeptiert sind, ist, dass diese nicht unseren inneren Werten entgegenstehen. Das Ziel „Wir werden reich, indem wir alten Menschen ihre Immobilien 30 % unter Marktwert abkaufen!" wird bei vielen Personen inneren Werten widersprechen und sie demotivieren.

Dabei geht es gar nicht so sehr um die objektive Bedeutung eines Ziels. Je bedeutsamer wir eine Aufgabe subjektiv erleben, desto motivierter sind wir (May, Gilson und Harter, 2004). Je attraktiver ein Verhalten und die daraus folgenden Ergebnisse sind, desto eher führen wir das Verhalten aus.

Und nicht nur die einzelne Person entscheidet über die Attraktivität eines Ziels – zusätzlich spielt es eine große Rolle, ob ein Ziel bei den anderen Menschen im Umfeld **sozial akzeptiert** ist (Ajzen, 1987; Ajzen, 1991). Wenn unsere Familie, unsere Freunde oder Kollegen ein Ziel oder das zugehörige Verhalten ablehnen, dann wird es schwer. Ein persönlich für uns noch so attraktives Ziel scheitert dann daran, dass andere es blockieren. Es gilt daher, andere demokratisch einzubeziehen, ein gemeinsames attraktives Ziel zu definieren und die Richtung zu „verkaufen".

Auch für Führungskräfte oder Eltern wird es schwer, wenn Mitarbeiter oder Kinder Ziele ablehnen. In westlichen Kulturkreisen ist daher insbesondere eine **Einbindung** der Mitarbeiter bei der Zielsetzung und bei Entscheidungen wichtig. Das findet im Alltag bei Entscheidungen zu Arbeitsabläufen, Meetings oder in Zielvereinbarungsgesprächen statt. In anderen Kulturen sind oft auch fremdbestimmte Ziele gut akzeptiert – etwa in China (Ma und Becker, 2015).

Wenn wir als Führungskraft oder Elternteil dennoch mal ein Ziel autoritär vorgeben wollen, ohne die Betroffenen einzubeziehen, dann hilft ein **Tell-and-sell-Ansatz** (Latham, Erez und Locke, 1988). Wir nennen dann sehr überzeugende Gründe für das Ziel, „verkaufen" dieses.

> **Übung: attraktive Ziele formulieren**
>
> Folgende **Fragen** führen zu attraktiven Zielen:
>
> - Was erreiche ich mit diesem Ziel, warum ist es bedeutsam?
> - Warum ist das Ziel für andere wichtige Personen bedeutsam, warum sollten sie es unterstützen?
> - Wie macht das Ziel mein (und unser) Leben besser?
> - Warum kann ich stolz auf meinen Erfolg bei diesem Ziel sein? Warum kann mein soziales Umfeld stolz sein?
> - Welche weiteren positiven Konsequenzen (Anreize) hängen mit dem Ziel zusammen, welche Chancen eröffnet das Ziel – auch für andere Menschen?
> - Gibt es Nachteile und negative Konsequenzen, die das Ziel unattraktiv machen? Wie lassen sich diese Nachteile abstellen oder reduzieren?

8.8 Realistische Ziele formulieren

Optimismus (Kap. 2) hat viele Vorteile im Leben. Er wird allerdings zum Problem, wenn er übertrieben ist. Blinder Optimismus ist weit verbreitet (Weinstein, 1980). Menschen gehen dann unverhältnismäßig große Risiken ein in Management (Hmieleski und Baron, 2009), Investment oder Glücksspiel (Gibson und Sanbonmatsu, 2004) – und verlieren. Zudem führt ein Scheitern bei Zielen zu einem Gefühl der **Hilflosigkeit** und demotiviert.

Daher ist das Setzen anspruchsvoller, aber **realistischer Ziele** ein wichtiges Element der SMART-Methode. Hierbei ist wichtig, dass wir uns ein Verhalten auch zutrauen und als nicht zu schwierig wahrnehmen (Ajzen, 1987; Ajzen, 1991). Dafür ist neben der **objektiven Schwierigkeit** einer Aufgabe vor allem die Psychologie wichtig. Unsere Selbstwirksamkeit (Kap. 4), das Gefühl, dass wir einer Aufgabe gewachsen sind, entscheidet (Latham und Locke, 2007).

Wir wachsen mit unseren Zielen. Doch gerade deshalb gilt oft: Lieber starten wir zunächst mit einem eher leichten Ziel, das wir erreichen, das uns durch Erfolg motiviert – als dass wir mit einem zu extremen Ziel scheitern und damit negative Auswirkungen auf unsere Motivation haben. Nach dem Erfolg setzen wir uns dann als Nächstes ein anspruchsvolleres Ziel, gehen auf eine höhere „Treppenstufe". So verlassen wir unsere Komfortzone (Kap. 10) und wachsen systematisch mit unseren Zielen: setzen, erreichen, wachsen, anspruchsvoller setzen, erreichen, wachsen usw.

> **Übung: realistische Ziele formulieren**
>
> Das sind die entscheidenden **Fragen** für realistische Ziele:
>
> - Ist das Ziel objektiv anspruchsvoll, aber realistisch?
> - Verlasse ich mit dem Ziel meine Komfortzone, ohne mich jedoch zu überfordern?
> - Habe ich bzw. die ausführende Person (oder Gruppe) die nötige Selbstwirksamkeitserwartung (Kap. 4)?
> - Was ist ein gutes Einstiegsziel, mit dem ich starte, um Selbstvertrauen aufzubauen und meine Kompetenzen zu trainieren? Was wird dann das nächste, anspruchsvollere Ziel sein?

8.9 Ziele mit Terminen formulieren

Was nutzt ein Ziel ohne einen konkreten Zeitpunkt? Das Ziel „Ich erreiche jetzt alles in allem 120.000 Euro Einnahmen im Jahr. Das will ich auf 200.000 Euro steigern" ist so nicht optimal. Es fehlt ein verbindlicher Zeitpunkt, zu dem das Ziel erreicht ist. Soll das in 20 Jahren so sein oder schon in fünf? **Terminierte Ziele** bieten daher Vorteile. Wir sollten also einen Endzeitpunkt und idealerweise auch klare Zwischenziele festlegen. Beispiel: „Ich generiere jetzt alles in allem 10.000 Euro Einnahmen im Monat. Das will ich auf mehr als 20.000 Euro innerhalb der nächsten vier Jahre steigern. Das bedeutet jeden Monat 200 bis 250 Euro mehr verdienen."

Wirksame Ziele haben einen **Zeithorizont**, bis wann das Ziel und idealerweise auch Teilschritte davon als **Zwischenziele** erreicht sind.

Sollten wir die Termine eher eng und ambitioniert setzen? Ja. **Zeitdruck** wirkt auf die meisten Menschen motivierend und leistungssteigernd (Crawford, LePine und Rich, 2010). Doch wie fast überall gibt es ein Zuviel des Guten. Führungskräfte und Eltern sollten daher den Zeitdruck nicht zu extrem machen, sonst können dadurch langfristig Erschöpfung und Müdigkeit eintreten (Beckers et al., 2004; Bakker, van Emmerik und Euwema, 2006).

> **Übung: Termine für Ziele formulieren**
>
> Wichtige **Fragen** zur Terminierung von Zielen sind:
>
> - Bis wann kann und sollte unser Ziel realistisch erreicht sein?
> - Welche sinnvollen Teilschritte lassen sich abgrenzen? Bis wann sollten diese Zwischenziele (Meilensteine) jeweils erreicht sein?
> - Wie bekomme ich „sanften" Zeitdruck bei den einzelnen Schritten hin?

Trotz aller Vorteile der SMART-Methode bei der Zielsetzung: Es gibt auch Kritik und Verbesserungen.

8.10 Kritik und Weiterentwicklung der SMART-Methode

Wie hat sich der Ansatz weiterentwickelt? Psychologische Forschung hat grundlegende **Regeln für die Formulierung von Zielen** identifiziert und bestätigt (vgl. z. B. Locke, 1996). Diese Forschungsergebnisse gehen weit über die SMART-Regeln hinaus. Mit diesen Leitgedanken für Zielformulierung hat sich die SMART-Methode weiterentwickelt:

Konkret, aber nicht überreguliert. Spezifisch ist gut bei Zielen, sollte aber nicht zu sehr ins Detail gehen. Konkret bedeutet bei Zielen, dass sie den richtigen Abstraktionsgrad haben. Manche Menschen verwechseln leider konkret mit detailliert. Unsere Ziele sollten kein Micro-Management auslösen. Es gilt zu vermeiden, dass wir selbst, Mitarbeiter, Kinder, Schüler etc. gar keine Autonomie für eigene Entscheidungen mehr haben oder vor lauter Details den Blick auf das Wesentliche verlieren. Die meisten Menschen reagieren mit Demotivation auf zu viel Regulierung – und mit erhöhter Motivation auf Eigenverantwortung (vgl. Christian, Garza und Slaughter, 2011).

Repräsentativ. Ziele geben uns Richtung, Energie und Ausdauer. Schlimm, wenn das in die falsche Richtung geht. Tatsächlich fragt die SMART-Methode zu wenig danach, ob Ziele überhaupt repräsentativ oder sinnvoll sind, ob wir überhaupt die richtigen Ziele verfolgen. Was, wenn ein Professor sich nur für Veröffentlichungen interessiert, aber nicht für gute Lehre? Was, wenn ein Mann sich nur für Karriere interessiert und seine Gesundheit, Ehe, Kinder, Freunde ausblendet? Was, wenn Mitarbeiterinnen in einem Kleidungsgeschäft nur verkaufen wollen, aber niemand sich um Reklamationen, Ordnung, Aufräumen anprobierter Kleidung oder Diebstahl kümmert? Wichtig ist daher, dass Ziele repräsentativ sind. Bestehen beispielsweise nur für manche Aufgaben Ziele und für andere nicht, führt das zu einem Verschieben der Aufmerksamkeit. Der Bereich, in dem es keine konkreten Ziele gibt und in dem nicht gemessen wird, bleibt dann auf der Strecke.

Harmonisch und konfliktfrei. Idealerweise sind Ziele in einer **positiven Synergie**, sodass wir mit dem Verfolgen eines Zieles auch anderen Zielen näher kommen. Befinden sich verschiedene Ziele dagegen in einem Konfliktverhältnis, lässt häufig die Leistung bei allen diesen Zielen nach (Locke et al., 1994; Crawford, LePine und Rich, 2010). Zielkonflikte sind also unbedingt zu vermeiden. Besteht ein Zielkonflikt, dann ist zu klären, wie wir damit umgehen und welches Ziel im Zweifel Vorrang hat. Beispiele für (scheinbare) typische Zielkonflikte gibt es zuhauf: Kinder und Karriere der Eltern, schulische Bildungsziele und andere Interessen, Profit und Kundenzufriedenheit … Es gilt sich daher systematisch und ganz persönlich mit seinen Zielen zu befassen, eine Vision (Kap. 6) zu entwickeln und die Ziele in ein Gesamtsystem zu bringen, das sich zumindest nicht widerspricht. Das könnte dann individuell so aussehen: „Ich fokussiere mich jetzt stark auf die Karriere, damit ich meinen Kindern jedem ein Kinderzimmer, einen Garten und beste Bildung und Gesundheit bieten kann!" oder „Die Zufriedenheit meiner wichtigen Kunden ist für mich immer Ziel Nummer eins. So werde ich langfristig am erfolgreichsten sein als Berater." oder „Ich investiere jetzt in gute Schulnoten, damit ich dann meine anderweitigen Interessen besser in einem Studium und im Beruf ausleben kann." oder „Ich unterbreche mein Studium auf unbestimmte Zeit, um mich voll auf mein Unternehmen zu fokussieren, das sehr gut gestartet ist."

Anspruchsvoll, aber erreichbar. Studien zeigen, dass anspruchsvolle, aber erreichbare Ziele wesentlich effektiver sind als wenig ambitionierte Ziele (Latham und Locke, 2007). Naturgemäß passen Menschen ihre Anstrengungen dem Anspruchsniveau von Zielen an: Warum sollten wir uns anstrengen, wenn ein Ziel sehr einfach zu erreichen ist? Wir brauchen also ambitionierte Ziele, um zu wachsen, aus der Komfortzone zu gehen, zu lernen und uns zu entwickeln.

Anspruchsvolle Ziele signalisieren **hohe Erwartungen** an uns und andere Menschen. Das wirkt positiv auf unsere Motivation und Entwicklung. Ein Erreichen dieser Ziele fördert zudem Stolz, Anerkennung durch andere und Selbstwirksamkeit (Kap. 4).

Natürlich sollte der Anspruch je nach Person unterschiedlich hoch sein, damit er realistisch ist. Personen mit hoher Kompetenz sollten anspruchsvollere Ziele bekommen.

Doch auch anspruchsvolle Ziele sollten unbedingt erreichbar sein. Sobald Ziele das Kompetenzlimit übersteigen, sinkt unsere Motivation wieder (Locke et al., 1984). Dazu kommt dann oft Misserfolg, der uns noch weiter demotiviert.

Zur Erreichbarkeit von Zielen gehört auch, dass diese möglichst **nicht von anderen Personen abhängen**, sondern von uns selbst. Menschen wollen sehen, dass sie selbst die Ziele erreichen können und für den Erfolg verantwortlich sind.

Rückmeldung gebend. Feedback ist ein „Turbolader" für die Wirkung von Zielen. Wir brauchen möglichst zeitnah Rückmeldung zum Fortschritt und Leistungsniveau bei unseren Zielen, um die Motivation zu maximieren: Wie weit haben wir uns einem Ziel bereits angenähert? Wie gut sind wir im Vergleich mit anderen? Nähern wir uns überhaupt einem Ziel an? Feedback macht jeden Fortschritt sichtbar, was unmittelbar belohnend ist und die Leistung steigert (Stajkovic und Luthans, 2001). Diesen Idealzustand im Feedback bei unseren Zielen verdeutlicht das Rasenmähen: Wir sehen dabei in Echtzeit, wie weit wir sind, was noch vor uns liegt und welche Fehler wir gemacht haben – z. B. was wir übersehen haben oder aus Versehen abgemäht haben.

So führt allein das **Messen und Sichtbarmachen von Ergebnissen und Fortschritt** häufig dazu, dass Menschen sich selbst spontan ambitionierte Ziele stecken. Sie sehen ihre Leistung und nehmen sich vor, nächstes Mal noch besser zu sein. Beispielsweise steigt die Leistung von Mitarbeitern in Feldexperimenten um etwa 20 % – wohlgemerkt allein durch das Sichtbarmachen des Fortschritts. Bei manchen Tätigkeiten ist unser Fortschritt ohne Weiteres direkt sichtbar – etwa beim Streichen einer Wand oder Rasenmähen. Häufig ist das aber leider nicht der Fall, gerade bei komplexeren Tätigkeiten. Hier sind technische Hilfsmittel sinnvoll, um den Fortschritt anzuzeigen (am besten mit möglichst engen Updateintervallen, z. B. auf Tages- oder Wochenbasis). Das findet sich beispielsweise in Fitness-Apps gut umgesetzt, die uns genau auswerten, was wir diese Stunde, diesen Tag, diese Woche, diesen Monat erreicht haben. Auch To-do-Listen können ein Ansatz sein, der Fortschritt für uns sichtbar macht und uns motiviert: Was habe ich heute schon umgesetzt, was steht noch an?

Weiter geht es mit einer Frage an den Autor.

Frage an den Autor: Wie kann ich mit SMART-Zielen starten?
Ich will wirksame Ziele für mich einsetzen. Wie fange ich an?
   Ziele können unser Leben verändern. Nicht in erster Linie, weil wir sie erreichen, sondern weil sie uns motivieren, Richtung geben, wir mit ihnen lernen und an ihnen wachsen. Gerade wenn wir an unseren Zielen scheitern, sind wir vielleicht dennoch enorm gewachsen, haben besonders viel gelernt. Deshalb ist meine Überzeugung: **Es ist wichtiger, Ziele zu haben, als Ziele zu erreichen.** Insofern gut, dass Du Dich damit beschäftigst.
   Du willst schnell mit den richtigen SMART-Zielen starten und vorankommen? Dann fokussiere Dich auf die zentralen Bereiche in Deinem Leben. Stelle Dir bei jedem Bereich genau eine Frage: Was ist hier die **eine wichtigste Sache**, die ich **nächste Woche** tun kann und tun will, um mein Leben zu verbessern? Stelle Dir diese Frage z. B. für diese Bereiche:

- Gesundheit
- Glück, Wohlbefinden und Emotionen
- Partnerschaft bzw. Ehe
- Kinder
- Eltern
- Karriere
- geistige Entwicklung, Lernen, Kompetenzen
- Vermögen und Geld
- sozialer Status
- …

Investiere dafür mehrere Stunden Zeit. Forme aus Deinen Antworten Ziele nach der SMART-Formel. Suche Dir mindestens zwei aus Deinen Zielen aus und setze diese schon nächste Woche um. Gehe nicht zu viele Ziele auf einmal an. Es ist wichtiger, konsequent dranzubleiben als einen kurzfristigen „Sprint" oder „Kraftakt" hinzulegen.

Du hast angefangen? Höre dann nie auf mit diesem Weg, bleibe dran. Das wird Dein Leben revolutionieren. Denn so wirst Du immer weniger Zeit zum Nachdenken über Ziele brauchen und hast eine gute „Pipeline" mit immer neuen Zielen auf Vorrat, die Du in jede neue Woche einbringen kannst. Bei einigen dieser Ziele macht es Sinn, wenn Du diese als Gewohnheit in die nächsten Wochen mitnimmst und zusätzliche Ziele ergänzt.

Je nach Lebensphase habe ich selbst hier ganz unterschiedliche Dinge priorisiert. Es ist übrigens auch interessant, wenn Du aus einer der Kategorien nie ein Ziel aufgreifst. Das sagt auch etwas aus – zum Beispiel, wenn es Dir nie wichtig ist, ein Ziel aus dem Bereich Partnerschaft aufzugreifen oder aus dem Bereich Gesundheit. Wenn Du ein Thema konsequent ignorierst, dann bedenke: Irgendwann wird das Thema dann auf Dich zukommen – und in der Regel nicht so, wie Du es Dir gewünscht hättest.

Mit dieser Übung lernst Du Dich und Deine Bedürfnisse immer besser kennen – aber auch Deine blinden Flecken oder Ängste, bestimmte Themen anzugehen. Du bekommst mit dieser Übung über die Wochen eine sehr klare Antwort auf die Frage: Wer bin ich, was ist mir wirklich wichtig im Leben? Das hilft Dir, Deine Lebensvisionen anzupassen – und zu überarbeiten. Wo möchtest Du im Leben hin, was gibt Dir wirklich Sinn, wer willst Du sein?

Nach dieser Übung will ich auch ein paar kritische Gedanken hinzufügen. Ja, spezifische, messbare Ziele haben ihre Stärken. Das hat dieses Kapitel deutlich gezeigt. Dennoch gibt es **Risiken**. Vor diesen Fallstricken solltest Du Dich schützen:

Erster Fallstrick: **Fleiß ohne Richtung**. Manche Menschen sind unglaublich aktiv – aber wenig effektiv. Selbst perfekt gestaltete Ziele nutzen Dir nichts, wenn Du nicht eine übergeordnete Vision (Kap. 6) hast, einen Sinn dahinter, einen Kompass, der Dir Richtung gibt. Du kämpfst ansonsten nur sehr effektiv und diszipliniert für fremde Ziele. Ja, Du bewegst Dich ggf. sogar in die „falsche" Richtung – und das auch noch sehr schnell und hoch motiviert. Du vergeudest dann Deine Zeit, Deinen Fokus, Deine Aufmerksamkeit und Disziplin. Wenn Du allerdings langfristige Visionen für wichtige Lebensbereiche hast, wohin Du wirklich willst mit Karriere, Gesundheit, Wohlstand, Wissen und Deinen sozialen Beziehungen – dann sind SMART-Ziele ein sehr effektives Werkzeug für Dich. Sie helfen Dir, Deine Träume in die Realität zu bringen. Sie sorgen für die nötige Organisation und Disziplin auf dem Weg zu Deinen Visionen.

Nochmal: Ohne eigene Vision sind alle Ziele leer und rein oberflächlich. Sobald eine Vision da ist, fallen Dir auch automatisch Wege und Ziele ein und auf. Dein ganzes Denken wird darauf ausgerichtet. Die SMART-Regeln helfen Dir dann weiter auf diesem Weg.

Zweiter Fallstrick: **Demotivation durch zwanghafte Disziplin und Kurzzeitdenken.** SMART-Ziele kann man mit viel Disziplin immer anspruchsvoller machen und mit eisernem Willen verfolgen, ja erzwingen. Wir gewinnen damit dann einen Sprint zu einem ambitionierten Tagesziel oder Wochenziel. Vielleicht motiviert es uns auch zu sehen, dass wir Erfolg haben, vorankommen – etwa beim Sport oder beim Schreiben eines Buches.

Was mir persönlich aber viel wichtiger ist, als unbedingt ein Ziel sofort zu erzwingen: Ich will noch Lust darauf haben, am nächsten Tag weiterzumachen. Erfolg, egal wo, ist meistens ein Marathon, kein Sprint. Deswegen möchte ich meine Motivation unbedingt behalten, kreativ bleiben. Dafür ist mir wichtig: **Aufhören so lange etwas noch Spaß macht!** Wenn ich an einem Buch schreibe, bis es keinen Spaß mehr macht, dann will ich am nächsten Tag nicht wieder damit anfangen. Das ist schade. Lieber erreiche ich ein bestimmtes Ziel also mal nicht sofort, als meine Freude auf dem Weg zu einer Vision zu zerstören. So handhabe ich das ganz privat. Ich bleibe entspannt, wenn ich ein Ziel mal nicht so schnell oder so umfänglich wie geplant erreiche. Das gehört zum Leben, jeder weiß das. Vieles kann man schwer einplanen, es gibt Unvorhergesehenes, und es ist mir wichtiger, Motivation, Kreativität und Leidenschaft zu behalten, als einen brutalen „Sprint" zu einem tollen Tagesziel zu erzwingen. Ich schaue auf den „Marathon", die Vision hinter meinen SMART-Zielen.

Presse also nie so viel aus Dir heraus, dass Du Deinen Weg nicht weiter gehen willst oder sogar nicht mehr gehen kannst. Konzentriere Dich auf den Marathon, nicht auf den Sprint. Beschütze immer Deine Freude und Leidenschaft. Opfere sie nicht für kurzfristige Tageserfolge.

Dritter Fallstrick: **Zu starker Fokus auf Hartes, Messbares.** Ich persönlich achte drauf, wie ich Dinge, die mir wichtig sind, messbar machen kann. Dennoch sollten wir uns immer im Klaren sein: Es gibt Dinge, die sind wichtig, die können wir als Privatpersonen ohne wissenschaftliche Instrumente nicht oder nur sehr schwer messen. Dazu gehören beispielsweise Emotionen, Glück oder gute Beziehungen. Dennoch können wir solche Dinge wahrnehmen, fühlen, spüren. Dass wir etwas Wichtiges nicht messen können, sollte also auf keinen Fall dazu führen, dass wir uns nicht darum kümmern, es vergessen, nicht verbessern.

Eine persönliche Erfahrung und Meinung: Viele Forschungsergebnisse sagen, dass positiv formulierte Ziele wirksamer sind. Zumindest privat habe ich allerdings auch sehr **gute Erfahrungen mit negativ formulierten Zielen** gemacht. Und zwar immer dann, wenn ich mit einem konkreten Verhalten aufhören will. Das sieht dann zum Beispiel so aus:

> - „Diese Woche schaue ich keine Videos und spiele nicht Computer, solange es nicht Nacht ist."
> - „Diese Woche höre ich damit auf, Alkohol zu trinken, wenn ich nicht mit Freunden zusammen bin."
>
> Immer wenn es darum geht, mit etwas aufzuhören, sind Regeln wie die Zehn Gebote nach dem Motto „Du sollst nicht ..." bei mir zumindest sehr wirksam. Jeder Mensch ist anders – auch psychologisch. Insofern: Teste Dich, experimentiere mit Dir. Vielleicht funktionieren negativ formulierte Ziele, Regeln und Gebote auch bei Dir gut, wenn Du ein bestimmtes Verhalten reduzieren willst?

Weiter geht es mit einer Übung für SMART-Ziele bei der Mitarbeiterführung.

8.11 Beispiel: SMART-Ziele bei der Führung

SMART-Ziele sind nicht nur für unseren eigenen persönlichen Erfolg bedeutsam. Die SMART-Methode gibt uns einen mächtigen Ansatz, mit dem wir wirksame Ziele für Mitarbeiter und Kinder formulieren können. Mit der folgenden Übung können Führungskräfte und Mitarbeiter gemeinsam motivierende Ziele nach der SMART-Methode formulieren.

> **Übung: wirksame Ziele für Mitarbeiter gestalten**
>
> Wie können Führungskräfte psychologisch optimierte Ziele mit Mitarbeitern vereinbaren oder setzen (vgl. dazu Comelli und v. Rosenstiel, 2009)? Diese Regeln machen Ziele für Mitarbeiter wirksam:
>
> - Verschaffe Dir **Überblick**. Was sind die wirklich zentralen Ziele für einen Mitarbeiter, ein Team oder bei einer Aufgabe? Sind diese Ziele **repräsentativ** für die Aufgaben und decken diese gut ab – bestehen wesentliche Lücken?
> - **Reduziere** die Menge an Zielen auf den entscheidenden Kern zurück. Stelle Dir immer wieder die Frage: Was passiert wirklich Schlimmes, wenn es dieses Ziel nicht gibt? Manchmal werden bestimmte Ziele und Verhaltensweisen auch aus Gewohnheit mitgeschleppt, waren früher einmal sinnvoll und haben längst ihren Zweck verloren. Es lohnt sich also, regelmäßig zu fragen: Warum haben wir eigentlich dieses Ziel, warum muss dieser Prozess so eingehalten werden?
> - Mache die Ziele **konkret**. Sind die Ziele ausreichend konkret und positiv formuliert? Ist die Formulierung der Ziele so, dass diese **messbar** sind? So ist klar, wann diese erreicht werden, und damit ist Transparenz möglich.
> - Sorge für **Anspruch**. Achte darauf, dass Ziele je nach Kompetenz Deiner Mitarbeiter anspruchsvoll, aber realistisch sind. Können die Mitarbeiter die

Ziele überhaupt selbstständig erreichen, hängen die Ziele zentral von deren Verhalten ab? Mitarbeiter erleben anspruchsvolle Ziele als Vertrauensbeweis und sehen, dass Du als Führungskraft an sie glaubst.
- Verhindere **Micro-Management**. Sind diese Ziele wirklich übergeordnet und lassen Mitarbeitern genug Freiraum für eigene Entscheidungen auf dem Weg zu diesen Zielen – oder regulieren die Ziele zu sehr im Detail, was Mitarbeiter sehr gut selbst entscheiden können und wollen?
- Schaffe **Synergie**. Wie lassen sich die Ziele möglichst konfliktfrei und **harmonisch** formulieren? Das gilt für den einzelnen Mitarbeiter selbst, zwischen einzelnen Mitarbeitern, bei Teams, aber auch bei ganzen Abteilungen und Bereichen des Unternehmens. Wo keine Harmonie möglich ist: Welche Ziele haben im Zweifel Priorität?
- Achte auf **Akzeptanz**. Haben die Mitarbeiter ausreichend Möglichkeiten, sich bei der Zielsetzung einzubringen, damit sie diese als eigene Ziele erleben und nicht als von außen diktiert? Decken sich die Ziele mit dem Selbstbild und den Werten der Mitarbeiter? Sind die Ziele bei den Mitarbeitern und deren sozialem Umfeld akzeptiert? Sind es Ziele bei langweiligen Aufgaben oder bieten die Aufgaben wirklich ein Wachstumserleben für die Mitarbeiter?
- „**Verkaufe**" die Ziele. Verlasse Dich nie darauf, dass Mitarbeiter automatisch verstehen, warum ein Ziel wichtig ist. Formuliere die Ziele so, dass auch Deine Mitarbeiter erkennen, dass diese bedeutsam sind. Begründe die übergeordnete **Bedeutung** der Ziele.
- Stelle **Feedback** her. Wo und an welchen Stellen kann Rückmeldung zum Fortschritt bei den Zielen erfolgen? Lassen sich die Aufgaben so gestalten, dass diese von allein Rückmeldung geben?

Auch Eltern können ganz ähnlich vorgehen, wenn sie Ziele für Kinder formulieren.

Eine Vision und konkrete Ziele sind gut – viele Menschen leiden aber darunter, dass sie ihre Komfortzone nicht verlassen, ihre Ziele nicht umsetzen und vor sich herschieben. Sie prokrastinieren. Das nächste Kapitel zeigt, wie wir Prokrastination überwinden.

Literatur

Ajzen, I. (1987). Attitudes, traits, and actions: Dispositional prediction of behavior in personality and social psychology. In L. Berkowitz (Hrsg.), *Advances in experimental social psychology* (Bd. 20, S. 1–63). Academic Press.
Ajzen, I. (1991). The theory of planned behavior. *Organizational Behavior and Human Decision Processes, 50*, 179–211.

Bakker, A. B., van Emmerik, H., & Euwema, M. C. (2006). Crossover of burnout and engagement in work teams. *Work & Occupations, 33,* 464–489.

Beckers, D. G. J., van der Linden, D., Schmulders, P. G. W., Kompier, M. A. J., van Veldhofen, M. J. P., & van Yperen, N. W. (2004). Working overtime hours: Relations with fatigue, work motivation, and the quality of work. *Journal of Occupational and Environmental Medicine, 46,* 1282–1289.

Christian, M. S., Garza, A. S., & Slaughter, J. E. (2011). Work engagement: A quantitative review and test of its relations with task and contextual performance. *Personnel Psychology, 64*(1), 89–136.

Comelli, G., & Rosenstiel, L. v. (2009). *Führung durch Motivation: Mitarbeiter für Unternehmensziele gewinnen* (4. Aufl.). Vahlen.

Crawford, E. R., LePine, J. A., & Rich, B. A. (2010). Linking job demands and resources to employee engagement and burnout: A theoretical extension and meta-analytic test. *Journal of Applied Psychology, 95,* 834–848.

Doran, G. T. (1981). There's a S.M.A.R.T. way to write management's goals and objectives. *Management Review., 70*(11), 35–36.

Drach-Zahavy, A., & Erez, M. (2002). Challenge versus threat effects on the goal–performance relationship. *Organizational Behavior and Human Decision Processes, 88*(2), 667–682.

Fredrix, M., McSharry, J., Flannery, C., Dinneen, S., & Byrne, M. (2018). Goal-setting in diabetes self-management: A systematic review and meta-analysis examining content and effectiveness of goal-setting interventions. *Psychology & Health, 33*(8), 955–977.

Gibson, B., & Sanbonmatsu, D. (2004). Optimism, pessimism, and gambling: The downside of optimism. *Personality and Social Psychology Bulletin, 30,* 149–160.

Hmieleski, K. M., & Baron, R. A. (2009). Entrepreneurs' optimism and new venture performance: A social cognitive perspective. *Academy of Management Journal, 52*(3), 473–488.

Kleingeld, A., van Mierlo, H., & Arends, L. (2011). The effect of goal setting on group performance: A meta-analysis. *Journal of Applied Psychology, 96*(6), 1289–1304.

Latham, G. P. (2011). Motivate employee performance through goal setting. In E. Locke (Hrsg.), *Handbook of principles of organizational behavior: Indispensable knowledge for evidence-based management* (S. 161–178). Wiley.

Latham, G. P., & Locke, E. A. (2007). New developments in and directions for goal-setting research. *European Psychologist, 12*(4), 290–300.

Latham, G. P., Erez, M., & Locke, E. A. (1988). Resolving scientific disputes by the joint design of crucial experiments by the antagonists: Application to the Erez–Latham dispute regarding participation in goal setting. *Journal of Applied Psychology, 73*(4), 753–772.

Locke, E. A. (1996). Motivation through conscious goal setting. *Applied and Preventive Psychology, 5*(2), 117–124.

Locke, E. A., Frederick, E., Buckner, E., & Bobko, P. (1984). Effect of previously assigned goals on self-set goals and performance. *Journal of Applied Psychology, 69*(4), 694–699.

Locke, E. A., Smith, K. G., Erez, M. E., & Chah, D-Ok & Shaffer, A. (1994). The effects of intra-individual goal conflict on performance. *Journal of Management, 20*, 67–91.

Ma, X., & Becker, F. (2015). *Business-Kultur in China – China-Expertise in Werten, Kultur und Kommunikation.* Springer.

May, D. R., Gilson, R. L., & Harter, L. M. (2004). The psychological conditions of meaningfulness, safety and availability and the engagement of the human spirit at work. *Journal of Occupational and Organizational Psychology, 77*(1), 11–37.

McEwan, D., Harden, S. M., Zumbo, B. D., Sylvester, B. D., Kaulius, M., Ruissen, G. R., & Beauchamp, M. R. (2016). The effectiveness of multi-component goal setting interventions for changing physical activity behaviour: A systematic review and meta-analysis. *Health Psychology Review, 10*(1), 67–88.

Moeller, A. J., Theiler, J. M., & Wu, C. (2012). Goal setting and student achievement: A longitudinal study. *The Modern Language Journal, 96*(2), 153–169.

Shoaib, F., & Kohli, N. (2017). Employee engagement and goal setting theory. *Indian Journal of Health & Wellbeing, 8*(8), 877–880.

Stajkovic, A. D., & Luthans, F. (2001). Differential effects of incentive motivators on work performance. *Academy of Management Journal, 44*(3), 580–590.

Steers, R. M., & Porter, L. W. (1974). The role of task-goal attributes in employee performance. *Psychological Bulletin, 81*(7), 434–452.

Tabaei-Aghdaei, Z., McColl-Kennedy, J. R., & Coote, L. V. (2022). Goal setting and health-related outcomes in chronic diseases: A systematic review and meta-analysis of the literature from 2000 to 2020. *Medical Care Research and Review,* 1–20.

Weinstein, N. D. (1980). Unrealistic optimism about future life events. *Journal of Personality and Social Psychology, 39*, 806–820.

Zetik, D. C., & Stuhlmacher, A. F. (2002). Goal setting and negotiation performance: A meta-analysis. *Group Processes & Intergroup Relations, 5*(1), 35–52.

9

Prokrastination überwinden

„Was du heute kannst besorgen, das verschiebe nicht auf morgen!" Schön wär's. Wir alle schieben ungeliebte Tätigkeiten hinaus, die wir nicht genießen – obwohl wir die negativen Konsequenzen kennen. Das Phänomen heißt in der Psychologie **Prokrastination** und hat viele umgangssprachliche Bezeichnungen wie Aufschieberitis und Bummelei, wird oft auch als Faulheit oder Strukturlosigkeit abgetan. Bei einigen Menschen entwickelt sich diese verbreitete Neigung zum ernsten Problem, zu einem festen Verhaltensmuster, gefährdet ihre Handlungsfähigkeit im Leben. Aber auch für alle anderen, die nicht so massiv betroffen sind, bietet dieses Kapitel wertvolle Impulse. Es beantwortet zentrale Fragen: Wie entsteht **Prokrastination**? Und wie kann ich **Prokrastination überwinden**? Es zeigt die **Merkmale** und **Definition von Prokrastination**, klärt, ob krankhaftes Aufschieben wirklich eine Krankheit ist, zeigt die **Ursachen**, liefert **Beispiele** und **Tipps**. Zudem geht es darum, ob Präkrastination, also das zwanghafte sofortige Erledigen von Aufgaben, wirklich besser ist – oder sogar noch gefährlicher.

> **Risiko: Das passiert durch Prokrastination**
>
> Wer prokrastiniert, tut nicht, was zu tun ist. Wichtige Dinge werden in die Zukunft geschoben, gar nicht oder zu spät erledigt. Dadurch verfehlen wir unsere Ziele in Bildung, Gesundheit und Beruf und versäumen unser Leben. Stattdessen füllen wir unser Leben mit Ablenkung. So betäuben wir das ungute Gefühl, „etwas tun zu müssen". Das hat Folgen für uns: Als Ergebnis leisten wir weniger, sind weniger erfolgreich, ärmer und weniger beliebt bei anderen

> Menschen. Irgendwann liegen wir im Sterben – und haben nichts von all dem getan, das wir tun wollten, von dem wir wussten, dass es wichtig ist. Dafür haben wir uns mit Nebensächlichkeiten betäubt. Wir haben am Leben vorbei gelebt.

9.1 Was ist Prokrastination? Definition

Das lateinische Wort „procrastinatio" bedeutet Aufschub und Vertagung. Das definiert Prokrastination bereits ganz gut, doch es ist mehr dahinter. Beginnen wir mit einer einfachen Definition: Prokrastinieren bedeutet **nicht zu tun, was zu tun ist**. Eine bildliche Beschreibung ist ein Schütze, der immer wieder absichtlich neben das Ziel schießt, das er eigentlich treffen möchte, auf nebensächliche Ziele anlegt. Eine **wissenschaftliche Definition der Prokrastination** lautet (z. B. Prem et al., 2018; Rozental und Carlbring, 2014):

Definition: Prokrastination

Prokrastination ist das irrationale Verzögern und Unterlassen von beabsichtigten Handlungen ohne Rücksicht auf die zu erwartenden negativen Konsequenzen, die daraus entstehen.

Die Psychologie definiert Prokrastinieren als **„irrationale"** Entscheidung gegen eine Handlung ohne Rücksicht auf negative Konsequenzen. Es geht also um das **scheinbar grundlose Unterlassen wichtiger und beabsichtigter Tätigkeiten** und das Erleiden der daraus folgenden negativen Konsequenzen.

Das klärt auch, **was Prokrastination nicht ist**: ein Herauszögern einer Tätigkeit, bei der es gute Gründe gibt, diese nicht umzusetzen oder bei der bei Nichtumsetzung keine negativen Konsequenzen und entgangene Chancen drohen. Wer also eine nervige E-Mail nicht gleich beantwortet, sondern wichtige Prioritäten setzt und sich darauf fokussiert, der prokrastiniert nicht. Auch sinnvolle Erholungspausen und ein überlegtes Angehen von Tätigkeiten haben nichts mit dem Phänomen zu tun. Oft wird man darüber hinaus zwischen verschiedenen sinnvollen Tätigkeiten die beste auswählen müssen und diese zuerst erledigen. All das ist kein Prokrastinieren, sondern effizientes Arbeiten mit klaren Prioritäten.

Beispiele für Prokrastination

Typische **Symptome** und **Beispiele** der **Prokrastination** sind:

1. Unterlassen des pünktlichen **Beginnens** mit einer Handlung
2. Scheitern beim kontinuierlichen und **strukturierten Arbeiten** an einer Handlung
3. Ignorieren von **Fristen**: Abschließen einer Handlung kurz vor der Deadline, nach einer Deadline oder niemals
4. Fokus auf **nebensächliche Aktivitäten** oft mit unmittelbarer Belohnung (z. B. Aufräumen der Wohnung)
5. Flucht- und **Vermeidungsverhalten** in Bezug auf wichtige Handlungen (z. B. Ablenkung, Verstecken von Hinweisen und Material)

Fazit: Prokrastinieren definiert sich nicht als „weises Unterlassen", sondern als grundloses Hinauszögern wichtiger beabsichtigter Tätigkeiten ohne Rücksicht auf die negativen Konsequenzen. Prokrastinierer wählen und bevorzugen scheinbar unwichtige Tätigkeiten auf Kosten der wesentlichen und zentralen Tätigkeiten.

9.2 Beispiele für Prokrastinieren

Im gewissen Umfang zeigt **jeder Mensch** Verhalten, das sich als Prokrastination definieren lässt. Wir alle ertappen uns hin und wieder, wie wir uns ewig mit Nebensächlichkeiten ablenken, anstelle die wichtigen und zentralen Aufgaben voranzutreiben. Stichworte dazu sind soziale Medien, Fernsehen, Aktienkurse und E-Mails checken, Computerspiele, Tagträumen und übermäßiges Schlafen ... Kurz, wir prokrastinieren. Der Infokasten zeigt Beispiele von Prokrastination bei berühmten Personen.

Beispiele: Prokrastination beim Schreiben

Studierende kennen das: Eine Hausarbeit oder Bachelorarbeit steht an – doch man beginnt einfach nicht damit. Was viele nicht wissen: Das geht auch absoluten Profis so, Top-Autoren. Doch diese haben meist Wege gefunden, damit umzugehen. Ein paar Beispiele:

- Victor Hugo, der französische Schriftsteller unter anderem von „Der Glöckner von Notre-Dame" war offenbar party- und sexsüchtig. Um sich zum unabgelenkten Schreiben zu zwingen, wählte er eine exzentrische, aber effektive Methode: Er zog sich in ein Zimmer zurück, entkleidete sich splitternackt bis auf einen Schal und übergab alle Kleider an Bedienstete. Diese

> durften ihm seine Kleider erst wieder aushändigen, wenn er ein Kapitel fertiggestellt hatte.
> - Douglas Adams ist Autor von beispielsweise „Per Anhalter durch die Galaxis". Er wurde angeblich mit seinem Einverständnis vom Verlag zum Schreiben wochenlang in ein Hotelzimmer „gesperrt" mit jemandem im Raum nebenan – zur Überwachung. In seinem Zimmer waren nur er und ein Schreibgerät. Ihm wird das Zitat zugeordnet: „Ich mag Deadlines. Ich liebe das Woosh-Geräusch, wenn sie vorbeiziehen."
> - Demosthenes gilt als einer der besten Redner des antiken Griechenlands. Weniger zum Schreiben, sondern zum Vorbereiten und Üben von Reden wählte auch er eine unkonventionelle Methode. Er zog sich in einen isolierten Raum zurück und verunstaltete seine Frisur, indem er Teile der Kopfhaut rasierte. Derart entstellt, sah er sich gezwungen, abzuwarten, bis seine Haare nachgewachsen waren, bevor er sich wieder mit anderen Menschen umgeben konnte. So abgeschottet, konnte er sich voll auf die Vorbereitung seiner Reden konzentrieren.

Prokrastination betrifft also alle Menschen – doch einige haben gelernt, erfolgreich damit umzugehen. Was sagt die Forschung zu Prokrastination?

9.3 Wichtige Merkmale von Prokrastination

Wie verbreitet ist Prokrastinieren? Welche messbaren Auswirkungen hat die Aufschieberitis? Bessert sich „krankhafte" Bummelei von allein? Hier ein paar **Merkmale von Prokrastination**:

- **Verbreitung.** Die meisten Menschen prokrastinieren regelmäßig. Jeder fünfte Erwachsene gibt an, sogar chronischer Prokrastinierer zu sein (Harriott und Ferrari, 1996). 50 % der Studierenden berichten Stress und Schwierigkeiten bei Studienerfolg durch Prokrastinieren (Day, Mensink und O'Sullivan, 2000). Daher gehört zu den Merkmalen des Prokrastinierens eine starke Verbreitung.
- **Konsequenzen.** Betroffene beschreiben das Verhalten als schlecht und schädlich, leiden darunter (Tice und Baumeister, 1997), würden es gern ablegen. Sie leiden unter Schuldgefühlen, Stress und sorgen sich. Studien zeigen passend dazu, dass Menschen, die prokrastinieren, weniger erfolgreich sind und weniger leisten als andere Personen (z. B. Steel, Brothen und Wambach, 2001). Zudem sind sie eher Single und verdienen weniger (Beutel et al., 2016).
- **Stabilität.** Dazu kommt als wichtiges Merkmal von Prokrastination, dass diese nicht nur ein momentanes Verhalten ist, sondern offenbar eine

stabile Eigenschaft. Auch die Genetik spielt eine Rolle: Beim Prokrastinieren sind etwas über 20 % der Ausprägung angeboren (Arvey et al., 2003).
- **Selbst keine Krankheit.** Ist Prokrastination Krankheit? Prokrastination ist bei vielen psychischen Störungen eine Facette. Es bestehen Verbindungen zu Depression, ADHS und auch zu übertriebenem, lähmendem Nachdenken (Overthinking). Selbst ist Prokrastination in der Psychologie (DSM) und Medizin (ICD) bisher nicht als eigenständige psychische Erkrankung geführt.

Fazit: Prokrastination ist extrem verbreitet, die betroffenen Personen leiden darunter und erfahren objektive Nachteile. Konsequenzen und Auswirkungen der Prokrastination können dann letztlich das Scheitern in Schule, Studium, Beruf, Partnerschaft, Gesundheit und persönlicher finanzieller Situation sein. Dazu kommen mehr Stress, soziale Verwerfungen und ein schlechtes Image im sozialen Umfeld. Es gibt Verbindungen zu psychischen Erkrankungen. Die Wahrscheinlichkeit, dass das Problem von allein schnell verschwindet, ist relativ gering. Das macht Prokrastination zum wichtigen Forschungs- und Handlungsfeld für Positive Psychologie (Kap. 1). Es besteht Handlungsbedarf.

9.4 Was sind Ursachen von Prokrastination?

Wichtige, aber unangenehme Aufgaben erledigen … Warum fällt es uns so schwer? Abb. 9.1 zeigt einen Überblick.

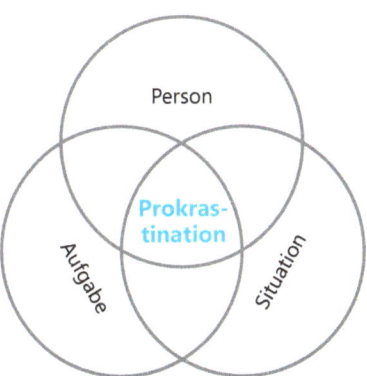

Abb. 9.1 Ursachen von Prokrastination

Die **Ursachen für Prokrastination** bilden drei Gruppen: Eigenschaften der Personen, Merkmale der Aufgaben und Kennzeichen der Situation.

9.4.1 Eigenschaften von Personen und Prokrastination

Wer ist gefährdet für Prokrastination? Menschen entwickeln sich und lernen, sich selbst zu motivieren, daher ist Prokrastination bei **jüngeren** Menschen verbreiteter (Baumeister, Heatherton und Tice, 1994; Beutel et al., 2016). Stärker betroffen sind auch Personen mit **schwacher Impulskontrolle** (Tice und Baumeister, 1997) und Menschen, die **schnell gelangweilt** sind und Abwechslung suchen. Diese geben Ablenkungen nach (Kap. 11). Dazu passt, dass es Verbindungen zu **ADHS** gibt (Altgassen, Scheres und Edel, 2019). Pessimistische Überzeugungen (Kap. 2) und **depressive Stimmung** sind ebenfalls förderlich für prokrastinierendes Verhalten (Steel, 2007).

Eher immun gegen das Prokrastinieren sind Menschen, die an ihre eigene Kompetenz glauben und selbstbewusst sind (Kap. 4). Auch gewissenhafte Individuen mit hoher Leistungsmotivation sind weniger betroffen. Zentrale Ursachen der Prokrastination finden sich also auch in der Person. An einigen können wir gut arbeiten, um sie zu verändern: etwa pessimistisches Denken reduzieren und Selbstwirksamkeit aufbauen.

9.4.2 Aufgaben als Ursache der Prokrastination

Welche Aufgaben fördern Prokrastination? Tätigkeiten, deren **Resultate weit in der Zukunft** liegen, entfalten weniger Motivation als zeitlich unmittelbar nahe Resultate (Bisin und Hyndman, 2020). Zwar ist es rational, heute Abend weniger Alkohol zu trinken, da am nächsten Morgen das Kopfweh droht, als junger Mensch Geld für das Alter auf die Seite zu legen oder als Grundschüler fleißig zu lernen, um irgendwann studieren zu können … Aber die attraktiven Resultate sind in der Zukunft – und in der Gegenwart locken andere Genüsse. Menschen, die prokrastinieren, fokussieren sich auf kleine nebensächliche Aufgaben mit sofortigem Erfolg: „Das Zimmer ist aufgeräumt, super!" oder „Ich habe ein Level im Computerspiel erfolgreich abgeschlossen!". Die langfristigen, wichtigen Aufgaben bleiben dabei auf der Strecke. Aufgaben mit langem Zeithorizont sind daher eine wichtige Ursache für Prokrastination. Diese Aufgaben werden oft zum Opfer anderer Aktivitäten, die unmittelbar belohnen.

Zudem gibt es Aufgaben, die einfach **wenig Motivationspotenzial** bieten, aversive Aufgaben. Sie sind geprägt durch wenig Abwechslung, geringe Selbstbestimmungsmöglichkeiten und fehlende unmittelbare Erfolgserlebnisse bzw. Rückmeldung. Bei diesen Aufgaben steigt die Wahrscheinlichkeit für das Prokrastinieren ebenso wie bei langweiligen Aufgaben (Ferrari und Scher, 2000). Häufig berichten Prokrastinierer von Langeweile und unangenehmen Gefühlen gegenüber einer Handlung bzw. Tätigkeit (Schraw, Wadkins und Olafson, 2007). Auch das Motivationspotenzial von Aufgaben zählt daher bei der Prokrastination zu den Ursachen.

Bei der Auswahl und Gestaltung von Aufgaben können wir sehr gut ansetzen, um Prokrastination zu überwinden. Psychologische Arbeitsgestaltung betont hier Aspekte wie Abwechslung, Sinnerleben, Rückmeldung, Zwischenziele setzen und auch Zeitdruck.

9.4.3 Merkmale der Situation und Prokrastinieren

Welche Situationen befeuern Prokrastinieren? Auch die Situation ist oft Ursache für Prokrastinieren. Ein **soziales Umfeld**, in dem **Ablenkungen** im Mittelpunkt stehen (z. B. Party und Computerspiele), das eine **geringe Leistungsorientierung** aufweist und ggf. sogar Leistung und Erfolg sanktioniert, ist hier ungünstig. Die Umwelt sollte möglichst frei von Ablenkungen und Stress sein.

Auch bei der Situation können Betroffene von übermäßiger Bummelei effektiv Verbesserungen erreichen. Quellen für Ablenkung lassen sich oft beseitigen, und unser soziales Umfeld können wir uns weitgehend selbst aussuchen.

Es folgt ein Infokasten mit Beispielen, die an diesen Ursachen für Prokrastinieren ansetzen.

Beispiele für das Vorgehen gegen Prokrastination

Die folgenden Beispiele zeigen, wie man Prokrastination überwinden kann:

1. Student: „Ich bin in eine neue WG gezogen, in der sich die Mitbewohner wirklich für ihr Studium interessieren. Die Bewohner in meiner Wohnung vorher haben sich nur für Party und das Studium von Frauen interessiert."
2. Selbstständiger: „Mein Fernseher war auf einmal an. Ich wusste meist gar nicht mehr, wie es dazu gekommen ist. Ich habe mir den größten Blödsinn angesehen. Ich habe das Gerät verschenkt. Zudem habe ich alle Computer-

spiele deinstalliert. In der gewonnenen Zeit habe ich Sport gemacht, Kunden kontaktiert und mein Geschäft entwickelt."
3. Angestellte: „Ich habe im Mitarbeitergespräch angesprochen, was mir besonders Spaß macht, mich interessiert und motiviert. Zudem hole ich mir jetzt regelmäßig Rückmeldung von Kunden, meiner Führungskraft und Kollegen zur Zusammenarbeit. Anstatt passiv zu warten, dass eine Aufgabe zu mir kommt, achte ich jetzt darauf, was sich tut, und sorge dafür, dass genau die Aufgaben zu mir kommen, die ich auch wirklich mag."
4. Führungskraft: „Ich habe immer geglaubt, ich müsste erst wirklich gut genug sein, um etwas anzugehen. Das hat mich sehr gebremst. Heute weiß ich, dass ich am schnellsten lerne, wenn ich etwas Anspruchsvolles und Herausforderndes angehe. Ich wachse mit meinem Werk. Ich fange an, bevor ich etwas perfekt kann, und lerne es dann im Prozess."

Fazit: Prokrastination ist ein **komplexes Problem mit vielen Ursachen**. Ein Ansatz nach dem Motto: „Prokrastination? Die Ursachen liegen in der Kindheit!" ist daher nicht angemessen. Das genügt nicht, um krankhaftes Aufschieben zu überwinden oder auch nur annähernd zu verstehen.

9.5 Prokrastinieren als Teufelskreis

Ein wichtiges Merkmal beim Prokrastinieren ist Zirkularität, ein sich selbst verstärkender **Teufelskreis**. Das zeigt Abb. 9.2.

Prokrastinieren ist ein oft kreislaufförmiger Prozess mit typischen Schritten:

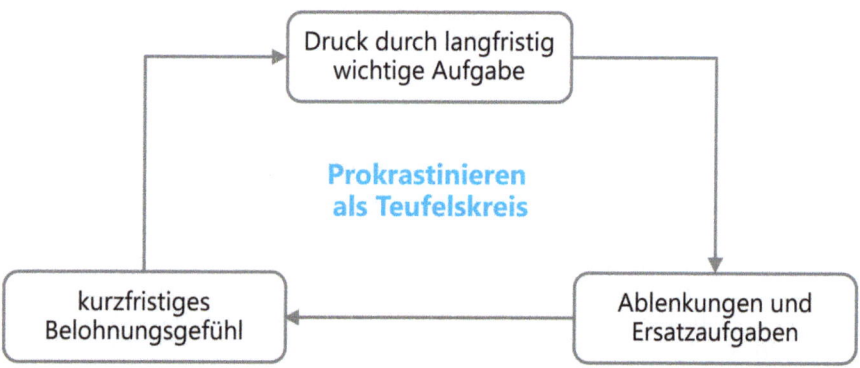

Abb. 9.2 Prokrastinieren als Teufelskreis

1. Eine langfristig wichtige, aber momentan unangenehme **Aufgabe erzeugt Druck**.
2. Um diesem Druck zu entgehen, lenkt sich eine Person ab. Zur **Ablenkung** nutzt sie nebensächliche Aktivitäten, die unmittelbar belohnend sind oder betäuben. Typische Beispiele dafür sind das Aufräumen, soziale Medien oder Computerspiele.
3. Die Person bekommt dadurch kurzfristig ein **Belohnungsgefühl**, der empfundene Druck ist betäubt, sie ist abgelenkt, hat vielleicht das (illusionäre) Gefühl, etwas geschafft zu haben. Ein neues Level auf dem Computerspiel ist erreicht, das Zimmer ist sauber. Ein Beitrag in den Social Media bekommt Likes. Das Gehirn dieser Person lernt durch das kurzfristige Belohnungsgefühl, sich dem Druck von wichtigen Aufgaben mit Ablenkung zu entziehen. Motto: „Wenn du Druck hast, poste was in den Social Media." Das ungute Verhaltensmuster festigt sich damit für die Zukunft. Eine schlechte Gewohnheit entsteht.
4. Durch die Ablenkung und das Herauszögern erzeugt jetzt allerdings die wichtige unerledigte **Aufgabe noch mehr Druck**. Es wird umso attraktiver, sich mit den gelernten Mustern (Ablenkung und Ersatzaufgaben) abzulenken und zu betäuben. Der Teufelskreis setzt sich fort und vertieft sich.

Es geht also darum, diesen Teufelskreis zu durchbrechen, damit wir Prokrastination überwinden und stoppen können.

9.6 Prokrastination überwinden

Viele Betroffene fragen sich: Wie werde ich Prokrastination los? Wie kann ich **Prokrastination überwinden**? Wie kann ich einfach wichtige, aber unangenehme Aufgaben erledigen? Damit hat sich die Positive Psychologie (Kap. 1) beschäftigt. Aus den genannten Ursachen und aus einigen Forschungsarbeiten lassen sich die wichtigsten **Methoden** und Maßnahmen ableiten, die Prokrastinieren beenden können.

1. **Ablenkung abstellen.** Egal ob soziale Medien, der Fernseher, aufpoppende E-Mails, das andauernd klingelnde Handy – jeder kann solche Ablenkungsquellen nach kurzem Nachdenken und etwas Aufmerksamkeit dafür finden und abstellen oder deutlich reduzieren. Was lenkt mich alles ab an meinem Arbeitsplatz? Herrscht hier eine angenehme Ordnung und attraktive Umgebung? Sage ich oft genug Nein (Kap. 7) zu

unterbrechenden Personen, ungünstigen Anrufen, Interessen, die nicht meine eigenen sind? Wer Prokrastination überwinden will, sollte als Erstes Ablenkung (Kap. 11) abstellen. Auch ein ehrlicher Rückblick am Abend kann viel Klarheit schaffen, was die häufigsten Störfaktoren sind: Was hat mich heute davon abgelenkt, an meinen wichtigen Aufgaben zu arbeiten? Oft sind das immer die gleichen drei oder vier Dinge. Sobald wir diese identifiziert haben, können wir sie abstellen.

2. **Visualisieren zukünftiger Ergebnisse.** Prokrastinieren hat oft mit Ergebnissen in weiter Zukunft zu tun. Wir können uns diese Ergebnisse mental näher holen und uns motivieren, indem wir sie visualisieren. Wie fühlt es sich an, wenn ich mein Ziel erreicht habe? Was höre ich, was spüre ich mit allen Sinnen? Hilfreich kann auch sein, sich eine abschreckende Vision (Kap. 6) zu erstellen, um Prokrastination zu überwinden: Wo lande ich in zehn Jahren, wenn ich so weitermache?

3. **Zwischenziele und Zwischenerfolge.** Motivation fällt schwer, wenn der Erfolg und die Belohnungen erst in weiter Ferne liegen. Es hilft, ein großes Projekt in kleine „Häppchen" zu unterteilen, die leicht erreichbar sind. Ein Buch schreiben … Das hört sich nach extrem viel Aufwand an. Ein einzelnes Kapitel zu verfassen, ist dagegen wesentlich erreichbarer. Wichtige Fragen sind daher: Wie kann ich mein Projekt in sinnvolle Meilensteine und Teilschritte zergliedern? Wie kann ich die Ergebnisse dieser Teilschritte für mich gut sichtbar machen? Auch das kann Prokrastination therapieren.

4. **Falsche Glaubenssätze ersetzen.** Diese Glaubenssätze fördern prokrastinierendes Verhalten: „Ich habe mehr als genug Zeit!" „Ich arbeite besser unter Druck!" „Das Projekt verlangt weniger Aufwand als gedacht!" „Ich sollte erst anfangen, wenn ich wirklich Lust habe!" „Ich muss es erst wirklich sehr gut können, um damit anzufangen!" Eine wichtige Maßnahme gegen Prokrastination: Diese falschen Glaubenssätze müssen weg.

5. **Klare Prioritäten.** Wer nicht weiß, was zu tun ist und was im Zweifel Vorfahrt hat, der schiebt und verzögert seine Themen endlos. Hier gehört Licht ins Chaos, denn: **Unklare Ziele fördern unklares Verhalten.** Was sind meine wichtigen Ziele (Kap. 8) dieses Jahr, diesen Monat, diese Woche, diesen Tag? Das hilft, um sich von Prokrastination zu befreien.

6. **Gewohnheiten einsetzen.** Sich immer wieder neu aufraffen … das ist schwer. Viel einfacher ist es, Dinge zu Gewohnheiten zu machen (Kap. 14), die uns zu unseren Zielen führen. Deswegen sind Gewohnheiten eine wirksame Methode gegen Prokrastinieren. Ein Beispiel: Jemand möchte mehr Sport für Gesundheit und gutes Aussehen machen. Ein Ziel ist auch abzunehmen und dadurch psychisch besser gestimmt

zu werden. Mit dem Vorsatz „Ich will mehr Sport machen. Mal sehen, wann es diese Woche passt, dass ich joggen oder schwimmen gehe!" wird es nichts. Es braucht konkrete Zeitpunkte, am besten direkt nach Verhalten, das man auch sonst zeigt. Beispiel: „Immer, wenn ich von der Arbeit heimkomme, gehe ich 30 Minuten im Wald laufen." Genauso wichtig ist das Beenden von falschen Gewohnheiten: Jeden Morgen als Erstes die Nachrichtenseiten im Internet durchlesen? Oder die E-Mails der Nacht öffnen? Schluss damit.

7. **Leistungspotenzial schützen.** Der Sieg gegen das permanente Aufschieben verlangt mentale Stärke. Das sind wichtige Fragen: Mache ich genug Pausen? Wann gehe ich schlafen, wann stehe ich auf? Wie sieht meine Ernährung aus? Wie verläuft ein typischer Feierabend? Regeneriere ich genug? Einigen Menschen, die prokrastinieren, fehlt es einfach an Energie. Sie wollen zu spät zu viel unter Zeitdruck erzwingen (Digdon und Howell, 2006). Das zerstört ihr Leistungspotenzial.

8. **Soziale Unterstützung nutzen.** Unser soziales Umfeld kann Prokrastination abschalten helfen – aber im negativen Fall auch fördern. Es kommt ganz auf unser Umfeld an: Mit welchen Menschen umgeben wir uns? Günstig sind Personen, die mit ihrem Mindset und ihrem Verhalten positiv auf die gewünschten Verhaltensweisen einzahlen, uns motivieren und in Richtung unserer Ziele fördern. Im schlimmsten Fall haben wir es mit sozialen Trittbrettfahrern zu tun, die uns mit ihren Anliegen überfluten und damit noch weiter von unseren eigenen Aufgaben ablenken.

9. **Beginnen.** Es hört sich erstmal trivial an: einfach starten. Doch kann dieser Ansatz tatsächlich sehr wirksam Prokrastination überwinden. Ein Trick ist, hier mit uns selbst zu verhandeln: „Nur fünf Minuten!" Wenn wir einmal starten, machen wir in der Regel weiter, merken: „Es ist ja gar nicht so viel. Es ist gar nicht schlimm. Es geht viel besser als gedacht." Am Ende machen wir so meist weit mehr als fünf Minuten.

10. **Abschließen.** Menschen scheitern nicht nur am ausbleibenden Beginnen. Um Prokrastination zu überwinden, ist auch ein rechtzeitiger Abschluss zentral. In Schule, Studium und Beruf wird Leistung oft an Fehlern bemessen. Je weniger Fehler, desto besser die Leistung. Vielleicht kommt es auch durch diese Sozialisierung, dass manche Menschen einen übermäßigen Perfektionismus entwickeln? Übermäßiger Perfektionismus führt dazu, dass wir Aufgaben nicht abschließen und am Ende sehr viel Zeit investieren, um etwas noch ein paar Prozent besser zu machen. Wichtige Regel ist hier: „Lieber gut abschließen als sehr gut verzögern."

Fazit: Was tun gegen Prokrastination? Es gibt **viele Maßnahmen und Methoden, um Prokrastination zu überwinden**. Beim Anwenden der Tipps gegen Prokrastinieren ist entscheidend: Es ist ein Verhalten, das bei verschiedenen Personen vollkommen andere Ursachen haben kann. Eine erfolgreiche Therapie sollte daher immer an den individuellen Ursachen im Einzelfall ansetzen. Tatsächlich zeigen einige Studien gute Erfolge bei der Therapie von Prokrastination (z. B. van Essen et al., 2004; Rozental und Carlbring, 2013). Veränderung ist möglich.

9.7 Prokrastination testen und Umgang mit Präkrastination

Ab wann Prokrastinieren für jemanden zum Problem wird, sollte letztlich jeder selbst entscheiden. Die Übergänge vom normalen zum **krankhaften Aufschieben** sind, wie so oft, fließend – und die Toleranz dafür bei einzelnen Menschen ist unterschiedlich. Die Fragen im Infokasten können helfen, sich selbst einzuschätzen, ein Test für Prokrastination sein.

> **Übung: Prokrastination testen – Checkliste**
>
> Typische **Symptome und Beispiele der Prokrastination** sind:
>
> - Verschiebe ich Dinge gerne auf morgen oder noch später? Sage ich z. B. oft „Heute fange ich an!" und mache dann doch nichts?
> - Fällt es mir schwer, lang an einer Tätigkeit dranzubleiben?
> - Bringe ich für mich wichtige Projekte selten oder gar nicht zu Ende?
> - Habe ich für mich wenig Klarheit, was wichtige Ziele in meinem Leben sind?
> - Erreiche ich Neujahrsvorsätze oder andere wichtige Ziele selten oder nie?
> - Fühle ich mich bei wichtigen Aufgaben schnell gelangweilt und müde?
> - Arbeite ich oft ohne klare Struktur und ohne Plan?
> - Versäume ich immer wieder wichtige Termine, habe ich keinen Kalender oder schaue ich dort wenig hinein?
> - Lenke ich mich gerne ab von wichtigen, aber eher unangenehmen Tätigkeiten – etwa mit Smartphone, Fernseher, Freunden oder anderen Tätigkeiten?
> - Vermeide ich wichtige Tätigkeiten, etwa indem ich deswegen Briefe nicht öffne, Material verstecke, Anrufe nicht annehme oder Menschen aus dem Weg gehe?
>
> Diese Fragen sind Hinweise, um für uns die Frage zu beantworten: „Bin ich ein Prokrastinierer?" Je mehr dieser Fragen wir mit „ja" beantworten und je größer unser Leidensdruck durch Misserfolg in sozialen, wirtschaftlichen und

gesundheitlichen Belangen oder bei der Bildung ist, desto eher sollten wir etwas gegen die Aufschieberitis unternehmen.

Bedeuten gute Ergebnisse auf dieser Checkliste automatisch, dass es kein Problem gibt? Wie ist es mit **Präkrastination**, dem scheinbaren Gegenteil von Prokrastination – also Menschen, die „alles" extrem frühzeitig erledigen? Dazu der nächste Infokasten.

Frage an den Autor: Ich erledige immer alles sofort, ist das dann auch ein Problem?
Ich erledige meine Aufgaben immer sofort. Selbst wenn ich noch gar nicht muss. Ist das ideal so?
Das mag sein. Und warum sollten wir zwanghaft ein Problem suchen, wo keines ist? Worüber Du allerdings nachdenken solltest:
Prokrastination versteckt sich oft hinter Präkrastination – dem Drang, alles sofort zu erledigen. Besonders Personen, die hoch angepasst sind, jedes fremde Ziel von außen sofort übernehmen und fleißig abarbeiten, sind dadurch gefährdet, bei sich selbst zu prokrastinieren. Und ich habe hier sehr bedacht das Wort „gefährdet" benutzt. Denn es geht bei dieser Art der Prokrastination um Dich und Deine Träume, Deine Lebensziele. Deine Chefin ist dann zwar happy, weil Du jedes „Stöckchen" sofort apportierst – aber was ist mit Dir und Deinem Leben? **Prokrastinieren ist schädlich – aber Präkrastinieren kann wirklich gefährlich sein.** Wenn es von außen Deadlines und Druck gibt, dann ist Prokrastinieren schädlich, weil unsere Ergebnisse durch das späte Starten schlechter sind und wir mehr Stress auf dem Weg zum Ziel haben. Der Druck von außen bricht unser Prokrastinieren aber meist irgendwann auf. Du arbeitest dann panisch, um noch rechtzeitig ein Ergebnis zu erreichen. Das ist schädlich, aber nicht gefährlich. Wenn Du aber Dich selbst vergisst, dann ist es wirklich gefährlich, schadet Dir viel essenzieller. Denn es gibt dann nichts von außen, das Dich aufweckt, für Druck sorgt.
Es gibt also eine besonders gefährliche Art von Prokrastination, die oft gar nicht auffällt. Und zwar dort, wo es keinen Druck, keine Deadlines von außen gibt. Das gilt für die Dinge, die insbesondere für Dich selbst wichtig sind: Deine Gesundheit, Sport, gute Beziehungen mit anderen Menschen, Deine geistige Entwicklung, Deine privaten und beruflichen Ziele. Kurz: Dein Leben. Wenn Du hier prokrastinierst, dann opferst Du Deine Träume, Du kümmerst Dich dann nicht um die wirklich wichtigen Themen, schiebst diese endlos in die Zukunft. Es ist dann nicht so, dass Du auf dem Weg zu Deinen Träumen scheiterst – es ist dann eher so, dass Du nie angefangen hast, Deine Träume auch nur zu verfolgen. Vielleicht hast Du nicht einmal Träume entwickelt? Schade. Sehr schade! Das besonders Perfide an dieser Art der Prokrastination Deiner eigenen Lebensziele ist: Man merkt es nicht von außen, man sieht es auch selbst mitunter nicht wirklich. Es gibt dann keinen Druck von außen, keine Deadlines, die Dich wachrütteln und antreiben, niemanden, der unzufrieden mit Dir ist. Andere Menschen sind sogar oft sehr zufrieden mit Dir, wenn Du präkrastinierst. Sie schreiben dann das Drehbuch für Dein Leben – und Du arbeitest es brav ab.

Wenn Du einen starken Druck in Dir spürst, alle Aufgaben sofort zu erledigen, dann denke an folgende möglichen **Nachteile von Präkrastination:**

- Du verbringst viel Zeit damit, Aufgaben zu erledigen, die weder dringend noch wichtig sind.
- Du bist reaktiv, löst Anforderungen von außen, arbeitest Ziele von anderen ab. Deine eigenen Belange bleiben dagegen auf der Strecke.
- Andere bemerken, dass Du alles brav für sie abarbeitest, und schütten Dich immer mehr zu mit neuen Anforderungen. Ein System entsteht, bei dem Du der Verlierer bist.
- Der Stresspegel steigt, es fällt Dir zunehmend schwer, Deine Grenzen zu schützen.
- Gehetzt suchst Du schnell eine Lösung. Oft ist diese Lösung dann wenig gut, es hätte sich gelohnt, etwas länger nachzudenken.
- Weil Du „mit heißer Nadel strickst", ist die Qualität Deiner Tätigkeit mittelmäßig. Es entstehen Fehler.
- Da Du ungeduldig alles gleich erledigen willst, machst Du es selbst. Damit versäumst Du es, Aufgaben zu delegieren und andere Menschen zu qualifizieren, die sie mittelfristig besser erledigen könnten.
- Du unterbrichst oft langfristige Aufgaben, neigst zum Multitasking, da Du neue Anforderungen sofort erfüllen willst. Als Konsequenz schließt Du langfristige Themen oft gar nicht mehr ab und schlitterst zwischen Tätigkeiten hin und her.

Fazit: Präkrastination kann mindestens so schlimm sein wie Prokrastination. Und oft führt sie, wie gesagt, dazu, dass Du tatsächlich prokrastinierst. Unter der Oberfläche aus zwanghaftem Fleiß bleiben dann die wichtigen, aber nicht dringenden Lebensthemen liegen. Präkrastination und Prokrastination haben also oft **mehr gemeinsam**, als man gemeinhin glaubt: einen Mangel an Fokus auf das, was wichtig ist, was wirklich zählt im Leben.

Eine provokante Frage: Vielleicht sind einige Personen, die unter Prokrastination leiden, sogar oft einfach sensibler als andere, merken überhaupt, dass es wichtige Dinge in ihrem Leben gibt, um die sie sich kümmern sollten, haben überhaupt wichtige Lebensziele und Träume? Und andere Menschen sind vielleicht nur stumpf, arbeiten ab, was von außen kommt, sind blind für ihre eigenen Bedürfnisse und haben keine Träume? Sie merken dann nicht einmal, dass sie prokrastinieren. Sie empfinden, dass sie alles im Griff haben, da sie ihre To-do-Liste fleißig abarbeiten. Aber vielleicht fühlen sie sich dafür innerlich immer leerer? Mir fällt dazu der Modebegriff **Burn-on** ein: Menschen, die sich chronisch erschöpft fühlen, keine Freude an ihrem Tun mehr haben, aber nicht kollabieren. Solche Menschen verbrennen einfach weiter – aber sie brennen nie aus.

Ich will ehrlich sein: Ich glaube, jeder Mensch ist Prokrastinierer. Ich auch. Prokrastination betrifft uns alle. Doch einige von uns haben Disziplin und Methoden entwickelt, damit umzugehen. Sie haben angefangen, das zu tun, was wichtig ist. Und sie bleiben dran. Das macht einen großen Unterschied über die Zeit: Die einen arbeiten an ihren Lebenszielen und erreichen diese. In Beruf und Karriere, Gesundheit, Wohlstand, sozialen Beziehungen … Derweil haben die anderen immer wieder zu ihrem Kühlschrank gesehen, das Zimmer aufge-

räumt, 50-mal am Tag das E-Mail-Postfach gecheckt, Nachrichtenportale durchgescrollt, Tiervideos im Internet angeschaut, Junkfood gegen den Stress gegessen – und natürlich nichts erreicht. Und wieder andere haben scheinbar viel erreicht, präkrastiniert – aber nur die dringenden, nicht wichtigen Themen von anderen, von außen abgearbeitet. Sie haben die wichtigen eigenen Themen liegen gelassen und dafür bei sich selbst prokrastiniert.
Mache Dir also klar, dass Du nicht allein bist. Jeder Mensch prokrastiniert. Und entscheide Dich, zu welcher Gruppe Du gehören willst: derjenigen, die damit erfolgreich umgeht – oder derjenigen, die daran scheitert.

Ein Gedanke zum Abschluss: Mitunter ist es hilfreich, ein Problem aus seinem Gegenteil heraus zu betrachten. Das **Gegenteil von Prokrastinieren** ist: **Tun, was zu tun ist.** Dagegen verzetteln sich Prokrastinierer in Dinge, die nicht zu tun sind, und vernachlässigen ihre zentralen Vorhaben, sie „tun, was nicht zu tun ist." Dieser Blickwinkel zeigt, dass der Erfolg gegen das Prokrastinieren im Prinzip sehr einfach ist – tu einfach, was zu tun ist. Dennoch fällt genau das vielen Menschen in der Praxis schwer, weil sie sich selbst im Weg stehen. Der Weg weg davon hat seinen Preis: Gewohnheiten ändern, Ablenkungen ignorieren, Struktur schaffen. Die in diesem Kapitel gezeigten Ursachen und vor allem die Tipps können allen Menschen helfen, die Prokrastination überwinden wollen.

Frage an den Autor: Wie kann ich Prokrastination bei einer wichtigen Aufgabe stoppen?

Ich schiebe eine wichtige Aufgabe vor mir her, prokrastiniere. Wie fange ich endlich an, zu tun, was zu tun ist?

*Die Frage gibt schon einen Hinweis auf die Lösung. Aus meiner Sicht das Entscheidende gegen Prokrastination: **Anfangen**. Und mit Emotionen umgehen, akzeptieren, dass es erstmal nicht Spaß macht, vielleicht sogar unangenehm ist. Das bedeutet, aus der Komfortzone (Kap. 10) zu gehen. Nochmal: Du fängst an, auch wenn es kurzfristig weh tut, gehst da durch – im Wissen, dass es Dir ansonsten langfristig noch mehr wehtun wird. Und das Überraschende ist: Schon kurz nach dem Start wird es guttun, Du siehst, dass Du viel zu viele Sorgen hattest, die Aufgabe mental aufgebläht hast, die schlechten Emotionen sehr übertrieben waren. Spätestens dann, wenn Du mit der Aufgabe durch bist, sie abgeschlossen hast, fühlst Du Dich gut. Und es geht meist viel schneller und einfacher als erwartet.*

Ich persönlich fange also einfach an, sage mir meinetwegen „Nur zehn Minuten!", merke dann meist, dass es viel besser läuft als erwartet, und bleibe schließlich deutlich länger dran. Ein weiteres Beispiel: Ich will Laufen gehen, doch das Wetter ist schlecht. Dann sage ich mir „Top. Ich kann jetzt nicht nur meinen Körper trainieren, sondern auch meine Disziplin."

Was ich bei mir selbst noch beobachtet habe: Je stärker der Druck bei einer Aufgabe wurde, desto mehr habe ich sie dann oft vermieden, prokrastiniert. Einfach um das unangenehme Gefühl zu verdrängen. Ich habe festgestellt, dass es für mich viel leichter ist, mit etwas Wichtigem anzufangen, so lange es noch gar keinen Druck gibt, ja ich das dann sogar oft gern mache. Als Schüler hatte ich lange schlechte Noten, im Zwischenzeugnis meist ein-, zweimal die Fünf, habe die dann immer „weggearbeitet" unter hohem Druck. Das war sehr unangenehm und psychisch belastend. Als es um das Abitur ging, wollte ich umschalten, die Eins als Schnitt haben, um Psychologie studieren zu können. Eine wichtige Erfahrung für mich war, dass, wenn ich **früh anfange** zu lernen, es keinen Druck gibt und ich dann auch nicht prokrastiniere. Im Studium hatte ich deshalb nie Lernstress, weil ich immer extrem früh angefangen habe, alle Inhalte zu lernen, auch weil es mich interessiert hat. Wenn es knapp vor den Klausuren Partys gab, dann konnte ich hingehen, weil ich ohnehin schon alles gelernt hatte. Ich habe das Lernen um mein Leben gebaut. Ich bin zum Beispiel in München an die Isar, habe mich in die Sonne gelegt, immer wieder etwas Lehrstoff gelesen und darüber nachgedacht. Ohne Stress. Oder ich habe eine Radtour gemacht und ein Buch mitgenommen, in den Pausen gelesen. So konnte ich die Inhalte auch viel besser verarbeiten, langsam verdauen. Meine Erkenntnis daraus: Warte nie so lange mit etwas Wichtigem, bis Du wirklich handeln musst – denn dann fängst Du erst recht an zu prokrastinieren.

Was Du noch tun kannst: Erstelle eine **Not-to-do-Liste**. Ja, richtig gelesen. Eine Liste mit Dingen, die Du auf keinen Fall tust, wenn Du fokussiert an etwas arbeitest. Dort packst Du alles drauf, was Dich stört, unterbricht und von Deiner Aufgabe ablenkt. Ich zum Beispiel lege dafür mein Smartphone weit weg, schalte auf stumm, klicke keine Nachrichtenportale an, wenn ich arbeite, schaue keine Social Media im Arbeits-Flow, öffne mein E-Mail-Postfach nicht. Computerspiele habe ich schon mal gar nicht auf meinem Arbeitsgerät, und einen Fernseher gibt es nicht bei uns daheim. Gartenarbeit oder Aufräumen setze ich als Pausen ein, um zu regenerieren – niemals zum Vermeiden als Fluchtziele.

Also: Was kommt bei Dir auf die Not-to-do-Liste? Setze alles drauf, was Dich unterbricht, ablenkt und stört bei Deinen wichtigen Aufgaben. Und halte Dich dann daran. Immer. Es ist leichter, sich 100 % an diese Regeln zu halten, als zu versuchen diese in 90 % der Zeit einzuhalten. Das gilt zumindest für mich.

Eine persönliche Erfahrung dazu: Monate vor meiner Abiturprüfung habe ich meiner Mutter alle Computerspiele gegeben, das Kabel von meinem Fernseher, den ich damals hatte, alle Comics, meine Synthesizer ... Smartphones gab es noch nicht. Der Auftrag an meine Mutter: „Pack das bitte weg und gib es mir erst wieder, wenn die Abi-Prüfung vorbei ist!" Mein Ziel war, die Ablenkung massiv zu reduzieren. Für mich hat es funktioniert. Sonst hätte ich vielleicht nicht Psychologie studiert und niemals dieses Kapitel geschrieben?

Letzter persönlicher Gedanke, um Prokrastination zu brechen: Besonders häufig, gravierend und gefährlich ist Prokrastination bei den eigenen Zielen, bei Deinen Lebenszielen, bei denen es keinen Druck von außen gibt. Also genau dort, wo es am schädlichsten ist. Setze Dir hier selbst Zeitpunkte, Produktivitätsziele, „Deadlines". Mach Dir den Termindruck selbst. Ein Beispiel, wie ich das ganz persönlich mache, ganz konkret für diesen Text: „Heute Abend von 17 bis 18 Uhr schreibe ich die Frage an den Autor zu Prokrastination komplett fertig. Danach gibt es Abendessen." Das bedeutet natürlich nicht, dass der Text dann unbedingt schon perfekt ist. Doch der erste Entwurf steht.

Nicht nur das Prokrastinieren verhindert, dass wir unsere Lebensziele erreichen. Viele Menschen verweilen in ihrer Komfortzone und entwickeln sich dadurch kaum weiter. Einige werden sogar jeden Tag kleiner. Das nächste Kapitel zeigt deshalb, wie wir in die Wachstumszone kommen.

Literatur

Altgassen, M., Scheres, A., & Edel, M. A. (2019). Prospective memory (partially) mediates the link between ADHD symptoms and procrastination. *ADHD Attention Deficit and Hyperactivity Disorders, 11*(1), 59–71.

Arvey, R., Rotundo, M., Johnson, W., & McGue, M. (2003). *The determinants of leadership: The role of genetic, personality, and cognitive factors*. Working Papers 1302, Human Resources and Labor Studies, University of Minnesota (Twin Cities Campus).

Baumeister, R. F., Heatherton, T. F., & Tice, D. M. (1994). *Losing control: How and why people fail at self-regulation*. Academic Press.

Beutel, M. E., Klein, E. M., Aufenanger, S., Brähler, E., Dreier, M., Müller, K. W., ... & Wölfling, K. (2016). Procrastination, distress and life satisfaction across the age range – a German representative community study. *PLoS ONE, 11*(2), e0148054.

Bisin, A., & Hyndman, K. (2020). Present-bias, procrastination and deadlines in a field experiment. *Games and Economic Behavior, 119*, 339–357.

Day, V., Mensink, D., & O'Sullivan, M. (2000). Patterns of academic procrastination. *Journal of College Reading and Learning, 30*(2), 120–134.

Digdon, N. L., & Howell, A. J. (2008). College students who have an eveningness preference report lower self-control and greater procrastination. *Chronobiology International, 25*(6), 1029–1046.

Ferrari, J. R., & Scher, S. J. (2000). Toward an understanding of academic and nonacademic tasks procrastinated by students: The use of daily logs. *Psychology in the Schools, 37*, 359–366.

Harriott, J., & Ferrari, J. R. (1996). Prevalence of procrastination among samples of adults. *Psychological Reports, 78*(2), 611–616.

Prem, R., Scheel, T. E., Weigelt, O., Hoffmann, K., & Korunka, C. (2018). Procrastination in daily working life: A diary study on within-person processes that link work characteristics to workplace procrastination. *Frontiers in Psychology, 9*, Article 1087.

Rozental, A., & Carlbring, P. (2013). Internet-based cognitive behavior therapy for procrastination: Study protocol for a randomized controlled trial. *JMIR Research Protocols, 2*(2), e2801.

Rozental, A., & Carlbring, P. (2014). Understanding and treating procrastination: A review of a common self-regulatory failure. *Psychology, 5*(13), 1488–1502.

Schraw, G., Wadkins, T., & Olafson, L. (2007). Doing the things we do: A grounded theory of academic procrastination. *Journal of Educational Psychology, 99*(1), 12–25.

Steel, P. (2007). The nature of procrastination: A meta-analytic and theoretical review of quintessential self-regulatory failure. *Psychological Bulletin, 133*(1), 65–94.

Steel, P., Brothen, T., & Wambach, C. (2001). Procrastination and personality, performance, and mood. *Personality and Individual Differences, 30*, 95–106.

Tice, D. M., & Baumeister, R. F. (1997). Longitudinal study of procrastination, performance, stress, and health: The costs and benefits of dawdling. *Psychological Science, 8*(6), 454–458.

van Essen, T., van den Heuvel, S., & Ossebaard, M. (2004). A student course on self-management for procrastinators. In H. C. Schouwenburg, C. H. Lay, T. A. Pychyl, & J. R. Ferrari (Hrsg.), *Counseling the procrastinator in academic settings* (S. 59–73). American Psychological Association.

10

Komfortzone verlassen und wachsen

Ist der berühmte „Sprung ins kalte Wasser" wirklich so förderlich? Jeder Mensch hat seine Grenzen, seine Komfortzone – doch wir können unsere Grenzen verschieben und wachsen. Mit mehr Bewegung und Sport im Leben anfangen, den Traumpartner kennenlernen, überzeugende Ergebnisse in Bildung und Beruf, Wohlstand und ein gutes soziales Netzwerk ... Das hat vor allem mit einem zu tun: der Wachstumszone. Nur wer die **Komfortzone verlassen** kann, wächst bei diesen wichtigen Lebenszielen. Ja, bei ehrlicher Betrachtung werden viele Menschen sogar feststellen: „Alles, worauf ich stolz bin in meinem Leben ... das habe ich außerhalb der Komfortzone erreicht."

Was genau ist diese „legendäre" Zone? Wie kommen wir hinein in die Wachstumszone? Das Kapitel zeigt, wie das gelingt. Es verbindet Forschungsergebnisse der **Psychologie** mit bewährten **Tipps** aus der Praxis und zeigt mit Beispielen, wie wir aus der Komfortzone herauskommen. Und die Analyse geht tiefer: Ist die bequeme Zone tatsächlich so schlecht? Welche Kritik und Weiterentwicklungen gibt es am **Komfortzonenmodell**?

> **Risiko: Das passiert bei einem Leben in der Komfortzone**
>
> Wenn wir immer in unserer Komfortzone bleiben, werden wir schwach und unsere Möglichkeiten klein. Mit jedem Tag, jedem Monat und jedem Jahr – wir werden immer fauler, schwächer, kranker, dicker und einsamer. Irgendwann sind viele Menschen 70 Jahre alt und sind 20 Jahre ihrer wachen Zeit vor dem Fernseher gesessen. Viel Potenzial ist dann nicht mehr übrig. Wer hätten sie werden können, wären sie aus der Komfortzone in die Wachstumszone

gegangen? Wer hätten sie sein können für ihre Ehepartner, Kinder, Freunde, die gesamte Gesellschaft – und vor allem für sich selbst? Was hätten sie hinterlassen und schaffen können? Das dauerhafte Verharren in der Komfortzone ist die Entscheidung für den Tod, während wir noch leben.

10.1 Warum die Komfortzone verlassen?

Warum sollte man seine Komfortzone verlassen? **Kinder** haben etwas, das vielen Erwachsenen verloren geht. Sie wollen wachsen, ihren Aktionsradius vergrößern, setzen sich unangenehmen Situationen aus. Sie fallen hin, stehen wieder auf, gehen an ihre Grenzen. Sie verlassen ihre Komfortzone. So lernen sie und entwickeln sich schnell. Kinder gewinnen so jeden Tag: Kompetenzen, Wissen, Selbstvertrauen, Möglichkeiten. Mit dem Alter geht dieser **Spirit** oft immer mehr verloren. Die Bewegungsfreude nimmt ab, der Sitzsack und die Couch werden zum bevorzugten Aufenthaltsort. Smartphones, Computer und Fernseher betäuben die Sinne und verhindern das eigenständige Denken … Viele Menschen hören irgendwann auf, aus der **Komfortzone zu gehen.** Als Konsequenz daraus hat ein durchschnittlicher 60-jähriger US-Amerikaner 15 Jahre seiner wachen Lebenszeit vor dem Fernseher verbracht und befasst sich täglich viele Stunden passiv mit Social Media. In Deutschland sieht es nicht besser aus. Diese Menschen haben aufgehört zu leben, sich in eine „komfortable" Ersatzrealität zurückgezogen, eine toxische Komfortzone. Am Ende sterben sie auch physisch. Sie haben ihr inneres Kind verloren, versäumt, auf ihre körperliche, geistige und spirituelle Gesundheit zu achten. Sie haben kein soziales Netzwerk aufgebaut, sich nicht um eine gesunde Familie gekümmert, nichts geschaffen. Sie gehen – und waren doch nie da.

Übung: Alarmzeichen, dass Du zu viel in der Komfortzone bist

Woran merkst Du, dass Du **zu viel in der Komfortzone** bleibst? (Humorvoll formuliert – doch ernster Hintergrund.)

- Deine Aufgaben fallen Dir alle sehr leicht, langweilen Dich sogar. Du fühlst Dich unterfordert, bist oft mit den Gedanken ganz woanders. Bei Deiner Arbeit lernst Du kaum mehr Neues.
- Es ist Monate her, dass Du ein Fachbuch oder Literatur in der Hand hattest. Die Nahrung für Dein Gehirn beschränkt sich auf geistiges Fastfood wie

Talkshows, Nachrichten und Social-Media-Inhalte. Permanent hast Du das Smartphone in der Hand.
- Die Anzahl Deiner Freunde und hochwertigen Kontakte im Leben wird immer weniger. Du schaust Serien an, um das Gefühl zu erzeugen, dass vertraute Menschen um Dich sind.
- Erfolgserlebnisse in Beruf, Schule oder Studium sind lange her. Es gibt in Deinem „echten" Leben nichts, woran Du leidenschaftlich arbeitest, worauf Du stolz bist. Vielleicht baust Du stattdessen virtuell in einem Computerspiel eine Stadt auf oder entwickelst einen Avatar weiter. Mitunter ist Dir selbst das zu anstrengend.
- Deine Rolle ist die eines Konsumenten, nicht die eines Produzenten. Andere sind da für Deine Bedürfnisse. Du gibst kaum zurück, weil es zu anstrengend ist – Einladungen aussprechen, etwas schaffen ... Ideen, Kunst, ein Buch, ein gutes Gastmahl ... das siehst Du nicht als Deine Rolle. Du hast keinen Output für andere und die Gesellschaft.
- Du hast nicht in produktive Assets investiert, die „für Dich arbeiten". Gewinnentnahmen, Kapitalerträge, Mieteinnahmen und Veräußerungsgewinne sind für Dich Fremdwörter. Du kennst nur den Dispo, willst „easy credit" statt „hard work". Wenn Du einmal Geld hast, gibst Du es sofort für einen Genuss aus, etwa neue Elektronik oder einen Urlaub. Für Deine Versorgung und die Lösung Deiner Probleme baust Du auf andere: Deine Eltern, den Staat, die Politik, das Gesundheitssystem, die „Gemeinschaft".
- Dein Körper wird zunehmend ein „Anti-Körper", gezeichnet durch übermäßige Ernährung mit prozessierten Lebensmitteln, zu viel Fett, Salz, Industriefleisch und jede Menge Zucker. Auch die mangelnde Bewegung führt Dich sicher an Typ-2-Diabetes heran.
- Eine positive Vision Deiner Zukunft hast Du ebenso wenig wie geeignete Strategien und Gewohnheiten, um diese zu erreichen. Du lebst nach Werten, die Dir nicht bewusst sind. Würdest Du Dir diese „Götter", denen Du dienst, bewusst machen, dann wäre das für Dich eine traumatische Erfahrung. Deshalb schaust Du weg, lenkst Dich von Dir selbst ab.

Diese Punkte machen deutlich, dass wir in vielen Lebensbereichen einen hohen Preis zahlen, wenn wir die Komfortzone nicht verlassen: Gesundheit, Glück, soziale Beziehungen, Wohlstand, Bildung und Wissen, Karriere und Sinnerleben. Wir verzichten so darauf zu leben.

Jeder Mensch hat Grenzen. Aber wir können unsere Grenzen verschieben, unsere Möglichkeiten ausdehnen: im Denken, im Handeln, unsere Ressourcen und unser Netzwerk. Doch viele Menschen dehnen ihre Grenzen nicht aus, sie lassen zu, dass ihre Möglichkeiten schrumpfen, sie werden jeden Tag kleiner. Wie können wir dieses Schicksal vermeiden? Was bewahrt uns vor so einer **Minimalexistenz**? Wie gelingt es manchen Menschen, immer wieder aus ihrer Komfortzone herauszugehen und wirklich der Mensch zu werden, der sie sein können?

10.2 Komfortzone verlassen: Beispiel

Die eine Person bleibt in ihrer Komfortzone – die andere Person verlässt sie konsequent. Nach vielen Jahren treten beide gegeneinander an. Es geht um Leben und Tod – und um nahezu grenzenlose Macht. Wer überlebt die Konfrontation? Darum geht es in diesem Beispiel zur Komfortzone.

> **Beispiel für das Verlassen der Komfortzone: Katharina II**
>
> Ein gutes Beispiel für jemanden, der immer wieder aus der Komfortzone herausgegangen ist, ist die deutsche Sophie Auguste Friederike von Anhalt-Zerbst, die 1729 in Stettin auf die Welt kam. Wir kennen sie heute als Katharina II., Katharina die Große, Kaiserin von Russland. Als einzige Frau der Geschichte gaben wir ihr den Beinamen „die Große".
>
> Im Alter von 14 Jahren wurde das Mädchen nach Moskau gesandt, um den Thronfolger Großfürst Peter Fjodorowitsch und späteren Kaiser Peter III. zu heiraten. Das hatten unter anderem Wilhelm II. von Preußen und die russische Kaiserin Elisabeth Petrowna mit ihren Eltern beschlossen. Ein Wurf ins kalte Wasser für die kleine Sophie. Ihre Rolle war definiert: gebären, Mutter eines Thronfolgers sein.
>
> Was niemandem klar war: Offenbar hatte Sophie bereits als Kind die Vision für sich entwickelt, einmal eine europäische Königskrone zu tragen – und zwar als Machthaberin. Das junge und hochintelligente Mädchen handelte daher extrem proaktiv, ging aus seiner Komfortzone, umarmte die neue Situation und begann, diese für sich zu ändern. Schnell lernte Sophie die russische Sprache, befasste sich mit der orthodoxen Religion und konvertierte – gegen den Willen ihres evangelischen Vaters. Sie bekam dadurch den Namen Jekaterina Alexejewna. Sie begann zu lernen, ihre Handlungsfähigkeit in der russischen Kultur und Oberschicht auszubauen, Beziehungen zu knüpfen und zu wachsen.
>
> 1745 fand die Hochzeit statt. Während sich ihr Mann hauptsächlich für Alkohol, Feiern und Spielzeugsoldaten interessierte, las Katharina alles, was sie über Politiktheorie, Geschichte und Philosophie bekommen konnte. Er blieb in seiner Komfortzone, sie wuchs jeden Tag. Ihren Mann hielt sie für unklug und mangelhaft im Urteil. Dass er sich mitunter noch wie ein Kind verhielt, befremdete sie. Sie fand ihn nicht anziehend. Bald gab es keine Gemeinsamkeiten mehr in der unglücklichen Ehe. Sie nahm an jedem Gottesdienst teil, vernetzte sich im gesamten Hof und atmete die neue Kultur. Gleichzeitig hielt sie Kontakt zu den besten Denkern im Bereich Politik und Recht, tauschte sich aus mit Voltaire, Cesare Beccaria, d'Alembert und anderen Vordenkern. Sie finanzierte diese Personen, kaufte deren Bibliotheken auf, wenn diese verstarben, und überführte das Wissen nach Russland. Einige der besten Denker respektierten sie als „Philosophin auf dem Thron".
>
> Aber es blieb nicht bei Wissen und Theorie. Katharina handelte. 1761 starb Kaiserin Elisabeth, und Katharinas Mann wurde zum Kaiser Peter III. Doch nicht für lange. Katharina ging „all in", plante den Staatsstreich, strebte nach der Macht. Nach über 15 Jahren intensiver Beziehungsarbeit am Hof war sie bestens vernetzt mit Kirche, Adel und Militär. Katharina hatte unter anderem ein Verhältnis mit dem Anführer der Garderegimenter und einen Sohn mit ihm,

der natürlich offiziell Sohn des Kaisers war. Entsprechend rückten Garderegimenter für Katharina zum Ort vor, an dem sich der Kaiser aufhielt. Dieser floh zunächst, unterschrieb aber dann nach kurzer Zeit seine Abdankung. Noch am selben Tag wurde Katharina zur Kaiserin gekrönt. Ihr Mann wurde verhaftet und verstarb kurz darauf unter „ungeklärten Umständen".

Auch der Kaiser, ihr Mann, hatte eine Mätresse, erwog die Scheidung, um sich seiner Gattin zu entledigen. Aber er handelte nicht, blieb in seine Komfortzone. Seine Soldaten setzte er nicht konsequent ein, um sich der Verhaftung zu entziehen. Er zögerte, wartete ab, blieb bequem – bis es zu spät war. Währenddessen handelte Katharina konsequent und proaktiv.

In den 34 Jahren ihrer Regentschaft lebte Katharina selbst weiter ein Leben außerhalb der Komfortzone. Doch sie bewegte nicht nur sich selbst, sondern hievte auch ganz Russland aus der Komfortzone, katapultierte es zur modernen Großmacht. Sie reformierte die Verwaltung, das Rechtssystem, die Landwirtschaft und sogar die Religion. Insbesondere im Bereich Bildung, Wissenschaft und Forschung formte sie Russland zur fortschrittlichen europäischen Nation. Sie gilt vielen als Begründerin des modernen Russland.

Katharina II. zeigt eindrucksvoll, wie viel wir erreichen können, wenn wir konsequent die Komfortzone verlassen, unsere Vision verfolgen, proaktiv handeln. Sie war vorgesehen als passiver Spielball anderer Menschen, sollte Adelsbeziehungen festigen, ihrem als Kaiser vorgesehenen Mann Nachkommen gebären – und fertig. Ein Instrument. Aus dieser von anderen geprägten passiven Situation hat sie sich befreit und ist zur proaktiven Gestalterin ihres Lebens in jeder Hinsicht geworden. Sie ist eine der bekanntesten Frauen der Geschichte, die einzige „Große". Sie hat eines der mächtigsten Länder unserer Zeit geprägt, zur modernen Großmacht geformt. Nie wieder hat jemand anderes über ihr Leben bestimmt.

Interessant ist der direkte Vergleich mit ihrem Mann Peter III. Dieser war an sich bereits länger in Russland, hätte sich umfangreicher integrieren und wachsen können, wurde protegiert von der Kaiserin. Doch er war immer in seiner Komfortzone geblieben. Es kam zur Konfrontation. Er hatte keine Chance. Für ihn war es schlecht – für Russland war es gut.

Der nächste Abschnitt stellt das Modell der Komfortzone im Detail vor.

10.3 Komfortzone als Modell

Was ist mit Komfortzone gemeint? Das **Modell der Komfortzone** stammt ursprünglich aus der Lernpsychologie und geht auf den russischen Psychologen Lev Vygotsky (1896–1934) zurück (Yasnitsky, 2018). Das klassische Modell unterscheidet eine innere Zone, in der jemand Aufgaben ohne Hilfe erledigen kann, eine mittlere Zone, in der jemand Aufgaben nur mit Unterstützung zu lösen lernt, und eine äußere Zone mit Aufgaben, die zu lernen für die Person aktuell auch mit Anleitung nicht möglich ist. Mittlerweile hat sich das Konzept stark weiterentwickelt und wurde auf verschiedene Bereiche ausgedehnt (Luckner und Nadler, 1997; Brown, 2008). Auch in der Praxis sowie der Selbsthilfe- und Coaching-Literatur hat sich das Konzept weiterentwickelt. Mitunter hat man fröhlich weitere Zonen ergänzt oder neue Bezeichnungen für die Zonen eingeführt. Abb. 10.1 zeigt ein modernes Modell, das dem heutigen Stand entspricht.

Dabei unterscheidet man sinnvollerweise drei Zonen im Zonenmodell:

1. **Komfortzone.** Hier ist das Verhalten von Gewohnheiten, Routine, Bequemlichkeit, sozialer Anerkennung und Angstfreiheit geprägt. Man kennt die Abläufe, arbeitet routiniert und sauber, man fühlt sich sicher. Allerdings wächst man nicht, lernt kaum dazu und entwickelt sich wenig weiter.
2. **Wachstumszone.** In diese Zone tritt ein, wer die Komfortzone verlässt, in einen Bereich geht, der anspruchsvoll ist, aber noch den Kompetenzen entspricht. Die Person bricht dabei kontrolliert Gewohnheiten und Routine auf. Sie beginnt unbequeme Aktivitäten, die ihr nutzen. Sie fängt an, Dinge zu tun, die Menschen in ihrem Umfeld möglicherweise ablehnen, und stellt sich ihren Ängsten. Da es ein kontrolliertes, schrittweises Verlassen der Komfortzone ist, wird die Person meistens Erfolg bei ihren Aktivitäten haben, dabei lernen und sich schneller entwickeln. Die Handlungen innerhalb der Wachstumszone wandern dadurch in die Komfortzone. In der Folge vergrößert sich ihre Komfortzone, dehnt sich aus.
3. **Panikzone.** Die Panikzone betritt, wer über die Wachstumszone hinausgeht. Situationen und Tätigkeiten übersteigen dann die Kompetenzen einer Person deutlich. Ein Erfolg ist wenig wahrscheinlich. Das „kalte Wasser", in das man gesprungen ist (oder geworfen wurde), ist zu kalt. Man droht zu „ertrinken", ist zu weit weg von der „rettenden" Komfortzone. Vielleicht ist es auch gar kein kaltes Wasser mehr, sondern eine hart gefrorene Eisplatte, auf der man sich sehr weh tut. Die Panikzone ist kein guter Platz zu sein: Informationen, die man nicht verarbeiten kann,

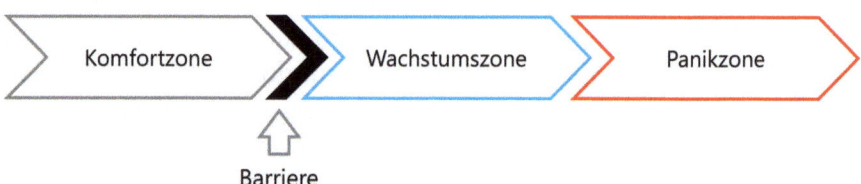

Abb. 10.1 Modell: Komfortzone, Wachstumszone und Panikzone

Anforderungen, auf die man keine Antworten hat, Handlungen, die man nicht ausführen kann. Überforderung und Misserfolg, vielleicht sogar traumatische Erfahrungen, führen dann möglicherweise zu noch mehr Angst, Hilflosigkeitsgefühlen (Kap. 4) und Misstrauen. Viele verharren als Folge davon noch stärker in ihrer Komfortzone. Statt Lernen und Wachstum ist dann ein Vermeidungsverhalten die Konsequenz. Sie fliehen vor jeder Herausforderung und wachsen nie wieder.

Relevant für das Komfortzonenmodell ist auch, dass es eine **Barriere** zwischen der Komfortzone und der Wachstumszone gibt. Etwas, was ein Verlassen der Komfortzone verhindert. Es gibt einen **psychologischen Preis**, der zu zahlen ist. Viele reden hier von Angst, manche rufen sogar eine „Angstzone" aus. Das ist so nicht generell zutreffend, denn es gibt viele andere Barrieren, die uns in der Komfortzone festhalten: etwa „Faulheit", die Rücksicht auf andere Menschen oder eine tiefe Ablehnung von Veränderung. Dazu später mehr.

10.4 Was ist die Komfortzone? Bedeutungen

Bei der Recherche zu einer einheitlichen **Bedeutung der Komfortzone** tritt schnell Ernüchterung ein (vgl. Brown, 2008). Das Konzept ist weit von einer wissenschaftlich sauberen Definition entfernt. Zentrale Fragen sind bislang nur sehr vage beantwortet: Was genau ist die Komfortzone? Wo genau ist sie zu Ende? Wann genau fängt sie an? Ist die Komfortzone je nach konkreter Aufgabe bzw. Herausforderung ganz verschieden? Gibt es eine Komfortzone für jeden Menschen? Spielt vielleicht sogar der aktuelle Zustand der Person eine Rolle? Ist das Verweilen in der Komfortzone wirklich schlecht – oder hat die Komfortzone sehr wichtige Funktionen und Vorteile?

Die Definitionsversuche, Ideen und Beschreibungen aus dem populärwissenschaftlichen Feld helfen wenig weiter. Die zugewiesenen Bedeutungen der Komfortzone bleiben auf einem recht schlichten Niveau nach dem Motto:

- „Komfortzone ist das Gewohnte. Wachstumszone ist das Unbekannte und Neue!"
- „Komfortzone ist, wenn du keine Angst hast! Angst ist gut, sie zeigt dir, dass du auf dem richtigen Weg bist. Was du willst, ist auf der anderen Seite. Du musst dich der Angst stellen!"

- „Die Komfortzone ist der Bereich, in dem dich deine Abwehrmechanismen halten. In die Wachstumszone kommst du, wenn deine Abwehrmechanismen weggerissen werden. Setz' dich dem aus!"
- „Du bist deine Komfortzone. Die Wachstumszone ist das, was du noch nicht bist, was du einmal sein könntest!"

Fazit: Mit dem Begriff Komfortzone verbinden unterschiedliche Personen sehr unterschiedliche Bedeutungen. Zudem ist die Komfortzone ziemlich unisono als etwas Schlechtes definiert, aus dem man „heraus" müsse. Offenbar ist das Thema auch von steigender Bedeutung in modernen Überflussgesellschaften, wie der Infokasten zeigt.

Perspektive: Überfluss als Bedrohung?

Die Notwendigkeit, die Komfortzone zu verlassen, ist in unserer Gesellschaft weitgehend weggefallen. In einer natürlichen Umwelt gab es immer gute Gründe, die Komfortzone zu verlassen, sprichwörtlich aus seiner „Höhle" zu gehen: Hunger (das Essen kommt nicht wohl portioniert und zubereitet in die Höhle), Flucht (ein Höhlenbär kommt in unsere Höhle und macht klar: „Das ist jetzt meine!") oder soziale Isolation (die Traumfrau kommt nicht einfach in unsere Höhle). Heute gibt es für alle möglichen Bedürfnisse **scheinbar einfache „Lösungen"** und Angebote.

- Du hast nichts zu essen? – Hol' die Tiefkühlpizza aus der Truhe oder bestell' den Lieferdienst mit der App am Smartphone.
- Du hast keine Freunde und fühlst dich einsam? – Komm, mach den Fernseher an und streame deine Lieblingsserie.
- Du hast dir keine Bleibe erarbeitet? – Organisier' dir eine Sozialwohnung.
- Du tust dich schwer, Kontakt zum anderen Geschlecht zu finden? – Es gibt super Onlineangebote dafür.
- Du fühlst, dass du nicht vorankommst im Leben und wenig Erfolg hast? – Dann bau' dir eine virtuelle Identität in einem Onlinegame auf und entwickle dort einen Avatar.

Normalerweise müsste es in der Komfortzone sehr langweilig sein. Ist es aber nicht mehr. Umfassende Angebote zur Ablenkung, Betäubung des Antriebs und künstlichen Erregung und Unterhaltung stehen bereit: Filmserien, Computerspiele, soziale Medien, Rauschmittel und Medikamente ... Dieses umfassende Angebot fördert zusätzlich das Verharren in der Komfortzone, eine „Verhausschweinung" der modernen Menschen.

Wie kommen wir von der Alltagsbedeutung und Spekulationen zu einer wissenschaftlich belastbaren Definition der Komfortzone?

10.5 Komfortzone: Definition

Was ist Komfortzone? Aus der vorangehenden Diskussion können wir **Komfortzone definieren** als Maximieren des kurzfristigen Wohlbefindens. Sie ist die Weigerung, jetzt in der Gegenwart etwas zu opfern, um für die Zukunft mehr zu gewinnen. Hier die Definition:

> **Definition: Komfortzone**
>
> Die Komfortzone ist die Gesamtheit der Ziele, Verhaltensweisen und Kontexte, mit denen eine Person ihr kurzfristiges Wohlbefinden maximiert auf Kosten ihrer Entwicklung.

Zur Definition der Komfortzone gehören also unambitionierte Ziele, gewohnte Verhaltensweisen, und Kontexte, die uns nicht fördern. Daher die Abgrenzung zur Wachstumszone, die uns fördert und in der wir wachsen und uns entwickeln. Oft geht das Maximieren kurzfristigen Wohlbefindens auf Kosten langfristiger Vorteile, auf Kosten der eigenen Entwicklung. Die so definierte Komfortzone handelt davon, dass Menschen nicht bereit sind, kleine Opfer in ihrer Gegenwart zu bringen für große Gewinne in der Zukunft. Ihr Motto: „Ich will es jetzt bequem haben – auch wenn das Nachteile in der Zukunft bedeutet, auch wenn ich mich dadurch nicht entwickle." Das Gegenteil der Komfortzone wäre dann das Motto: „Ich investiere jetzt, um später noch mehr zu bekommen." Konfuzius hat etwas Interessantes dazu gesagt: „Der reiche Mann denkt an die Zukunft, der arme an die Gegenwart." Damit beschreibt er die mentale Grundhaltung und die Auswirkungen einer reinen Orientierung an der angenehmen Gegenwart. Konfuzius hat Reichtum und Armut hier sehr weit gefasst, da er eine materielle Orientierung ablehnte. Es geht um Reichtum an Wissen, Möglichkeiten, Erfahrungen, Kraft, innerer Ruhe, Leidenschaft, Werten, Kultur, Beziehungen, Geist, Erfolg, Gesundheit ...

Wir opfern auf dem Altar der Komfortzone also oft unser langfristiges Glück für kurzfristige Bequemlichkeit. Wenn wir zu viel in der Komfortzone bleiben, kann das unsere Entwicklung stark behindern. Da Positive Psychologie (Kap. 1) sich mit der Ausschöpfung menschlichen Wachstumspotenzials befasst, ist die Komfortzone von zentralem Interesse.

Diese Definition von Komfortzone weist auch auf einen interessanten psychologischen Forschungsbereich hin: die **Selbstdisziplin** (Kap. 12). Sie beschreibt, wie sehr ein Mensch sich regulieren kann, um seine langfristigen Ziele zu erreichen. Das beinhaltet Aufmerksamkeit, Denken, Emotionen, Motivation und letztlich das Verhalten. Es geht um Disziplin, Durchhaltewillen und Willenskraft. Selbstdisziplin ist das, was einen von zwei körperlich „gleichen" Menschen auf einen 7.000er steigen lässt – und den anderen schon vor dem Basiscamp umdrehen lässt. Wir brauchen Selbstdisziplin, um an die Zukunft zu denken, eine gute Zukunft zu schaffen. Hohe Selbstdisziplin lässt eine Studentin mit mittlerer Intelligenz ihr Studium mit Top-Abschluss durchziehen, und geringe Selbstdisziplin lässt ggf. eine andere Studentin mit hoher Intelligenz im Studium scheitern, Netflix-süchtig und zur Raucherin werden. Hohe Selbstdisziplin hängt zusammen mit Arbeitsmotivation, pünktlichem Beginnen und kontinuierlichem Umsetzen von Aufgaben (Steel, 2007). Zudem geht sie einher mit guten sozialen Beziehungen, Schulerfolg und vernünftigem Umgang mit Geld. Geringe Selbstkontrolle korreliert dagegen mit übermäßigem Essen, Alkohol- und Drogenkonsum, verbaler und körperlicher Gewalt sowie riskantem Sexualverhalten (Tice und Bratslavsky, 2000).

Doch es muss nicht nur Disziplin sein, die uns aus der Komfortzone holt. Auch außerhalb der Komfortzone können sich Menschen wohlfühlen. **Wir können die Wachstumszone mit der Komfortzone verschmelzen lassen.** Ein guter Bezugspunkt für diesen Gedanken ist das **Flow-Modell** (Kap. 13) der Psychologie (Csikszentmihalyi, 1975). Die Flow-Theorie geht davon aus, dass es einen optimalen Zustand bei Tätigkeiten gibt, bei dem die Anforderungen einer Tätigkeit den Fähigkeiten entsprechen. Hier kann ein sogenannter Flow-Zustand entstehen, der optimal motiviert. Wir sind dann in der Wachstumszone, lernen optimal, gehen voll in unserer Tätigkeit auf **und** wir fühlen uns gut dabei.

Übersteigen die Anforderungen allerdings unsere Fähigkeiten, dann entsteht Stress durch Überforderung. (Dieser Aspekt findet sich als „Panikzone" im Komfortzonenmodell.) Unterfordert eine Aufgabe, dann entsteht laut Flow-Modell ebenfalls Stress. Die Ähnlichkeiten zum Komfortzonenmodell sind deutlich. Allerdings thematisiert die Flow-Theorie besser den Zustand der Unterforderung und Langeweile, den auch viele Menschen vermeiden wollen.

Mangelnde Selbstdisziplin und kurzfristiges Denken sind daher wesentliche Facetten bei der Definition von Komfortzone. Allerdings ist Komfortzone breiter definiert. Neben der mangelnden Disziplin und Faulheit gibt es weitere Kräfte und Barrieren, die uns in dieser langfristig toxischen Zone „festhalten".

10.6 Was hält uns in der Komfortzone fest?

Aus der Komfortzone herauskommen. Das ist offenbar für viele Menschen leichter gesagt als getan. Doch was hält uns dort gefangen? Es gibt Barrieren. Eine gute Struktur der Ursachen, warum jemand in der Komfortzone bleibt, findet sich entlang der großen fünf Persönlichkeitsmerkmale. **Das hält uns in der Komfortzone fest:**

- **Angst.** Angst ist ein sehr wichtiges Motiv, sich keinen neuen Situationen auszusetzen. Es kann die Angst sein, von anderen abgelehnt und zurückgewiesen zu werden oder zu versagen. Entsprechend vermeidet eine ängstliche Person herausfordernde Situationen, an denen sie wachsen könnte. Hier spielt insbesondere der Persönlichkeitsfaktor „Neurotizismus" eine Rolle. Dieser beschreibt, wie emotional sensibel Menschen auf Reize reagieren. Wer hohen Neurotizismus hat, ist eher unsicher und wenig selbstbewusst, bleibt in seiner Komfortzone.
- **Ablehnung von Veränderung.** Manche Menschen sind wenig offen für Neues, sie hassen Veränderung, hängen am geliebten Gewohnten. Deshalb bleiben sie in ihrer Komfortzone, denn Wachstum, Entwicklung, Lernen bedeuten Veränderung – das findet meist außerhalb der Komfortzone statt. Die größte Angst ist für viele die Änderung der eigenen Person. Das erzeugt Unsicherheit, stellt die Identität infrage. Hier ist das Persönlichkeitsmerkmal „Offenheit für Neues" von großer Bedeutung.
- **Faulheit.** Ein neues Hobby beginnen, Sport anfangen, neue Menschen kennenlernen, eine private oder berufliche Veränderung – das ist mit Unannehmlichkeiten verbunden. Es ist anstrengend. Personen mit geringer Leistungsorientierung und Menschen, die sich eine „Schonhaltung" angewöhnt haben, bleiben deshalb oft in der Komfortzone. Weil es einfach ist. Weil es (zumindest kurzfristig) bequem ist. Hier ist das Persönlichkeitsmerkmal „Gewissenhaftigkeit" relevant, ein Faktor, auf dem auch Leistungsorientierung liegt. Wer wenig gewissenhaft ist, prokrastiniert (Kap. 9) eher (Steel, 2007).
- **Rücksicht auf andere.** Ja, auch die übermäßige und falsch verstandene Rücksicht auf andere ist oft eine Barriere für die eigene Entwicklung. Sie verhindert, dass wir aus der Komfortzone gehen. Das können aktuell im Umfeld vorhandene Personen sein. Der Partner, der Probleme damit hat, wenn seine Frau erfolgreicher als er ist. Freunde, die nicht damit klarkommen, wenn jemand aus ihrem Umfeld sie outperformt.

Vielleicht ist es eine ganze Gesellschaft und Kultur, die Erfolg innerlich ablehnt – zumindest in Bezug auf manche Personen –, die zum Beispiel sagt: „Frauen dürfen nicht studieren!" Finanziell und unternehmerisch erfolgreiche Personen schildern oft, wie sie ihren gesamten Freundeskreis verloren haben. Bei anderen werden die Autos demoliert und die Wohnungen angegriffen, weil sie etwas teurer sind. Ein Beispiel für diese in Deutschland verwurzelte Ablehnung von Erfolg ist die Aussage der Letzten Generation „Wir können uns die Reichen nicht mehr leisten!" und entsprechende Angriffe auf vermeintlich „reiche" Personen.

Oft ist diese limitierende Rücksicht auf das soziale Umfeld auch tief verinnerlicht, in Form von unbewussten Glaubenssätzen aus der Herkunftsfamilie. Das trifft vor allem Menschen, die aus Familien kommen, die Bildung ablehnen, erfolgreiche und wohlhabende Personen anfeinden, klischeehafte Rollenerwartungen transportieren („die Tochter", „die Ehefrau" usw.). Wer unbewusst Glaubenssätze in sich trägt wie „Erfolgreiche Menschen sind schlecht, sie werden abgelehnt, sie haben anderen etwas weggenommen!" oder „Du bist nicht liebenswert. Andere werden dich ablehnen.", der steht sich oft selbst im Weg. Er scheitert immer wieder aus für ihn „unerfindlichen Gründen".

Das Persönlichkeitsmerkmal „Verträglichkeit" beschreibt, wie stark wir auf die Bedürfnisse anderer Rücksicht nehmen, wie wichtig es für uns ist, gute Beziehungen „um jeden Preis" aufrecht zu erhalten. Von anderen gemocht werden, dazugehören – auch das ist eine starke psychologische Kraft, die Menschen in der Komfortzone zurückhalten kann. Viele bleiben dann lieber „klein", ziehen den Kopf ein, wachsen nicht – damit andere mit ihnen zufrieden sind.

- **Introversion.** Auch das Persönlichkeitsmerkmal „Extraversion" mit seinen Polen introvertiert versus extrovertiert spielt eine Rolle beim Verharren in der Komfortzone. Introvertierte Personen mögen ungern im Mittelpunkt stehen, sie vermeiden die Aufmerksamkeit anderer, verhalten sich eher sozial zurückgezogen. Ihre Tendenz, nicht auf andere zugehen zu wollen, hält sie in ihrer Komfortzone fest: Es fällt ihnen schwer, proaktiv Menschen anzusprechen für Karriere, Wissen und Lernen, gemeinsame Projekte, Partnerschaft und Beziehungen. Sie bauen kein soziales Netzwerk aus starken Menschen auf und wachsen selbst langsamer.

Die Ursachen, warum jemand nicht aus seiner Komfortzone geht, sind also oft auf die hier genannten Aspekte zurückzuführen. Entweder auf einen einzelnen davon, oft auch auf eine ganze Kombination. Menschen sind verschieden. Deshalb können auch die Ursachen, warum jemand in der Komfortzone bleibt, unterschiedlich sein.

Ein Grund, warum viele Menschen immer in ihrer Komfortzone verweilen, sich selbst langfristig schaden, ist: **Wir unterschätzen die Macht schleichender Entwicklungen im Leben.** Wir nehmen sie zu wenig wahr. Das zeigt der Infokasten.

Vergleich: der gekochte Frosch

Es gibt die verbreitete Geschichte über einen Frosch, den man in einen **Topf mit kaltem Wasser** setzt. Das Wasser wird dann ganz langsam **Schritt für Schritt erhitzt**. Weil die Temperatur nur ganz langsam steigt, bemerkt er die Veränderung nicht. Der Frosch bleibt ruhig im Topf, versucht nicht zu fliehen. Er bleibt im Topf sitzen, bis er tot ist.

Diese Geschichte, die offenbar auf Experimentalberichte deutscher Psychologen vor über hundert Jahren zurückgeht, beschreibt, warum ihre Komfortzone für viele Menschen zur Falle wird. Jeden Tag ein paar Stunden Serien gucken, statt etwas zu lernen oder Freunde zu treffen … das macht scheinbar nichts. Ein Gläschen Wein zu viel… das schadet auf den ersten Blick noch nicht. Jeden Arbeitstag ein paar Euro für einen Coffee-to-go, oder 2 % Zinsen im Monat auf den Dispo … tun offenbar nicht weh. Ein paar Monate kein Buch lesen? Das fällt nicht unangenehm auf. Und nur weil ich aufhöre, Sport zu betreiben und mich ungut ernähre, werde ich auch nicht sofort dick. Diese Menschen sagen sich Dinge wie „Hauptsache, es schmeckt!", „Man soll sich was gönnen!" und „Ein bisschen schadet nicht!". Und sie schauen weg.

Das Überraschende an dieser Geschichte mit dem gekochten Frosch: Sie stimmt nicht. Ein gesunder Frosch verlässt das warme Wasser, sobald es ihm unangenehm wird. Doch im gewissen Sinne sind Frösche hier leider „intelligenter" als wir Menschen.

Menschen unterschätzen die Macht langsamer Entwicklungen im Leben. Das gilt sowohl für positive als auch für negative Entwicklungen. Die scheinbaren Kleinigkeiten des Lebens summieren sich gewaltig auf – und irgendwann kommt die dicke Rechnung. Dann schauen wir zurück und sind 15 Jahre unseres Lebens vor dem Fernseher „gesessen". Oder wir haben den Fernseher verbannt und unsere Träume gelebt.

Wir wissen jetzt, was die Komfortzone ist, haben sie definiert und kennen die Kräfte, die uns dort „gefangen" halten. So weit so gut. Nur: Wie kommen wir raus aus diesem Gefängnis? Komfortzone verlassen – wie funktioniert das? Zuvor ein paar ketzerische Gedanken.

10.7 Vorteile der Komfortzone

Eine ungewohnte Perspektive: Hat die Komfortzone auch Vorteile? Viele Menschen sehen sie als etwas Negatives, Verwerfliches. Zahlreiche Trainer, Coaches und Autoren aus der Selbsthilfeliteratur bestärken diesen negativen Blickwinkel. Ist die Komfortzone tatsächlich so schlecht? Warum gibt es sie dann, haben sich Menschen so darauf ausgerichtet? Die Diskussion in diesem Abschnitt geht tiefer, ist kritischer, zeigt, dass es gar nicht auf das bloße „Verlassen" ankommt. Es gibt **Vorteile der Komfortzone**, Gründe, warum wir oft innerhalb unserer Komfortzone handeln sollten.

Komfortzone ist oft gut. In der Literatur und der Praxis schimpft „jeder" auf die Komfortzone, es ist ein einseitiges und unreflektiertes „Bashing". Sie hat keine Fürsprecher und ist fast unisono als etwas Schlechtes dargestellt, das man zu verlassen hat. Das ist so extrem nicht richtig.

Innerhalb unserer Komfortzone handeln wir effektiv, schnell und fehlerfrei. Wir können sicher unsere Ziele und gute Ergebnisse erreichen. Wenn uns beispielsweise ein Arzt operiert oder ein Pilot fliegt: Dann ist es von höchstem Interesse für uns, dass er innerhalb seiner Komfortzone handelt. Unsere Komfortzone hilft uns auch zu regenerieren und zu reflektieren. Mit einem selbstsicheren Auftreten und zuverlässigem Handeln bauen wir Vertrauen und eine gute Reputation auf. Andere Menschen vertrauen uns. Und wir schützen uns selbst vor zu großen Risiken. Denken wir zum Beispiel an einen Soldaten, der im Kriegseinsatz einfach komplett aus seiner Komfortzone herausgeht, sich extremen Risiken aussetzt, für die er in keiner Weise ausgebildet ist. Vielleicht lernt dieser Soldat viel dazu. Wahrscheinlich ist er jedoch einfach tot oder lebenslang schwer geschädigt.

Fazit: Unsere Komfortzone hat durchaus Vorteile, und sie sollte möglichst groß sein. Bei Handlungen mit großen Risiken sollten wir in der Komfortzone bleiben. Wenn wir unsere Komfortzone weise einsetzen, dann nutzen wir sie, um perfekt zu performen, zu regenerieren und neu Gelerntes zu verarbeiten.

Gezielt wachsen, statt „naiv" verlassen. Die meisten Menschen bleiben viel zu viel in ihrer Komfortzone. Andere konzentrieren sich nahezu ausschließlich darauf, ihre Komfortzone zu verlassen – egal in welcher Richtung. Sie springen in kaltes Wasser, holen im Sport das Letzte aus sich heraus und arbeiten an einem Projekt bis zum Umfallen. Das trägt bestenfalls zu einem ungerichteten Wachstum bei, häufig schaden sich diese Personen sogar. Sie schaden ihrem Körper durch Überanstrengung, machen Fehler durch Überarbeitung und riskieren soziale Beziehungen, indem sie als ausgebrannter und überarbeiteter „Freak" auftreten. Durch den Dauerstress sind sie nicht mehr in der Lage, die neuen Erfahrungen zu verarbeiten und zu lernen. Sie erodieren ihre Erfolgsbasis, vergessen zu regenerieren.

Das Ziel ist daher, unsere Komfortzone kontrolliert auszudehnen, nicht einfach naiv zu verlassen. Jedes Projekt, jede Handlung, die wir starten, „besitzt" uns, saugt uns im gewissen Sinne auch aus. Wir sollten daher gut überlegen, wo wir aus unserer Komfortzone gehen, welche Schlachten wir kämpfen – und welche nicht. Unsere Zeit ist begrenzt.

Balance gewinnt. An diesem Punkt ist klar, dass das Komfortzonenmodell, richtig angewandt, eine Gratwanderung ist. Wenn wir immer nur innerhalb der Komfortzone bleiben, dann handeln wir sicher und effektiv, können in einer bestimmten Aufgabe eine enorme Routine und Effizienz entwickeln. Aber wir entwickeln uns nicht weiter. Wenn wir dagegen zu naiv aus der Komfortzone heraustreten, dann ist es vielleicht gar kein kaltes Wasser mehr, in das wir springen, sondern eine Eisplatte, auf der wir zerschmettern.

Fazit: Es geht um die Balance von Risiken und Chancen, um **intelligentes Wachstum** mit Augenmaß. Es gilt zu testen, was für uns am besten passt. Vielleicht sagen wir dann: „Ich versuche jedes fünfte Mal, im Restaurant etwas ganz Neues zu bestellen. Ich versuche jedes fünfte Mal, am Abend jemanden zu treffen, den ich sonst eher nicht treffe. Ich versuche, eine bestimmte Zeit mit den Menschen in meinem Umfeld über Dinge zur reden, die wir sonst nicht ansprechen. Ich versuche, einen Tag in der Woche bei der Arbeit etwas zu tun, mich mit etwas zu befassen, das neu, herausfordernd und unbekannt ist."

Gestörtes Gleichgewicht. Trotz aller Vorteile der Komfortzone: In unserer modernen Gesellschaft neigen die meisten Menschen dazu, viel zu viel innerhalb ihrer Komfortzone zu bleiben. Diese Tendenz ist nachvollziehbar, wenn man sich die Entstehungsgeschichte der Menschheit ansieht. Wetten auf eine ferne Zukunft, Unbekanntes, Fehler, Schwächen und Unsicherheit enden in einer natürlichen Umwelt schnell tragisch. Es gilt, auf Nummer sicher zu gehen, nichts zu riskieren. Unsere Welt hat sich stark geändert – aber die Menschen kaum. Unsere Präferenz für Sicherheit, unser Unwillen, einen Preis für die Zukunft zu bezahlen, sind noch fest in uns verankert. Doch in modernen Gesellschaften ist es wichtig geworden, dass ein Fünftklässler heute lernt, damit er als erwachsener Mann einen akademischen, gefragten Beruf ausüben kann. Es ist essenziell, dass Kinder lernen, vernünftig mit Geld umzugehen, um später ihrer Familie ein gutes Leben finanzieren zu können. Es ist entscheidend, dass eine 30-jährige Frau gute Gewohnheiten (Kap. 14) bei Ernährung und Bewegung aufbaut, damit sie mit 60 nicht

Typ-2-Diabetes hat. Wir müssen, um hier erfolgreich zu sein, riesige Investments in die Zukunft tätigen. Bedeutet: Dieses hartnäckige Verharren in der Komfortzone, das früher hoch angepasst war, hat sich in den modernen Gesellschaften zum Fluch entwickelt. Das optimale Gleichgewicht ist gestört. Wir sind zu viel in der Komfortzone!

Fazit: „Huch, die schlimme Komfortzone ist ja doch auch gut!" Ja, das ist sie. Wohl dosiert. Meist ist die Dosis allerdings viel zu hoch. Und das Verlassen ist zu wenig gezielt. Moderne Menschen neigen dazu, viel zu viel innerhalb der Komfortzone zu bleiben. Nach diesen „ketzerischen" Gedanken folgen daher konkrete **Tipps zum Verlassen der Komfortzone.**

10.8 Komfortzone verlassen: Tipps

Viele Menschen fragen sich: „Wie kann ich meine Komfortzone verlassen?" Raus aus der Komfortzone! Die nächsten Abschnitte zeigen die entscheidenden Tipps, um in die Wachstumszone zu kommen.

10.8.1 Ambitionierte Aufgaben wählen

Ein gefährlicher Glaubenssatz, den viele aus dem Schulsystem mitbringen, ist: „Ich muss etwas erst richtig gut können, gut darin sein, bevor ich es angehe." Doch wenn wir immer nur Aufgaben aussuchen, für die wir mit Sicherheit „schon gut genug" sind, dann wachsen wir kaum mehr. Diese Aufgaben sind für uns zu klein. Wir brauchen anspruchsvolle, aber realistische Aufgaben, Aufgaben, die wir nur schaffen, wenn wir uns wirklich anstrengen. Ein Punkt, der verhindert, dass wir ambitionierte Aufgaben wählen, ist die Angst vor Fehlern. „Ich darf keine Fehler machen!" Das haben viele Menschen als Glaubenssatz verinnerlicht. Schon in der Schule bemisst man unsere Leistung meist an Fehlern: keine Fehler, Note eins – viele Fehler, Note sechs. Wir leben in einer „Fehlerkultur", in der man sich auch als Erwachsener keine Fehler „leisten kann". Als Konsequenz sind viele Menschen enorm fehlerscheu, riskieren nichts. Das nimmt uns die Chance, zu wachsen und zu lernen.

Fazit: Oft erwerben wir eine Kompetenz auf einem Gebiet erst richtig, indem wir es tun. Je größer die Chancen und je kleiner die Risiken bei einer Handlung sind, desto eher sollten wir aus unserer Komfortzone herauskommen, auch wenn das Ziel ambitioniert ist. So können wir mit den

Herausforderungen wachsen. „Das größte Risiko ist, kein Risiko eingehen zu wollen", sagt man in Unternehmerkreisen.

10.8.2 Selbstwirksamkeit entwickeln

Selbstwirksamkeit (Kap. 4) ist das Vertrauen in uns selbst. Das Vertrauen, dass wir „es schaffen können". Selbstwirksame Menschen glauben an den Erfolg, verlassen ihre Komfortzone und strengen sich sogar mehr an, wenn etwas nicht auf Anhieb gelingt. Sie können sich besser motivieren und strahlen diese Zuversicht auf andere Menschen aus. Sie suchen sich anspruchsvolle, aber realistische Aufgaben und treten damit kontrolliert in die Wachstumszone. Unsere Selbstwirksamkeit fördern wir z. B., indem wir Fähigkeiten trainieren, systematisch Erfolge sammeln und stufenweise schwierigere Aufgaben angehen und lösen. Selbstwirksamkeit entwickeln wir auch, indem wir uns mit Menschen umgeben, die uns positives und wertschätzendes Feedback geben.

10.8.3 Stufe für Stufe gehen

Weitermachen ist wichtig. Und Erfolgserlebnisse sind wichtig. Beides zusammen bekommen wir, wenn wir schrittweise vorangehen. Das funktioniert ganz einfach, wie folgende Beispiele zeigen. Es fällt uns schwer, vor Menschen zu sprechen? Dann fangen wir im Kleinen an, erzählen im Freundeskreis Witze, halten eine kurze Ansprache, wenn jemand Geburtstag feiert. Wir fühlen uns unwohl, jemanden anzusprechen? Dann üben wir, indem wir Verkäufer oder Verkäuferinnen ansprechen, Menschen grüßen, die mit dem Hund an unserem Garten vorbeikommen oder halten Small Talk mit der Bedienung im Restaurant. Wir haben Hemmungen, uns auf eine attraktive Position am Arbeitsplatz zu bewerben? Dann holen wir uns proaktiv Aufgaben, die uns schon ein wenig in die Richtung qualifizieren. Wir übernehmen mehr Verantwortung bei dem, was wir bisher machen. Wir nutzen Gespräche mit der Führungskraft, um kontrolliert mehr Erfahrung und Verantwortung zu gewinnen. Wir wünschen uns mehr Bewegung und Sport im Leben? Dann fangen wir mit kleinen Routinen an: Gehen z. B. immer auf die Toilette in einem anderen Stockwerk im Büro – zu Fuß, nicht mit dem Aufzug. Oder machen fünf Liegestütze, bevor wir etwas aus dem Kühlschrank nehmen. Oder wir nutzen einen höhenverstellbaren Schreibtisch, arbeiten im Stehen.

10.8.4 Mentoren einsetzen

Wenn wir Autofahren lernen, ist typischerweise ein Fahrlehrer dabei. Die Risiken im Straßenverkehr sind hoch, wir profitieren sehr von so einer Begleitung. Wie auch immer wir diese Personen nennen: Lehrer, Coaches, Berater, Mentoren – oder einfach nur Freunde, Kollegen und Führungskräfte. Vieles lernt sich mit kundiger Begleitung besser. Und die meisten Menschen nutzen das viel zu wenig. Wir profitieren durch Unterstützung von erfahrenen und kompetenten Personen auf unserem Weg in die Wachstumszone. Wir profitieren durch ihre bewährten Tipps, Lösungen und Tricks.

10.8.5 Motivierendes soziales Umfeld

Emotionen sind ansteckend, übertragen sich schnell von Mensch zu Mensch (z. B. Barsade, 2002). Daher sollten wir unser Umfeld befreien von Menschen, die deprimiert, antriebslos und negativ sind. Wir sollten Personen meiden, die uns andauernd nur sagen wollen, was alles nicht geht und was wir nicht können, die kein ausgewogenes Bild von uns spiegeln. Wir umgeben uns dafür mit Personen, die in uns bereits das Potenzial sehen, wo wir hin wollen. Wir umgeben uns mit Menschen, die in die gleiche Richtung gehen, die idealerweise mitmachen – sei es beim Sport oder wo auch immer wir aus der Komfortzone gehen wollen. Wir suchen Menschen, die Liebe, Dynamik, Motivation und positive Energie ausstrahlen. Diese Ausstrahlung lassen wir auf uns wirken wie Sonnenschein.

10.8.6 Optimistisches Denken fördern

Pessimisten denken, dass Umstände negativ sind und dass das unveränderlich so bleibt. Sie bleiben in ihrer Komfortzone, draußen ist das „Wetter" schlecht, der Wind weht kalt, es schneit, der Boden ist glatt – und das bleibt so. Optimisten (Kap. 2) dagegen glauben, dass Umstände positiv sind, dass ungünstige Umstände veränderbar und vorübergehend sind (Seligman, 1998). Sie sehen die Chancen, sind daher motivierter und treten eher aus der Komfortzone heraus. Um aus der Komfortzone zu kommen, brauchen wir daher gesunden Optimismus. Wir sehen das berühmte „Glas" halb voll – und als ein Glas, das man weiter auffüllen kann.

10.8.7 Disziplin lernen

Ja, Disziplin kann man lernen. Das zeigt die umfangreiche Forschung rund um das Thema Selbstdisziplin (Kap. 12). Und oft werden wir ein wenig Disziplin brauchen, um aus unserer Komfortzone zu gehen. Selbstdisziplin hilft uns, heute zu investieren, um morgen mehr zu haben. Unsere Disziplin funktioniert wie ein Muskel, den wir trainieren können. Um Disziplin zu trainieren, sagen wir öfter einmal Nein zu unmittelbaren Bedürfnissen, die uns schaden: Wir stehen sofort auf, wenn der Wecker klingelt – und dösen nicht weiter. Wir stehen vielleicht sogar etwas früher auf als gewohnt und meditieren. Der zweite Teller Essen fällt aus. Die süße Nachspeise bleibt weg. Das Bier gibt es erst zum Abendessen. Der Fernseher bleibt aus. Wir nehmen das Rad anstelle des Autos. Die letzte Minute duschen wir kalt … Wir selbst kennen uns am besten und wissen genau, was zu tun ist. Dafür gehen wir ganz bewusst solche kleinen Schritte aus unserer Komfortzone im Alltag. Wir tun das deshalb ganz bewusst, um unseren Fortschritt zu sehen. Damit trainieren wir unseren Disziplin-Muskel, sagen Ja zum Investment in unsere Zukunft. Und wenn es dann so weit ist, dass wir Disziplin wirklich brauchen, wir die Komfortzone verlassen, dann sind wir gut trainiert und vorbereitet.

10.8.8 Die Macht der Vorstellung nutzen

Unsere Komfortzone verlassen wir auch mithilfe der Macht unserer Fantasie und Vorstellung. Katharina die Große aus dem obigen Beispiel hatte offenbar schon als Kind die Vision, einmal eine europäische Königskrone zu tragen – als Herrscherin. Auch eine Schreckensvision kann hilfreich sein: „Was passiert, wenn ich so weitermache wie bisher? Wo bin ich dann in zehn Jahren? Wie sieht mein Leben aus?" Eine Vision (Kap. 6) sollte sehr emotional sein, wir sollten den negativen Zustand spüren, sehen, riechen, schmecken, hören … am besten malen wir ein abstoßendes Bild oder machen eine Collage davon, ekeln uns davor, sind traurig bei der Vorstellung. Als Kontrast und Gegenpol entwickeln und nutzen wir eine positive Vision, ein „best possible self". Auch hier zählt Emotion: Wie fühlt sich unser zukünftiges Leben an, wie sieht es dort aus, welche Emotionen haben wir, wer ist mit uns, wie ist unser Leben? Nicht Argumente und Fakten, sondern Bilder und Gefühle sind dabei erfolgsentscheidend. Bei wirksamen Visionen fühlen wir eine Kraft, die uns dort hinzieht – oder abstößt, motiviert und unser Denken und Handeln fokussiert. Wir nutzen diese Visionen, rufen sie ab, wenn es hart ist, wir Motivation brauchen, um erfolgreich unsere Komfortzone zu verlassen und zu wachsen.

Ein wichtiger Gedanke und Tipp zum Abschluss: Viele glauben, man muss unbedingt die Komfortzone verlassen, damit diese wächst. Das ist nicht zwangsläufig so. Wir können auch innerhalb der Komfortzone mit guten Gewohnheiten (Kap. 14) unsere Komfortzone ausdehnen. Damit bauen wir Routinen auf, festigen vorhandenes Können weiter. Doch diese Art von Wachstum ist sehr begrenzt. Am Ende geht es darum, unsere Komfortzone zu verlassen, uns Neuem und Unbekanntem zu stellen, damit wir uns entwickeln können. Darum geht es auch in der folgenden Frage an den Autor.

> **Frage an den Autor: Ich tue mich schwer, meine Komfortzone zu verlassen. Wie starte ich damit?**
>
> *Wie fange ich damit an, mehr aus meiner Komfortzone zu gehen?*
> Ich will Dir hier ein paar viel grundlegendere Gedanken mitgeben, weil ich glaube, dass es das falsche Ziel ist, einfach „irgendwie mehr aus der Komfortzone zu kommen".
>
> Es geht nicht einfach darum, stumpf aus der Komfortzone zu gehen. **Unkontrolliertes Wachstum ist genauso schlecht wie Stillstand.** Ein trauriges Beispiel dafür ist Krebs – Zellen, die unkontrolliert wachsen. Ich habe viel beobachtet: Es gibt tatsächlich beide Extreme bei Menschen.
>
> Ich kenne die Menschen, die **unkontrolliert wachsen**. Menschen, die zum Beispiel 3 gänzlich verschiedene Studiengänge absolvieren, permanent lernen – doch das Gelernte nie anwenden, nie weitergeben, nie arbeiten lassen. Sie schlingen einfach Wissen in sich hinein, lassen ihr Ego wachsen. Doch sie wachsen umsonst, weil sie ihr Potenzial nie einsetzen. Sie sind zwar außerhalb der Komfortzone – aber ohne Plan und Vision. Sie wachsen einfach, ohne je Früchte zu tragen. Und für dieses einseitige Wachstum zahlen sie einen hohen Preis: Sie wachsen dafür in vielen anderen Bereichen nicht. Ähnlich wie bei Wissen gibt es so ein unkontrolliertes Wachsen auch bei Geld und vielen anderen Dingen im Leben.
>
> Persönlich bin ich ein großer Freund von Wissen. Wissen, das wir anwenden, das wir teilen, mit dem wir einen Beitrag leisten. Darum geht es. Wissen ist ein Instrument, kein Selbstzweck. Das gilt für jede Form von Wachstum. So habe ich das immer gehandhabt.
>
> Und dann gibt es das andere Extrem. Sogar noch öfter. **Menschen mit Stillstand.** Wer startet schon ins Leben und sagt sich: „Ich möchte einmal 140 Kilo wiegen und Typ-2-Diabetes haben! Ich will die Schule ohne Abschluss verlassen! Ich hätte gerne, dass, wenn ich 60 bin, meine Kinder nicht mehr mit mir sprechen." Dennoch landen viele Menschen genau in solchen Situationen. Der Grund: Sie sind immer wieder Kompromisse eingegangen, haben sich für den leichten Weg entschieden, ihre Komfortzone nicht verlassen. Sie haben Stillstand und Passivität gewählt.

Lasse niemals Stillstand zu. Erlaube niemals, dass Dein inneres Kind stirbt, das wachsen und lernen will.
Dein Ziel aus meiner Sicht ist daher: **Werde zum Architekten Deiner Entwicklung.** Das sollte Deine Grundhaltung sein. Gestalte Deine eigene Entwicklung proaktiv. Du bist Deine Komfortzone. Wachstumszone ist das, was Du noch nicht bist, was Du morgen sein könntest. Wer also willst Du sein? Suche Dir hier gezielt Aktivitäten, mit denen Du kontrolliert aus der Komfortzone herausgehst und wächst. Dafür brauchst Du einen Plan wie ein Architekt. Sorge für Klarheit, in welche Richtung Du überhaupt wachsen möchtest und mit welchen Strategien Du dort dann kontrolliert aus der Komfortzone trittst. Was sind Deine zentralen Werte für Dich im Leben? In welchen Feldern möchtest Du überhaupt wachsen? Warum? Was ist Deine Vision (Kap. 6) dahinter? Du brauchst so eine Vision, sie ist Dein Bauplan, sie sorgt dafür, dass Du kontrolliert und systematisch wächst.
Lasse auch nicht zu, dass andere Dein Wachstum bestimmen, wie ein „Gärtner" sind, der bestimmte Äste bei Dir abschneidet. Die Schulzeit war schon genug fremdbestimmtes Wachstum und Verlassen der Komfortzone, in eine Richtung, die ausschließlich andere bestimmen. Oder?
Dehne Deine Komfortzone systematisch aus. Je mehr Ressourcen Du hast, desto größer wird Deine Komfortzone. Du kannst dann mehr tun. Deshalb baue Deine Ressourcen aus und schütze sie. Denke dabei maximal breit.
Blicke auf die immaterielle Welt: Deine Fähigkeiten, Dein Selbstvertrauen, Deine Motivation, Deine Emotionen, Deine Resilienz (Kap. 5). Und vergiss nicht das Wichtigste: Deine Gesundheit.
Denke auch an soziale Ressourcen: Dein Netzwerk, Deine Beziehungen, Kontakte, die Dich mit Information und Tat unterstützen.
Ja, die Komfortzone betrifft natürlich auch materielle Ressourcen: Geld, Infrastruktur, Deine Werkzeuge, die Du brauchst.
Es geht nicht so sehr darum, dass Du eine große Komfortzone hast. Es geht darum, dass Du eine wirkungsvolle Komfortzone hast, die zu Deinen Zielen im Leben passt. Du brauchst für Deine Ziele viel Wissen? Dann hole es Dir. Du brauchst für Deine Ziele materielle Ressourcen? Dann beschaffe sie. Baue systematisch – sei Architekt. Achte darauf, dass Du in keinem wichtigen Feld „nackt" dastehst. Sonst ist Deine Komfortzone auf einmal sehr klein.
Wenn Du merkst, dass Du zu wenig aus Deiner Komfortzone gehst, **beschäftige Dich ehrlich mit Deinen Gründen.** Diese sind sehr individuell. Was ist es bei Dir? Angst, Bequemlichkeit, keine Lust auf Veränderung, falsche Rücksicht auf andere, Warten, dass andere alle Probleme für Dich lösen …? Eine ehrliche Analyse ist noch keine Lösung. Doch sie ist der erste Schritt dorthin. Du weißt jetzt, woran Du arbeiten solltest. Arbeite daran, denn diese Punkte halten Dich zurück. Das werden sie immer wieder tun. Befreie Dich von diesen irrationalen Grenzen. Das ist langfristig viel wichtiger, als sofort irgendwie aus der Komfortzone zu gehen.

Im nächsten Kapitel geht es um die Bedeutung von Konzentration und Fokus im Leben.

Literatur

Barsade, S. G. (2002). The ripple effect: Emotional contagion and its influence on group behavior. *Administrative Science Quarterly, 47*(4), 644–675.

Brown, M. (2008). Comfort zone: Model or metaphor? *Journal of Outdoor and Environmental Education, 12*(1), 3–12.

Csikszentmihalyi, M. (1975). *Beyond boredom and anxiety: Experiencing flow in work and play*. Jossey-Bass.

Luckner, J. L., & Nadler, R. S. (1997). *Processing the experience: Strategies to enhance and generalize learning*. Kendall/Hunt Publishing Company

Seligman, M. E. (1989). *Learned optimism: How to change your mind and your life*. Pocket Books.

Steel, P. (2007). The nature of procrastination: A meta-analytic and theoretical review of quintessential self-regulatory failure. *Psychological Bulletin, 133*(1), 65–94.

Tice, D. M., & Bratslavsky, E. (2000). Giving in to feel good: The place of emotion regulation in the context of general self-control. *Psychological Inquiry, 11*, 149–159.

Yasnitsky, A. (2018). *Vygotsky: An intellectual biography*. Routledge.

11
Konzentration steigern und Ablenkung reduzieren

„Fokus!" Das antwortet der Microsoft-Gründer Bill Gates auf die Frage nach dem einzelnen wichtigsten Erfolgsfaktor auf seinem Lebensweg. Ablenkung bringt uns vom Weg ab – nicht nur beim Autofahren. Studien zeigen Dramatisches: Menschen verlieren bei der Arbeit sagenhafte 25 % ihrer Zeit durch Ablenkung und lassen sich mehr als zehnmal in der Stunde unterbrechen. Ohne Konzentration erreichen wir dann entsprechend wenig an unserem Tag. Noch schlimmer: Wir tauschen damit immer und immer wieder unsere wichtigen Ziele und Träume gegen meist belanglose Ablenkungen ein. Gleichzeitig nehmen negativer Stress und Erschöpfung zu. Wenn wir dagegen unsere **Aufmerksamkeit und Konzentration erhöhen**, dann erreichen wir viel besser unsere Lebensziele: sei es bei Arbeit, Schule oder Studium. Mit Unaufmerksamkeit gefährden wir auch Beziehungen zu geliebten Menschen, etwa zu unseren Kindern – jeder kennt die Eltern, die zwar körperlich anwesend, aber geistig oft abwesend am Spielplatz in ihr Smartphone starren. Mangelnder Fokus schadet uns überall – selbst beim Zuhören oder dem Lesen dieses Textes. Wie also können wir Fokus, Aufmerksamkeit und **Konzentration steigern**? Wie können wir **Ablenkung reduzieren**? Dazu gibt es zahlreiche wirksame **Tipps**.

> **Risiko: Das passiert ohne Konzentration**
> Wir werden alle paar Minuten von dem abgelenkt, was wir gerade tun: Handy, Fernseher, Social Media, E-Mails, Werbung. Das kostet uns viel. Jeden Tag verlieren wir Stunden mit Ablenkung. Unser Stresspegel steigt, wir machen mehr

© Der/die Autor(en), exklusiv lizenziert an Springer-Verlag GmbH, DE, ein Teil von Springer Nature 2024
F. Becker, *Positive Psychologie – Wege zu Erfolg, Resilienz und Glück*,
https://doi.org/10.1007/978-3-662-67620-2_11

> Fehler, brauchen länger. Wir vergessen, das zu tun, was uns wichtig ist. Anstelle von Wachstum und Erfolg bleibt dann meist nur Erschöpfung. Wir leben in einem Zeitalter der permanenten Ablenkung, Fokus und Aufmerksamkeit ist zur seltenen Gabe geworden. Menschen mit dieser Gabe bestimmen ihr Leben selbst. Dagegen lassen sich Menschen ohne Konzentration von ihrer Umgebung bestimmen. Sie sind wie ein Blatt im Wind – der Wind entscheidet, wohin es geht. Anstatt dass sie proaktiv ihr Schicksal gestalten, geraten sie in einen rein reaktiven Modus. Reize von außen übernehmen dann die Kontrolle über ihr Leben.

11.1 Konzentration vs. Ablenkung: Die Herausforderung

Tatsächlich sind ungestörte Phasen der **Konzentration** für die meisten Menschen zum seltenen **Luxus** geworden. Ablenkung und Unterbrechung bestimmen unseren Alltag: Bei der Arbeit kommen ungeplant Kollegen, um Hilfe zu erbitten, uns etwas mitzuteilen oder einfach den Kontakt zu pflegen. Führungskräfte sprechen uns an mit neuen Aufgaben und Fragen. Der Drucker meldet einen Fehler, und das Netzwerk streikt. Kunden melden sich, das E-Mail-Postfach quillt über, und das Telefon klingelt. Dazu lockt unser Smartphone und verführt uns mit „suchtbildenden" Inhalten. In der Freizeit ist es nicht viel besser. Der Paketbote klingelt mit Post für die Nachbarin, Bauarbeiter reißen die Straße auf und der Nachbar gegenüber wirft den Laubbläser an. Die Kids brauchen etwas für den Schulausflug und zerren an uns, während wir zu Hause etwas arbeiten. Im Hintergrund laufen Radio und Fernseher, das Mobiltelefon liegt griffbereit. „Sieht so dein typischer Wochentag aus?" Viele Menschen würden antworten: „Ja. Leider."

Beispiele für typische Ablenkungen im Alltag sind:

- E-Mails (Jackson, Dawson und Wilson, 2003)
- persönliche Unterbrechungen (Face-to-Face) (Nees und Fortna, 2015)
- ungeplante Anrufe
- Störung der Ausrüstung (z. B. PC)
- verzögerte Abläufe (z. B. Verspätung anderer Menschen)
- ablenkende Reize (z. B. Lärm, Sichtbarkeit anderer Personen)
- Blick auf das Smartphone
- Sorgen, Grübeln und Ängste

Diese Beispiele verdeutlichen: Unser Alltag ist überflutet mit Reizen, die uns ablenken, unserer Konzentration schaden.

> **Vergleich: Stierkampf**
>
> Stierkämpfe sind ein trauriges Sinnbild für das Leben von vielen Menschen. Der Stier lässt sich immer wieder von seinem Ziel abbringen, indem sein Gegner ihn mit dem roten Tuch ablenkt. Ähnlich lassen sich viele Menschen immer wieder durch Reize von außen von ihren Zielen und Träumen abbringen. Wie der bemitleidenswerte Stier springen sie auf Reize an und verlassen allzu bereitwillig ihren geplanten Weg. Der Stier bezahlt mit seinem Blut und Leben und erhält das wertlose rote Tuch dafür ... Wir Menschen bezahlen Ablenkungen mit unserer Lebenszeit und unseren Träumen – und was bekommen wir dafür? Ist es viel mehr wert als das rote Tuch?

Fazit: Als Ergebnis von dauernden Unterbrechungen sind viele Menschen bei keiner Aufgabe mehr richtig „präsent", sind mit ihrer Aufmerksamkeit mal hier und mal da – und erreichen am Ende sehr wenig. Moderne Arbeitskonzepte wie digitale Zusammenarbeit, offen gestaltete Büros mit zahlreichen Mitarbeitern in einem Raum und Teamarbeit fördern diese permanente Ablenkung noch weiter (Mark, 2015). Im Privatbereich fluten die digitalen Ablenkungen (Handy, Fernseher, PC ...) unsere Aufmerksamkeit und stören die Konzentration auf wichtige Aufgaben, verhindern den Fokus auf unsere Lebensziele. Das zerstört die effektive Potenzialentfaltung von Menschen, ein Kernanliegen der Positiven Psychologie (Kap. 1).

11.2 Konzentration als Modell: Forschung

Ist das Problem der Konzentration tatsächlich so groß wie oben skizziert? Werden wir Menschen wirklich so massiv von unserem Leben abgelenkt? Der Infokasten zeigt Forschungsergebnisse dazu, wie groß das Problem der Ablenkung für unsere Konzentration mittlerweile ist.

> **Forschung: Fakten zu Konzentration und Ablenkung**
>
> Ein paar **Fakten zu Ablenkungen**:
>
> - Studien legen nahe, dass wir durchschnittlich **mehr als zehnmal pro Arbeitsstunde** unterbrochen werden, also alle sechs Minuten (Wajcman und Rose, 2011).

- Arbeitnehmer der Wissensgesellschaft **verlieren täglich über zwei Arbeitsstunden** nur wegen Unterbrechungen und Ablenkung. Das ist mehr als ein Viertel der Arbeitszeit!
- Unterbrechungen kommen sowohl durch **Störungen von außen** (z. B. jemand ruft an oder spricht uns vor Ort an) als auch **von innen** (z. B. wir öffnen selbst ohne äußeren Anlass unser E-Mail-Postfach während einer Arbeitsaufgabe oder blicken spontan auf das Smartphone).
- Für unsere Aufgaben brauchen wir nach einer Störung durch Konzentrationsverlust bis zu **25 % länger** und
- **Fehler** nehmen auf das Doppelte zu (Bailey und Konstan, 2006).
- Unterbrechungen der konzentrierten Arbeit verursachen Frustration, **Demotivation** und schließlich weniger Leistung (Beck, Scholer und Hughes, 2017).
- Auch **negativer Stress** steigt und das Konzentrationsvermögen schwindet. Unterbrechungen und Ablenkungen sind daher mittlerweile eine der häufigsten Quellen für negativen Stress am Arbeitsplatz (Lück et al., 2018).
- All das führt zu **Erschöpfungszuständen** (Lin, Kain und Fritz, 2013).

Abb. 11.1 zeigt die Zusammenhänge rund um unsere **Konzentration als Modell**: Ablenkungen von außen und von innen unterbrechen unsere kon-

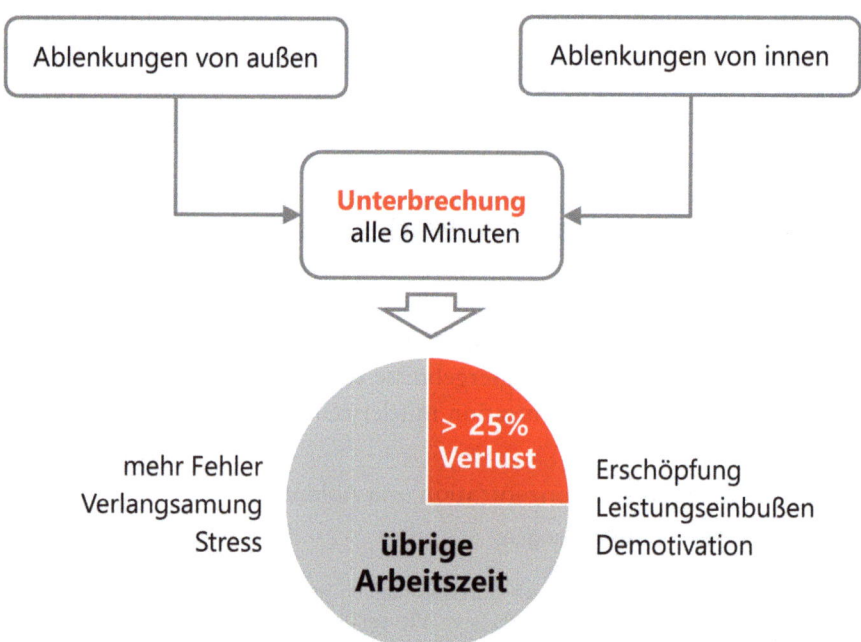

Abb. 11.1 Konzentration im Modell: Ablenkungen unterbrechen uns alle paar Minuten – mit katastrophalen Auswirkungen

zentrierte Arbeit alle paar Minuten. Das führt im Schnitt zu einem direkten Verlust von etwa einem Viertel der Arbeitszeit. Doch damit nicht genug: Wir werden zusätzlich langsamer, weil wir uns nach einer Unterbrechung neu eindenken müssen. Und wir machen mehr Fehler, empfinden negativen Stress, Demotivation und Erschöpfung. Das alles zerstört unsere Leistung. Unsere Ergebnisse enttäuschen auf diese Weise, wir bleiben weit hinter unseren Möglichkeiten zurück.

Ablenkung führt also nicht nur zu einer direkten Verzögerung bei unserer Aufgabe. Sie beinträchtigen unsere Leistung viel nachhaltiger (Zickerick et al., 2021). Das liegt daran, dass wir uns nach der Unterbrechung wieder neu in die ursprüngliche Aufgabe „hineindenken" müssen. Unsere Leistung leidet bei Unterbrechungen durch diese **Re-Fokussierung** (Altmann, Trafton und Hambrick, 2014). **Je anspruchsvoller unsere Aufgaben, desto schädlicher** sind daher Unterbrechungen (Tan und Richardson, 2011) – eben, weil wir uns desto umfangreicher wieder in die Aufgaben eindenken müssen.

Das alles sind keine guten Nachrichten für unsere „Wissensgesellschaft" mit ihren zunehmend anspruchsvollen Tätigkeiten. Es besteht also unmittelbarer Handlungsbedarf, es gilt, unsere Konzentration zu schützen, zu fördern und zu steigern. Und es gilt, Ablenkungen zu reduzieren. Bevor wir auf die konkreten Maßnahmen dazu blicken, sind ein paar Begriffsdefinitionen wichtig.

11.3 Aufmerksamkeit und Konzentration: Definition

Was genau ist Aufmerksamkeit, was bedeutet Konzentration? Kommen wir zu den Definitionen.

> **Definition: Aufmerksamkeit**
> Aufmerksamkeit bezeichnet das Zuweisen von Bewusstsein auf innere oder äußere Gegebenheiten.

Diese Definition von Aufmerksamkeit bezieht sich einerseits auf innere Gegebenheiten (z. B. Fisher, 1998) wie Schmerzen, Gedanken, Sorgen, Emotionen, Motive oder Müdigkeit. So können wir beispielsweise unsere Aufmerksamkeit auf unsere Atmung richten.

Andererseits beinhaltet Aufmerksamkeit, so definiert, auch äußere Gegebenheiten. In diesem Bereich können wir unsere Aufmerksamkeit beispielsweise gezielt auf die Körpersprache von Menschen in unserem Umfeld richten oder auf einen Text, an dem wir schreiben.

Beispiele für Aufmerksamkeit auf innere und äußere Gegebenheiten

Beispiele für Aufmerksamkeit auf innere Gegebenheiten:

- Gedanken
- Emotionen
- Motive und Bedürfnisse
- Körperzustände (z. B. Schmerzen)
- eigenes Verhalten

Beispiele für Aufmerksamkeit auf äußere Gegebenheiten:

- Verhalten anderer Personen
- Merkmale unserer physischen Umgebung
- eine Lehrveranstaltung
- Text auf einer Website oder in einem Buch
- eine Arbeitsaufgabe

Je umfangreicher und höher unsere Aufmerksamkeit ist, desto höher ist unsere **Konzentration**. Konzentration ist somit definiert als Dauer und Umfang der Aufmerksamkeit auf eine Gegebenheit.

Definition: Konzentration

Konzentration bezeichnet den Umfang und die Dauer der Aufmerksamkeit auf eine Gegebenheit.

Ein weitgehendes Synonym für Konzentration ist der Begriff **Fokus**. Damit beschreiben wir, wenn jemand lange Zeit einen hohen Anteil seiner Aufmerksamkeit nur einer Sache zuweist – etwa einem Arbeitsprojekt. Das ist typisch für ein Flow-Erleben, auf das ein anderes Kapitel eingeht (Kap. 13).

Kommen wir zur Definition von Ablenkung:

> **Definition: Ablenkung**
> Eine Ablenkung bezeichnet das Abziehen eines Teils der Aufmerksamkeit von einer Gegebenheit auf eine andere Gegebenheit.

Eine Ablenkung führt also dazu, dass wir nicht mehr fokussiert sind. Einige Wissenschaftler grenzen auch **Unterbrechungen** und Ablenkungen voneinander ab (Relihan et al., 2010; Puranik, Koopman und Vough, 2020). Unterbrechungen zeigen sich dann durch ein Beenden der bisherigen Tätigkeit. Ablenkungen ziehen lediglich Aufmerksamkeit ab, die Tätigkeit läuft aber mehr oder weniger weiter. Tatsache ist jedoch, dass beides Aufmerksamkeit kostet und unserer Konzentration schadet.

Fazit: Aufmerksamkeit ist definiert als **Filter unseres Bewusstseins**. Wir weisen diese knappe und kostbare Ressource bestimmten Reizen zu – und ignorieren andere. Aber unsere Aufmerksamkeit ist auch **von außen beeinflussbar**, wir sind leicht ablenkbar. Tatsächlich herrscht ein regelrechter Wettbewerb von Reizen um unsere Aufmerksamkeit: Welches der vielen hundert Produkte im Supermarkt wird beachtet? Welche Werbebotschaft aus den unzähligen, die jeden Tag auf uns einprasseln, nehmen wir wahr? Auf welche Website in einer langen Liste mit Suchergebnissen klicken wir? Welche App öffnen wir – und welche nicht?

Vor lauter Ablenkung nehmen wir oft nicht mehr wahr, was wichtig ist und was nicht. Das kann auch ganze Unternehmen betreffen, wie folgendes Fallbeispiel zeigt.

11.4 Beispiel für Ablenkung: New Coke

Auch die Erfolgreichsten lassen sich ablenken, verlieren ihren Fokus. Aber sie schaffen es, die Ablenkung abzustellen und zurück auf den Weg des Erfolges zu kommen. Ein Beispiel dafür ist die Geschichte von Coca-Cola und New Coke.

> **Beispiel für Ablenkung: New Coke**
> Kaum jemand kennt die Geschichte, als Coca-Cola sich einmal fast selbst vernichtet hat. Coca-Cola ist die erfolgreichste Softdrink-Marke der Welt. Dafür gibt das Unternehmen jedes Jahr konsequent mehrere Milliarden Dollar für Werbung aus – emotionalisierte Werbung, die seine Marke stärkt. Und dabei

setzen die Verantwortlichen rein auf Emotion. Schließlich gibt es keine rationalen Argumente für das Produkt – und gegen Emotionen kann man nicht argumentieren. Die Marke und das Produkt Cola-Cola sind als Ergebnis dieser jahrzehntelangen Investitionen psychologisch fest im Gehirn der Konsumenten verankert, ja sogar eingebrannt, mit Freude und positiven Emotionen verknüpft. Ein Weg, der nachhaltig zu großem Erfolg geführt hat.

Was hat das mit Konzentration, Fokus und Ablenkung zu tun? Eine ganze Menge. So lange sich Coca-Cola auf diesen Erfolgsweg konzentriert, ist die Marke erfolgreich. Doch einmal haben sie diesen Weg verlassen, sich ablenken lassen, sind reaktiv geworden, statt proaktiv geblieben. Und sie haben dabei fast alles verloren. Das ist die Geschichte von New Coke.

Es sind die 1970-er Jahre. Sowohl Coca-Cola als auch Pepsi wissen schon lange, dass Konsumenten im Blindversuch Pepsi-Cola bevorzugen. Ja, richtig gelesen: Pepsi schmeckt besser – wenn Konsumenten nicht wissen, welche Marke sie gerade trinken, im weißen Pappbecher oder im neutralen Glas. Sobald Konsumenten allerdings wissen, welche Marke sie trinken, „schmeckt" ihnen Coca-Cola besser. Nur konnte Pepsi mit diesem Wissen nicht viel anfangen. Und Coca-Cola störte sich auch nicht wirklich daran – schließlich wissen die Konsumenten ja, was sie trinken, und bevorzugen dann Coca-Cola.

Doch eines Tages änderte sich das. Pepsi hatte eine Idee: die Pepsi-Challenge. Dafür bot Pepsi den Konsumenten in den USA ein kostenloses Verkosten von Cola an – im Blindversuch aus zwei Pappbechern. Entsprechende Verkostungsstände wurden zunehmend aggressiv in den USA ausgerollt: in Einkaufscentern, auf der Straße, in Parks ... überall. Und Verbraucher merkten an den Ständen, dass ihnen Pepsi besser schmeckt.

Coca-Cola begann das zu spüren, verlor Marktanteil und wurde nervös. Statt proaktiv zu bleiben, ihren Weg konzentriert weiter zu gehen, wurde Coca-Cola reaktiv. Sie verließen ihren Erfolgsweg, ließen sich ablenken. Die Chemiker bekamen den Auftrag, eine neue Formel zu entwickeln, die besser schmeckt als Pepsi, besser als jede andere Cola, besser als jede Cola, die es je gegeben hat. Nach zig Prototypen und Zehntausenden Verkostungen meldete das Team Erfolg: eine neue Formel, eine neue Cola, weit besser als alles andere. Das Management fragte: „Seid ihr euch ganz sicher?" Die Antwort: „Ja. Wir haben es in allen wichtigen Märkten mit Konsumenten getestet. Wieder und wieder. Es schmeckt eindeutig besser als alles andere. Ein klar überlegenes Produkt."

Das Management von Coca-Cola traf daraufhin eine radikale Entscheidung: „Wir stellen die Produktion der bisherigen Coca-Cola ein, produzieren nur noch die neue Formel. Damit die Konsumenten auch merken, dass wir jetzt neu und wirklich besser sind als alles andere, ändern wir auch das Design und die Marke. Wir nennen das Getränk jetzt New Coke." Entsprechend wurde 1985 die New Coke in den US-Markt „gedrückt", die alte Version mit dem alten Markennamen eingestellt. Das Management war sich erfolgssicher. Man wollte nicht eine zweite Sorte Cola neben der alten produzieren, um sich nicht selbst Marktanteile abzunehmen, und man wollte das Produktportfolio nicht zu komplex machen. Das Motto war: „New Coke or no Coke!" Ein gravierender Irrtum, wie sich herausstellen sollte.

11 Konzentration steigern und Ablenkung reduzieren

Anfangs schien alles gut zu laufen: Der Aktienkurs von Coca-Cola stieg, Konsumenten in New York begannen, statt der alten Coca-Cola die neue New Coke zu kaufen und zu trinken, Kundenbefragungen zeigten positive Ergebnisse. Alles lief nach Plan. Scheinbar.

Dann begann der Markteintritt in den südlichen Bundesstaaten der USA. Die Stimmung kippte. Hier zeigte sich massive Ablehnung der neuen Marke. Bürger empfanden diese als Angriff auf ein Symbol der USA, als Angriff auf ihre Tradition, als Angriff auf ihre Kultur, als Angriff auf ihre Identität. Zehntausende Protestschreiben und Beschwerdeanrufe gingen bei Coca-Cola ein. Hamsterkäufe der alten Coca-Cola setzten ein, ein „Schwarzmarkt" entstand. Sogar Fidel Castro, Anführer des kommunistischen Kubas und bekannter Coca-Cola-Trinker, beschwerte sich öffentlich. Comedy-Sendungen begannen, New Coke aufs Korn zu nehmen, und Werbung für New Coke wurde in den Kinos ausgebuht. Mitarbeiter von Coca-Cola sahen sich zunehmend sozialem Druck im Bekanntenkreis ausgesetzt. Der Vater des Coca-Cola CEOs kritisierte diesen öffentlich. Internationale Partner signalisierten: „Wir haben kein Interesse an New Coke. Wir wollen weiter die alte Coca-Cola abfüllen und verkaufen." Die Lage spitzte sich weiter zu. Konsumenten hörten auf, New Coke öffentlich zu trinken, um nicht als „unamerikanisch" zu gelten. Proteste setzen ein, Menschen verschütteten öffentlichkeitswirksam den Inhalt von New-Coke-Flaschen auf der Straße. Derweil begannen clevere Geschäftemacher, Coca-Cola aus dem Ausland in die USA zu importieren und zu Höchstpreisen zu verkaufen.

Am 11. Juli 1985 verkündete das Management von Coca-Cola eine Kehrtwende – 79 Tage nach der Markteinführung von New Coke. Coca-Cola sollte wieder verkauft werden. Sie kam als „Coca-Cola Classic" auf den Markt. New Coke dümpelte noch ein paar Jahre auf dem Markt herum, wurde später umbenannt in Coke II und schließlich eingestellt.

New Coke ist ein tragisches Beispiel für die Risiken von Ablenkung. Coca-Cola hat sich ablenken lassen durch Pepsi. Sie haben sich ablenken lassen von dem, was sie seit Jahrzehnten erfolgreich und richtig machen, sie haben sich ablenken lassen von ihren wichtigen Aufgaben, sie haben sich ablenken lassen von ihren Stärken und angefangen, auf ihre Schwächen zu starren. Coca-Cola hat sich hinreißen lassen, das zu opfern, was am wertvollsten war: ihre Marke und damit alle Emotionen, die Verbraucher mit Coca-Cola verbinden. Coca-Cola hat sich ablenken lassen vom Weg, der die Firma über 100 Jahre erfolgreich gemacht hat: Emotionen beherrschen. Sie haben den Weg der Psychologie verlassen und sich nur noch um das physische Produkt, um ihre Rezeptur gekümmert.

New Coke ist aber auch ein eindrucksvolles Beispiel dafür, Ablenkungen zu beseitigen, sich wieder auf das Wesentliche zu konzentrieren, Fokus zurückzugewinnen. Coca-Cola hat wie viele andere Unternehmen auch einen großen Fehler gemacht. Sie haben aber etwas geschafft, was nur wenige Unternehmen schaffen: den tragischen Fehler erkannt, sich eingestanden und rechtzeitig abgestellt. Coca-Cola ist zurück auf dem Weg des Erfolgs, ist wieder auf der Überholspur: mit voller Konzentration auf die Psychologie.

Coca-Cola hat es als Unternehmen geschafft, ist eines der erfolgreichsten Unternehmen und eine der wertvollsten Marken weltweit. Wie ist es mit uns als einzelnem Menschen?

> - Wie gut sind wir darin, Ablenkungen zu widerstehen?
> - Wie leicht lassen wir uns von unserem Pfad zum Erfolg durch andere abbringen, werden reaktiv, lassen unseren Weg fremdbestimmen?
> - Vernachlässigen und vergessen auch wir unsere Stärken, lassen sie verkümmern und fokussieren uns auf scheinbare Schwächen?
> - Und wie gut sind wir dazu in der Lage, Ablenkungen abzustellen, wieder fokussiert zurück auf den Erfolgskurs zu kommen?
>
> Das entscheidet, wie erfolgreich wir sind. Als Menschen.

Ablenkung wird für moderne Menschen zunehmend zum Problem. Sie verhindert ein nachhaltiges und konzentriertes Beschäftigen mit wichtigen Themen, mit unserem Leben. Sie verhindert, dass wir überhaupt bemerken, was wichtig ist für uns. Ablenkung gefährdet daher unseren Erfolg in der modernen Welt. Sie bringt uns im wahrsten Sinne des Wortes von unserem Erfolgskurs ab – nicht nur bei der Arbeit. Wie also können wir konzentriert und fokussiert bleiben?

11.5 Konzentration steigern: Tipps

Mit Ablenkung tauschen wir jedes Mal unsere wichtigen Ziele und Träume gegen wertlose Belanglosigkeiten ein. Ursachen für Ablenkung und mangelnde Konzentration können sowohl innerhalb der Person als auch in der Umgebung liegen. Wie also können wir unsere Konzentration fördern? Darauf hat die Positive Psychologie (Kap. 1) wirksame Antworten entwickelt. Es gibt einfache und effektive Maßnahmen, die unsere **Konzentration steigern**.

11.5.1 Gesunder Schlaf

Insbesondere Schlafmangel zerstört die Konzentrationsfähigkeit (Krause et al., 2017). Gesunder Schlaf bedeutet irgendetwas von sechs bis acht Stunden täglich. Nicht darunter und nicht darüber. Gut ist ein bestimmter Rhythmus, an den sich unser Körper gewöhnen kann. Konkret bedeutet das: Wir steigern unsere Konzentration, wenn wir möglichst immer zu den gleichen Zeiten aufstehen und auch wieder ins Bett gehen. Auch ein kurzer Mittagsschlaf kann uns wieder volle Konzentration am Nachmittag geben.

11.5.2 Pausen

Niemand kann sich ewig auf eine Sache konzentrieren. Jeder Fernfahrer muss Pausen machen. Aus gutem Grund. Warum also sollten wir das nicht bei allem tun, was unsere Aufmerksamkeit erfordert? Damit sie unsere Konzentration steigern, ist auch wichtig, wie die Pausen aussehen. Nehmen wir uns wirklich Zeit zum Regenerieren – oder überfrachten wir unser Gehirn mit neuen Reizen, geistigem Fastfood, wie Nachrichten, Kurzvideos und Social Media? Netflix und TikTok sind keine Pause! Und eine Pause kann durchaus länger sein, als die meisten denken: Bill Gates legte selbst während seiner härtesten Zeit als Vorstand von Microsoft gelegentlich eine ganze „think week" ein. Eine ganze Woche, um zu sich zu kommen, zu regenerieren und gründlich über sich und das Unternehmen nachzudenken.

11.5.3 Ausgewogene Ernährung

Das Gehirn braucht mehr Energie als jedes andere Organ des Körpers. Für kontinuierliche Versorgung und Steigerung der Konzentration sind komplexe Kohlenhydrate hilfreich, denn sie werden nur langsam verarbeitet. Sie finden sich etwa in Vollkornbrot, Naturreis, und Nüssen. Weniger hilfreich sind Weißmehl oder Zucker, da diese schnell wie ein Strohfeuer verpuffen, uns keine nachhaltige Energie für konzentriertes Arbeiten liefern.

11.5.4 Bewegung

Kurz gesagt: Regelmäßige Bewegung kann unsere Konzentration fördern (Caterino und Polak, 1999). Bewegung ist insgesamt eng mit psychischer Gesundheit verbunden (Belcher et al., 2021). Wenn wir uns regelmäßig sportlich betätigen, senken wir zusätzlich Angstzustände und verbessern unsere Stimmung. Es lohnt sich also in vielfältiger Hinsicht, wenn wir mehr Sport in unser Leben bringen.

11.5.5 Freiheit von Angst

Angst frisst Hirn. Wer Angst hat, kann sich nicht mehr auf andere Dinge konzentrieren (Hallion, Steinman und Kusmierski, 2018). Die Angst kommt immer wieder ins Bewusstsein und lenkt unser Denken, verdrängt die anderen Inhalte. Wer sich konzertieren will, der muss sich daher zuerst seinen Ängsten stellen und sich davon befreien.

11.5.6 Training der Konzentration

Ein Ansatz, mit dem wir Konzentration üben, ist, immer **nur eine Sache** zu tun, wenn wir etwas tun. Wir sollten so selten wie möglich mehrere Dinge gleichzeitig tun, wenn wir Aufgaben erledigen. Beispielsweise ist es gut, nur zu essen – und nicht gleichzeitig fernzusehen oder das Smartphone in der Hand zu haben. Das geht bis zu der Tatsache, dass wir viele Tätigkeiten als Meditation nutzen können. **Meditation** fördert Konzentration (Norris et al., 2018). Beispielsweise rechen Menschen in Japan stundenlang Kieselsteine – einfach zur Meditation. In China sieht man Menschen in Parks, die mit riesigen Pinseln stehend auf den Steinboden schreiben – mit Wasser, das dann schnell verdunstet. Anstatt eine Tätigkeit als lästige Notwendigkeit zu sehen, können wir sie immer auch als willkommene Gelegenheit zur Meditation auffassen. Auch **Achtsamkeitsübungen** sind hier hilfreich. Wir können dabei unsere Aufmerksamkeit entweder voll auf innere Vorgänge richten (beispielsweise darauf, wie sich unser Körper fühlt) oder voll auf etwas Äußeres achten – etwa eine Pflanze, die sich im Wind bewegt.

> **Übungen: Training der Konzentration**
>
> Eine **erste und besondere Übung** für Konzentration ist diese:
>
> 1. Als Erstes konzentrieren wir uns auf etwas sehr Nahes für ca. eine Minute – etwa unsere eigenen Hände. Während dieser Konzentration sollten wir an nichts anderes denken.
> 2. Danach konzentrieren wir uns ebenso lange auf etwas mit mittlerer Entfernung – etwa eine Pflanze in unserem Zimmer.
> 3. Schließlich konzentrieren wir uns auf etwas Entferntes – etwa einen Baum weit außerhalb unseres Fensters.
>
> So konzentrieren wir uns und trainieren unser Gehirn gleichzeitig, auf Ziele in unterschiedlicher Distanz zu achten. Das Gehirn kann diese Gewohnheit dann auch auf Ziele in unterschiedlicher zeitlicher Ferne übertragen. Das hilft uns insbesondere, auf langfristige Visionen (Kap. 6) für unser Leben zu achten.
>
> Eine **zweite Übung** konzentriert sich auf unseren Atem. Man nennt sie 4-7-8-Atemtechnik. Dafür suchen wir einen ruhigen Ort, setzen oder legen uns idealerweise hin.
>
> 1. Unsere Zunge platzieren wir oben am Gaumen direkt hinter unseren Schneidezähnen.

2. Wir atmen dann durch die Nase ein und zählen innerlich dabei langsam bis vier.
3. Dann halten wir unseren Atem an und zählen dabei innerlich langsam bis sieben.
4. Durch unsere leicht geschürzten Lippen atmen wir aus. Dabei kann ein leiser Zischlaut anstehen, man nennt das „Lippenbremse". Währenddessen zählen wir innerlich bis acht.

Das Ganze wiederholen wir nach Belieben, bis ein Zustand der inneren Ruhe eingetreten ist. Bald funktioniert es auch ohne das innerliche Zählen. Diese Übung ist gut geeignet, uns ins Hier und Jetzt zu holen, das Denken einzustellen, uns nur auf den Körper zu konzentrieren. Auftretende Gedanken können wir beobachten und verschwinden lassen. Ideal ist ein Endzustand, in dem möglichst keine Gedanken mehr vorhanden sind, wir nur noch den Moment und unsere Atmung erleben.

11.5.7 Klare und attraktive Ziele

„Wer das Ziel kennt, der kann entscheiden", sagte Konfuzius. Zumindest lassen wir uns nicht so leicht ablenken, wenn wir ein klares und attraktives Ziel verfolgen. Unsere Aufgabe ist uns dann zu wichtig. Sie hat Priorität vor anderen Dingen, die dazwischen „funken" könnten. Gut für unsere Konzentration ist auch, wenn wir möglichst wenige und dafür sehr klare Ziele haben, die nicht im Widerspruch zueinander stehen. Ansonsten bestehen Zielkonflikte, und wir denken immer beim Verfolgen des einen Ziels an das andere, das wir auch verfolgen sollten. Das ist sonst wie bei einer sehr umfangreichen Speisekarte im Restaurant. Man denkt immer: „Hätte ich doch anders entschieden!" Ein eigenes Kapitel zu Visionen (Kap. 6) und ein weiteres Kapitel zum wirksamen Formulieren und Erreichen von Zielen (Kap. 8) bieten dabei Unterstützung.

11.5.8 Nicht zu viel vornehmen

Entschleunigung ist mittlerweile zu Recht ein Modewort. Zeitdruck ist Gift für unsere Konzentration und fördert negativen Stress. Er führt dazu, dass wir, während wir noch die eine Aufgabe erledigen, gedanklich schon bei der nächsten Sache sind, die immer „dringender" wird, ja uns vielleicht sogar aktiv bei der aktuellen Tätigkeit unterbricht. Es geht daher um eine vernünftige Planung, die auch berücksichtigt, dass die meisten Aufgaben

20 % mehr Zeit erfordern, als wir zuerst denken. Es kommen immer wieder unvorhergesehene Ereignisse und Unterbrechungen von außen. Und auch Pausen gehören eingeplant!

11.5.9 Aufgaben herausfordernd gestalten

Nur bei Aufgaben, die uns fordern, können wir in den sogenannten Flow-Zustand (Kap. 13) eintreten (Csikszentmihalyi, 1975). Wir vergessen dabei alles andere und gehen voll in unserer Tätigkeit auf: voller Fokus. Es gibt dagegen wenig, was schneller zu Ablenkung führt als Unterforderung und Langeweile. Nicht umsonst geschehen viele Autounfälle gerade dann, wenn es langweilig ist, wir abgelenkt sind. Um Konzentration zu steigern, sollten wir uns möglichst anspruchsvolle und abwechslungsreiche Aufgaben aussuchen. Nicht immer ist das möglich. Dann ist es an uns, unsere Aufgaben im Tagesablauf so zu mischen, dass es nicht eintönig wird. Wir können beispielsweise eine Weile einen anspruchsvollen Text verfassen. Wenn die Konzentration nachlässt, dann können wir etwas Körperliches machen: beispielsweise Holz sägen oder Laub rechen oder Joggen.

11.5.10 Monotasking

Multitasking von mehreren geistig anspruchsvollen Aufgaben ist schlecht. Es bedeutet am Ende immer, zwischen zwei Aufgaben schnell hin und her zu wechseln. Die jeweils andere Aufgabe nimmt uns permanent geistige Ressourcen, wenn wir die eine Aufgabe gerade bearbeiten (Leroy, 2009). Und wir müssen uns permanent wieder neu in eine Tätigkeit hineindenken. Deshalb ist es für maximale Konzentration wichtig, eine Aufgabe nach der anderen abzuschließen, sequenziell zu arbeiten. Das bedeutet: Es geht darum, unsere Aufgaben möglichst durchzuziehen, immer zu Ende zu bringen, niemals mit anderen anspruchsvollen Aufgaben zu mischen – und wenn, dann Aufgaben richtig zu unterbrechen.

11.5.11 Richtig unterbrechen

Manche Aufgaben dauern so lange, dass man unterbrechen muss. Auch kann es vorkommen, dass es wirklich einen wichtigen Anlass zur Unterbrechung gibt. Dann ist es für unsere Konzentration wichtig, richtig zu unterbrechen. Das geht so: Aufgaben haben immer logische Teilaufgaben. In diesem Text könnte das etwa das Fertigstellen eines Unterkapitels sein. Unterbrechungen zwischen zwei Teilaufgaben sind weniger schlimm (Bailey und Iqbal, 2008). So können wir mental besser abschalten und müssen uns nicht so aufwendig erneut eindenken, wenn wir die Aufgabe fortsetzen. Dagegen sollten wir uns niemals im Endspurt bei einer Tätigkeit unterbrechen lassen (Freeman und Muraven, 2010).

11.5.12 Delegieren

Es gibt Aufgaben, die nicht zentral wichtig sind und uns doch mental belasten, indem wir oft daran denken, dass sie zu erledigen sind. Das raubt uns Konzentration bei den wirklich wichtigen Themen in unserem Leben. Typische Beispiele dafür sind die Umsatzsteuervoranmeldung oder das Putzen von Wohnung, Auto oder Haus. Solche Aufgaben sollten wir delegieren, sodass wir Zeit und mentale Energie für die wichtigen Themen haben. Der Steuerberater freut sich. Ihm macht Spaß, was uns belastet.

Die genannten Punkte fördern die Konzentrationsfähigkeit und machen uns robuster gegenüber Ablenkungen und Störungen. Zusätzlich gilt es, störende und ablenkende Umwelteinflüsse zu minimieren. So schützen wir unsere Konzentration doppelt.

11.6 Ablenkung reduzieren

Jeder Mensch ist anders, hat andere Schwächen, lässt sich durch Unterschiedliches ablenken. Während die eine Person sich permanent im Small Talk mit Kollegen verliert, eine zweite Social Media scrollt, checkt die dritte zwanghaft E-Mails oder Aktienkurse. Dennoch gibt es einige generelle Maßnahmen, mit denen viele Menschen erfolgreich **Ablenkung reduzieren**:

- **Bitte nicht stören!** Moderne Unternehmenskulturen fördern oft eine „open door policy". Die Bürotür soll nach diesem Denken offen sein, um Erreichbarkeit und Transparenz zu signalisieren. Das mag Vorteile haben, hat aber definitiv Nachteile, wenn wir uns konzentrieren wollen. Permanente Erreichbarkeit ist hier nicht opportun. Die Tür kann durchaus in bestimmten Phasen offen sein. Es sollte jedoch sowohl im Büro als auch zu Hause Arbeitsphasen geben, in denen die Tür zu ist. Das Schild „Bitte nicht stören!" ist also definitiv nicht nur für ein Hotelzimmer gut. Es schützt unsere wertvolle Fokuszeit. Sinnvoll kann zudem ein möglichst ruhiger Rückzugsraum sein, in dem wir frei von Lärm und Unterbrechungen unsere Aufgaben umsetzen. Gerade erfolgreiche Menschen sind beruflich oft sehr beansprucht, kommen wenig zum ungestörten Denken. Eine radikale Maßnahme kann hier sein, sich gelegentlich eine ganze Woche zum Nachdenken freizuräumen, eine „think week".

- **Unterbrechungen konsequent beenden.** Die Länge zählt. Das gilt zumindest, wenn wir Ablenkungen reduzieren wollen. Je länger die Unterbrechung ist, desto verheerender sind ihre Konsequenzen (Monk und Kidd, 2008). Tritt also trotz aller Maßnahmen eine Unterbrechung ein, sollten wir sie maximal schnell beenden, nicht an uns heranlassen. Soziale Interaktion kann man auf feste Zeitfenster legen und entsprechend reagieren: „Ich arbeite gerade an etwas sehr Komplexem. Schreib mir bitte eine Erinnerungsmail, ich melde mich." Es sollte uns gelingen, unser soziales Umfeld wertschätzend, aber klar in der Sache zu sensibilisieren – möglichst ohne absolut unfreundlich zu wirken.
- **Ordnung und Minimalismus.** Jeder Platz, an dem fokussierte Arbeit notwendig ist, sollte absolut ordentlich und ablenkungsfrei sein. Das gilt z. B. für den Schreibtisch ebenso wie für den Computer. Ein bis auf das aktuell nötige Arbeitsmaterial freier Schreibtisch ist perfekt. Blick vom Arbeitsplatz auf eine belebte Fußgängerzone? Ist nett – aber schlecht für die Konzentration. Es muss nicht die blanke weiße Wand sein – doch geringe Reize und wenig Action im Blickfeld sind Pflicht.
- **Fernseher und Computerspiele verbannen.** Manche Menschen packen ihre Spiele-Apps in einen extra passwortgeschützten Ordner und ihren Fernseher in einen Schrank. Vielleicht legt man sich einen zweiten Nutzer am PC an, zum Zocken. Noch wirksamer als solche Barrieren ist, wenn wir erst einmal gar keine Spiele auf dem Arbeitsgerät haben und den Fernseher im Haushalt komplett abschaffen. Wer hat gesagt, dass Konzentration zum Nulltarif kommt? Alles hat seinen Preis.
- **Mobiltelefon regeln.** Damit wir Ablenkung reduzieren, ist unser Smartphone am besten aus und liegt auf jeden Fall außer Sichtweite. Liegt es in Sichtweite, dann wird seine Existenz permanent vom Gehirn wahrgenommen. Das senkt unsere Konzentration, lenkt ab. Tipp: Anstatt das Mobiltelefon manchmal **aus**zuschalten, können wir es auch manchmal **ein**schalten. Wichtige Anrufer hinterlassen eine Nachricht. Und unter uns: Wer immer erreichbar ist, der hat nichts wirklich Wichtiges, an dem er arbeitet. Oder?
- **Nachrichten deaktivieren.** Bimm, eine E-Mail ist angekommen. Piep, eine SMS ist da. Solche Unterbrechungen sind Gift für die Konzentration. Daher gilt es, alle Signaltöne und Anzeigen auf dem Sperrbildschirm

möglichst zu deaktivieren. Diese Reize von außen holen uns aus unseren wichtigen Aktivitäten und sagen: „Ich bin wichtig, kümmere dich jetzt um mich!" Also: Überlassen wir solche Signale den Menschen, die nichts Besseres mit ihrer Lebenszeit zu tun wissen.
- **Feste Zeiten für E-Mails.** E-Mails und Messenger-Nachrichten sind eine Hauptquelle für Störung. Die Lösung sind feste Zeiten für E-Mails. Das Postfach wird **nur** zu diesen Zeiten geöffnet, ansonsten bleibt es zu. Was ist ein guter Zeitpunkt für E-Mails? Wenn anspruchsvolle Aufgaben abgeschlossen sind und die Konzentrationsfähigkeit ohnehin niedrig ist. Das ist beispielsweise bei den meisten Menschen einmal am Tag kurz vor Feierabend der Fall. In einem nächsten Schritt geht es dann darum, dass wir nur noch an bestimmten Tagen zu bestimmten Zeitfenstern E-Mails bearbeiten.
- **Kultur der Rücksicht aufbauen.** Wir selbst sollten angesichts der verheerenden Konsequenzen von Ablenkung und Störungen auch sehr behutsam sein, ob wir vielleicht andere Menschen stören und unterbrechen. Wir sollten unser soziales Umfeld zu Hause und am Arbeitsplatz für die Thematik sensibilisieren und gemeinsam eine Kultur der Rücksicht aufbauen, um Ablenkung zu reduzieren.

Jeder Mensch ist also anders: Verschiedene Dinge stören unsere jeweilige Konzentration, lenken uns ab. Diese Liste dient idealerweise als Inspirationsquelle und Einladung zum Experimentieren. Es geht nicht darum, alle Punkte zwanghaft umzusetzen. Es geht darum, dass wir die **für uns** wesentlichsten und häufigsten Störungen und Ablenkungen beseitigen.

Fazit: Die Auflistung macht klar, es liegt in unserer eigenen Hand, wie oft wir uns unterbrechen (lassen). Tatsächlich fällt es beispielsweise gewissenhaften Menschen leichter, wenn sie an etwas arbeiten, nicht permanent ihre E-Mails zu checken und zu beantworten (Russell, Woods und Banks, 2017). Das bedeutet: Unsere **Persönlichkeit macht den Unterschied.** Wer Ablenkung reduzieren will, der braucht Disziplin (Kap. 12) und den Willen, die hier genannten Regeln konsequent anzuwenden. Alle anderen, die sich nicht im Griff haben, werden sich weiterhin permanent ablenken – sich von ihrem Weg abbringen lassen und ihre Träume und Lebensziele gegen bedeutungslose Ablenkungen eintauschen.

Perspektive: im Zeitalter der Ablenkung

Wir leben in einem Zeitalter der Ablenkung. Unsere Aufmerksamkeit ist ein sehr knappes Gut, um das ein erbitterter Wettbewerb herrscht. Man nennt dieses Phänomen Aufmerksamkeitsökonomie. Welche Angebote setzen sich durch in dieser Ökonomie, auf diesem Markt? Welchen Inhalten schenken wir unsere kostbare Aufmerksamkeit, unsere Lebenszeit?

Die Zahlen für die deutsche Durchschnittsperson verheißen nichts Gutes (Vaunet, 2023):

- Fernsehen: täglich 213 Minuten (über 3,5 Stunden)
- Video-Streaming: 69 Minuten
- Computerspiele: 40 Minuten

Dazu kommen noch sonstiges Internetsurfen: 83 Minuten und Radio: 91 Minuten.

Wenn wir nur „Glotze", Computerspiele und Videos nehmen, dann sind schon allein das unfassbare 322 Minuten am Tag als deutscher Durchschnitt. Das sind **mehr als fünf Stunden**. Anders ausgedrückt: Ein 60-jähriger Deutscher verschenkt nach aktueller Nutzung 20 Jahre seiner wachen Lebenszeit nur an den Fernseher und an Computerspiele. Ein Drittel seines Lebens! (Berechnet unter der Annahme, die Person schläft acht Stunden täglich.)

Das sind wohlgemerkt die gleichen Deutschen, die „keine Zeit" für Sport und ihre Familie und Kinder haben, über Burn-out und Gesundheitsprobleme klagen und dass es zu aufwendig sei, sich gut zu ernähren. Psychologen optimieren die digitalen Angebote wie Computerspiele, Social Media und Videos auf immer mehr Suchtpotenzial. Und wir bezahlen einen hohen Preis für unsere Ablenkung vom Wesentlichen. Es geht uns wie dem Stier im Stierkampf aus dem Vergleich oben im Text, der sich durch das rote Tuch permanent vom wirklichen Ziel ablenken lässt. Der Stier bezahlt mit seinem Leben – wir bezahlen mit unserer Lebenszeit.

Weiter geht es mit einer Frage an den Autor: Wie gelingt uns der Einstieg in mehr Konzentration im Leben?

Frage an den Autor: Wie erreiche ich mehr Konzentration?

Ich bin oft unkonzentriert. Wie gelingt mir mehr Fokus und Konzentration im Leben?

Du bist keine Ausnahme. Was man „attention deficit" nennt, ist mittlerweile schon zur gesellschaftlichen Norm geworden. Arbeitnehmer checken durchschnittlich 15-mal am Tag E-Mails, habe ich neulich gelesen. Ich bin selbst jeden Tag mit Verlockungen konfrontiert, lasse mich ablenken. Einmal habe ich so mein Auto an die Leitplanke gesetzt, weil ich in die Landschaft geschaut habe – die Fahrt war gerade langweilig, Baustelle auf der Autobahn, 60 km/h. So etwas bemerken wir dann natürlich. Doch meistens schaden wir uns ganz unsichtbar mit Ablenkungen – jeden Tag, jede Stunde, alle paar Minuten.

Wie also gelingt der Einstieg in ein Leben mit mehr Fokus? Fange mit den Dingen an, die viel bringen und einfach umzusetzen sind, den **„low hanging fruits"**.

11 Konzentration steigern und Ablenkung reduzieren

Dazu gehört für mich ein **gesundes Schlafverhalten**. Das lohnt sich auch gesundheitlich sehr. Jeden normalen Tag um 22:30 Uhr ins Bett und spätestens um 23 Uhr Augen zu – das sollte nicht zu viel verlangt sein, oder? Setze Dir das als Norm. Abweichungen sind o. k., aber die Norm ist dann der Standard für Dich.

Eng mit dem Schlaf verbunden sind **Pausen und Regeneration**. Wann bist Du am leistungsfähigsten für Deine Aufgaben? Bei mir ist das am Morgen – denn der Schlaf ist die größte Pause. Der Morgen ist heilig und gehört den anspruchsvollen Themen – zum Beispiel dem Schreiben dieses Textes oder dem intensiven Lesen von Forschungspublikationen. Und diese Zeit verteidige ich auch konsequent gegen Störungen von außen. Auf den Nachmittag lege ich stumpfere Tätigkeiten: E-Mails, Routinegespräche, Korrektur von Klausuren, Autowerkstatt, Einkäufe ... was das Leben so heranträgt. Auch tagsüber sind Pausen wichtig. Und zwar Pausen, die mich wirklich regenerieren. Ein Computerspiel, Social Media und Nachrichten regenerieren mich nicht. Das ist Fastfood für das Gehirn. Diese Dinge betäuben nur. Gartenarbeit, eine Runde laufen oder etwas im Haus tun, was zu tun ist, regenerieren mich gut von anspruchsvoller geistiger Tätigkeit. Danach geht es weiter. Aktivitäten wie einen Friseurbesuch oder Arzttermin lege ich mir gezielt so, dass ich dabei von meiner Arbeit am Morgen regenerieren kann.

Manche Menschen stellen sich einen Wecker, damit sie Arbeitsphasen und Pausen abwechseln – beispielsweise immer 25 Minuten arbeiten, dann fünf Minuten Pause. Ich selbst höre lieber nach innen als auf einen Wecker. Ich spüre, wenn es Zeit für eine Pause ist. Das kann je nach Tagesform und Tagesverlauf sehr verschieden sein. Ich würde Dir auch empfehlen, ein inneres Gespür und Sensibilität zu entwickeln. Du bist keine Maschine, die sich immer genau 25 Minuten konzentrieren kann und dann immer genau fünf Minuten Pause braucht. Lerne hinzuhören, was Dein Körper Dir mitteilt.

Du kannst vieles an einem Tag erledigen. Du solltest dabei sequenziell denken, **immer nur eines tun**. Gewöhne Dich möglichst schnell daran. Gehöre nicht zu den Menschen, die „permanent beschäftigt sein" mit Effektivität verwechseln. Erzeuge auch nicht die Illusion von Produktivität, indem Du ganz, ganz viel gleichzeitig beginnst. Suche Dir sehr genau aus, was Du beginnst – und was nicht. Und mache dann nur das Eine, bis zu einem sinnvollen Unterbrechungspunkt – etwa, wenn Du eine Teilaufgabe abgeschlossen hast.

Beseitige Ablenkungen. Das geht leicht und bringt enorm viel für die Konzentration. Beobachte, was es ist, das Dich von Deinen Wegen abbringt. Schreibe gern mal einen Tag lang auf, was Dich jeweils abgelenkt hat, wenn Du wichtigen Aufgaben nachgehst. Mache eine kleine Übersicht. Und dann beseitige diese Themen gnadenlos.

Ich zum Beispiel lasse mich extrem leicht von Kollegen ablenken. Das ist nicht deren Schuld, sondern meine. Ich freue mich einfach so, die zu sehen – und rede dann sehr lange mit ihnen. Das lenkt mich ab und die anderen auch noch. Katastrophe. Natürlich beseitige ich nicht meine Kollegen – aber ich reduziere den Kontakt während der produktiven Zeit. Dafür sehen wir uns nach der Arbeit mitunter im Restaurant. Meine Lösung gegen Ablenkungen ist, dass ich zu Hause arbeite, wenn die Kids in der Schule sind. Games habe ich nicht auf meinem Arbeitscomputer. E-Mails versuche ich erst zu lesen, wenn ich mich wirklich nicht mehr auf anderes konzentrieren kann, und höchstens zweimal am Tag –

meist zum Abend hin. Wenn es lauter ist, dann nutze ich Kopfhörer mit Geräuschunterdrückung und Musik ohne Gesang.
Ablenkungen können also auch Aktivitäten sein, die uns gar nicht als Störung auffallen. Oft sind es unwichtige Dinge, die wir tun, die uns von wichtigen Dingen abhalten. Stelle Dir dafür ganz regelmäßig die Frage: „Ist das, was ich jetzt gerade tue, wirklich wichtig für mich und meine langfristigen Ziele?" Oft ist die Antwort auf diese Frage „Nein". Höre dann mit der Tätigkeit auf und mache stattdessen etwas Wichtiges. So schulst Du Dich, immer besser darauf zu achten, was Dir wirklich wichtig ist im Leben. Und Du hörst auf, Dich selbst abzulenken mit „Fluchtaufgaben" und unwichtigen, nicht dringenden Aktivitäten.

Ein wenig **Anpassung der Ernährung** an langfristige Energielieferanten wie Vollkornprodukte oder Nüsse sollte ebenfalls nicht zu schwer sein. Raffinierten Zucker und Weißmehl lässt Du möglichst weg. Nicht zwanghaft, aber als Richtlinie. Mit dieser einfachen Maßnahme versorgst Du Dein Gehirn nachhaltiger mit Energie.

Wenn ich mich lange konzentrieren will, etwa bei einem Tagesworkshop, den ich halte, dann versuche ich, Vollkornprodukte zu frühstücken, und nehme mir ein paar Nüsse mit. Zudem auch gern mal dunkle Schokolade, falls ich merke, dass ich in Unterzuckerung gerate. Unterzuckerung ist bei mir schrecklich, ich bekomme Kopfweh und üble Laune. Das ist ganz schlecht in meinem Beruf, denn andere müssen es dann ausbaden. Deshalb tue ich alles gegen Unterzuckerung, wenn ich Fokus brauche.

Zur Versorgung gehört für mich auch **Flüssigkeit**. Und zwar nicht in erster Linie Kaffee, sondern Wasser. Das ist immer da, wenn ich arbeite.

Diese Liste an einfachen Maßnahmen reicht für einen sehr guten Einstieg in mehr Konzentration. Suche Dir aus den Punkten aus, was Dich am meisten anspricht, und starte jetzt diese Woche mit dieser einen Maßnahme. Wenn es funktioniert, dann nimm Dir das nächste Thema vor. Und so weiter. Wenn Du diese einfachen Punkte berücksichtigst, wirst Du nach schon wenigen Tagen deutlich fokussierter arbeiten.

By the way: Wenn Du Dich bei einer Tätigkeit permanent ablenken lässt, aber bei anderen kaum, dann kann das auch eine interessante Botschaft an Dich sein, der Du nachgehen solltest. Ein Grund liegt dann sehr nahe: Du hast Dir die **falsche Aufgabe ausgesucht**, eine Aufgabe, die Dich nicht erfüllt. Vielleicht hast Du Dir diese Aufgabe auch einfach „aufdrücken" lassen, Deine Grenzen nicht geschützt. Das Leben ist zu kurz dafür. Wie lange willst Du Dich mit dem für Dich Falschen befassen? Versuche also, das zu finden, was Dich wirklich begeistert. Dann kommen Fokus und Konzentration von allein. Richte dafür aktiv Deine Arbeit so aus, dass diese mit Deinen Interessen und Werten im Einklang ist – meist hast Du schon Gestaltungsspielraum. Oder nutze das Mitarbeitergespräch und zeige Deiner Führungskraft, was Dir besonders Freude macht bei der Arbeit und was weniger. Sorge proaktiv dafür, dass die Aufgaben bei Dir landen, die Dich erfüllen.

Fokus und Konzentration erfordern Disziplin. Und sie sind selbst eine wichtige Grundlage, damit wir diszipliniert unsere Ziele erreichen können. Das nächste Kapitel vertieft daher das Thema Selbstdisziplin.

Literatur

Altmann, E. M., Trafton, J. G., & Hambrick, D. Z. (2014). Momentary interruptions can derail the train of thought. *Journal of Experimental Psychology, General, 143*, 215–226.

Bailey, B. P., & Iqbal, S. T. (2008). Understanding changes in mental workload during execution of goal-directed tasks and its application for interruption management. *Transactions on Computer-Human Interaction (TOCHI), 14*, 21–28.

Bailey, B. P., & Konstan, J. A. (2006). On the need for attention-aware systems: Measuring effects of interruption on task performance, error rate, and affective state. *Computers in Human Behavior, 22*(4), 685–708.

Beck, J. W., Scholer, A. A., & Hughes, J. (2017). Divergent effects of distance versus velocity disturbances on emotional experiences during goal pursuit. *Journal of Applied Psychology, 102*, 1109–1123.

Belcher, B. R., Zink, J., Azad, A., Campbell, C. E., Chakravartti, S. P., & Herting, M. M. (2021). The roles of physical activity, exercise, and fitness in promoting resilience during adolescence: Effects on mental well-being and brain development. *Biological Psychiatry: Cognitive Neuroscience and Neuroimaging, 6*(2), 225–237.

Caterino, M. C., & Polak, E. D. (1999). Effects of two types of activity on the performance of second-, third-, and fourth-grade students on a test of concentration. *Perceptual and motor skills, 89*(1), 245–248.

Csikszentmihalyi, M. (1975). *Beyond Boredom and Anxiety: Experiencing Flow in Work and Play.* Jossey-Bass.

Fisher, C. D. (1998). Effects of external and internal interruptions on boredom at work: Two studies. *Journal of Organizational Behavior, 19*, 503–522.

Freeman, N., & Muraven, M. (2010). Don't interrupt me! Task interruption depletes the self's limited resources. *Motivation and Emotion, 34*, 230–241.

Hallion, L. S., Steinman, S. A., & Kusmierski, S. N. (2018). Difficulty concentrating in generalized anxiety disorder: An evaluation of incremental utility and relationship to worry. *Journal of Anxiety Disorders, 53*, 39–45.

Jackson, T., Dawson, R., & Wilson, D. (2003). Reducing the effect of email interruptions on employees. *International Journal of Information Management, 23*, 55–65.

Krause, A. J., Simon, E. B., Mander, B. A., Greer, S. M., Saletin, J. M., Goldstein-Piekarski, A. N., & Walker, M. P. (2017). The sleep-deprived human brain. *Nature Reviews Neuroscience, 18*, 404–418.

Leroy, S. (2009). Why is it so hard to do my work? The challenge of attention residue when switching between work tasks. *Organizational Behavior and Human Decision Processes, 109*, 168–181.

Lin, B. C., Kain, J. M., & Fritz, C. (2013). Don't interrupt me! An examination of the relationship between intrusions at work and employee strain. *International Journal of Stress Management, 20*, 77–94.

Lück, M., Hünefeld, L., Brendscheidt, S., Bödefeld, M., & Hünefeld, A. (2018). *Grundauswertung der BIBB/BAuA- Erwerbstätigenbefragung 2018. Vergleich zur Grundauswertung 2006 und 2012*. Bundesanstalt für Arbeitsschutz und Arbeitsmedizin (BAuA).

Mark, G. (2015). *Multitasking in the digital age*. Morgan & Claypool.

Monk, C. A., & Kidd, D. G. (2008). *The effects of brief interruptions on task resumption*. Proceedings of the Human Factors and Ergonomics Society Annual Meeting, 403–407.

Nees, M. A., & Fortna, A. (2015). A comparison of human versus virtual interruptions. *Ergonomics, 58*, 852–856.

Norris, C. J., Creem, D., Hendler, R., & Kober, H. (2018). *Brief mindfulness meditation improves attention in novices: Evidence from ERPs and moderation by neuroticism*. Frontiers in Human Neuroscience, Article 315.

Puranik, H., Koopman, J., & Vough, H. C. (2020). Pardon the interruption: An integrative review and future research agenda for research on work interruptions. *Journal of Management, 46*(6), 806–842.

Relihan, E., & O'brien, V., O'hara, S., & Silke, B. (2010). The impact of a set of interventions to reduce interruptions and distractions to nurses during medication administration. *Quality & Safety in Health Care, 19*(5), 1–6.

Russell, E., Woods, S. A., & Banks, A. P. (2017). Examining conscientiousness as a key resource in resisting email interruptions: Implications for volatile resources and goal achievement. *Journal of Occupational and Organizational Psychology, 90*, 407–435.

Tan, M. K. S., & Richardson, A. (2011). Please do not disturb: Managing interruptions and task complexity. Proceedings of the Pacific Asia Conference on Information Systems, 1–15.

Vaunet (2023). Mediennutzung in Deutschland/2022. https://vau.net/wp-content/uploads/2023/02/VAUNET-Publikation_Mediennutzungsanalyse-2022.pdf. Zugegriffen: 15. Mai 2023.

Wajcman, J., & Rose, E. (2011). Constant connectivity: Rethinking interruptions at work. *Organization Studies, 32*, 941–961.

Zickerick, B., Rösner, M., Sabo, M., & Schneider, D. (2021). How to refocus attention on working memory representations following interruptions – Evidence from frontal theta and posterior alpha oscillations. *European Journal of Neuroscience, 54*(11), 7820–7838.

12

Disziplin lernen

Wer Erfolg will, braucht Disziplin. Daher gilt: Die wichtigsten Grenzen, die wir in unserem Leben setzen, sind die gegenüber uns selbst. Die Regeln, die wir uns geben. Das Nein, das wir an bestimmten Punkten sagen – zu uns selbst. Diese Tugend hilft uns, den inneren Schweinehund zu besiegen, der sich zwischen uns und unsere Lebensziele stellt. **Selbstdisziplin** hilft uns, immer genau das zu tun, wovon wir wissen, dass es gut ist ... auch wenn es uns gerade schwerfällt. Gesundheit, Karriere, gute Beziehungen, unser Aussehen und Vermögen – all das hängt an Selbstkontrolle, zeigen Forschungsergebnisse der Psychologie. Es gibt gute Nachrichten: Wir können **Selbstdisziplin lernen**. Und es ist gar nicht so schwer, wenn wir erstmal wissen wie. Das Kapitel zeigt die Fakten dazu – und wir lernen die nötige Selbstbeherrschung.

> **Risiko: Das passiert ohne Selbstdisziplin**
>
> Wenn wir keine Selbstdisziplin haben, dann verkaufen wir unsere Zukunft für den Genuss und die Bequemlichkeit im Augenblick. Wir machen ein schlechtes Geschäft – immer und immer wieder. Das Märchen „Hans im Glück" ist ein gutes Sinnbild dafür. Hans startet mit einem großen Klumpen Gold. Dieser Klumpen Gold symbolisiert unser Potenzial, das wir erreichen können. Aber Hans tauscht den Klumpen Gold gegen ein Pferd, weil er müde vom Laufen ist. Er tauscht das Pferd gegen eine Kuh, weil er hungrig ist. Das geht so weiter. Am Ende hat er nur noch zwei Steine – und die fallen ihm in den Brunnen, weil er unbedingt trinken will. Er tauscht seine Zukunft gegen den augenblicklichen

> Genuss – immer und immer wieder. Werden wir den Klumpen Gold nach Hause bringen, der in uns schlummert? Wie viel davon werden wir nach Hause bringen? Das entscheidet unsere Disziplin.

12.1 Was bedeutet Disziplin? Definition

Disziplin definieren wir im Alltag als Willenskraft und Durchhaltewillen. Teilweise verbinden wir damit auch Einordnung, ja sogar Unterordnung, und denken an militärischen Drill. Die Assoziationen zur Bedeutung von Disziplin sind also nicht nur positiv. Was bedeutet Selbstbeherrschung aus Sicht der Forschung? Wie sieht die wissenschaftliche **Definition der Disziplin** aus? In der Psychologie reden wir von Selbstdisziplin. Hier die Definition:

Definition: Selbstdisziplin

Selbstdisziplin beschreibt, wie sehr eine Person ihre Aufmerksamkeit, ihr Denken und ihr Verhalten bei Motivkonflikten steuern kann, um Ziele zu erreichen.

Synonym mit dieser Definition von Disziplin sind weitgehend die Begriffe Selbstregulation, Selbstkontrolle und Selbstbeherrschung. Immer dann, wenn in unserem Leben ein **Motivkonflikt** eintritt, brauchen wir also Selbstdisziplin. Und das passiert sehr oft. Unser Alltag ist voll mit solchen Situationen. Typische Beispiele für Selbstdisziplin zeigt der Infokasten.

Beispiele: Selbstdisziplin im Alltag

Unser Alltag ist gefüllt mit Beispielen für Selbstdisziplin:

- Eigentlich will ich abnehmen – aber die Lasagne schmeckt so gut … Noch ein Teller?
- Die Mathe-Klausur steht in wenigen Tagen bevor – doch die Sonne scheint, und unsere Freunde ziehen los … Sollte ich nicht doch lieber später lernen?
- Diese Woche wollten wir als Pärchen eigentlich jeden Tag nach der Arbeit etwas Bewegung im Grünen und einfach Spazierengehen – blöd, draußen ist das Wetter jetzt aber gar nicht schön.

12 Disziplin lernen

- Jeden Monat 10 % des Einkommens zurücklegen, um etwas Vermögen aufzubauen, wenn ich es brauche ... diese tolle Jacke ist nur gerade jetzt im Sonderangebot.
- Ich habe mir vorgenommen, spätestens um 22:30 Uhr im Bett zu sein, damit ich am nächsten Tag nicht mehr so müde bin – es gibt aber gerade so eine spannende Serie auf Netflix ...
- Ja, ich weiß, vier Gläser Wein sind schon reichlich. Noch mehr davon, und ich werde das am nächsten Tag bereuen – doch so jung sehen wir uns nie wieder, und wir haben so einen Spaß gerade ...
- Ich habe jemanden frisch kennengelernt, wir wollen den Sex beide – nur leider sind gerade keine Kondome zur Hand ...
- Unsere Kinder verhalten sich überdreht und extrem provokativ – wir Eltern wissen zwar, dass Anschreien keine gute Idee ist ... aber wir haben so Lust dazu ...
- Ich soll regelmäßig ein Medikament nehmen, damit mein Körper die Spenderniere akzeptiert – aber es ist so anstrengend, regelmäßig daran zu denken.

All diese Beispiele haben eines gemeinsam: Die „undisziplinierte" Alternative ist unmittelbar belohnend, schadet aber langfristig – und die „disziplinierte" Alternative ist unmittelbar nicht belohnend, nutzt aber langfristig. Wir erkennen das zwar rational. Dennoch fällt es uns schwer, dieser besseren Einsicht im Verhalten zu folgen. Dafür brauchen wir Selbstdisziplin.

Es gibt also massig Situationen im modernen Alltag, in denen wir gefordert sind, unsere augenblicklichen Bedürfnisse zurückzustellen, damit wir eine bessere Zukunft haben. Effektivität und Erfolg sind ohne Disziplin nicht möglich. Der chinesische Denker Konfuzius merkte dazu trocken an: „Der reiche Mann denkt an die Zukunft, der arme an die Gegenwart." Damit meinte Konfuzius keineswegs nur materiellen Reichtum, er verachtete das alleinige Streben danach. Es geht um Reichtum an Gesundheit, guten Beziehungen, Wissen, Können, privaten und beruflichen Möglichkeiten, Glück und allem anderen, was wir uns aussuchen.

Das moderne Leben konfrontiert uns immer wieder mit oberflächlich sehr unterschiedlichen, doch im Grunde sehr ähnlichen Tests: Wir müssen **jetzt** in der Gegenwart **etwas opfern**, damit unsere **Zukunft besser** ist. Und der innere Schweinehund sagt: „Nein. Ich will das aber jetzt. Sofort. Ich will die drei F: Fressen, Fernsehen und ... !" Vielleicht ist gerade deshalb die Selbstdisziplin etwas, das uns Menschen von Tieren unterscheidet?

> **Perspektive: im Zeitalter der Disziplin**
>
> In unserer modernen Welt ist Disziplin wichtiger als je zuvor. Das hat vor allem zwei Gründe:
>
> 1. Unsere Welt ist immer voller mit Verlockungen, Ablenkungen und Versuchungen. Dazu gehören unser Smartphone und der Fernseher genauso wie Fastfood und allzeit verfügbare Kredite und Konsumprodukte. Damit können viele schwer umgehen. Der durchschnittliche Deutsche verbringt daher über fünf Stunden täglich mit Videos, Fernsehen und Computerspielen (Vaunet, 2023), und mehr als die Hälfte der Erwachsenen in Deutschland ist mittlerweile übergewichtig (Statistisches Bundesamt, 2022).
> 2. Zweitens erfordert Erfolg in einer modernen Industriegesellschaft von uns, dass wir unsere augenblicklichen Bedürfnisse kontrollieren, um langfristige Ziele zu erreichen. Diese Ziele sind mittlerweile so langfristig wie nie zuvor in der menschlichen Geschichte. Das betrifft unsere Bildung, unsere Gesundheit und unsere finanzielle Sicherheit. Wir sollen in der ersten Klasse fleißig lernen, um 13 Jahre später Abitur zu machen und studieren zu können. Wir sollen jetzt Vermögen aufbauen, Geld investieren statt konsumieren, damit wir Jahrzehnte später ein Eigenheim kaufen können oder im Alter versorgt sind. Wir schreiben jahrelang an einem Buch, damit es dann irgendwann fertig in unserer Hand liegt.
>
> Das macht Disziplin zu einer entscheidenden Erfolgskompetenz in einer modernen Gesellschaft. Doch viele Menschen haben kaum Selbstdisziplin.

Weiter geht es mit einem Beispiel für Selbstdisziplin – in diesem Fall für mangelnde Selbstdisziplin.

12.2 Beispiel für mangelnde Selbstdisziplin: Die Havarie

Ein ebenso trauriges wie anschauliches Beispiel für die Auswirkungen mangelnder Selbstdisziplin ist ein nicht lange zurückliegendes Schiffsunglück.

> **Beispiel für mangelnde Selbstdisziplin: Die Havarie**
>
> Ein Kreuzfahrtschiff verunglückt, es sterben 32 Menschen, darunter auch Deutsche. Der Name des Schiffes wird im Beispiel nicht genannt, um die betroffenen Personen zu schützen. Der Kapitän erlangte internationale „Berühmtheit", er wurde für sein Verhalten beim Schiffsunglück zu über 15 Jahren Haft verurteilt. Der Kapitän hatte das Schiff mit noch etwa 300 Passagieren an Bord vorzeitig verlassen. Sein Name ist heute bei vielen Menschen in seinem Heimatland ein

Synonym für Feigheit und dafür, sich vor Verantwortung zu drücken. Es gibt dafür sogar eine eigene Redewendung.
Aus dem Gerichtsverfahren und Zeugenberichten zeichnet sich ein düsteres Bild zur Selbstdisziplin des Kapitäns. Mutmaßlich trug Folgendes zur Katastrophe bei:

- Die Schiffsführung deaktivierte offenbar das Alarmsystem der Computer-Navigation, um per Sicht möglichst nah an der Küste vorbeizufahren, ein „sail-past salute". Sie verließ dafür mit mehr als 4.000 Menschen an Bord mit dem über 600 Mio. Euro teuren Schiff jede als sicher definierte Route für die Vorbeifahrt.
- Der Kapitän wollte damit mutmaßlich Passagieren imponieren – wohl insbesondere seiner Geliebten, einer Tänzerin, die sich als „nicht zahlende" Passagierin auf der Brücke befand, wo sie nichts zu suchen hatte.
- Der erste Offizier gab später an, dass der adrette Kapitän seine Brille nicht trug und daher wiederholt bei ihm nachfragen musste nach den Vorgängen auf dem Radarschirm. Nach Zeugenaussagen telefonierte der Kapitän dafür mit einem ehemaligen Kollegen – während des riskanten Manövers.
- Zahlreiche Passagiere waren nach den Ermittlungen nicht in Sicherheit und Rettungsmaßnahmen unterwiesen worden. Es war eine Rundfahrt mit mehreren Häfen, an denen oftmals neue Passagiere an Bord kamen. Man wollte nicht nach jedem Stopp die „aufwendige" Sicherheitsunterweisung durchführen.
- Das Schiff wurde bei der Vorbeifahrt seitlich von einem Felsen auf etwa 50 Meter Länge aufgeschlitzt. Elektrizität und Antriebssysteme fielen aus. Das Kreuzfahrtschiff war manövrierunfähig und trieb im Meer. Offenbar schon wenige Minuten nach dem Ereignis informierte der Maschinist die Brücke, dass der Schaden irreparabel sei, das Schiff auf über 50 Meter aufgeschlitzt, Wasser eindringe.
- Konträr dazu wurde jedoch offenbar der Hafenbehörde per Funk mitgeteilt, man habe nur ein elektrisches Generatorproblem, einen Black-out, die Lage im Griff. Passagiere gaben an, man habe sie noch eine halbe Stunde nach dem Aufprall aufgefordert, in die Kabinen zu gehen, alles sei unter Kontrolle. Videoaufnahmen unterstreichen diese Aussagen.
- Das manövrierunfähige Schiff wurde Richtung Küste getrieben, lief auf Grund und begann sich immer stärker zu neigen.
- Da vom Kapitän keine Anweisung kam, das Schiff zu verlassen, begannen einige Crew-Mitglieder, die sich des Ernstes der Lage bewusst waren, eigeninitiativ Rettungsboote vorzubereiten und Passagiere aus den Kabinen zu holen.
- Erst eine Stunde nach dem Unfall kam dann die Weisung vom Kapitän, das Schiff zu evakuieren. Auch weil viele Besatzungsmitglieder nicht die Muttersprache der meisten Passagiere sprachen, verlief die Räumung offenbar chaotisch. Zeugen berichten, dass einige Passagiere ins Meer sprangen, während andere verzweifelt warteten, dass ihre Rettungsboote ins Wasser gelassen würden. Die Evakuierung der Passagiere war langsam, ging nicht organisiert voran.

- Nach den Ermittlungen verließ dafür der Kapitän selbst das Schiff umso rascher: Schon etwa 40 Minuten nachdem er die Weisung zur Evakuierung gegeben hatte, gemeinsam mit zahlreichen Offizieren, und lange bevor das Schiff evakuiert war. Er ließ Hunderte Passagiere zurück. Die Küstenwache forderte ihn per Funk immer wieder auf, sofort wieder an Bord zu gehen, die Evakuierung der restlichen Passagiere zu organisieren. Umsonst. Selbst drastische Aufforderungen befolgte er nicht: „Geh zurück an Bord, verdammt!" Er blieb lieber im sicheren Rettungsboot, in das er später angab, „gefallen" zu sein.

Niedere Dienstränge, per Hubschrauber abgeseilte Militärs und die Küstenwache übernahmen die Evakuierung der restlichen Personen. Neben den Toten ist auch immenser Sachschaden entstanden. Unter anderem Bergung, Verschrottung des Schiffes und Entschädigungen verursachten etwa zwei Milliarden Euro Kosten – ein Vielfaches des Wertes des Schiffs. Einige Experten sagen, dass nur glückliche Winde und Strömungen das manövrierunfähige Schiff an die Küste getrieben haben, wo es schließlich auflief und mit starker Neigung zur Ruhe kam. Vermutlich wären katastrophal mehr Tote zu beklagen, wäre das manövrierunfähige Schiff stattdessen auf das Meer hinausgetrieben und dann dort gesunken.

Warum ist diese Havarie ein Beispiel für die Rolle von Selbstdisziplin?

Der Kapitän hat immer wieder das Angenehme im Moment eingetauscht für die Zukunft – die der Menschen an Bord, seine eigene und die des Schiffes. Er hat damit sein Schiff versenkt, Menschen sind gestorben, er selbst ist im Gefängnis gelandet. Natürlich ist es im Moment manchmal unangenehm, Sicherheitsvorschriften einzuhalten. Es ist nett, wenn die Geliebte dabei ist, man mit einem alten Freund und Kollegen lässig telefoniert – und man gleichzeitig riskante und „brillante" Manöver fährt, als strahlender Kapitän eines Multi-Millionen-Schiffs. Und ja, es ist schwer, sich einen Fehler einzugestehen, der Realität ins Auge zu sehen, Küstenwache und Rettungsteams dazu objektiv zu informieren, das Schiff zu räumen – aber Verdrängen und Aussitzen machen das Problem nur größer. Und es ist menschlich nachvollziehbar, dass man auch als Kapitän so schnell wie möglich selbst von einem möglicherweise sinkenden Schiff fliehen möchte, auch wenn die Konsequenzen gravierend sind.

Mangelnde Selbstdisziplin hat hier in die Katastrophe geführt, zu einem Schiffsuntergang mit vielen Toten. Genauso führt mangelnde Selbstdisziplin jeden Menschen in seinen ganz privaten eigenen Untergang. Das zeigt auch der nächste Abschnitt.

Was sagt die Wissenschaft zur Bedeutung von Selbstdisziplin?

12.3 Warum ist Disziplin wichtig? Vorteile und Nachteile

Hat Disziplin tatsächlich so eine große Bedeutung? Welche Forschungsergebnisse und Daten gibt es? Tatsächlich zeigen zahlreiche Studien aus der Psychologie eine immense Bedeutung der Selbstdisziplin (Tice und Bratslavsky, 2000).
So liefert uns hohe **Selbstdisziplin Vorteile:**

- Schulerfolg und Studienerfolg
- gute soziale Beziehungen (Freunde)
- vernünftiger Umgang mit Geld
- Gesundheit
- pünktliches Beginnen und kontinuierliches Arbeiten an Aufgaben (Steel, 2007)

Ebenso beschert uns **geringe Selbstdisziplin Nachteile:**

- krankhafter Konsum und Überschuldung
- verbale und physische Gewalt
- riskantes Sexualverhalten
- übermäßiges Essverhalten
- Substanzmissbrauch (z. B. Alkohol)

Diese Vor- und Nachteile von Disziplin zeigen: Selbstdisziplin ist sehr wichtig für unseren Erfolg im modernen Leben.

> **Übung: Habe ich genug Selbstdisziplin?**
> Ob wir einen Mangel an Selbstbeherrschung haben, können wir leicht feststellen mit diesen Fragen:
>
> - Fällt es mir schwer, konzentriert und nachhaltig an einer Sache zu arbeiten – höre ich oft auf, sobald etwas anstrengend oder langweilig wird, und lasse mich ablenken?
> - Fällt es mir schwer, mich zu beherrschen, mir selbst Grenzen zu setzen (z. B. bei Alkohol, Essen, Fernsehen, Computerspielen, Kaufverhalten …)?
> - Bleibe ich fast immer in meiner Komfortzone (Kap. 10) und versuche, das „kalte Wasser" jeder Herausforderung zu vermeiden?
> - Scheitere ich immer wieder bei den Zielen, die ich mir vornehme, weil ich den Weg dahin nicht „durchziehen" will?

> - Kann ich mich zuverlässig an Regeln und Verpflichtungen halten, auch an die eigenen, die ich mir selbst setze?
> - Scheitern viele meiner sozialen Beziehungen, weil ich ungern zurückgebe, mir die Pflege der Beziehungen zu aufwendig ist?
> - Tausche ich immer wieder meine Zukunft und meine langfristigen Träume und Ziele gegen einen angenehmen Augenblick in der Gegenwart?

Insgesamt führt Selbstbeherrschung also zu mehr Erfolg in vielfältigen zentralen Lebensbereichen (Muraven, 2010) – und genau darum geht es in der Positiven Psychologie (Kap. 1). Menschen mit mangelnder Disziplin zahlen dafür einen hohen Preis. Das hört sich nach einer Menge Gründe an, dass wir hohe Selbstdisziplin aufbauen. Wie können wir also unsere Disziplin fördern und entwickeln?

12.4 Disziplin lernen: Tipps, um diszilinierter zu werden

„Wie kann ich meine Disziplin fördern? Wie kann ich disziplinierter werden? Welche Tipps und Maßnahmen für mehr Selbstdisziplin gibt es?" Das haben wir uns wahrscheinlich alle schon öfter gefragt. Tatsächlich gibt es hier gute Nachrichten aus der Positiven Psychologie: **Selbstdisziplin lernen** ist wie unsere Muskeln trainieren. Je mehr wir sie trainieren, desto größer wird sie.

Es folgen die wichtigsten **Tipps, um Disziplin zu lernen.**

12.4.1 Attraktive Vision unserer Zukunft

Eine Vision (Kap. 6) unserer Zukunft ist ein mächtiges Instrument der Motivation (King, 2001). Warum auch sollten wir uns anstrengen, Selbstdisziplin haben, wenn wir gar nicht wissen wofür? Eine attraktive Vision ist deshalb unersetzlich, damit wir Disziplin lernen, denn sie schafft ein höheres Ziel. Eine gute Leitfrage zum Aufbau dieser Vision von uns selbst ist: „Wer will ich in fünf Jahren sein? Wie sieht mein Leben aus? Wo bin ich? Wer bin ich? Was habe ich erreicht? Was gibt meinem Leben wirklich Sinn?" Dabei können wir ganz konkret denken an Lebensbereiche wie unsere Gesundheit, Beziehungen zu anderen Menschen, Karriere, Bildung und Wissen oder Wohlstand. Wir sollten am besten das mentale Bild schriftlich oder gar zeichnerisch festhalten und immer wieder in die Erinnerung bringen, wenn wir Disziplin brauchen. Durch das wiederholte Erinnern „brennen" wir die Vision in unser Gehirn ein.

12.4.2 Konkrete Ziele

Die große emotionale Vision unserer Zukunft ist schön. Jetzt geht es um den Weg dahin, die konkreten Ziele. Dafür hat sich die SMART-Methode (Kap. 8) bewährt (z. B. Steers und Porter, 1974). Im Akronym SMART steht jeder Buchstabe für eine Eigenschaft, die unsere Ziele haben sollten. Unsere Ziele sollen demnach sein:

- **S**pezifisch (also sehr konkret)
- **M**essbar
- **A**kzeptiert (sie müssen uns gefallen, attraktiv sein)
- **R**ealistisch (das bedeutet anspruchsvoll, aber erreichbar)
- **T**erminiert (sie brauchen einen festen Zeitpunkt, zu dem wir sie erreichen wollen)

Diese SMART-Ziele sind das Bindeglied unserer Vision zur Praxis. Wichtig sind kleine Unterziele, die uns beantworten: Wie sieht mein Tag heute ganz konkret aus, was will ich messbar erreichen, und wie werde ich das tun?

12.4.3 Gewohnheiten

Große Teile unseres Verhaltens sind reine Gewohnheit. Und Gewohnheiten laufen von selbst ab, ohne viel bewusste Aufmerksamkeit (Wood, Tam und Witt, 2005). Höchste Disziplin lernen, das geht daher **nur** mit Gewohnheiten. Wir formen unsere Gewohnheiten – und unsere Gewohnheiten (Kap. 14) formen dann uns. Als nächsten Schritt für mehr Disziplin brauchen wir deshalb gute Gewohnheiten. Warum? Weil wir uns nicht immer zu etwas zwingen können – und nebenbei, auch nicht wollen. Das erfordert zu viel Willenskraft, ist unangenehm und auch nicht notwendig. Gewohnheiten sind ein super Trick, mit dem wir diszipliniertes Verhalten erreichen, ohne viel Disziplin zu brauchen. Gewohnheiten setzen das gewünschte Verhalten auf „Autopilot". Wie können wir diesen Autopiloten für gewünschtes Verhalten aufbauen? Ein Trick dazu ist, dass wir ein gewünschtes Verhalten immer an eine auslösende Situation knüpfen.

Es gibt viele Beispiele dafür aus unserem Alltag:

- Wir sind fertig mit dem Frühstück – putzen unsere Zähne.
- Wir setzen uns zum Essen – wünschen guten Appetit.
- Wir gehen aus einem Zimmer – machen das Licht aus.

All das passiert bei den meisten Menschen ganz automatisch, wir haben diese guten Gewohnheiten.

Jetzt geht es darum, unsere konkreten Ziele auf dem Weg zur Vision als Gewohnheiten zu etablieren, sie fest an auslösende Situationen zu knüpfen. Das geht mit etwas Kreativität sehr leicht. Diese Beispiele zeigen das Vorgehen.

- Ziel: Wir wollen jeden Tag 20 Liegestützen machen für mehr Bewegung und sportlicheres Aussehen. Gewohnheit mit auslösender Situation: Immer, bevor wir auf die Toilette gehen, machen wir fünf Liegestütze. Immer, bevor wir ein Papier vom Drucker holen, machen wir fünf Liegestütze.
- Ziel: Wir wollen am Tag mindestens zwei Liter Wasser trinken für unsere Gesundheit. Gewohnheit mit auslösender Situation: Immer, bevor wir essen, trinken wir ein Glas Wasser. Das geht los mit dem Frühstück. Immer, bevor wir anfangen, am Computer zu arbeiten, trinken wir ein Glas Wasser. Immer, wenn wir einen übergeordneten Arbeitsschritt abgeschlossen haben, trinken wir ein paar Schluck Wasser.

12.4.4 Öffentliches Commitment

Wenn wir ein Ziel öffentlich ankündigen, dann stehen wir in der Pflicht (Klein et al., 2020). Aber Vorsicht: Wir müssen für die Wirksamkeit das Ziel unbedingt einer Person mit möglichst hohem Status mitteilen. Einer Person, die wir wirklich bewundern. Einer Person, deren Anerkennung wir suchen. Wenn wir unsere Ziele dagegen mit Personen ohne hohen Status teilen, dann könnte das sogar schädlich für unsere Motivation sein, zeigen Studien (Gollwitzer et al., 2009). Warum ist das so? Weil wir uns vor diesen Personen nicht beweisen müssen. Sie bewundern uns doch schon allein dafür, dass wir ein ambitioniertes Ziel nennen … Also warum dann noch diszipliniert anstreben? Disziplin lernen wir also durch Verpflichtungen gegenüber Menschen, deren Anerkennung uns wichtig ist, deren Anerkennung wir uns erst **verdienen** müssen.

12.4.5 Ablenkungen ausschalten

Wir leben in einem Zeitalter der Ablenkungen (Kap. 11), und es fällt uns schwer, diszipliniert zu sein. Wir werden durchschnittlich alle paar Minuten bei der Arbeit unterbrochen und verlieren dadurch täglich über zwei Arbeitsstunden (Wajcman und Rose, 2011). Die größten Ablenkungen sind mittlerweile der Blick auf das Smartphone, E-Mails checken und Fernsehen.

Was also tun gegen die ganzen Ablenkungen und Zeitfresser, die unserer Disziplin schaden? Das Vorgehen ist denkbar einfach, hat aber seinen Preis … Wer diszipliniert werden will, sollte folgende Tipps umsetzen: Smartphone ausschalten und außer Sicht platzieren, Fernseher am besten ganz abschaffen, E-Mails maximal nur einmal am Tag und zu einer festgesetzten Zeit checken. Zusätzlich sollten wir alle akustischen Hinweise auf E-Mails und SMS deaktivieren, Nachrichten am Sperrbildschirm des Handys reduzieren, Computerspiele niemals auf Arbeitsgeräten haben … Die Richtung ist damit klar. Wie gesagt: Es hat seinen Preis.

12.4.6 Einfach anfangen

Das Schwierigste an Disziplin ist oft der erste Schritt. Wenn wir es schaffen, uns zu einem kleinen ersten Schritt zu bewegen, dann geht es oft wie von allein weiter. Dazu können kleine Veränderungen in unserer Umgebung beitragen. Ein Beispiel: Wer bleibt schon nicht gern liegen, wenn der Wecker neben dem Bett klingelt, und schaltet ihn einfach aus? Lösungsansatz: Der Wecker steht an einem so weit entfernten Ort, dass wir erst aufstehen müssen, um ihn auszuschalten. Das zwingt uns zum ersten Schritt: Aufstehen. Und wer schon steht, der bleibt eher stehen und geht nicht zurück ins Bett. Ein weiterer Trick, um anzufangen, ist mit sich selbst einen kleinen ersten Schritt zu verhandeln: „Ok, ich gehe laufen – aber nur fünf Minuten." „Gut, ich starte mit der Steuererklärung – aber ich mache nur die Telefon- und Internetkosten." Sobald wir unser Mini-Ziel erreicht haben, können wir uns fragen: „Und, will ich noch weiter machen?" Meist lautet die Antwort dann: „Ja!"

12.4.7 „Nein!" sagen

Zeit ist eine sehr begrenzte und kostbare Ressource. Deshalb ist eines entscheidend: Grenzen setzen (Kap. 7). Unsere verfügbare Zeit ist einer der wesentlichsten Einflüsse auf Erfolg. Das ist vielen Menschen nicht bewusst. Andere Personen nehmen diese unbedachten Menschen dann gern für ihre Ziele in Anspruch – sei es am Arbeitsplatz oder privat zu Hause. Und sie wollen das zu ihren eigenen Spielregeln tun: „Ja, du bist beschäftigt. Ich muss das aber jetzt entscheiden, hilf mir. Wann anders geht es bei mir nicht." „Ich habe nur da Zeit und brauche deine Unterstützung." So und so ähnlich lauten ihre Forderungen. Gerade Menschen mit narzisstischen Zügen sind oft absolut blind für die Bedürfnisse und Belange der Menschen in ihrem Umfeld – für unsere Bedürfnisse. Für diese Personen zählen nur sie selbst, ihre aktuellen Ziele. Wir sind nur ein Instrument für sie.

Oft scheitern wir an unseren Zielen und deren diszipliniertem Verfolgung, weil wir zu wenig auf unsere eigene Zeit achten. Es ist deshalb wichtig, dass wir von Menschen in unserer Umgebung hohe Selbstständigkeit einfordern und fördern. Natürlich sind wir oft verantwortlich für andere Menschen und sollten auch nicht zu jedem Anliegen hartherzig Nein sagen. Es geht hier um klare Regeln, Grenzen und feste Zeitfenster. Wir unterstützen – aber nach unseren Regeln. Wir sagen: „Da habe ich Zeit. Das ist der Termin." „Bei diesem Thema erwarte ich, dass du das selbst entscheidest und löst."

12.4.8 Nicht überstrapazieren

Selbstdisziplin ist wie ein Muskel – kurz nach einem anstrengenden Einsatz ist unsere Disziplin daher müde und schwach. Wie ein Athlet sollten wir daher bei unserer Selbstdisziplin lernen, diese nicht zu extrem einzusetzen, und Zeit zum Regenerieren einplanen. Nachhaltige Disziplin braucht Pausen zur Regeneration. Das kann beispielsweise ein „Gammeltag" in der Woche sein, an dem wir zu uns selbst milde sind und einfach auf der Couch oder im Bett liegen, ohne von uns auch nur irgendetwas zu fordern.

> **Übung: Disziplin lernen**
>
> **Jeder Mensch ist anders** und reagiert unterschiedlich auf die hier dargestellten Tipps für mehr Disziplin. Eine wichtige Frage an uns selbst ist deshalb: An welchen Punkten in der Liste scheitert meine Disziplin besonders?
>
> - Habe ich keine klaren Ziele?
> - Oder lasse ich mich vielleicht zu leicht ablenken (E-Mails, Apps, andere Menschen …)?
> - Bin ich jemand, der zu anderen nur sehr schwer Nein sagen kann?

- Starte ich so extrem und überdiszipliniert, dass ich oft schon nach kurzer Zeit aufgebe, frustriert bin, keine Lust mehr habe?
- ...

Je nachdem, wo unsere größten Hebel sind, können wir am wirksamsten ansetzen und mehr Disziplin lernen.

Der nächste Abschnitt stellt spannende Forschungsergebnisse aus der Psychologie zum Thema Disziplin vor.

12.5 Psychologische Forschung zu Selbstdisziplin: Marshmallows und Co.

Es gibt viel Forschung rund um Selbstdisziplin. Dieser Abschnitt greift zwei besonders spannende Themen als Beispiele heraus: den Marshmallow-Test und die Frage: Was ist wichtiger für Schulerfolg – Intelligenz oder Disziplin?

Für Psychologen haben Marshmallows und Selbstdisziplin viel miteinander zu tun. Warum? Wegen eines berühmt-berüchtigten Experimentes zu Selbstdisziplin, dem **Marshmallow-Test**.

> **Forschung: das Marshmallow-Experiment**
>
> Was sagt es über den späteren Erfolg im Leben aus, ob ein **vierjähriges Kind** ein **einzelnes** Marshmallow **sofort** aufisst – oder 15 Minuten damit **warten** kann, um noch ein **zweites** Marshmallow dazu als Belohnung zu erhalten? Offenbar eine ganze Menge, wenn man den Forschungen des Psychologen Walter Mischel folgt...
>
> Doch der Reihe nach: Walter Mischel wählte ab den späten 1960er-Jahren Kinder im Vorschulalter für seine „grausamen" Experimente aus (z. B. Mischel und Ebbesen, 1970; Mischel, Ebbesen und Raskoff-Zeiss, 1972). Was machte er mit diesen Vorschulkindern? Er gab ihnen ein Marshmallow und stellte sie vor eine harte Wahl: entweder das Marshmallow sofort essen – oder 15 Minuten das Marshmallow nicht zu essen und dann ein zweites dazu als Belohnung zu bekommen. Wahlweise gab es auch andere Belohnungen wie kleine Salzbrezeln. Es ging bei seinen Experimenten immer um das gleiche Thema: **Aufschub von Belohnungen** („delayed gratification"), um nach dem disziplinierten Abwarten einer Zeitspanne umso mehr Belohnung zu bekommen. Mit seinem **Marshmallow-Test** erhob Mischel die **Selbstdisziplin** der Kinder.

> Was sagt der Marshmallow-Test vorher, wie ist seine **Aussagekraft**? Kurzfristig nicht viel. Walter Mischel begleitete die Kinder aber über viele Jahre. Wer im Vorschulalter den „Marshmallow-Test" bestanden hatte, war viele Jahre später
>
> - besser in der Schule (Mischel, Shoda und Rodriguez, 1989),
> - besser im Studium (Ayduk et al., 2000),
> - sozial kompetenter und handlungsfähiger (Ayduk et al., 2000),
> - beliebter bei Freunden und Gleichaltrigen (Shoda, Mischel und Peake, 1990),
> - seltener übergewichtig (Schlam et al., 2013) und
> - kompetenter im Umgang mit Frustration und Stress (Shoda, Mischel und Peake, 1990).
>
> Zudem zeigten sich noch **40 Jahre später** bei Erwachsenen im mittleren Lebensalter Unterschiede in der Hirnfunktion – wohlgemerkt in Abhängigkeit davon, ob sie Jahrzehnte zuvor als Vorschulkinder den „Marshmallow-Test" bestanden hatten (Casey et al., 2011).

Kommen wir zu einem zweiten Forschungsbeispiel: Selbstdisziplin und Bildungserfolg.

> **Forschung: Intelligenz oder Disziplin – was ist wichtiger für gute Noten?**
>
> Die Psychologen Angela Duckworth und Martin Seligman veröffentlichten 2005 einen Forschungsbericht, der einschlug wie eine Bombe (Duckworth und Seligman, 2005). Viele Menschen waren bisher der Meinung, dass Schulnoten in erster Linie eine Frage der Intelligenz oder guten Unterrichts seien. Wer gute Noten hat, ist einfach ein „kluges Kind". So eine verbreitete Volksmeinung. Andere betonen die soziale Herkunft als allein entscheidend und sagen „Kinder mit armen Eltern haben schlechtere Bildungschancen!". Dieses scheinbare „Allgemeinwissen" muss spätestens seitdem korrigiert werden.
> Zwei Studien mit Achtklässlern zeigten folgende **Ergebnisse**:
>
> - **Selbstdisziplin** (auf verschiedene Arten gemessen) **sagt Bildungserfolg** (akademische Leistungen) **mehr als viermal so stark** (über doppelt so hohe Korrelation) **vorher wie der IQ** (Intelligenzquotient),
> - Schüler mit hoher Disziplin fangen früher am Tag mit Hausaufgaben an und bleiben länger dran,
> - fehlen seltener in der Schule „wegen Krankheit",
> - schauen deutlich weniger fern und
> - qualifizieren sich öfter für höhere Bildungswege.
>
> Interessant ist in diesem Zusammenhang, dass diese Resultate in der Praxis nach wie vor weitgehend ignoriert sind. Liefern Bildungsstudien schlechte Ergebnisse, dann kreist das Denken um Lösungen nahezu ausschließlich um Fragen

> von Migration (Sprache), Lehrermangel und sozialer Herkunft. Diese Daten weisen auf ein nahezu vergessenes Handlungsfeld: Wie wäre es mit mehr Disziplin?

Die Forschung im Bereich Disziplin geht weiter. Wichtige neuere Erkenntnisse sind, dass **50 %** (eher mehr) **der Selbstdisziplin angeboren** sind (Willems et al., 2018). Interessant ist auch die Diskussion um ökonomische Zusammenhänge. Menschen mit niedriger Selbstdisziplin sind anfälliger für hochverzinste kurzfristige Verschuldung, Einkommenseinbußen und ungeplante Ausgaben (Gathergood, 2012). Wer schon als Kind Selbstdisziplin hat, verfügt dagegen als Erwachsener über ein höheres Einkommen (Fergusson, Boden und Horwood, 2013). Diese Effekte sind auch robust, wenn statistisch auf den sozioökonomischen Status der Eltern kontrolliert wird. Stimmen nach dem Motto „Wer reiche Eltern hat, bekommt mehr Disziplin vermittelt und hat Vorteile im Leben. Der Erfolg liegt aber nicht an der Disziplin, sondern einfach am sozialen Hintergrund!" sind daher nicht haltbar. Es sieht eher nach folgendem Muster aus: „Eltern mit hoher Selbstdisziplin haben einen hohen sozioökonomischen Status erreicht. Sie vererben und vermitteln ihre Selbstdisziplin an ihre Kinder weiter. Diese Kinder outperformen ihre Peers mit Disziplin – genauso wie schon ihre Eltern vor ihnen." Der ökonomische Erfolg ist die Konsequenz aus der Disziplin, nicht ihre Ursache. Tatsächlich profitieren Kinder ohne Disziplin wenig vom hohen sozioökonomischen Status der Eltern.

12.6 Risiken und Nachteile von Selbstdisziplin

Was sind **Nachteile von Disziplin**? Ist Disziplin wirklich so ein Segen, wie die obigen Forschungsergebnisse nahelegen? Die Antwort lautet: „Ja. Doch es gibt auch eine andere Seite der Medaille, eine Schattenseite." **Magersucht**, **Workaholismus**, **Burn-out** und **Übertraining** – das sind keine positiv besetzten Begriffe. Und das hat alles eines gemeinsam: Unsere Disziplin wendet sich hier gegen uns selbst, weil wir es übertreiben. Wir hungern, arbeiten und trainieren uns dann im schlimmsten Fall ins Krankenhaus oder sogar auf den Friedhof. Wir verwechseln unsere eigenen Grenzen dann mit dem inneren Schweinehund, der uns im Weg steht.

Bestimmte Prinzipien der Disziplin wie das berühmte Motto der Navy-Seals sind daher fragwürdig: „Wenn du denkst, es geht nicht mehr, dann hast du erst 40 % deiner Leistungsfähigkeit erreicht." Das stimmt bestenfalls bei Menschen, die schnell aufgeben, und kann uns vielleicht bei sehr kurzfristiger Orientierung helfen, ein Ziel mit aller Gewalt zu erreichen. Was nutzt es uns aber, wenn wir beispielsweise so schaffen, ein enormes Gewicht zu heben – aber unsere Knie oder der Rücken irreparable Schäden erleiden?

Für fast alle wichtigen Ziele im Leben ist die Marathon-Perspektive entscheidend: lange dranbleiben mit einem vernünftigen Level an Disziplin. Dagegen ist die Sprint-Perspektive meist schädlich. Ein überambitioniertes Ziel mit aller Gewalt ohne Rücksicht auf Verluste erreichen – wer so handelt, der schadet seinem langfristigen Erfolg. Konfuzius formulierte das so: „Es ist nicht wichtig, wie schnell du gehst. Hauptsache, du bleibst nicht stehen."

Deshalb sind **Mitgefühl und Rücksicht auf uns selbst** wichtig für nachhaltige Disziplin. **Krankhafter Ehrgeiz schadet.** Für viele ist es überraschend: Disziplin und Motivation kommt nicht daher, dass wir möglichst rücksichtslos, brutal und mitleidlos zu uns selbst sind. Tatsächlich scheint ein mitfühlender Umgang mit uns selbst wirksamer für dauerhafte Disziplin und Motivation (Breines und Chen, 2012). Ein etwas liebevoller Umgang mit uns selbst, so wie wir das auch gegenüber guten Freunden praktizieren, hat viele Vorteile – auch für unsere Disziplin. Zudem ist Mitgefühl gegenüber uns selbst gut, um Stress, Depressionen und Ängste zu reduzieren und unsere Belastbarkeit zu steigern (MacBeth und Gumley, 2012). Also: Pausen, Spaß und gute Freizeit als Belohnungen sind wichtig für unsere Disziplin. Sie helfen uns, Kraft für unsere nächste Herausforderung zu schöpfen.

Frage an den Autor: Wie gewinne ich mehr Disziplin im Leben?

Was kann ich kurzfristig tun, um meine Selbstdisziplin zu steigern?
Die wichtigsten Veränderungen kommen von innen, von Deiner inneren Haltung. Das gilt auch für Deine Haltung gegenüber Disziplin. Mach Dir deshalb zuerst **bewusst, dass Selbstdisziplin sich lohnt.** Die Entwicklung von Menschen – das ist mein Beruf. Und jeder, der in diesem Feld arbeitet, weiß es: IQ ist nicht das einzige, das zählt. Einige meiner guten Studenten sind nicht bahnbrechend intelligent. Und einige meiner sehr intelligenten Studierenden liefern keine sehr guten Leistungen ab. Natürlich ist Intelligenz nicht egal: Ich habe auch die Hochbegabten, die Überflieger, die nach 20 Minuten als Erste eine Prüfung abgeben mit Bestnote, obwohl sie eine Stunde Zeit hätten. Doch diese Studierenden sind immer intelligent **und** diszipliniert. Sie sehen oft gut aus, trainieren ihren Körper und Geist, wissen, was sie wollen und verfolgen diese Ziele konsequent. Du hast es oben gelesen: Selbstdisziplin kommt nicht nur der Karriere und Leistung im Beruf zugute. Das sehe ich jeden Tag an den

Menschen, mit denen ich arbeite. Die disziplinierten Menschen stehen auf der Sonnenseite des Lebens. Die anderen im Schatten.

Ich bin zahlreichen Menschen begegnet, arbeite viel mit Führungskräften. Später im Leben, nach Schule und Studium, wird es noch extremer: Welcher Vertriebsmitarbeiter wird alle anderen outperformen? Welcher Bewerber bei einer militärischen Spezialeinheit wird das Programm bestehen? Welcher Unternehmer wird nicht aufgeben und sein Start-up durch alle Hindernisse und Herausforderungen zum Erfolg führen? Welche Ehe wird auch die schwierigsten Zeiten überdauern? Dazu gehört mehr als nur Intelligenz. Die erfolgreichsten Menschen arbeiten voller Leidenschaft, Disziplin und Fokus an sehr langfristigen Lebenszielen. Sie kämpfen dafür. Sie investieren jahrelang. Sie laufen den Marathon.

Deshalb: Denke an das Märchen „Hans im Glück", das ich oben schildere – und mache das Gegenteil. Investiere jetzt in der Gegenwart in Deine Zukunft. Mache Dir auch bewusst, dass es ein Investment ist. Sag Dir nicht: „Ich zwinge mich jetzt zu lernen, obwohl ich gern eine Serie anschauen will." „Ich gehe jetzt laufen, auch wenn ich überhaupt nicht will, um ein paar Kilo abzunehmen." **Mache die gewünschte Zukunft schon heute zu Deiner Identität** und sage Dir stattdessen: „Ich lerne jetzt, weil ich eine sehr gute Studentin/ein sehr guter Student bin! Den ganzen Tag Serien zu gucken ist meiner unwürdig. Das bin ich nicht." „Ich gehe jetzt laufen, weil ich ein sportlicher und gesundheitsbewusster Mensch bin." Befasse Dich mit Deinen **Werten** und Deiner Identität. Welche Art Mensch möchtest Du sein? Wer bist Du? Und vor allem: Wer bist Du nicht? Das kann dann so aussehen, je nachdem, was Deine Werte sind: „Andauernd Fastfood essen ist primitiv, faul und impulsgesteuert. Ich bin kultiviert und diszipliniert. Ich ernähre mich anders." „Die ganze Zeit gucken, was andere auf Social Media posten… das ist für Konsumenten. Ich bin Produzent. Ich poste selbst." Sage Dir: „Ich bringe den Klumpen Gold nach Hause, der in mir schlummert."

Ich erinnere nochmal daran: Disziplin ist wie ein Muskel. Wenn sie erschöpft ist, dann können wir sie nicht einsetzen. Du kannst nicht den ganzen Tag Nein zu Dir sagen. Keine Chance. Daher **reduziere überflüssige Versuchungen und Reize** in Deinem Umfeld, die permanent Deine Disziplin einfordern, absaugen und erschöpfen: Social Media, Alkohol, Fernseher, Smartphone, Fastfood, Süßigkeiten … weg damit aus Deinem Umfeld, schwer erreichbar, nicht sichtbar. So hast Du noch Kraft übrig und kannst Deine Disziplin dort einsetzen, wo Du sie wirklich brauchst.

Fang dann mit **kleinen Schritten** an, Deine Disziplin zu trainieren. Das ist absolut in Ordnung. Es ist wie beim Training eines Muskels. Sage zum Beispiel jeden Tag zweimal ganz bewusst zu etwas Ja, das gut für Dich ist und Disziplin erfordert. Das können zehn Minuten Qigong-Übungen sein oder eine halbe Stunde Lesen für Deine Entwicklung. Und sage auch jeden Tag zweimal bewusst zu etwas Nein, das schlecht für Dich ist und Dich in Versuchung führt. Sage zum Beispiel Nein, wenn Du nach einem Social-Media-Post die Beiträge anderer scrollen willst – oder sage bewusst Nein zu einem weiteren Teller Essen, wenn Du bereits satt bist. Denke dann am Abend daran und freue Dich über Dein „Training", Deine Erfolge.

Betrachte Disziplin immer nur als eine **Starthilfe auf dem Weg zu Gewohnheiten**. Sie sollte nicht Selbstzweck sein, das ist anstrengend und belastend.

> Überlege Dir: „Welche guten Gewohnheiten will ich in meinem Leben etablieren? Welche Art Mensch möchte ich sein?" Und dann setze Disziplin strategisch und fokussiert dafür ein. Immer mit dem Gedanken: „Sobald das Verhalten eine Gewohnheit ist, brauche ich die Disziplin nicht mehr." Sobald Du gute Gewohnheiten am Laufen hast, sieht es von außen nach Disziplin aus. Von innen ist es aber nur Gewohnheit und läuft weitgehend „schmerzfrei".
> Jeder Muskel braucht Pausen, Regeneration. Gehe deshalb immer nur so weit, dass Du die **nachhaltige Freude** an etwas nicht zerstörst. Ich höre zum Beispiel immer auf mit dem Schreiben, so lange ich noch Lust darauf habe, weiterzuschreiben. So freue ich mich dann schon darauf, am nächsten Tag wieder zu starten. Wenn ich mich über die Grenze hinaus zwinge, würde ich mir den Flow und den Spaß am nächsten Tag zerstören. Ich hätte dann weniger Leistung mit mehr Zwang. Das wäre sehr schade.
> Spaß an Disziplin hat auch viel damit zu tun, wie Du Dinge betrachtest. Betrachte Disziplin immer als Investment, niemals als Verzicht. Denke daher nicht: „Ich verzichte jetzt darauf, mir die schöne neue Jacke zu kaufen." Denke stattdessen: „Ich investiere jetzt in meine finanzielle Freiheit." Und trotz allem wirst Du auch oft in der Gegenwart genießen. Und das solltest Du auch. Warum auch nicht. Finde eine gute Balance, die Dir Spaß macht und in Deine Zukunft einzahlt. Finde Deinen nachhaltigen Weg, damit der fiktive Goldklumpen möglichst groß bleibt, mit dem Du wie Hans im Glück geboren wurdest und der Dein Potenzial symbolisiert. Vielleicht wächst er sogar?

Disziplin ist wichtig für den Erfolg im Leben. Sie sollte aber immer nur ein Einstieg sein, kein Selbstzweck. Wichtig ist, dass wir auch Leidenschaft, Spaß und Freude nutzen auf dem Weg zu unseren Zielen. Und genau darum geht es im nächsten Kapitel. Es behandelt das Flow-Erleben: einen Zustand, bei dem Fokus, Disziplin und Freude Hand in Hand gehen.

Literatur

Ayduk, O., Mendoza-Denton, R., Mischel, W., Downey, G., Peake, P. K., & Rodriguez, M. (2000). Regulating the interpersonal self: Strategic self-regulation for coping with rejection sensitivity. *Journal of Personality and Social Psychology, 79*(5), 776–792.

Breines, J. G., & Chen, S. (2012). Self-compassion increases self-improvement motivation. *Personality and Social Psychology Bulletin, 38*(9), 1133–1143.

Casey, B. J., Somerville, L. H., Gotlib, I. H., Ayduk, O., Franklin, N. T., Askren, M. K., … & Shoda, Y. (2011). Behavioral and neural correlates of delay of gratification 40 years later. *Proceedings of the National Academy of Sciences, 108*(36), 14998–15003.

Duckworth, A. L., & Seligman, M. E. (2005). Self-discipline outdoes IQ in predicting academic performance of adolescents. *Psychological Science, 16*(12), 939–944.
Fergusson, D. M., Boden, J. M., & Horwood, L. J. (2013). Childhood self-control and adult outcomes: Results from a 30-year longitudinal study. *Journal of the American Academy of Child and Adolescent Psychiatry, 52*(7), 709–717.
Gathergood, J. (2012). Self-control, financial literacy and consumer over-indebtedness. *Journal of Economic Psychology, 33*(3), 590–602.
Gollwitzer, P. M., Sheeran, P., Michalski, V., & Seifert, A. E. (2009). When intentions go public: Does social reality widen the intention-behavior gap? *Psychological Science, 20*(5), 612–618.
King, L. A. (2001). The health benefits of writing about life goals. *Personality and Social Psychology Bulletin, 27*(7), 798–807.
Klein, H. J., Lount, R. B., Jr., Park, H. M., & Linford, B. J. (2020). When goals are known: The effects of audience relative status on goal commitment and performance. *Journal of Applied Psychology, 105*(4), 372–389.
MacBeth, A., & Gumley, A. (2012). Exploring compassion: A meta-analysis of the association between self-compassion and psychopathology. *Clinical Psychology Review, 32*(6), 545–552.
Mischel, W., & Ebbesen, E. B. (1970). Attention in delay of gratification. *Journal of Personality and Social Psychology, 16*(2), 329–337.
Mischel, W., Ebbesen, E. B., & Raskoff Zeiss, A. (1972). Cognitive and attentional mechanisms in delay of gratification. *Journal of Personality and Social Psychology, 21*(2), 204–218.
Mischel, W., Shoda, Y., & Rodriguez, M. (1989). Delay of gratification in children. *Science, 244*(4907), 933–938.
Schlam, T. R., Wilson, N. L., Shoda, Y., Mischel, W., & Ayduk, O. (2013). Preschoolers' delay of gratification predicts their body mass 30 years later. *The Journal of Pediatrics, 162*(1), 90–93.
Shoda, Y., Mischel, W., & Peake, P. K. (1990). Predicting adolescent cognitive and self-regulatory competencies from preschool delay of gratification: Identifying diagnostic conditions. *Developmental Psychology, 26*(6), 978–986.
Statistisches Bundesamt (2022). Mehr als die Hälfte der Erwachsenen hat Übergewicht. https://www.destatis.de/Europa/DE/Thema/Bevoelkerung-Arbeit-Soziales/Gesundheit/Uebergewicht.html. Zugegriffen: 7. Dezember 2022
Steel, P. (2007). The nature of procrastination: A meta-analytic and theoretical review of quintessential self-regulatory failure. *Psychological Bulletin, 133*(1), 65–94.
Steers, R. M., & Porter, L. W. (1974). The role of task-goal attributes in employee performance. *Psychological Bulletin, 81*(7), 434–452.
Tice, D. M., & Bratslavsky, E. (2000). Giving in to feel good: The place of emotion regulation in the context of general self-control. *Psychological Inquiry, 11*, 149–159.

Vaunet (2023). Mediennutzung in Deutschland /2022. https://vau.net/wp-content/uploads/2023/02/VAUNET-Publikation_Mediennutzungsanalyse-2022.pdf. Zugegriffen: 15. Mai 2023

Wajcman, J., & Rose, E. (2011). Constant connectivity: Rethinking interruptions at work. *Organization Studies, 32*, 941–961.

Willems, Y. E., Dolan, C. V., van Beijsterveldt, C. E., de Zeeuw, E. L., Boomsma, D. I., Bartels, M., & Finkenauer, C. (2018). Genetic and environmental influences on self-control: Assessing self-control with the ASEBA self-control scale. *Behavior Genetics, 48*(2), 135–146.

Wood, W., Tam, L., & Witt, M. G. (2005). Changing circumstances, disrupting habits. *Journal of Personality and Social Psychology, 88*(6), 918–933.

13

Flow-Erleben herstellen

Was auch immer wir tun – ohne Flow werden wir nie zur Spitzengruppe gehören. Die besten Musiker, Maler, Sportler, ja sogar Physiker, Mathematiker und selbst Unternehmer berichten von diesem Zustand. Sie sprechen von einer Erfahrung, bei der eine Bewegung aus der anderen folgt, wie von allein, als ob etwas durch sie hindurch handelt: **Im Flow sein.** Einige kennen diesen Bewusstseinszustand, in dem wir Raum und Zeit vergessen, maximal glücklich, motiviert und leistungsfähig sind – wie im Rausch. Aber nur die wenigsten Menschen kennen das von der Arbeit an ihren Lebenszielen. Was brauchen Menschen, um das scheinbar Unmögliche leisten zu können? Wie sollten Aufgaben gestaltet sein, damit wir vollkommen darin aufgehen können? Das zeigt die Forschung und **Psychologie** zum Flow nach Mihály Csikszentmihalyi: Dieses Kapitel stellt die **Flow-Theorie** von **Csikszentmihalyi** als **Modell** vor, zeigt **Beispiele** für **Flow-Erleben**, gibt eine **Definition** und leitet die wesentlichen **Tipps** für unsere Motivation daraus ab.

> **Risiko: Das passiert ohne Flow-Erleben**
>
> Kurz gesagt: Flow macht unseren Weg zu unserem Ziel. Ein Flow-Erleben beschreibt ein vollkommenes Aufgehen in einer Tätigkeit. In diesem Zustand fühlen wir uns am besten und leisten am meisten. Wir können dann all unsere mentalen und körperlichen Ressourcen auf eine Sache lenken. Ohne Flow dagegen macht uns keinen Spaß, was wir tun. Wir müssen uns dann permanent dazu aufraffen, zwingen, erleben Stress. Die Herausforderung: Erfolg im Leben

> funktioniert meist wie ein „Marathon" – wir müssen lange, lange, lange dranbleiben, um Erfolg zu haben. Das gilt für Bildung genauso wie für Wohlstand, Gesundheit und jeden anderen Bereich im Leben. Wir brauchen daher Flow, um diesen „Lebensmarathon" erfolgreich zu laufen – mit Spaß, statt mit Zwang. Denn egal, was wir uns beruflich oder sonst vornehmen im Leben: Wir werden immer antreten gegen Menschen, denen Spaß macht, was sie tun, die dabei im Flow sind, die gern diesen „Marathon" laufen, die weitermachen, die nicht aufgeben, die ihr Tun zur Meisterschaft führen. Als reine „Sprinter" haben wir in diesem Spiel der Ausdauer keine Chance.

13.1 Die Flow-Theorie von Csikszentmihalyi

Es gibt also einen Zustand, in dem Menschen voll in ihrer Aufgabe aufgehen, Raum und Zeit vergessen und sich nur noch um die Tätigkeit kümmern – ein **Flow-Erleben**. Die **Flow-Theorie** der Motivation (Csikszentmihalyi, 1975) beschäftigt sich mit der Frage, wie wir genau zu diesem Erlebniszustand kommen, bei dem wir in unserer Arbeit oder einer anderen Tätigkeit aufgehen und alles um uns herum vergessen (Jackson und Marsh, 1996). Dieser Zustand absoluter Fokussierung auf eine Aufgabe ist durchaus mit **Meditation** vergleichbar, bei der wir nur noch den Augenblick erleben, alles Denken einstellen, Zukunft und Vergangenheit aus dem Bewusstsein verschwinden, wir mit dem gegenwärtigen Moment verschmelzen.

Wie also können wir unsere Aufgaben, die wir tun wollen, zu einer Meditation machen? Die Theorie betont dabei die **Passung von Mensch und Aufgabe**. Es hängt von der einzelnen Person und ihren Fähigkeiten ab, ob eine Aufgabe gut gestaltet ist. Was für den einen Menschen gerade richtig ist, führt beim anderen zum Gefühl der Überforderung und beim dritten zu Unterforderung. Csikszentmihalyi hat diese Wechselwirkung zwischen Aufgabe und Mensch in seinem Modell beschrieben (Csikszentmihalyi, 1990).

Es kommt also auf den einzelnen Menschen an, seine Fähigkeiten, ob bei einer bestimmten Tätigkeit ein Flow-Erleben eintritt. Ideal ist nach diesem Modell die **Balance zwischen dem Anspruch einer Aufgabe und dem Fähigkeitsniveau der Person** (Nakamura und Csikszentmihalyi, 2002). Dann ist maximale **intrinsische Motivation** zu erwarten, und wir gehen in unserer Tätigkeit auf, vergessen teilweise die Umgebung und konzentrieren uns voll auf die Aufgabe. Diesen Zustand, der mit positiven Emotionen einhergeht, bezeichnet Csikszentmihalyi als **Flow-Erleben**.

- Ist der Anspruch einer Tätigkeit dagegen zu hoch, dann ist die Folge Überforderung, **Beunruhigung** und resultierend eine geringe Motivation, wir verlassen dann das Flow-Erleben.
- Auch ein zu geringer Anspruch ist nachteilig. Hier sind Unterforderung, **Langeweile** und in Konsequenz daraus eine ebenfalls geringe Motivation die Folge.

Die Belastung durch eine zu geringe oder eine zu hohe Anforderung kann sich bis hin zum Stressempfinden bei der Arbeit steigern. So führen sowohl Unterforderung und Monotonie zu **Stress** (man denke an das Autofahren im Stau) als auch Überforderung (man denke an einen Fahranfänger, der eine Serpentinenstraße im Gebirge fährt und von Autos hinter ihm unter Druck gesetzt wird).

Fazit: Viele Menschen sind bei ihren Aufgaben zu oft unterfordert, überfordert und abgelenkt – oft von den eigenen Gedanken. Das verhindert, dass wir in den Flow kommen, in einer Aufgabe mit höchster Konzentration und voller Glück versinken. Als Konsequenz sind wir demotiviert.

Doch es gibt auch Flow in unserer Welt. Das zeigen die folgenden Beispiele.

13.2 Beispiele für Flow-Erleben

Jeder Mensch hat gelegentlich Flow-Erfahrungen. Doch die erfolgreichsten Menschen in Kunst, Sport und Wissenschaft haben diese Erfahrungen kultiviert, zum festen Bestandteil ihres Handelns gemacht. Der Infokasten zeigt Beispiele für Flow.

Beispiele für Flow-Erleben

Kunst ist ohne Flow schwer vorstellbar. Unter anderem Musiker berichten von Flow-Erleben, wenn sie ihre Instrumente spielen. Tatsächlich nimmt die Leistung zu, sobald Musiker in den Flow-Zustand kommen (O'Neill, 1999). Ihre Musik wird besser – doch ihre Herzfrequenz sinkt, der Blutdruck nimmt ab, ihre Mimik entspannt sich (de Manzano et al., 2010). Sie treten ein in einen Zustand innerer Ruhe und äußerer Leistung – einer Leistung, die scheinbar ohne Anstrengung erfolgt, mit einem entspannten Körper. Sie sind dann in einem meditativen Zustand höchster Leistungsfähigkeit.

Auch im Sport gehört ein Flow-Zustand zum Basispaket der Top-Athleten, oft unter dem Begriff „to be in the zone" (Young und Pain, 1999). Aus dem Flow heraus erreichen sie mehr Leistung, stärkeres Selbstbewusstsein und höhere Fähigkeiten (Jackson et al., 2001). Der Formel-1-Pilot Ayrton Senna beschreibt beispielsweise, wie ihn beim Fahren eine Macht ergreift, die ihn von allem anderen entrückt außer dem, was er gerade tut. Er schildert, wie er in eine andere Dimension vordringt, in einen mentalen Tunnel, nur noch mit Instinkt fährt. Er berichtet, wie er in diesem Zustand mehr und mehr leisten kann, über das Limit geht... und doch immer noch mehr Leistung findet. Interessant: Er sagt, dass er genau dann Unfälle und Crashs hatte, wenn ihn in diesem Flow etwas unterbrochen hat, störte, aus der Trance riss, in sein Bewusstsein zurückholte – etwa ein Funkspruch von seinem Team mit der Bitte, langsamer zu fahren.

Und auch bei unscheinbaren Alltagstätigkeiten kann ein Flow-Zustand eintreten: Jemand liebt es zu kochen, der andere geht klettern, der nächste bastelt an einem alten Motorrad, und wieder jemand anderes vergisst Raum und Zeit, wenn er den Garten pflegt. Häufig ist das bei Hobbys der Fall.

Viele Menschen erleben Schule, Studium und Erwerbsarbeit als etwas, bei dem sie permanent auf die Uhr blicken und sich fragen: Wann ist es endlich vorbei? 60 Minuten kommen ihnen vor wie zwei oder drei Stunden. Doch andere Menschen treten auch beim Lernen und Arbeiten in einen Flow-Zustand ein (Schüler, 2007). Positive Emotionen, Kompetenzerleben, mehr Selbstvertrauen und Leistung in Schule, Studium und Arbeit sind die Folge. Bei diesen Menschen ist es auf einmal Feierabend – und sie haben gar nicht gemerkt, wie die Zeit vergangen ist.

Manche Führungskräfte und Unternehmer berichten von einer Erfahrung wie einem inneren Licht oder einer Vorsehung, die sie leitet. Und die großen Propheten der Menschheit empfanden einen Gott, der durch sie hindurch sprach und in die Welt der Menschen griff. Auch das weist auf entrückte Zustände des Flow-Erlebens mit begrenztem Bewusstsein hin.

Der Alltag bietet uns also viele Beispiele für unterschiedlich starke Flow-Erfahrungen. Was gehört aus wissenschaftlicher Sicht zum Flow-Erleben?

13.3 Flow: Definition und Bedeutung

Was ist **Flow**? Auch die Forschung, insbesondere die Positive Psychologie (Kap. 1), hat sich mit der **Definition von Flow** befasst. Folgende **Merkmale** sind typisch für einen Flow-Zustand:

- ein Gefühl des Verschmelzens mit der Aufgabe bzw. Tätigkeit
- jeder nächste Schritt fließt wie von allein aus den vorangehenden Schritten (daher der Begriff Flow)
- eine tiefe und lange anhaltende Konzentration (Kap. 11) auf nur eine Tätigkeit
- die Aufgabe verdrängt alles andere aus dem Bewusstsein
- Personen vergessen das Gefühl für Zeit

- die Wahrnehmung der Umgebung ist eingeschränkt
- physiologische Aspekte wie Hunger, Durst, Müdigkeit oder die Toilette aufzusuchen sind nur noch eingeschränkt wahrnehmbar
- das Empfinden, etwas zu bewirken
- die Überzeugung, kompetent zu sein
- eine große Klarheit, was zu tun ist
- Glücksgefühle (Kap. 15).

Flow ist also ein Zustand, der zu sehr positiven Auswirkungen auf unsere Motivation führt. Eine **Definition** für Flow-Erleben in einem Satz:

Definition: Flow-Erleben

Ein Flow-Erleben ist ein Zustand des vollkommenen Aufgehens in einer Tätigkeit. Es tritt ein, wenn eine Tätigkeit optimal an eine Person angepasst ist.

Warum ist der hier definierte Flow-Zustand so entscheidend für unseren Erfolg im Leben?

Ein Flow-Erleben sorgt dafür, dass der Weg zum Ziel wird. Unsere Tätigkeit wird im Flow autotelisch, das bedeutet: Sie motiviert sich aus sich selbst heraus. Mit dem Flow-Erleben können wir die **intrinsische Motivation** eröffnen, die in einer Aufgabe selbst liegt. Wir brauchen dann keine Gründe von außen mehr, die uns motivieren. Wir tun dann ganz von allein und gern das, was zu tun ist. Die gewünschte Aufgabe wird so selbst zum Ziel. Uns interessiert dann nicht mehr wirklich, was „nach" einer Aufgabe kommt – zum Beispiel wie viel Geld wir damit verdienen. Uns interessiert nur noch unsere Aufgabe und dass wir sie exzellent machen.

Zudem verschwindet im Flow alles andere aus unserem Bewusstsein. Wir können dann all unsere mentalen und körperlichen Ressourcen auf die eine Sache lenken. **Fokus und Konzentration** (Kap. 11) sind optimal im Flow-Zustand, ein mentaler Tunnel entsteht, der uns komplett abschottet von störenden Reizen. Genau dadurch können wir bei unseren Aufgaben und Zielen zur Meisterschaft gelangen.

Tatsächlich geht die Bedeutung von Flow jedoch über reine Leistung hinaus: Der Zustand macht uns **glücklich** (Kap. 15) und gibt uns ein **Wachstumsgefühl** (Bonaiuto et al., 2016).

Tätigkeit und Person sind also optimal aneinander anzupassen. Und um genau diese Anpassung unserer Aufgaben geht es im nächsten Abschnitt.

13.4 Flow-Erleben braucht motivierende Aufgaben

Wie kann man **Aufgaben für ein Flow-Erlebnis optimieren?** Dabei setzt die Theorie – neben der Betonung von klaren Zielen und Feedback – insbesondere den **Anspruch einer Aufgabe** mit den **Fähigkeiten** der Menschen in Beziehung. Konkret geht es darum, wie herausfordernd wir subjektiv eine Aufgabe erleben und für wie fähig wir uns halten (Nakamura und Csikszentmihalyi, 2002). Das Ziel ist die Balance zwischen Anspruch und Fähigkeit. Motivierende Aufgaben fordern uns – doch sie überfordern nicht.

Doch wovon hängt es ab, wie anspruchsvoll eine Aufgabe ist? Tab. 13.1 zeigt Aspekte der Arbeitsgestaltung, die eine Aufgabe motivierend machen.

Fazit: Es gibt viele Möglichkeiten, mit denen wir Aufgaben motivierend gestalten können. Je abwechslungsreicher und ganzheitlicher eine Aufgabe ist, desto anspruchsvoller ist diese in der Regel. Das Ausmaß an Abwechslung liegt in unserer eigenen Hand, wenn wir etwas tun. Ein paar Beispiele: Schreibe ich nur Bücher zu einem Thema – oder zu verschiedenen Themen? Koche ich nur deutsche Küche – oder bereite ich auch internationale Gerichte zu? Auch die Ganzheitlichkeit unserer Tätigkeiten können wir gut gestalten: Schreibe ich nur den Text eines Buches und lasse andere die Abbildungen erstellen, ein Buchprodukt daraus entwickeln und vermarkten – oder mache ich alles selbst? Koche ich meine Lasagne mit fertigen Nudeln

Tab. 13.1 Merkmale motivierender Aufgaben

Merkmal der Aufgabe	Einfluss auf Anspruch und Motivationspotenzial
Abwechslung	Je mehr Abwechslung besteht, desto mehr verschiedene Aspekte einer Aufgabe muss eine Person beherrschen und ausführen können.
Ganzheitlichkeit	Zuständigkeit für eine ganze Aufgabe erhöht die Komplexität der Aufgabe. Das verlangt mehr Kompetenz von Menschen als das Abarbeiten von Teilaufgaben.
Autonomie	Je mehr Freiraum wir bei Arbeit und Aufgaben haben, desto mehr Entscheidungen sind zu treffen und desto stärker gilt es, uns selbst zu motivieren, zu kontrollieren und zu steuern. Das erhöht die Komplexität von Aufgaben und damit den Anspruch.
Zeitdruck	Zeitdruck führt zu einer Erhöhung der Menge an Arbeit, die in einer Zeiteinheit zu leisten ist, kurz gesagt zu einer Erhöhung der erforderlichen Leistung. Durch Zeitdruck steigt der Anspruch auch bei einfachen Tätigkeiten – ohne die Tätigkeiten an sich zu verändern.

und Tomaten aus der Flasche – oder mache ich die Nudeln selbst und benutze frische Tomaten aus dem Garten? Das Gleiche gilt für das Ausmaß an Autonomie. Je mehr wir bei der Aufgabe selbst entscheiden können und müssen, desto mehr sind wir gefordert. Ein gutes Beispiel dafür ist das Autofahren mit oder ohne Automatikgetriebe – ohne Automatikgetriebe hat man mehr Autonomie, und das Fahren ist anspruchsvoller. Anspruch spiegelt sich zusätzlich auch in der Menge an Arbeit und dem geistigen Anspruchsniveau (Bakker et al., 2007). Zeitdruck ist die einfachste Methode, um Aufgaben an unsere Fähigkeiten anzupassen, wenn wir uns unterfordert fühlen: Das Gleiche tun – aber schneller.

Ein weiterer wichtiger Aspekt, damit ein Flow-Erleben eintritt, ist die **Sichtbarkeit unseres Fortschritts**. So sehen wir unmittelbar, wie weit wir sind, was wir geleistet haben, und fördern unsere Motivation (Salanova und Schaufeli, 2008). Wir spüren dann, dass wir etwas schaffen, spüren unsere Kraft, haben ein Kompetenzerleben. Unsere Aufgaben sollten also so gestaltet sein, dass wir sehen, was wir leisten, Wirkung spüren, merken, wie wir immer besser werden. Diese Sichtbarkeit können wir bei sehr vielen Tätigkeiten herstellen: Wenn wir Bilder malen, sehen wir die Fortschritte genauso wie beim Sport, Kochen oder dem Schreiben eines Textes.

Was dagegen absolut schädlich für das Entstehen eines Flow-Zustandes ist: **Störungen** und Unterbrechungen. Diese zerstören die notwendige Konzentration (Kap. 11). Sie reißen uns unsanft aus dem Flow-Erleben heraus. Wir machen dann Fehler, straucheln, müssen uns fangen und schließlich wieder für längere Zeit versuchen, den Flow-Zustand neu aufzubauen. Nicht umsonst schilderte der Formel-1-Pilot Ayrton Senna, dass er genau dann Fehler machte, Unfälle hatte, wenn er gestört wurde in seinem Flow. Wir profitieren also von einer störungsfreien Umgebung. Dafür, diese herzustellen, wählten einige Menschen extreme Maßnahmen: Der Schriftsteller Victor Hugo (z. B. „Der Glöckner von Notre-Dame") zog sich etwa in einem Zimmer zurück, kleidete sich nackt aus bis auf einen Schal und übergab alle Kleider an Bedienstete. Diese durften ihm erst wieder Kleidung aushändigen, wenn er ein Kapitel fertiggestellt hatte. Die Tür blieb zu, und er konnte den Raum nicht verlassen, voll fokussiert auf sein Schreiben. In diesem ungestörten Zustand schuf er seine Meisterwerke.

Das Flow-Modell zeigt gut, wie wichtig es für unsere Motivation ist, Arbeitsaufgaben auf uns und unsere Fähigkeiten abzustimmen. Das gilt sowohl für die Dinge, die wir uns selbst vornehmen, als auch für solche, die wir an andere, etwa unsere Mitarbeiter, delegieren.

13.5 Flow-Spirale

Entscheidend für einen Flow-Zustand ist also, dass wir alle Aufgaben individuell auf uns ausrichten – fordernd, aber nicht überfordernd. Dabei können wir eine sehr positive Dynamik erzeugen (Weigl et al., 2010), die als Wachstumsspirale abläuft. Abb. 13.1 zeigt den Kreislauf rund um das Flow-Erleben, der unsere Motivation, unser Selbstbewusstsein und unsere Fähigkeiten wachsen lässt. Kurz gesagt: **Flow führt zu Können – Können führt zu Flow.** Das sind die wichtigen Stufen der **Flow-Spirale**:

1. **Motivierende Aufgabe.** Wichtig für eine motivierende Aufgabe ist, dass sie für uns anspruchsvoll, realistisch und attraktiv ist. Sie sollte gut zu unseren Fähigkeiten und Interessen passen, damit wir sie wirklich erfüllen können und wollen. Wir wählen uns als Startpunkt etwas, das wir idealerweise bereits gut können und gern tun. Diese Aufgabe optimieren wir weiter, passen sie an unser Leistungsniveau an.
2. **Flow.** Durch die optimierte Aufgabe erreichen wir ein Flow-Erleben, mehr Motivation und Erfolg. Die bessere Leistung gibt uns das Gefühl voranzukommen. Dieser sichtbare Erfolg motiviert uns zusätzlich.
3. **Können.** Indem wir die herausfordernde Tätigkeit tun, entwickeln wir unsere Fähigkeiten und Kompetenzen (Salanova et al., 2010). Dadurch entstehen ein Wachstumsgefühl und gesteigerte Selbstwirksamkeit (Kap. 4). Wir lernen auf unserem Weg und wachsen. Es entsteht noch mehr Leistungserleben und Flow.

Und hier schließ sich der Ring, der Kreislauf beginnt von vorn. Mehr Können und Selbstvertrauen führt dann zu einer umso **anspruchsvolleren Auf-**

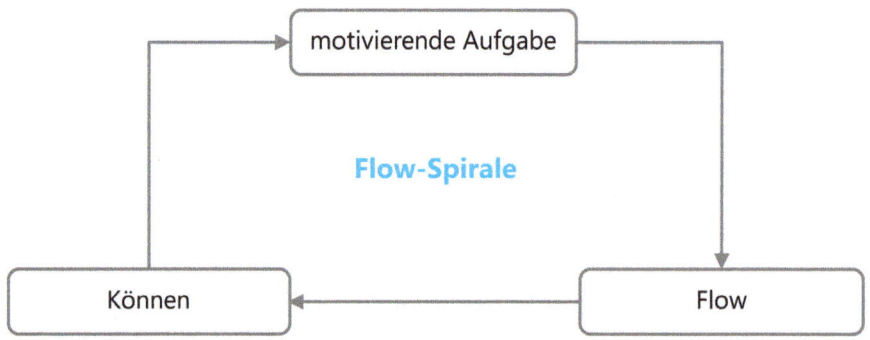

Abb. 13.1 Flow-Spirale: Flow führt zu Können – Können führt zu Flow

gabengestaltung. Eine Wachstumsspirale entsteht aus motivierender Aufgabengestaltung, Erfolg, Lernen und Selbstvertrauen und immer anspruchsvolleren Zielen (Kap. 8).

Die Optimierung von Aufgaben, weil wir besser werden, gehört zu unserem Alltag: Sie äußert sich etwa darin, dass wir uns selbst neuen Herausforderungen stellen, Computerspiele uns neue Level und Gegner anbieten oder erfolgreiche Mitarbeiter mehr Freiraum und Autonomie erhalten und bedeutsamere Projekte bekommen. Dadurch steigen unsere Motivation und Leistung weiter. Eine Flow-Spirale entsteht, die unsere Kompetenzen und unsere Motivation gemeinsam anwachsen lässt.

Dieser Wachstumskreislauf aus Flow, Kompetenz und Selbstvertrauen ist es, der Künstler, Wissenschaftler, Sportler und viele andere zu immer beeindruckenderen Höchstleistungen führt. Wir verdanken diesem Prozess die beeindruckendsten und wertvollsten Leistungen der Menschheit. Nochmal: Flow kann für uns ein unglaublicher Wachstumsmotor sein, wenn wir den Kreislauf anstoßen. Flow führt zu Können – und Können führt wieder zu noch mehr Flow und Freude am Machen (Engeser und Rheinberg, 2008).

Wie genau können wir diesen Wachstumsmotor starten, in den Flow-Zustand eintreten?

13.6 Tipps zum Flow-Erleben

Der Flow-Zustand fördert eine Wachstumsspirale und ermöglicht Spitzenleistungen. Albert Einstein sagte über seine Arbeitsweise: „Kreativität ist Intelligenz, die Spaß hat." Wie können wir seinen Fußstapfen folgen, einen Flow erreichen, in dem Freude, Kreativität und Leistung in einem Rauschzustand stattfinden, der alles andere aus dem Bewusstsein verdrängt und uns mit Glück erfüllt? Das hat die Positive Psychologie (Kap. 1) intensiv erforscht. Hier die entscheidenden **Tipps für Flow-Erleben:**

1. **Geeignete Tätigkeit.** Welche Tätigkeit ist geeignet, damit wir in den Flow kommen? Zentrale Merkmale: Wir können sie gut, denn so können wir das Denken besser abschalten, fühlen uns sicher. Die Aufgabe ist für uns zwar möglich – doch sehr anspruchsvoll. Wir haben Spaß daran. Der Anspruch der Tätigkeit kann dann mit uns gemeinsam weiterwachsen. Ist eine Tätigkeit zu leicht, dann machen wir sie anspruchsvoller. Ist eine Tätigkeit zu schwierig, dann erhöhen wir unsere Kompetenz.
Zudem sollten wir natürlich Tätigkeiten für einen Flow-Zustand auswählen, die unseren Lebenszielen nutzen. Wer einen Flow-Zustand z. B.

darin findet, mit dem Motorrad extrem im Straßenverkehr zu rasen, dabei Raum und Zeit vergisst, der schadet am Ende sich und anderen.
2. **Fokus.** Flow erfordert ungestörte Konzentration und vollen Fokus. Das bedeutet: Alle Störungen und Ablenkungen (Kap. 11) sind abzustellen. Lärm, Unterbrechungen (Anrufe, Besucher, E-Mails) und störende Gedanken müssen weg. Dabei hilft uns, wenn wir regelmäßig meditieren, lernen, störende Gedanken loszulassen, Fokus üben (Chen et al., 2018).
3. **Anfangen und dranbleiben.** Da der Flow-Zustand erst nach einer gewissen Zeit eintritt, ist es wichtig, mit dem Verhalten anzufangen und eine Zeit dranzubleiben, zu investieren. Es ist wie beim Tanzen: Erst anfangen – dann kommt der Rauschzustand. Ein Flow-Erleben ist nie von Anfang an da. Es gilt, die Schwelle zu überwinden, nach der wir in den Flow kommen. Ein wichtiger Tipp ist daher: anfangen, weitermachen und den Tunnelblick suchen.
4. **Spaß.** Druck, äußerer Zwang oder etwas nur zu tun, um etwas anderes zu erreichen? Das ist schädlich für unseren Flow-Zustand. Eine Tätigkeit im Flow ist autotelisch, sie motiviert sich aus sich selbst heraus. Das dürfen wir nie gefährden, wenn wir zur Spitze gehören wollen, den Flow zu uns rufen wollen. Wenn wir mit Zwang und Druck arbeiten, berechnend an sekundäre Ziele denken..., dann verlieren wir gegen diejenigen, die im kreativen Rauschzustand handeln, Zeit, Hunger und Schmerzen nicht mehr spüren, ihr Leben in der Flow-Phase nur noch auf einen Punkt ausrichten.

Die folgende Frage an den Autor vertieft die Tipps zum Flow-Erleben.

> **Frage an den Autor: Wie kann ich mehr Flow in mein Leben bringen?**
>
> *Ich will mehr Flow-Zustand erleben und für mich nutzen. Was kann ich tun?*
> Der schönste Zustand tritt ein, wenn wir unseren Geist und Körper strecken, über die Grenzen gehen, Raum und Zeit verlassen und in einem höheren Bewusstseinszustand Großartiges vollbringen. Wir sind im Flow, wir sind dabei kreativer, leistungsfähiger und glücklicher. Es wäre schön, wenn jeder Mensch so etwas in seinem Leben findet.
> Am Ende geht es beim Flow darum, das zu **tun, was wir lieben und gut können** – oder das lieben zu lernen, das wir tun müssen. Idealerweise hast Du bereits Tätigkeiten in Deinem Leben, die Du gut kannst, die Dir Freude machen und die Dich voranbringen bzw. Dir zumindest nicht schaden. Etwas unfair ist natürlich, dass Flow bei eher schädlichen Aktivitäten wie Computerspielen für viele Menschen leichter eintritt als bei einer Arbeit oder künstlerischen Tätigkeit. Das liegt daran, dass Computerspiele schon psychologisch auf Flow optimiert sind. Experimentiere also mit Dir und verschiedenen Aktivitäten. Was ist

Dein Ding, was erfüllt Dich, worin gehst Du auf? Mach dann genau das. Fokussiere Dich darauf. Und mit der Zeit wirst Du dann dabei immer besser, findest Deine Passion, startest eine Flow-Spirale aus immer mehr Können und immer mehr Flow.

Selbst komme ich aus einer Ärztefamilie, mein Vater ist Medizinprofessor, die Mutter Ärztin. Meine Eltern sagten „Studiere doch Medizin, dein Abi gibt es her, wir kennen alle, sind gut vernetzt. Psychologen sind am Ende oft Taxifahrer." Ich wusste aber: Mein Ding ist Psychologie. Und zwar nicht für die kranken Menschen, sondern für die gesunden – Positive Psychologie. Ich habe mich entschieden, meinem „Herzen" zu folgen. Ich folge immer meinem Herzen, weil ich weiß: Wenn ich mit Leidenschaft handle und viel Zeit investiere, dann gehöre ich immer zur Spitzengruppe – ganz egal, was ich mache. Genau das sage ich auch meinen Kindern und Studierenden: „Es ist nicht so wichtig, was ihr beruflich macht, sondern es ist wichtig, wie gut ihr seid in dem, was ihr tut. Denkt deshalb nicht an Geld und Berufschancen – denkt an Leidenschaft. Wenn ihr zur Spitzengruppe gehört, dann kommt Wohlstand ganz von allein, als angenehmer Nebeneffekt. Meinetwegen studiert ihr Kunstgeschichte und werdet die beste Spezialistin oder der beste Spezialist für bestimmte Kunstwerke. Ihr könnt die beste Köchin sein oder auch der beste Friseur und selbst die beste Nanny – Geld kommt dann von allein zu euch. Es wird zu euch kommen als Abfallprodukt eurer Leidenschaft und Exzellenz. Ihr werdet dann einfach tun, was ihr liebt, und alles andere kommt zu euch wie zu einem Magneten. Ihr braucht dann nur noch etwas Marketing und Bekanntheit. Die Amerikaner sagen: ‚Work like hell and advertise!'."

Neben der Auswahl dessen, was Dein Ding ist, dem Folgen Deines Herzens, gibt es noch ein paar unterstützende Tätigkeiten. Du brauchst **ungestörte Zeit**, Deine Profession zu üben, zu perfektionieren, zu wachsen. Praktiziere Meditation, schaffe ungestörte Zeit, indem Du auf unwichtige Aktivitäten verzichtest, die Dich ablenken. Du kennst Dich und weißt sicher schon, was bei Dir die Zeitfresser sind: Ist es Fernsehen, Internet, Computerspiele, Social Media, leere Gespräche mit den falschen Menschen? Schaffe Dir Zeit und praktiziere Deine Passion.

Für mich war es der Fernseher, der weg musste. Ich habe seit Jahrzehnten keinen Fernseher mehr zu Hause. Du hast wahrscheinlich schon gemerkt, dass ich dem Gerät feindlich gegenüberstehe. Dieses Gerät ist ein Albtraum für die meisten Menschen, eine digitale Droge, die ihre Lebenszeit frisst, verhindert, dass sie der Mensch werden und geworden sind, der sie hätten sein können. Ich habe dadurch unendlich viel Zeit gewonnen – die fünf Stunden, die der Durchschnittsdeutsche täglich vor dem Gerät verbringt. Zeit zu leben, zu denken, zu schreiben. Zeit für mich und Zeit mit den Menschen, die ich liebe, Zeit zu wachsen. Wenn Du also nicht ein vereinsamter alter Mensch im Bett eines Pflegeheims bist, der niemanden hat und sich mit dem Fernseher betäuben muss: Warum solltest Du nicht das beseitigen, was Dich, Dein Leben und Deine Leidenschaften auffrisst?

Und dann geht es um das **Machen**, das Tun: immer wieder, immer wieder, viele Stunden. Stunden, die Du nicht merken wirst, weil es Deine Leidenschaft ist, Stunden, die andere mit Fernsehen, Computerspielen und vor dem Smartphone verschenken. Wie gesagt: „Work like hell." Du wirst dann den Flow-Zustand immer besser kennenlernen, immer schneller eintreten und immer länger dortbleiben können. Du hast dann die Wachstumsspirale losgetreten.

> Wenn Du willst, dann sieh es so: Optimiere Dein Leben genauso wie ein Computerspiel sich auf Dich als Spieler automatisch einstellt. Schaffe Aufgaben, die auf Dich und Deine Leidenschaften und Kompetenzen zugeschnitten sind – Aufgaben, an denen Du wächst, kompetenter wirst, Selbstbewusstsein aufbaust. Mache die Aufgaben dann automatisch anspruchsvoller.
> Man sagt, ein Goldfisch wird nur so groß, wie das Glas ist, in dem er lebt. Deine Ziele und Aufgaben sind Dein Goldfischglas. Zu kleine Ziele und zu kleine Aufgaben machen auch Dich klein. Deshalb ist eine wichtige Regel im Flow: **Lasse Deine Aufgaben mit Dir wachsen – und wachse mit Deinen Aufgaben.**
> Habe ich diesen Text immer voll im Flow-Zustand geschrieben? Nein. Gerade in der Endphase, beim Feinschliff ist es auch Disziplin. Es ist trotz allem immer noch ein glücklicher Umstand, wenn wir in den Flow-Zustand kommen. Wir werden und können realistisch gesehen nicht das ganze Leben im Flow verbringen. Vieles im **Alltag ist Disziplin** und Dranbleiben – auch wenn es hart ist und mal keinen Spaß macht, wir vielleicht müde sind. Umso schöner, wenn wir dazu noch gelegentlich einen Flow-Zustand erreichen können, aus dem dann unsere Höchstleistung kommt, der unser Werk vollendet und rund macht!
> Was Du unbedingt abgrenzen solltest von Flow-Erleben ist übrigens Workaholismus. Workaholismus ist eine fortschreitende, zwanghafte Fixierung auf Arbeit. Ein Abbrechen der Arbeit führt bei den davon Betroffenen sogar zu Entzugserscheinungen. Sie fühlen sich nur noch gut, wenn sie arbeiten. Der Kern des Workaholismus ist Zwang und Angst. Nicht Leidenschaft und Spaß. Schau Dein Gesicht im Spiegel an, wenn Du einer Tätigkeit nachgehst. Hast Du Freude, innere Ruhe, lächelst Du, bist Du entspannt – siehst Du gelegentlich Leidenschaft? Dann ist es Flow. Bleib dabei, es ist Deine Passion. Siehst Du aber im Spiegel Druck und Verbissenheit, spürst Du innere Unruhe, denkst Du fortwährend zwanghaft nur an die Aufgaben, auch in der Freizeit? Denkst Du vor allem an Auswirkungen und Folgen Deiner Tätigkeit, mögliche Fehler und unerwünschte Konsequenzen? Dann passe auf, ob es nicht in Richtung Workaholismus geht. Und überdenke, ob es das Richtige ist, was Du tust, und ob Du es richtig betreibst.

Wenn wir eine Aufgabe gern tun, im Flow sind, dann wird sie irgendwann eine Gewohnheit. Was es mit Gewohnheiten auf sich hat und warum sich so viele Menschen schwertun, gute Gewohnheiten aufzubauen und schlechte zu verändern, das zeigt das nächste Kapitel.

Literatur

Csikszentmihalyi, M. (1975). *Beyond boredom and anxiety: Experiencing flow in work and play*. Jossey-Bass.

Jackson, S., & Marsh, H. (1996). Development and validation of a scale to measure optimal experience: The Flow State Scale. *Journal of Sport & Exercise Psychology, 18*, 17–35.

Csikszentmihalyi, M. (1990). *Flow: The psychology of optimal experience.* Harper Perennial.
Nakamura, J., & Csikszentmihalyi, M. (2002). The concept of flow. In C. R. Snyder & S. J. Lopez (Hrsg.), *Handbook of Positive Psychology* (S. 89–105). Oxford University Press.
O'Neill, S. (1999). Flow theory and the development of musical performance skills. *Bulletin of the council for Research in Music Education,* (S. 129–134).
de Manzano, O., Theorell, T., Harmat, L., & Ullén, F. (2010). The psychophysiology of flow during piano playing. *Emotion, 10*(3), 301–311.
Young, J. A., & Pain, M. D. (1999). The zone: Evidence of a universal phenomenon for athletes across sports. *Athletic Insight: The online journal of sport psychology, 1*(3), 21–30.
Jackson, S. A., Thomas, P. R., Marsh, H. W., & Smethurst, C. J. (2001). Relationships between flow, self-concept, psychological skills, and performance. *Journal of Applied Sport Psychology, 13*(2), 129–153.
Schüler, J. (2007). Arousal of flow experience in a learning setting and its effects on exam performance and affect. *Zeitschrift für Pädagogische Psychologie, 21*(3/4), 217–227.
Bonaiuto, M., Mao, Y., Roberts, S., Psalti, A., Ariccio, S., Ganucci Cancellieri, U., & Csikszentmihalyi, M. (2016). Optimal experience and personal growth: Flow and the consolidation of place identity. *Frontiers in Psychology, 7,* Article 1654.
Bakker, A. B., Hakanen, J. J., Demerouti, E., & Xanthopoulou, D. (2007). Job resources boost work engagement, particularly when job demands are high. *Journal of Educational Psychology, 99*(2), 274–284.
Salanova, M., & Schaufeli, W. B. (2008). A cross-national study of work engagement as a mediator between job resources and proactive behaviour. *The International Journal of Human Resource Management, 19*(1), 116–131.
Weigl, M., Hornung, S., Parker, S. K., Petru, R., Glaser, J., & Angerer, P. (2010). Work engagement accumulation of task, social, personal resources: A three-wave structural equation model. *Journal of Vocational Behavior, 77*(1), 140–153.
Salanova, M., Schaufeli, W. B., Xanthopoulou, D., & Bakker, A. B. (2010). The gain spiral of resources and work engagement: Sustaining a positive worklife. In M. P. Leiter & A. B. Bakker (Hrsg.), *Work engagement: A handbook of essential theory and research* (S. 118–131). Psychology Press.
Engeser, S., & Rheinberg, F. (2008). Flow, performance and moderators of challenge–skill balance. *Motivation and Emotion, 32,* 158–172.
Chen, J. H., Tsai, P. H., Lin, Y. C., Chen, C. K., & Chen, C. Y. (2018). Mindfulness training enhances flow state and mental health among baseball players in Taiwan. *Psychology Research and Behavior Management,* 15–21.

14

Gewohnheiten ändern und aufbauen

Unsere Gewohnheiten verändern uns – doch wie können wir unsere Gewohnheiten ändern? „Wir sind das, was wir wiederholt tun." Mit diesem Gedanken erkannte schon der Philosoph Aristoteles die schicksalshafte **Macht der Gewohnheit**. Sie bestimmt unser Schicksal, macht uns zu dem Menschen, der wir sind. Erledigen wir wichtige Dinge sofort – oder schieben wir sie vor uns her? Wie behandeln wir unseren Körper, unseren Geist, andere Menschen? Gewohnheiten prägen nicht nur unsere Gesundheit und unseren Erfolg, sondern auch unsere Persönlichkeit: Sind wir egoistisch, undiszipliniert, unflexibel und unverträglich – oder großzügig, diszipliniert, offen für Neues und beliebt? Schlechte Angewohnheiten ändern und gute Routinen aufbauen – das ist für uns alle wichtig. Wie also können wir lange eingewohntes, negatives Verhalten stoppen? Wie können wir uns mit Gewohnheitsbildung nachhaltig motivieren?

Das Kapitel beantwortet diese Fragen mit Forschungsergebnissen der Psychologie. Es zeigt die **Eigenschaften** und gibt eine **Definition** von Gewohnheitsverhalten. Und vor allem zeigt es, wie wir **Gewohnheiten ändern** können.

> **Risiko: Das passiert ohne gute Gewohnheiten**
>
> Ohne gute Gewohnheiten gibt es keinen Erfolg im Leben: keine guten Zähne, keine Bildung, keine finanzielle Freiheit, keine erfüllenden Beziehungen, keine Gesundheit oder schöne Figur. Jeder Mensch, der in irgendeinem Bereich des Lebens sehr erfolgreich ist, hat eine Menge guter Gewohnheiten entwickelt, denen er seinen Erfolg verdankt. Gewohnheiten sind der Autopilot, der uns das Richtige tun lässt – immer wieder und ohne, dass wir uns jedes Mal daran

© Der/die Autor(en), exklusiv lizenziert an Springer-Verlag GmbH, DE, ein Teil von
Springer Nature 2024
F. Becker, *Positive Psychologie – Wege zu Erfolg, Resilienz und Glück*,
https://doi.org/10.1007/978-3-662-67620-2_14

> erinnern oder uns dazu zwingen müssen. Das Problem: Meist entsteht Gewohnheitsverhalten ganz unbewusst, ist oft dysfunktional, sogar schädlich. Daher bedrohen schlechte Gewohnheiten unser Leben, unseren Erfolg und unser Glück.

14.1 Macht der Gewohnheit

Die **Macht der Gewohnheit** steht in der Wissenschaft außer Frage – und das betrifft sämtliche Lebensbereiche. Nach Erkenntnissen der Psychologie ist unser **tägliches Verhalten** zu großen Teilen durch Gewohnheiten geprägt, die weitgehend unbewusst ablaufen, ohne dass wir darauf achten (Wood, Quinn und Kashy, 2002; Wood, Tam und Witt, 2005). Beispiele für Gewohnheiten finden sich im Arbeitsverhalten, in der Kommunikation und im Umgang mit Menschen genauso wie bei Ernährung, Einkauf, Verwendung von Technologie oder Sport und Bewegung. Menschen entscheiden sich nicht immer wieder neu, sondern neigen dazu, Verhalten zu wiederholen, selbst wenn sich Rahmenbedingungen ändern. Wir sind „Gewohnheitstiere". Meist bilden wir unsere Gewohnheiten vollkommen gedankenlos, weitgehend unbewusst. Doch sind es die richtigen Gewohnheiten, die wir da bilden? Oder schaden wir uns mit dysfunktionalen Gewohnheiten selbst?

Der chinesische Lehrmeister Konfuzius beschrieb diese Tatsache schon vor 2.500 Jahren sehr treffend: „Von Natur aus sind die Menschen fast gleich. Erst die Gewohnheiten entfernen sie voneinander." Schon scheinbar **kleine Änderungen im Verhalten** – etwa bei der Ernährung oder Bewegung – formen uns über Monate, Jahre und Jahrzehnte zu vollkommen anderen Menschen. Eine Woche lang nicht mehr rauchen, jeden Tag eine halbe Stunde spazieren gehen, täglich höchstens eine Stunde fernsehen oder die paar Gläschen Alkohol am Abend und die Stunde fehlender Schlaf – was soll das schon ändern? Im kurzen Zeitfenster wenig. Wir merken oft nicht einmal etwas. Wenn wir aber über Monate oder Jahre darauf blicken, dann ändert es sehr viel. Über die Zeit entwickeln diese Veränderungen im Prozentbereich eine **große Wirkung**. Wir sind dann ein komplett anderer Mensch mit anderer Persönlichkeit mit einem ganz anderen Leben.

Und das zeigt die eigentliche Macht der Gewohnheiten. Sie machen uns zu dem, was wir sind. Sie **formen unsere Persönlichkeit**. Abb. 14.1 zeigt dies als Modell.

Abb. 14.1 Gewohnheiten als Modell: Verhalten wird Gewohnheit, Gewohnheiten formen unsere Persönlichkeit

Die Macht der Gewohnheit läuft über drei Schritte:

1. **Regelmäßiges Verhalten.** Wir zeigen regelmäßig ein Verhalten, beispielsweise gehen wir freundlich auf Menschen zu, unterhalten uns angeregt mit ihnen.
2. **Gewohnheit.** Wenn wir ein Verhalten öfter ausüben, dann wird es eine Gewohnheit. In unserem Beispiel hätten wir uns angewöhnt, auf Menschen freundlich zuzugehen, uns für sie zu interessieren und uns angeregt zu unterhalten.
3. **Persönlichkeit.** Die Gewohnheit, auf Menschen freundlich zuzugehen und gern im sozialen Kontakt zu stehen, wird schließlich zum Persönlichkeitsmerkmal. Wir sind eine „extrovertierte Person" geworden.

Dieses Modell gibt uns einen wichtigen Hinweis, worum es bei Gewohnheiten geht: **Es geht um Identität.** Wenn wir nachhaltig eine Gewohnheit verankern wollen, dann muss sie zu einem Teil unserer Identität werden. Es geht also schließlich nicht darum, immer wieder mal ein Buch zu veröffentlichen, sondern es geht darum, ein Autor oder eine Autorin zu sein. Es geht nicht mehr darum, immer wieder Laufen zu gehen, sondern es geht darum, ein sportlicher Mensch zu sein. Es geht dann letztlich nicht mehr darum, immer wieder auf bestimmte Dinge beim Essen zu verzichten, sondern eine gesundheitsbewusste Person zu sein. Es geht nicht mehr darum, immer wieder kurz vor der Klausur für eine gute Note zu lernen, sondern das Ziel ist, ein guter Schüler zu sein, der kontinuierlich aus Gewohnheit lernt. Es geht um Identität.

> **Übung: Gewohnheiten und Identität**
>
> Wir sollten unsere Gewohnheiten formen – nicht unsere Gewohnheiten uns. Gewohnheiten sind **identitätsprägend**. Sie bestimmen ungefähr die Hälfte unseres Verhaltens. Wir alle haben gute Gewohnheiten. Doch wir haben auch Gewohnheiten, die uns sehr schaden: unserer Gesundheit, unseren sozialen

Beziehungen, unserem Glück und Erfolg im Leben. Gewohnheiten machen uns zu dem Menschen, der wir sind, prägen unsere Persönlichkeit. Damit ist Licht und Schatten verbunden, Chancen und Risiken.

Gewohnheiten bieten **Chancen**: Bei gewünschten Verhaltensweisen bieten Gewohnheiten eine riesige Chance, um dieses langfristig und stabil zu verankern. Für gewünschtes Verhalten, das wiederholt stattfinden sollte, gilt: Wir machen es zur Gewohnheit.

Gewohnheiten sind **Risiken**: Treten unerwünschte Verhaltensweisen in Form von Gewohnheiten auf, dann ist eine Veränderung umso herausfordernder. Wir alle haben die eine oder andere schlechte Gewohnheit, die wir gern ändern würden. Vielleicht haben wir es auch schon öfter erfolglos „versucht".

Frage Dich daher:

- Welche Art Mensch möchte ich sein, was ist meine Identität?
- Wie würde sich die Art Mensch, die ich sein will, an meiner Stelle verhalten? Welches Verhalten passt zu dem Menschen, der ich sein möchte?
- Passen meine aktuellen Verhaltensweisen und Gewohnheiten zu der Art Mensch, der ich sein möchte? Sind sie meiner würdig?
- Welche neuen Verhaltensweisen möchte ich gern bei mir aufbauen, zur Gewohnheit machen?
- Welche schlechten und unpassenden Verhaltensweisen möchte ich gerne bei mir abbauen, welche Gewohnheiten will ich aufbrechen und ändern?

Diese Fragen geben Dir wertvolle Impulse zur Selbstreflexion. Und Du kannst die Reflexion natürlich auch auf andere Menschen ausdehnen. Eltern und Führungskräfte, ja mitunter ganze Unternehmen stehen oft hilflos vor der Aufgabe, hartnäckiges Verhalten bei Kindern, Mitarbeitern, aber auch bei Kunden zu verändern. Denn auch hier sind Gewohnheiten identitätsbildend. Eltern sollten sich fragen: Welche Gewohnheiten bestimmen das Verhalten meiner Kinder? Welche Art von Identität wünsche ich mir für mein Kind als Mensch? Gewohnheiten bestimmen die Teamidentität und prägen letztlich die Unternehmenskultur. Führungskräfte sollten darüber Klarheit haben: Welche Gewohnheiten sollen das Verhalten in meinen Teams bestimmen?

Fazit: Viele Menschen sind überzeugt, dass es dramatische Einmalaktionen braucht, um ihr Leben zu ändern. Sie übersehen dabei die Macht der kleinen Dinge, der täglichen Gewohnheiten. Diese sind es, die uns langsam, aber konsequent zu dem Menschen formen, der wir schließlich sind. So wie kontinuierliche Wassertropfen irgendwann einen Stein formen. Wenn wir uns ändern wollen, dann müssen wir zunächst unsere Gewohnheiten ändern.

14.2 Beispiel für die Macht der Gewohnheit: Die Polgár-Schwestern

Gewohnheiten formen uns. Sie machen uns zu dem Menschen, der wir sind. Und sie können uns zur Meisterschaft führen. Das zeigt folgendes Fallbeispiel zu drei Schwestern auf ihrem Weg nach oben.

> **Beispiel für die Macht der Gewohnheit: die Polgár-Schwestern**
> Der ungarische **Psychologe László Polgár** hatte eine Vision: Durch das richtige Umfeld könne man **jedes gesunde Kind zu einem Genie machen,** zur Meisterschaft führen – in jedem beliebigen Bereich. Nach dem Studium der Biografien von erfolgreichen Menschen war er sicher, den Schlüssel dazu entdeckt zu haben. Seine Philosophie lautete: „Talent ist vernachlässigbar. Erfolg ist zu 99 % harte Arbeit. Wir alle haben viel mehr Potenzial, können weitaus mehr erreichen, als wir das tun." Diesen „Erfolgsschlüssel" wollte er jetzt **testen – an seinen eigenen Kindern.**
> Doch welche Frau hat darauf Lust als Mutter? Diese Frau zu finden war nicht einfach. Schließlich fand er sie: in der Ukraine. Klara ließ sich schließlich durch zahlreiche Briefe für das Projekt begeistern und heiratete László, um das Experiment zu starten.
> Das Ehepaar bekam insgesamt **drei Kinder,** alles Töchter: Zsuzsa, Zsófia und Judit. Doch in welchem Feld sollten die Mädchen es zur Meisterschaft bringen? Die Eltern wählten dafür das **Schachspiel** aus, da es gut messbar ist und der Erfolg hier am Können liegt. Zudem war Polgár selbst interessiert an Schach.
> Jetzt ging es „nur" noch um die geeigneten **Maßnahmen:**
>
> - Die Kinder gingen nicht in die Schule, sondern wurden von den Eltern unterrichtet.
> - Hauptfach war Schachspiel. Begonnen wurde mit vier Jahren. Der Unterricht wurde ergänzt mit höherer Mathematik und einigen Fremdsprachen.
> - Die Eltern richteten die komplette Familienwohnung rein auf Schachspiel aus. Schach war omnipräsent: Es gab unzählige Bücher zu Schach, Bilder und Zeichnungen an den Wänden handelten von Schach, Registraturen dokumentierten vergangene Schachspiele, und an zahlreichen Stellen der Wohnung gab es Schachbretter und Spielfiguren.
> - Entsprechend wurde in der Familie dauernd Schach gespielt, darüber geredet, die Spiele wurden analysiert, um daraus zu lernen.
> - Die Familie blieb extrem geschlossen als Gruppe, die sich in erster Linie mit Schach beschäftigte. Es gab kaum Kontakt nach außen.
>
> Kurz gesagt machten die Eltern Schach zum Spiel, zum Sport, zur Wissenschaft – und zum Lebensinhalt der Kinder. Während László die Kinder unterrichtete, kümmerte sich seine Frau um Haushalt, Essen und organisierte später die Reisen zu den Wettkämpfen in über 40 Ländern.

Erfolge ließen nicht lange auf sich warten:

Die fünfjährige Zsuzsa (erste Tochter) lief mit ihrem Vater in den Schachklub in Budapest ein und schlug einen erfahrenen Spieler nach dem nächsten. Zsuzsa qualifizierte sich als erste Frau der Geschichte für die Weltmeisterschaft der Männer in Schach – wurde aber als Frau vom Turnier ausgeschlossen und durfte nicht mitspielen. Sie gilt als zweitbeste Schachspielerin der Geschichte.

Zsófia wurde als zweitgeborene Tochter immerhin Weltranglistensechste bei den Frauen und wählte dann einen anderen Weg: Sie entschied sich für ein Studium im Bereich Design.

Die jüngste Tochter Judit stellte alle anderen Schwestern in den Schatten. Und auch alle anderen Frauen. Weltweit. Schon mit fünf Jahren besiegte sie ihren Vater, der sogar Bücher über Schach geschrieben hatte, im Schachspiel. Sie wurde die **beste weibliche Schachspielerin der Geschichte** und dominierte die Weltrangliste der Frauen für 20 Jahre.

Die öffentlichen Reaktionen auf das „Experiment" schwankten zwischen „Frankenstein, der die Kinder zerstört und ihnen die Kindheit raubt" und „Genie, das aus Kindern weitere Genies zaubert".

Zweifelsohne trägt das Experiment allerdings dazu bei, **Vorurteile gegenüber Frauen** abzubauen und zu zeigen, dass sie auch in klassischen Männerdomänen extrem erfolgreich agieren können – mit der entsprechenden Erziehung und Förderung.

Auch in Bezug auf **Gewohnheiten** ist das Experiment wegweisend. Die Polgár-Schwestern belegen: Wir können über die **konsequente Gestaltung einer Umgebung** Gewohnheiten in jede Richtung formen und es zur Meisterschaft bringen. Polgár schuf einen Kontext, in dem alles permanent auf die Gewohnheiten hinauslief: Schach spielen, Schach lernen, über Schach nachdenken, Schach „leben". Die Eltern haben die Familienwohnung und das komplette soziale Umfeld der Kinder voll darauf ausgerichtet – das ganze Leben nur einer Sache gewidmet: Meisterschaft im Schach. Und das Beispiel zeigt, dass das Umfeld zwar eine Rolle spielt, doch letztlich wir selbst über unsere Gewohnheiten und unseren Erfolg entscheiden: Die zweitgeborene Zsófia entschied sich dafür, die vermittelten Gewohnheiten nicht weiter zu pflegen.

In welchem Feld willst Du Meisterschaft erlangen? Was tust Du dafür? Für welche Identität und welches Leben hast Du Dich entschieden?

Gewohnheiten sind nicht nur für Spitzenleistung wichtig. Sie sind die heimlichen Herrscher im Alltag – von uns allen. Ihr immenser Einfluss auf unser tägliches Verhalten macht Gewohnheiten zu einem zentralen Lebensthema für uns alle. Der folgende Abschnitt stellt die Eigenschaften von Gewohnheiten dar und definiert den Begriff wissenschaftlich.

14.3 Was sind Gewohnheiten? Definition

Was ist Gewohnheit? Kommen wir zur wissenschaftlichen Definition: Gewohnheiten kann man grob als Häufigkeit bisherigen Verhaltens definieren. Je häufiger wir ein Verhalten bereits ausgeführt haben, desto eher wird es eine Gewohnheit (Triandis, 1980). Wir bilden also Gewohnheiten, indem wir ein Verhalten so oft wiederholen, bis es automatisiert ist und ohne unsere Aufmerksamkeit und bewusste Entscheidung dazu abläuft. Hier eine **Definition**:

> **Definition: Gewohnheiten**
>
> Gewohnheiten sind regelmäßige Verhaltensweisen, die von einem bestimmten Trigger spontan ausgelöst werden und dann vom Bewusstsein weitgehend unkontrolliert gleichförmig ablaufen.

Ein **Trigger** löst unsere Gewohnheiten aus. Wenn wir in einen dunklen Raum gehen (Trigger), betätigen wir beispielsweise automatisch den Lichtschalter (Gewohnheit), ohne bewusst darüber nachzudenken. Es gibt keine Kontrolle darüber. Dieser auslösende Kontext (Trigger) kann alle möglichen Reize beinhalten (Neal, Wood und Quinn, 2006): Dazu zählen vorangehendes Verhalten, sensorische Reize (visuelle, auditive, taktile, olfaktorische, gustatorische) und innere Zustände (z. B. Emotionen, Motive oder Erinnerungen).

Interessant ist auch, dass Gewohnheiten oft **wie eine Kette** aufgebaut sind. Eine vorangehende Gewohnheit löst als Trigger oft die nächste Gewohnheit aus. Ein fertiges Essen löst aus, dass wir uns die Hände waschen – und das löst aus, dass wir uns die Hände abtrocknen. Unser Leben gleicht daher in weiten Teilen einer Reihe **Dominosteine**, bei dem vorangehende Steine immer weitere Steine umwerfen – ganz automatisch.

> **Übung: Trigger für Gewohnheiten**
>
> Ohne **Trigger** gibt es kein Gewohnheitsverhalten. So einfach ist das. Damit wir das gewünschte Verhalten möglichst oft automatisch ausführen, sind vielfältige Trigger wichtig. Diese lösen dann automatisch entsprechende Gedanken und die Gewohnheit aus. Oft ist daher das Ziel, ein Verhalten mit auslösenden Kontexten zu verknüpfen – etwa bei Konsumenten.

> Ein Beispiel für einen auslösenden Kontext ist der Ansatz der Marke Beck's, den Kontext „Freunde" mit ihrem Bier zu verbinden. Ziel der Werbung ist, dass Kunden immer an das Bier denken, sobald sie an Freunde denken oder Freunde anwesend sind – am besten sogar automatisch das Bier holen, öffnen und gemeinsam trinken.
> Auch beim Militär setzt man auf Gewohnheiten, dort nennt man das Drill – Denken ist in bestimmten Situationen unerwünscht, einfach weil der Gegner sonst schneller ist. Es gibt einen Trigger – der Soldat handelt. Das Gleiche gilt bei Piloten, die vollkommen automatisch die nötigen Schritte ausführen – etwa für eine Landung. Der vorangehende Schritt löst automatisch den nächsten aus: schnell und ohne zu denken.
>
> - Wir sollten uns daher bei der Bildung einer neuen Gewohnheit fragen: Mit welchen auslösenden Kontexten kann ich das gewünschte Verhalten verknüpfen? Beispielsweise können wir uns entscheiden, immer nach dem Mittagessen (Trigger) eine halbe Stunde zu lesen (erwünschte Gewohnheit) und dieses Verhalten bewusst starten. Auf der Suche nach geeigneten Triggern ist es hilfreich, zu beobachten, wann andere Personen ein bestimmtes Gewohnheitsverhalten zeigen, was bei ihnen die Trigger sind, die das Verhalten auslösen.
> - Für Eltern ist wichtig: Welche Kontexte und Reize lösen welches Gewohnheitsverhalten bei meinen Kindern aus? Gut ist es, das erwünschte Verhalten ganz fest mit bestimmten Kontexten zu verbinden. Ein Beispiel: Nach der Schule gibt es Essen. Nach dem Essen 30 Minuten freie Bewegung bzw. Freispiel. Die Bewegungszeit kann mit einem bestimmten Signal enden, etwa einem „Gong". Der Gong ist gleichzeitig der Trigger, dass jetzt Hausaufgaben (Gewohnheit) starten. Immer.
> - Für Führungskräfte ist die entscheidende Frage: Welche automatisierten Prozesse löst der Kontext „Arbeitsplatz" und bestimmte Situationen dort bei den Mitarbeitern aus? Ein Beispiel: Der Trigger „der Vorarbeiter ist abwesend" löst bei manchen Arbeitern die Gewohnheit „wir schauen auf das Smartphone" aus.

Gewohnheiten sind per Definition **hartnäckig**. Verhalten bleibt mitunter selbst dann so bestehen, wenn die ehemals guten Gründe dafür wegfallen – wenn es überhaupt jemals gute Gründe für das Verhalten gegeben hat. Manche Personen verharren dann beispielsweise auf einem Arbeitsplatz, selbst wenn der ehemals sympathische Chef durch einen neuen üblen Vorgesetzten ersetzt wurde, der sich durch Mobbing und Cholerik auszeichnet. Häufig laufen unsere Gewohnheiten einfach weiter, auch wenn sie keinen Sinn mehr machen. Selbst wenn wir schlechte Gewohnheiten wie das Rauchen kurzzeitig einstellen, kommen sie oft nach kurzer Zeit wieder als „Sieger" zurück. Wir sollten uns daher bewusst machen, dass wir mit Vernunft und Rationalität, Argumenten und Logik unsere Gewohnheiten nur sehr begrenzt beeinflussen können – bei uns selbst und bei anderen Menschen.

Gewohnheiten sind auch definiert durch das weitgehend **fehlende Bewusstsein**. Unsere bewusste Aufmerksamkeit und Konzentration ist der Flaschenhals im Gehirn: Wir haben nur extrem wenig davon zur Verfügung. Daher sind Gewohnheiten überlebensnotwendig – sie entlastet unser Gehirn für andere, wichtige Aktivitäten. Sowohl das Auslösen als auch der Ablauf der Gewohnheiten finden statt, ohne dass wir uns bewusst damit befassen. Während also Gewohnheiten als Macht im Hintergrund unbemerkt unser Leben bestimmen, uns formen, denken wir selbst an ganz andere Dinge.

Ein wichtiges Merkmal von Gewohnheiten ist also das Unbewusste.

14.4 Gewohnheiten als Macht aus dem Unbewussten

„Bis du das Unbewusste bewusst machst, wird es dein Leben lenken, und du wirst es Schicksal nennen," soll der Psychoanalytiker Jung gesagt haben. Gewohnheiten laufen weitgehend **automatisch ohne Bewusstsein** ab – deswegen haben wir so viele davon, deshalb sind sie oft so unvernünftig und daher lassen sie sich nur so schwer ändern. So machen sich die meisten Menschen keine Gedanken mehr dazu, ob sie sich überhaupt die Zähne putzen sollen, ob sie mit Zahncreme ihre Zähne putzen ... und so weiter. Die auslösende Situation (Aufstehen für Anziehen, Frühstück für Kaffee) genügt jeweils, um das gewohnte Verhalten auszulösen. Auch viele Kaufentscheidungen sind weitestgehend automatisiert. Menschen haben dann häufig ihre Stammmarken und legen diese in den Einkaufswagen, ohne zu überlegen. Das Gleiche gilt für den Konsum von Dienstleistungen: Wir gehen aus Gewohnheit zu „unserem" Friseur und „unserem" Steuerberater.

Auch negative Gewohnheiten wirken im Unbewussten und laufen dort meist von den Betroffenen unbemerkt als **selbstmotivierende Kreisläufe** ab. Typische Beispiele dafür sind: Weil wir uns erschöpft fühlen und wenig Energie haben, setzen wir uns auf die Couch und schauen fern – weil wir viel fernsehen, fühlen wir uns wieder zu erschöpft, um etwas anderes zu tun. Wir fühlen Druck, etwas zu lernen, und betäuben diesen mit Computerspielen – weil wir das Lernen prokrastinieren (Kap. 9), steigt unser Druck weiter an, und wir wollen ihn umso mehr betäuben, spielen noch mehr am Computer. Weil wir uns schlecht fühlen, trinken wir Alkohol – weil wir Alkohol trinken, fühlen wir uns wieder schlecht. Und so weiter.

Wie können wir **das Unbewusste bewusst machen**, um unsere Gewohnheiten zu ändern? Der Infokasten zeigt eine Übung dazu.

Übung: Inventur meiner Gewohnheiten

Gewohnheiten sind der entscheidende Zugang, um langfristig Dein Verhalten zu verändern. Doch Gewohnheiten sind weitgehend **unbewusst**: Die meisten Entscheidungen treffen wir mit sehr geringem gedanklichem Aufwand, sie sind automatisiert. So führt das Motiv, zum Arbeitsplatz zu kommen, meist gewohnheitsmäßig zu einem bestimmten Verhalten – etwa mit dem Auto loszufahren. Darüber erfolgt kein großes Nachdenken mehr. Das bleibt oft dann noch so, wenn ggf. neue Alternativen auftreten, die wesentlich günstiger sind – etwa ein neuer Bahnhof. Ähnliches gilt für die Arbeitsabläufe selbst. So lange nichts Dramatisches passiert, behalten wir stumpf unsere gewohnten Abläufe bei.

Es geht daher darum, dass Du anfängst, auf Dein Verhalten zu achten, es bewusst zu machen: Welche Situationen und Kontexte lösen bei mir unerwünschtes Verhalten aus? Wie kann ich diese Situationen vermeiden oder ändern? Welche Kontexte lösen erwünschtes Verhalten aus? Wie kann ich diese Kontexte öfter herstellen, institutionalisieren?

Ein Ansatz ist, dass Du einen **typischen Tag protokollierst**. An diesem Tag notierst Du kurz jedes Verhalten, das Du ausführst. Das kann dann so aussehen:

- Wecker klingelt, ich drücke auf „Schlummern", döse weiter.
- Wecker klingelt wieder, ich schalte ihn aus.
- Ich stehe auf, taumle schlaftrunken ins Bad.
- Ich gehe dort auf die Toilette, wasche meine Hände, wasche mein Gesicht.
- usw. …

Sobald wir unseren typischen Tag transparent gemacht haben, können wir uns dann Gedanken dazu machen. Welches Verhalten ist gut so, welches neutral, welches ist schädlich? Welches Verhalten passt zu der Art Mensch, die ich sein will, zu meiner angestrebten Identität?

Dabei werden uns einige **negative Gewohnheiten** bewusst werden, die uns noch gar nicht aufgefallen sind – eben, weil das Gewohnheitsverhalten weitgehend unbewusst stattfindet. Wir merken dann beispielsweise, dass wir nicht gleich aufstehen, unser Bett nicht machen usw. Vielleicht entscheiden wir uns, Folgendes zu ändern: Der Wecker kommt an einen vom Bett entfernten Ort, sodass wir aufstehen müssen. Sobald wir den Wecker ausgemacht haben, gewöhnen wir uns an, sofort unser Bett zu machen. Dabei legen wir gleich ein Buch auf unser Kopfkissen, damit wir abends daran denken, eine halbe Stunde zu lesen.

Interessant ist dabei auch, welche vorangehenden Tätigkeiten als **Trigger** eine unerwünschte Gewohnheit auslösen. Wir merken dann Zusammenhänge wie z. B.: Arbeiten im E-Mail-Postfach bewirkt Sehen einer Mail von einer Social-Media-Plattform , dies bewirkt einen Klick auf eine Social-Media-Seite – 30 Minuten sind weg. Blick auf eine SMS am Mobiltelefon löst Öffnen der App für Aktienkurse aus, das Ansehen der Aktienkurse führt zum Öffnen der App für Nachrichten – 25 Minuten sind weg. Das Setzen auf unsere Couch bewirkt: Fernseher ist an. Fernseher ist an bewirkt die Lust auf Knabbereien und essen – 60 Minuten sind weg, und wir haben ungesunde Kalorien zwischen den Mahlzeiten zu uns genommen.

Mit diesem Vorgehen machst Du die bisher unbewusste Gewohnheitsbildung transparent. Wir entdecken unsere guten und unsere schlechten Gewohnheiten. Wir sehen die „Dominosteine" und erkennen, was sie umfallen lässt. Das ist ein wichtiger Schritt zu einem bewussten Gestalten unserer Gewohnheiten.

Natürlich macht es Sinn, diese Übung auf andere typische wiederkehrende Tage anzuwenden: typischer Arbeitstag, typischer Sonntag, typischer Tag im Homeoffice … Frage Dich also: Welche typischen Tage mit sehr ähnlicher Struktur gibt es in meinem Leben? Und mache dort eine Inventur der Gewohnheiten.

Gewohnheiten sind oft überraschend robust gegen starke Argumente, gute Absichten und Ziele. Häufig fallen wir, wenn wir eine Gewohnheit geändert haben, nach kurzer Zeit wieder zurück in das alte Muster. Es ist also wichtig, dass wir von Anfang an die richtigen Gewohnheiten aufbauen. Wie das geht, das zeigen die nächsten Abschnitte.

14.5 Prinzipien der Gewohnheitsbildung

Wie kann man **Gewohnheiten aufbauen**? Von den Ansätzen und Forschungsergebnissen zur Gewohnheitsbildung hören die meisten Menschen nichts im Kindergarten, nichts in der Schule, nichts am Arbeitsplatz und auch nichts im Elternhaus. Gewohnheiten herzustellen – das ist so etwas wie der heilige Gral bei unserer Entwicklung als Mensch. Auch bei der Mitarbeiterführung und Erziehung von Kindern ist es eine hohe Kunst. Und doch: Wir sind hier in aller Regel inkompetent. Wir wissen nicht, wie wir neue Gewohnheiten etablieren können. Ja, die meisten Menschen spüren dieses Defizit nicht einmal, weil sie die Bedeutung von Gewohnheiten nicht erkannt haben – schließlich finden Gewohnheiten weitgehend unbewusst statt. Das führt zur paradoxen Situation, dass Gewohnheiten mächtig sind, aber die meisten Menschen das gar nicht bemerken. Deswegen ist das Thema „Gewohnheiten entwickeln" in unserer Gesellschaft trotz seiner Relevanz weitgehend ignoriert. Und vorneweg: Ein Aufbau neuer Gewohnheiten dauert. Doch es lohnt sich.

Gewohnheiten bilden sich, wenn wir unter ähnlichen Bedingungen wiederholt das gleiche Verhalten ausführen (Wood und Rünger, 2016). Die drei **Schritte der Gewohnheitsbildung** sind:

1. gewünschte Verhaltensweisen **initiieren**,
2. **stabilisieren**, und dann
3. **automatisieren**. Das bedeutet, durch gezielte regelmäßige und erfolgreiche Wiederholung in den Bereich der Gewohnheit zu schieben.

Damit ist das neue Verhalten dann stabil.

Wie lange wird es dauern? Menschen sind unterschiedlich. Doch bei guten Gewohnheiten, etwa im Bereich Ernährung oder Bewegung, sagt man: Es braucht etwa **zwei Monate regelmäßiges Wiederholen, bis ein neues Gewohnheitsverhalten gefestigt ist** (Lally et al., 2010).

Ein gutes Beispiel für Gewohnheitsbildung ist das Rauchen. Der Infokasten stellt den Ablauf vor.

Beispiel: Schritte der Gewohnheitsbildung erklärt am Rauchen

Der Prozess der Gewohnheitsbildung lässt sich gut an einer bekannten schlechten Gewohnheit zeigen: dem Rauchen. Es gibt **drei Phasen**.

1. **Initiierung.** Die erste Phase der Gewohnheitsbildung ist die Initiierung. Dabei geht es darum, dass ein Verhalten erstmalig auftritt. Beim Rauchen kann die Initiierung auf verschiedene Weise auftreten. Ein Jugendlicher fängt beispielsweise bewusst an zu rauchen, zündet erste Zigaretten an. Ein entsprechend positiv aufgeladenes emotionales Image (Unabhängigkeit, Erwachsensein, selbst entscheiden etc.) und direkte Aufforderung von seinen Freunden haben das Verhalten ausgelöst (Leventhal und Cleary, 1980). Vielleicht hat man ihn auch eher überrumpelt, indem man ihm einfach eine Zigarette in die Hand gedrückt hat. Oder er raucht gedankenlos mit – einfach weil seine Freunde rauchen.
2. **Stabilisierung.** Dass ein Verhalten einmal initiiert wurde, reicht nicht für eine Gewohnheit. Die nächste Phase ist die Stabilisierung. Der junge Mann steht z. B. zunehmend bei den Rauchern in der Pause, er bekommt ein Gefühl der Zugehörigkeit, kann soziale Tauschbeziehungen eingehen (schenkt und bekommt Zigaretten, bietet Feuer an). Damit wird das Rauchen Teil der sozialen Identität des jungen Mannes: „Ich gehöre zu den Rauchern. Ich bin Raucher." Das Rauchen beginnt dann zunehmend, andere Motive zu befriedigen, wirkt belohnend – der junge Mann hat etwas zu tun (Beschäftigung), reduziert Suchtverlangen und lenkt sich bei Stress damit ab (Ikard, Green und Horn, 1969).
3. **Automatisierung.** In der finalen Phase, der Automatisierung, hat der neue Raucher dann oftmals eine Zigarette in der Hand, ohne überhaupt be-

> wusst zu wissen, wie diese dort hingekommen ist. Dieser Mangel an Aufmerksamkeit und Bewusstsein ist typisch für Gewohnheiten. Rauchen wird dann automatisch von bestimmten auslösenden Kontexten getriggert: Das Mittagessen ist zu Ende, die Arbeit ist zu Ende, man steht mit Kollegen vor dem Bürogebäude, man wartet auf den Bus, man ist angekommen mit dem Bus, man fühlt sich angespannt, man ist gelangweilt, man wacht nachts auf (Ikard, Green und Horn, 1969). Es kommen immer mehr Kontexte dazu, die das Verhalten auslösen. Rauchen ist immer fester verwurzelt im täglichen Ablauf. Es ist immer schwerer, die Gewohnheit wieder abzulegen, damit zu brechen.
>
> Das Rauchen ist ein trauriges Beispiel für die Bildung von Gewohnheiten. Eine Gewohnheitsbildung, die unbewusst stattfindet – anstelle durch Vernunft und Überlegung. Es steht stellvertretend für viele andere schlechte Gewohnheiten, die uns fest im Griff halten und schaden.

Aus diesem negativen Beispiel der Gewohnheitsbildung können wir vieles lernen, wenn wir erwünschte Gewohnheiten aufbauen wollen. Es geht darum, dass nicht mehr unsere unbewusst gebildeten Gewohnheiten uns formen, sondern dass wir bewusst und proaktiv unsere Gewohnheiten gestalten – und damit auch uns selbst gestalten. Wir alle können das erreichen, wenn wir die Prinzipien der Gewohnheitsbildung anwenden.

14.6 Initiierung von Gewohnheiten

Der erste Schritt beim Aufbau von Gewohnheiten ist die Initiierung. Um neue Gewohnheiten zu starten, sind folgende Punkte wichtig: alte Kontexte ändern, gewünschtes Verhalten sichtbar machen, die auslösenden Trigger festlegen, Starthilfen aufbauen und bewusst anfangen.

14.6.1 Alte Kontexte ändern

Der Kontext, in dem wir uns aktuell befinden, ist extrem wichtig, da er Gewohnheiten auslöst. Unser alter Kontext triggert oft unerwünschtes Verhalten. Mit welchen Gewohnheiten ist beispielsweise der Kontext „Ich gehe abends ins Bett" verbunden? Ist das verbunden mit: „Ich lese eine halbe Stunde für meine Entwicklung, denke dann an drei Dinge, für die ich heute dankbar bin, und höre schließlich eine geführte Meditation zum guten Einschlafen?" Oder ist das verbunden mit: „Ich öffne jetzt mein Smartphone, lese 30 Minuten Nachrichten, bin dann auf Social Media und gucke schließlich auf dem kleinen Display Videos, bis meine Augen schmerzen und es viel zu spät ist?" Wenn wir neue Gewohnheiten aufbauen wollen, ist es daher wichtig, dass wir alte Kontexte ändern und vielleicht sogar verlassen, da sie unerwünschtes Verhalten triggern. Das kann dann zum Beispiel bedeuten, dass wir unser Schlafzimmer neu gestalten, um neues Verhalten zu unterstützen. Wir beleuchten es anders, es riecht vielleicht anders, neue Bilder hängen an der Wand, das Bett steht an einem neuen Platz und hat einen ungewohnten Bettbezug.

Weitere Beispiele für dieses Prinzip, alte Kontexte zu ändern, sind: Wenn wir positive Kommunikation in der Partnerschaft haben wollen, dann ist es gut, den Küchentisch zu verlassen, an dem wir immer gestritten haben. Wenn wir gesünder einkaufen wollen, dann sollten wir ggf. in einen anderen Supermarkt als üblich gehen. Wenn wir gewohnt sind, mit unserem Computer zu spielen, dann sollten wir einen eigenen Nutzer ohne Spiele nur für die Arbeit anlegen und den Bildschirmhintergrund ändern. Wenn wir in einem bestimmten Restaurant meist zu viel Alkohol trinken, dann kann ein Wechsel in eine andere gastronomische Umgebung Sinn machen. So entlasten wir uns davon, in einer negativen Umgebung positives Verhalten aufbauen zu wollen.

14.6.2 Gewünschtes Verhalten sichtbar machen

Eine zentrale Strategie, um neue Gewohnheiten aufzubauen, ist das Sichtbarmachen der gewünschten Verhaltensweisen. Der Gedanke ist simpel. Es ist wie im Supermarkt, wo Kunden diejenige Ware eher kaufen, die in der Sichtzone liegt – auf Augenhöhe.

Wenn wir mehr lesen wollen, dann müssen die Bücher aus dem Schrank heraus – auf den Couchtisch oder auf das Kopfkissen. Wenn wir mehr trinken wollen, dann muss Wasser sichtbar sein. Beispielsweise sollte ein Wasserglas und eine Flasche zum Nachfüllen unmittelbar vor unseren Augen am Arbeitsplatz stehen. So ist das gewünschte Verhalten gut sichtbar und präsent. Wenn wir mehr Vitamine aufnehmen wollen, dann muss das Obst zentral auf dem Esstisch stehen – nicht im Kühlschrank versteckt sein. Wenn wir mehr Rad fahren wollen, dann sollte das Rad mitten auf unserer Terrasse stehen und nicht weggesperrt in der Garage, wo wir es nicht sehen.

14.6.3 Trigger festlegen

Über kurz oder lang muss ein erwünschtes Verhalten fest mit einer auslösenden Situation verbunden sein, damit eine Gewohnheit funktioniert. Der Trigger sollte etwas sein, das ausreichend oft auftritt. Ein Beispiel ist das Holen von Ausdrucken vom Drucker. Nehmen wir an, wir wollen mehr Bewegung in unser Leben bringen und Liegestütze machen – und wir drucken mehrfach am Tag Papier aus. Dann könnten wir beides miteinander verbinden: ausgedrucktes Papier holen und Liegestütze. Wir wollen das ausgedruckte Papier holen (Trigger) – fünf Liegestütze machen (erwünschte Gewohnheit)! Der Wunsch, das Papier zu holen, löst als „kippender Dominostein" die Liegestütze als nächsten „kippenden Dominostein" aus. Ganz automatisch. Wer wenig ausdruckt, kann die Liegestütze auch damit verbinden, dass er die Toilette aufsuchen möchte. Wichtig ist die Verbindung mit auslösenden Kontexten. Das können auch mehrere auslösende Kontexte sein.

Wenn wir dieses System verstanden haben, geht es ganz einfach: Wir fangen ganz bewusst damit an, immer eine offene Körpersprache (erwünschte Gewohnheit) zu zeigen, wenn wir jemandem zuhören (Trigger). Wir gehen nach dem Aufstehen vom Obergeschoss in das Erdgeschoss (Trigger) – und gehen dann sofort laufen (erwünschte Gewohnheit). Oder wir setzen uns zum Frühstück (Trigger) und trinken immer erst ein Glas Wasser (erwünschte Gewohnheit). Nach einer Weile läuft das neue Verhalten dann immer automatischer ab, wir bekommen schon Durst auf unser Glas Wasser, wenn wir uns zum Frühstück setzen.

Ein Anwendungsbeispiel bei Kindern: Nach dem Ausziehen am Abend (Trigger) kommt bereits die neue Kleidung für morgen an einen definierten Platz (erwünschte Gewohnheit). Immer. Das Ausziehen und der Wechsel in den Schlafanzug sind der Trigger für das Herrichten der Kleidung für den nächsten Tag. Ähnlich könnte das Zähneputzen am Abend (Trigger) danach automatisch das Ansehen der Hefteinträge und Packen des Schulranzens für den nächsten Tag auslösen (erwünschte Gewohnheit).

Wir können auch längere Ketten an Gewohnheiten neu einziehen, nach dem **Dominoprinzip**: Wenn wir aufstehen nach dem Abendessen zu Hause (Trigger 1), räumen wir sofort den Tisch leer, das Geschirr in die Spülmaschine und putzen die Küche (Gewohnheit 1 und Trigger 2). Das löst dann die Gewohnheit 2 aus: Wir decken für das Frühstück morgen schon am Abend vorher auf.

14.6.4 Starthilfen aufbauen

Starthilfen unterstützen den Aufbau neuer Gewohnheiten. Der Beginn einer Gewohnheitsbildung ist immer, dass wir ein neues Verhalten zuerst einmal anfangen. Dabei versucht man oft mit rationalen Argumenten oder direkten Appellen, sich selbst oder andere Menschen von einem neuen Verhalten zu überzeugen: „Bewegung ist gesund!" „Vollkornbrot macht länger satt, fördert die Konzentration und hilft abzunehmen!" Doch Argumente helfen nur sehr begrenzt, um Gewohnheiten zu beginnen. Angesichts der Schwierigkeiten, die viele Menschen haben, sich entsprechend ihrer guten Absichten zu verhalten (z. B. Ji und Wood, 2007; Gardner, de Bruijn und Lally, 2011), verlangt die Gewohnheitsbildung zusätzliche Maßnahmen zum Start eines neuen Verhaltens.

Das kann **sozialer Druck** sein (ich verabrede mich mit jemandem zum Sport; alle Mitarbeiter gemeinsam gehen zu einer Weiterbildung) oder Überrumpelung (wir melden uns zu einem Urlaub mit Bewegungsprogramm an; ein Mitarbeiter bekommt auf einmal eine neue Tätigkeit von der Chefin aufgedrückt). Wenn wir also einen Termin mit einem Personal Trainer buchen, die Gebühr für das Fitnesscenter im Voraus zahlen oder uns mit anderen fest verabreden, dann bauen wir Druck als Starthilfe auf.

Alle noch so sinnvollen Maßnahmen nutzen nichts, wenn wir das gewünschte neue Verhalten nicht „einfach" starten.

14.6.5 Gewünschtes Verhalten bewusst starten

Wenn Psychologen Tiere konditionieren, damit diese ein neues Verhalten gewohnheitsmäßig zeigen, dann müssen sie oft lange warten, bis das Verhalten zufällig einmal stattfindet – und dann das Verhalten schnell belohnen. Wir Menschen haben hier einen großen Vorteil: Wir können jedes gewünschte Verhalten selbst bewusst starten. Wenn wir mehr Bewegung wollen, dann können wir z. B. anfangen, jedes Mal, bevor wir neu ausgedruckte Unterlagen vom Drucker holen (Trigger), fünf Liegestütze (erwünschte Gewohnheit) zu machen. Einfach so. Ganz bewusst neues Verhalten initiieren. Entscheidend ist, dass wir genau **planen**, in welcher **Situation** wir das neue Verhalten wann zeigen. Wir können uns beispielsweise bewusst vornehmen: Immer, wenn es nicht regnet, nehme ich das Rad für alle Fahrten innerhalb meiner Ortschaft.

> **Tipps: Gewohnheiten beginnen**
>
> Oft scheitern neue Gewohnheiten schon, weil wir nicht beginnen. Das kann daran liegen, weil wir zu perfektionistisch und anspruchsvoll sind und uns Dinge sagen wie: „Ich muss den Text erst perfekt als Gliederung im Kopf haben, bevor ich anfange zu schreiben!" oder „Wenn ich schon Laufen gehe, dann mindestens fünf Kilometer. Ganz oder gar nicht!"
> Es ist zu Beginn einer neuen Gewohnheit wichtiger, einfach irgendwie zu beginnen, auch wenn es noch nicht die Intensität ist, die wir uns final wünschen. Wichtig ist, dass wir ein neues Verhalten überhaupt starten. Vielleicht laufen wir erstmal nur fünf Minuten. Vielleicht beginnen wir zunächst mit zwei Liegestütze am Tag. Vielleicht lesen wir anfangs nur fünf Seiten in einem neuen Buch. Na und? Wichtig ist: Wir fangen an!
> Nicht selten passiert etwas Überraschendes: Wir machen dann doch mehr als geplant. Und wenn nicht, dann ist es auch nicht schlimm. Wichtig ist, dass wir angefangen haben. Davon ausgehend steigern wir dann später das Niveau.

Nach dem Start gilt es, das neue Verhalten am Leben zu lassen, zu schützen.

14.7 Stabilisierung von Gewohnheiten

Der Start ist geglückt – doch viele neue Verhaltensweisen geben wir schnell wieder auf. Um aus einem neuen Verhalten wirklich eine nachhaltige Gewohnheit zu machen, braucht es **Stabilisierung**. Das geschieht, indem wir: Gewohnheiten leicht machen, Gewohnheiten belohnen, Unterbrechungen vermeiden und soziale Unterstützung herstellen.

14.7.1 Gewohnheiten leicht machen

In der Psychologie gilt: Je niedriger die **Eintrittsbarrieren** sind, desto eher findet ein Verhalten statt. Der Ablauf von neuem Verhalten sollte deshalb immer möglichst einfach sein. Veränderungen und Probleme im Ablauf führen zu Irritation, Unterbrechung und Nachdenken über ein Verhalten. Das gefährdet die Fortsetzung.

Dieses Prinzip der niedrigen Eintrittsbarrieren können wir sehr einfach im Alltag umsetzen. Ein paar Beispiele: Wenn wir am Morgen laufen gehen wollen, dann können wir am Abend bereits die Laufkleidung zum Anziehen hinlegen und die Laufschuhe vor die Türe auf den Boden stellen. So machen wir uns das gewünschte Verhalten möglichst leicht. Wir wollen uns gutes Frühstücken angewöhnen? Am Abend vorher decken wir schon den Tisch und bereiten alles vor. So ist der Aufwand in der Frühe überschaubar. Wir wollen reibungslos arbeiten? Dann sollten unser Schreibtisch und der Computerdesktop maximal aufgeräumt sein. Alle Geräte sollten zudem einwandfrei funktionieren, und unsere Arbeit muss gut organisiert und geplant sein.

14.7.2 Gewohnheiten belohnen

Es ist ein altes Gesetz der Psychologie: Verhalten, das belohnt wird, nimmt zu – Verhalten, das betraft wird, nimmt ab (Staddon und Cerutti, 2003). Der Leitgedanke für uns ist daher: Wie kann ich ein gewünschtes Verhalten so einfach und belohnend wie möglich für mich machen? Es ist wichtig, dass wir mit gewünschtem Verhalten **möglichst positive Erfahrungen verbinden**. Deswegen hat Zahncreme für Kinder Kaugummigeschmack, Glitzerelemente und schäumt aufregend. Das Zähneputzen soll für die Kleinen so belohnend wie möglich sein, damit sie es gern als Gewohnheit fortführen.

Das sind die Ansatzpunkte, mit denen wir unsere **Gewohnheiten stärken:**

- **Erfolg.** Erfolgreiches Umsetzen von neuem Verhalten baut Fähigkeiten, Wissen und Selbstwirksamkeit (Kap. 4) auf. Wiederholtes Scheitern dagegen reduziert das Selbstvertrauen und die Wahrscheinlichkeit, dass ein Verhalten erneut auftritt (Abramson, Seligman und Teasdale, 1978). Deswegen sind realistische Ziele bei neuen Verhaltensweisen gut. Sie sichern den Erfolg.
- **Freude.** Zur positiven Erfahrung gehört auch etwas scheinbar Selbstverständliches: Wir wählen uns für unser Ziel das Verhalten aus, das uns am meisten Freude macht. Zum Beispiel gibt es unzählige Möglichkeiten für mehr Bewegung im Leben. Wenn wir mehr Bewegung im Leben wollen, doch Schwimmen nicht unser Ding ist, dann wählen wir etwas anderes – egal ob jemand sagt: „Schwimmen ist der gesündeste Sport!" Wenn wir uns angewöhnen wollen, unser Geld anzulegen und Vermögen zu vermehren, dann ist z. B. eine wichtige Frage: Was ist am ehesten mein Ding – Aktien, Immobilien, vielleicht Luxusuhren… oder Kunst? In welchem Bereich freue ich mich besonders darauf, meine Zeit einzusetzen?
- **Timing.** Auch der Zeitpunkt ist wichtig für positive Erfahrungen. Wann ist der optimale Zeitpunkt, sodass ich nicht unterbrochen werde, am meisten Lust und Energie für meine neue Gewohnheit habe? Es bringt

z. B. wenig, wenn wir meditieren wollen, aber uns unsere Familie regelmäßig mit Fragen stört und unterbricht oder Kunden anrufen.
- **Zusätzliche Belohnung.** Natürlich können wir uns auch zusätzlich belohnen für ein neues Gewohnheitsverhalten. Wir gönnen uns danach ein schönes, warmes Bad, eine Massage oder eine Auszeit auf der Liege im Garten. Wir sollten zu uns nicht einfach brutal oder hart sein, sondern uns gut behandeln, wie fürsorgliche Eltern oder eine verantwortungsvolle Führungskraft das tun würden. So bleiben wir nachhaltig motiviert. Natürlich sollte die Belohnung dem Ziel der Gewohnheit nicht widersprechen. „Ich darf heute Serie gucken, weil ich keine Zeit mit Social Media verschwendet habe!" oder „Ich trinke jetzt zwei Weißbier, weil ich mich heute gesund ernährt habe!" wären beispielsweise wenig hilfreich.
- **Koppeln.** Eine zusätzliche Möglichkeit zum Belohnen ist, dass wir ein erwünschtes Verhalten mit einer anderen angenehmen Tätigkeit koppeln. Wir pflegen unseren Garten – und dürfen so lange unser Lieblingshörspiel hören. Wir spielen Fußball mit Menschen, die wir sehr gern mögen und haben viel Spaß nebenbei. Wir sind auf dem Hometrainer – und dürfen so lange unsere Lieblingsserie im Fernsehen anschauen oder den Lieblingspodcast hören. Wir wollen regelmäßig an einer Lehrveranstaltung teilnehmen? Wir setzen uns dort neben die attraktivste Person.
- **Rechtzeitig aufhören.** Dafür, dass wir am nächsten Tag noch Lust dazu haben, unsere Gewohnheit weiterzuführen, ist noch etwas wichtig: rechtzeitig aufhören, solange es noch Freude macht. Egal welches gewünschte Verhalten wir ausführen: Wenn wir es zu sehr übertreiben, dann verderben wir uns den Spaß daran.
- **Sichtbarer Fortschritt.** Die Sichtbarkeit der Ergebnisse kann ebenfalls unmittelbar belohnen. Bei Mitarbeitern beispielsweise erhöht allein die simple Darstellung von Menge und Qualität ihrer geleisteten Arbeit die zukünftige Leistung um etwa 20 % (Stajkovic und Luthans, 2001). Wir belohnen und motivieren uns, indem wir Sichtbarkeit unseres Fortschritts herstellen: Geld, das wir nicht ausgegeben haben, landet in einem großen Glasbehälter. Eine App zeigt uns an, wie viel Sport wir gemacht haben. Wir stellen Bücher, die wir gelesen und durchgearbeitet haben, gut sichtbar im Regal auf. Wir haben einen Kalender an der Wand hängen, auf dem wir die Tage markieren, an denen wir eine bestimmte Gewohnheit ausgeführt haben – zum Beispiel Laufen gegangen sind.

Mit der folgenden Übung messen wir unsere Gewohnheiten und machen Erfolg sichtbar.

> **Übung: Tagebuch der Tugenden**
>
> Die Sichtbarkeit unserer Fortschritte und Ergebnisse ist wichtig, damit wir unsere Gewohnheiten aufrechterhalten. Eine wirksame Übung dazu ist das „Tagebuch der Tugenden". Das funktioniert so:
>
> 1. Wähle **fünf wichtige Gewohnheiten** aus, die Du täglich als Tugenden pflegen möchtest. Das könnten z. B. sein: Dankbarkeitsübung am Abend, eine halbe Stunde lesen nach dem Mittagessen, eine Viertelstunde Bewegung … Es können auch Dinge sein, die Du nicht mehr tun möchtest, z. B. leeren Gesprächen zuhören, allein Alkohol trinken, während der Arbeit Social Media checken, beim Essen das Handy nutzen …
> 2. Erstelle eine **Liste aus diesen Gewohnheiten** bzw. Tugenden und gehe jeden Abend durch, ob Du sie erfüllt hast.
> 3. Gib Dir einen **Punkt** für jede Gewohnheit, die Du wie gewünscht erfüllst. Du hast damit maximal fünf Punkte an einem Tag.
> 4. Mache Deine Tagespunkte **sichtbar** – etwa indem Du sie in einen großen Jahreskalender aus Papier einträgst. Wenn Du am Montag drei Deiner fünf Gewohnheiten erfüllt hast, trage eine 3 ein. Am Dienstag eine 2, am Mittwoch eine 5 usw.
>
> Das hat den Vorteil, dass es gut sichtbar für Dich ist, Du den Fortschritt siehst. Wer möchte oder viel unterwegs ist, kann auch eine digitale Tabelle führen.
>
> Mit diesem Tagebuch schaffst Du Transparenz und Messbarkeit für Deine Gewohnheiten. Wie viele Punkte hast Du diese Woche erreicht? Welche Gewohnheiten laufen schon gut, welche fallen Dir noch schwer? Welche störenden Gewohnheiten konntest Du abbauen?
>
> Dein Tagebuch der Tugenden entwickelt sich mit Dir und Deinem Leben weiter. Nach einer Weile sind bestimmte Gewohnheiten gefestigt, und es tauchen neue wichtige Themen in Deinem Leben auf. Du kannst dann die gut etablierten Gewohnheiten in der Liste durch neue Gewohnheiten ersetzen, die Du zukünftig aufbauen möchtest.

Indem wir Gewohnheiten leicht machen und belohnen, haben wir viel für ihre Stabilisierung getan. Dennoch kann es vorkommen, dass wir einen „schlechten Tag" haben, die Gewohnheit ausfallen lassen wollen oder sogar müssen.

14.7.3 Unterbrechungen vermeiden

Gewohnheiten zu Hause oder am Arbeitsplatz zu ändern, ist relativ leicht, weil sie häufig stattfinden. Jetzt gilt es, das neue Verhalten möglichst bald wieder und wieder zu wiederholen, keine langen Pausen entstehen zu lassen.

Für uns persönlich bedeutet das: Neue gute Gewohnheiten gilt es zu schützen, wie ein frisch gestartetes Feuer. Das bedeutet: nicht unterbrechen und weiter füttern. Auch wenn wir einmal einen „schlechten Tag" haben, sollten wir immerhin ein bisschen tun. Das ist besser als nichts. Ein Beispiel: Wir lesen täglich als neue Gewohnheit 30 Minuten. Wenn es mal wirklich stressig war und wir wenig Energie haben, dann lesen wir an diesem einen Tag eben nur zehn Minuten. Wichtig ist, dass wir die Kette nicht unterbrechen. Auch Ablenkungen (Kap. 11) und Störungen während dem Ausführen einer Gewohnheit sind tödlich. Dafür braucht es Regeln. Ein Beispiel: „Während ich meine 30 Minuten mein Buch lese, darf ich keine E-Mails checken, nicht auf Social Media gehen und das Smartphone nicht ansehen."

Wenn wir die gute Gewohnheit dennoch mal unterbrechen, dann ist das auch nicht unbedingt eine Katastrophe. Ausrutscher passieren, und das Leben konfrontiert uns mit unerwarteten Hindernissen – etwa einer Verletzung, die unseren gewohnten Sport unmöglich macht. Wichtig ist, dass wir die gute Gewohnheit dann baldmöglichst neu starten, die Unterbrechung möglichst kurz ist.

14.7.4 Soziale Unterstützung herstellen

Unser **soziales Umfeld entscheidet** mit – auch über unseren Erfolg. Wenn unser soziales Umfeld wenig Sport macht und übergewichtig ist, dann haben auch wir ein erhöhtes Risiko dafür (Nelson et al., 2006). Wenn unsere Freunde Kinder bekommen, dann folgen wir oft. Wenn unsere Freunde reich werden, dann werden wir meistens auch reich. Wenn unser soziales Umfeld Drogen nimmt, dann sind wir auch gefährdet – wenn es diese ablehnt, dann sind wir geschützt (Maxwell, 2002).

Die Macht der Menschen um uns wirkt auch auf dem Weg zu einer neuen Gewohnheit. Lob und soziale Anerkennung für ein neues Verhalten motivieren uns. Irritierend sind dagegen Personen in unserem sozialen Umfeld, die sich konträr zur von uns gewünschten Richtung verhalten, unser neues Verhalten ablehnen. Man denke an die zersetzende Wirkung von Schülern in einer Klasse, die den Unterrichtsaktivitäten nicht folgen – und oft keine Konsequenzen dafür erhalten, ja, vielleicht sogar noch Anerkennung von den Mitschülern und die Aufmerksamkeit der Lehrer gewinnen.

Fazit: Wir brauchen ein Umfeld, das unseren Weg unterstützt – anstatt behindert. Leitfrage ist: Welche Menschen verhalten sich jetzt schon so, wie ich mich zukünftig verhalten will? Das geht einfach. Wir wollen uns zukünftig mehr mit einem Thema befassen? Wir treffen uns öfter mit Freunden, die sich ebenfalls dafür interessieren, und sprechen darüber. Oder wir besuchen einen Volkshochschulkurs und lernen andere Menschen kennen, die sich auch für das Thema begeistern. Wir wollen mehr sportlich Rad fahren? Wir treffen uns regelmäßig mit jemandem, der mit uns fährt. Wir wollen intensiver und regelmäßig für das Studium lernen? Wir ziehen in eine WG, in der die anderen Bewohner schon leistungsorientiert lernen – idealerweise sogar in unserem Studienfach.

Die Stabilisierung eines neuen Verhaltens führt dann mittelfristig zur **Automatisierung** und damit zur nachhaltigen Bildung einer Gewohnheit. Indem wir das Verhalten immer wieder wiederholen und einüben in einer bestimmten Situation, ist uns die Entscheidung dazu zunehmend weniger bewusst. Das neue Verhalten findet schließlich ganz automatisch und schnell statt. Es geschieht dann nebenbei und mit minimaler Aufmerksamkeit. Eine neue Gewohnheit ist entstanden.

Leider genügt es nicht, dass wir nur gute Gewohnheiten aufbauen. Für jeden Menschen stellt sich immer wieder die Frage: Wie beseitige ich unerwünschte Gewohnheiten, die meine Gesundheit, meinen Erfolg und mein Glück gefährden?

14.8 Gewohnheiten ändern

Wie kann man **Gewohnheiten ändern**? Typ-2-Diabetes, Übergewicht, Herz-Kreislauf-Erkrankungen, Krebs, sexuell übertragbare Krankheiten, Burn-out, Süchte, finanzielle Probleme, schlechte Schulleistungen … all das hat mit Verhalten zu tun (Hagger et al., 2020), mit unseren Gewohnheiten.

Gewohnheiten dominieren unser Verhalten – häufig selbst dann noch, wenn unsere Ziele und Absichten dagegenstehen (z. B. Ji und Wood, 2007; Gardner, de Bruijn und Lally, 2011). Starke Gewohnheiten laufen dann einfach unbeirrt weiter, „egal" was sich die betroffenen Personen vornehmen (Verplanken und Aarts, 1999) – typische Alltagsbeispiele dafür sind Rauchen, übermäßiges Fernsehen, zu spät ins Bett zu gehen, Ablenkung beim Autofahren (Handy), mangelnde Bewegung oder schlechte Ernährung. Nur eine schockierende Zahl dazu: Die durchschnittliche erwachsene Person in Deutschland verbringt mehr als fünf Stunden täglich nur mit Fernsehen, Videostreaming und Computerspielen (Vaunet, 2023). Friedrich Nietzsche hat die Hartnäckigkeit der Gewohnheiten schön auf den Punkt gebracht: „Viele sind hartnäckig in Bezug auf den einmal eingeschlagenen Weg, wenige in Bezug auf das Ziel." Wir bleiben also gedankenlos bei unseren Wegen – und mögen diese Wege noch so schädlich sein.

Wie können wir mit Gewohnheiten brechen, unsere schlechten Gewohnheiten ablegen?

Forschung: Gewohnheiten ändern mit Argumenten?
Oft versucht man, schlechte Gewohnheiten mit sachlichen Argumenten zu ändern, man appelliert an Rationalität und Vernunft, ganz nach dem Motto „Rauchen schadet Ihrer Gesundheit". Viele Gewohnheiten starten tatsächlich ursprünglich mit bewussten und überlegten Entscheidungen und absichtlichem Verhalten (Aarts und Dijksterhuis, 2000): etwa das Verwenden von Zahnseide oder das Benutzen des Autos statt der Bahn für den Weg zur Arbeit. Nach einer Reihe von Wiederholungen werden diese Verhaltensweisen dann zu Gewohnheiten. Sie laufen dann größtenteils unbewusst ab, sobald eine bestimmte auslösende Situation eintritt. Das bedeutet nicht, dass Gewohnheiten gänzlich unbewusst ablaufen müssen. Sie haben aber einen starken unbewussten Anteil, und die bewusste Aufmerksamkeit ist in der untergeordneten Rolle (Wegner und Bargh, 1998).

Dieser Mangel an Aufmerksamkeit und willentlicher Kontrolle führt jedoch dazu, dass viele Gewohnheiten bestehen bleiben, auch wenn die betreffende Person ihre Einstellung dazu geändert hat – etwa gegenüber dem Rauchen. Entsprechend ist der Zusammenhang zwischen Einstellungen und Verhalten bei Gewohnheiten oftmals gering – und noch so gute **rationale Argumente wirken kaum** auf unser Verhalten, wenn es einmal zur Gewohnheit geworden ist. Das trifft auch bei gut eingewöhnten Arbeitsabläufen von Mitarbeitern zu. Diese laufen relativ unberührt von veränderten Einstellungen der Mitarbeiter munter weiter wie gewohnt ab (Schachter et al., 1961).

Argumente können daher zwar helfen, ein neues Verhalten zu starten und dann zur Gewohnheit zu machen – sie sind aber eher **ungeeignet**, um später Gewohnheiten wieder zu ändern. Menschen verändern dann vielleicht ihre Intentionen und Absichten, nehmen sich vielleicht sogar vor, etwas zu ändern – aber das gewohnte Verhalten läuft einfach weiter oder kommt schon nach kurzer Zeit zurück. Die Gewohnheit siegt. Es ist so ähnlich wie beim Hausbau: Die Firma, die ein Haus baut, arbeitet ganz anders und nutzt andere Techniken als die Firma, die das Haus dann wieder abreißt.

Wie können wir also vorgehen, um unsere **Gewohnheiten zu ändern und abzulegen**? Was wirkt tatsächlich? Die Positive Psychologie (Kap. 1) hat wichtige Handlungsfelder identifiziert, mit denen wir schlechte Gewohnheiten ändern.

14.8.1 Stress reduzieren

Viele schlechte Gewohnheiten sind **Reaktionen auf Stress** (Schwabe und Wolf, 2009): Menschen essen, rauchen, trinken, sehen fern, spielen am Computer, um Stress und Druck zu betäuben. Nicht wenige nehmen sogar Medikamente, um mit Stress, Druck, Ängsten und Depression umzugehen. Andere verletzen bei Stress ihre liebsten Mitmenschen psychisch und physisch – etwa ihre Kinder. Dadurch wächst der Stress dieser Menschen meistens sogar noch weiter an, und es kommen weitere Probleme dazu. Ein Teufelskreis.

Ein wesentlicher Schritt beim Abbau von schlechten Gewohnheiten ist daher: Stress als Nährboden schlechter Gewohnheiten beseitigen. Geeignete Mittel dazu sind beispielsweise: ausreichend Schlaf, Pausen und Regeneration, Vermeiden von Tätigkeiten und Umgang mit Menschen, die emotional belasten, Meditation, Bewegung oder Aufenthalt in der Natur.

Beim nachhaltigen Umgang mit Stress gilt es oft, Gewohnheiten zu ändern. Zum Beispiel kann dann aus „Ich fühle mich gestresst; ich trinke Bier und schaue fern" werden: „Ich bin gestresst; ich gehe in die Natur und mache dort Sport."

14.8.2 Trigger beseitigen

Ohne Trigger keine Gewohnheit. Gewohnheiten laufen automatisch ab, sobald ein bestimmter auslösender Kontext sie startet. Deshalb bekämpft man Gewohnheiten, indem man **Trigger beseitigt** oder zumindest reduziert. Ein Smartphone, das in einem Workshop nicht mehr auf dem Tisch liegt, ist ein unerwünschter Trigger weniger. Wechseln Menschen ihre Umgebung, etwa durch Umzug oder Urlaub, dann stellen sie oft Gewohnheiten ein oder verändern diese (Thrailkill und Bouton, 2014). Beispielsweise waren viele US-Soldaten in Vietnam heroinabhängig – doch nur sehr wenige setzten diese Sucht zurück in den Staaten fort. Der Kontext hatte sich mit der Rückkehr zu ihren Familien massiv verändert. Analog können uns eine neue Arbeitsumgebung oder selbst ein neuer Computer-Desktop unterstützen, um alte Gewohnheiten bei der Arbeit abzulegen.

Für uns bedeutet das, genau die auslösenden Kontexte von unerwünschtem Verhalten zu analysieren und systematisch zu zerstören: Ich mache den Kühlschrank auf und habe auf einmal ein Bier in der Hand? Das Bier steht ab jetzt im Keller. Ich arbeite am PC, und auf einmal läuft ein Computerspiel? Das Spiel wird auf einem anderen Benutzerkonto installiert. Ich bin im E-Mail-Postfach und lande auf einmal bei Social Media? Die Mails der Social Media leite ich ein einen eigenen, getrennten Ordner.

14.8.3 Emotionen ansprechen

Wie können wir unerwünschte Gewohnheiten zerbrechen? Starke **emotionale Botschaften**, die wirklich durchschlagen, sind wesentlich wirksamer als rationale Argumente. Eine Bedrohung oder Chance muss emotional stark genug wahrgenommen werden, dass eine aktive Entscheidung erforderlich scheint (Beach und Mitchell, 1978; Petty, Ostrom und Brock, 1981). So spielt es keine Rolle, dass jährlich in Europa 1.000-mal mehr Personen durch Verkehrsunfälle verletzt werden und sterben als durch Terrorismus. Die emotionale Wirkung der Bilder zählt – und so ist die Furcht vor Terrorismus größer und die Bereitschaft, deshalb das eigene Verhalten zu ändern. Vergleichbare Effekte haben sich gezeigt, als durch die BSE-Fälle der Markt für Rindfleisch kollabiert ist oder als wegen wenigen Todesfällen durch Durchfallerkrankungen kaum noch Gurken in ganz Europa gekauft wurden, da jene für eine Weile fälschlicherweise als Quelle der EHEC-Erkrankung galten. Diese Beispiele haben gemeinsam: rational vergleichsweise geringe Risiken – emotional starke Botschaften und Bilder. Insofern sind die aktuellen Gruselbilder auf den Zigarettenpackungen als wirksamer einzuschätzen als die rationalen Argumente, auf die man sich zuvor verlassen hat, um Raucher von ihrer Gewohnheit abzubringen.

Wenn wir also Verhalten ändern wollen, dann ist wichtig, die Kommunikation dafür stark zu **emotionalisieren, erlebbar** zu machen. Ein Beispiel: Ein Raucher will sich eben dieses Verhalten abgewöhnen. Dafür stellt er sich, sobald er raucht, ganz anschaulich vor, wie eine unsympathische, hässliche, reiche Unternehmerfrau dreckig lacht und sich freut, weil sie Geld mit seiner Sucht verdient. Jemand möchte weniger Fleisch essen – die Person schaut Dokumentationen über Massentierhaltung, behält die Bilder im Kopf, wenn sie einkauft oder im Restaurant bestellt. Hier ist unsere Fantasie entscheidend. Es geht darum, das unerwünschte Verhalten mit möglichst viel Ekel, Trauer von geliebten Menschen oder Freude von ungeliebten Personen zu verbinden. Es geht darum, dass wir uns möglichst abschreckende Visionen ausmalen im Kopfkino: „So sehe ich in fünf Jahren aus, wenn ich mich weiter so ernähre!" „So müssen meine Kinder als Teenager leben, wenn wir weiterhin so viel Geld ausgeben." „Das wird meine Arbeit sein, wenn ich weiterhin nur Serien schaue, statt für mein Studium zu lernen." „Diese Insekten sind in den Fertigprodukten mitverarbeitet, die ich nicht mehr essen möchte."

14.8.4 Störung des Ablaufs

Unsere Umgebung prägt unser Verhalten (Marteau et al., 2020). Der Ablauf der gewohnten Verhaltensweise kann **physisch gestört** oder sogar verhindert werden. Rauchverbote in vielen Bereichen sind hierfür ebenso Beispiele wie die Verbote von Smartphones in Büroumgebungen oder während Meetings, um zu verhindern, dass sich die Mitarbeiter fremdbeschäftigen. Beispiele für diesen Ansatz, Verhalten möglichst **unangenehm und aufwendig** zu machen, sind: bitter schmeckender Nagellack für Kinder, die Nägel kauen, und Medikamente für Alkoholiker, die Übelkeit erzeugen bei Alkoholkonsum.

Jeder Mensch kann sich unerwünschtes Verhalten physisch erschweren: Das Bier steht plötzlich nicht mehr bequem erreichbar im Kühlschrank, sondern im Keller. Ein kleiner Löffel zwingt uns zum langsamen Essen, kleine Teller führen zu geringeren Portionen. Wir kommen morgens nicht aus dem Bett, schalten den Wecker aus, dösen weiter? Der Wecker kommt ein paar Meter weg vom Bett, sodass wir aufstehen müssen zum Ausschalten. Das Smartphone unterbricht uns oft bei der Arbeit? Es wird stummgeschaltet und kommt in einen anderen Raum außer Sicht oder in eine Schublade. Der Einkauf soll sich im vernünftigen finanziellen Rahmen wegen? Die Kreditkarte bleibt zu Hause, und wir nehmen nur eine begrenzte Menge Bargeld mit. Der Fernseher soll seltener an sein? Die Fernbedienung kommt weit weg an einen nur unbequem zu erreichenden Platz.

14.8.5 Soziale Ächtung

Wir können ungewünschte Verhaltensweisen auch **sozial ächten** und stigmatisieren. Die besonderen gelben Rechtecke auf Bahnsteigen und Glaskästen auf Flughäfen für Raucher sind dafür ein gutes Beispiel. Raucher werden so aus der Gemeinschaft isoliert und sichtbar gemacht. In chinesischen Schulklassen waren früher die Namen aller Schüler an der Wand. Die leistungsschwächsten mit den schlechtesten Verhaltensweisen bekamen eine schwarze Markierung an ihren Namen. Die Lehrer luden die Eltern regelmäßig gemeinsam ein in das Klassenzimmer – ein Gesichtsverlust für die betreffenden Familien (Ma und Becker, 2015). Wer in manchen chinesischen

Großstädten bei Rot über die Fußgängerampel geht, dessen Foto erscheint kurz auf großen Bildschirmen und ist für Hunderte Menschen sichtbar.

Eine direkte private Anwendung ist: Wir umgeben uns mit Menschen, die ein Verhalten konsequent ablehnen, das wir einstellen wollen. Wir können zu unseren Kindern sagen: „Kinder, wenn ihr mich an einem Arbeitstag ein Bier trinken seht, dann schulde ich jedem von Euch zehn Euro!"

14.8.6 Transparenz herstellen

Unerwünschtes Gewohnheitsverhalten kann man messen und **sichtbar machen**. Das erinnert die betreffenden Personen und ihr Umfeld immer wieder daran, zeigt Fortschritte, aber auch Verschlechterungen an. Gibt es z. B. in einem Team ein Problem mit Unpünktlichkeit, dann sollte dieses Gewohnheitsverhalten der einzelnen Mitarbeiter sichtbar gemacht werden. Das hilft dem Einzelnen, sich daran zu erinnern und sich das Verhalten bewusst zu machen – und es fördert die soziale Ächtung und Sanktionierung.

Beispiele für die Anwendung von Transparenz sind: Die Bildschirmzeit am Smartphone, die uns zeigt, wie viel Zeit wir in dieser Woche mit welchen Apps verbracht haben. Leere Zigarettenpackungen/Schokoladenpackungen/Chipspackungen/Bierflaschen einer Woche an einem Ort sichtbar aufreihen. Ein Haushaltsbuch bzw. eine entsprechende App, die uns unsere Ausgaben für bestimmte Dinge zeigt.

Fazit: Welche Gewohnheiten wir auch immer bekämpfen möchten – veränderte Absichten allein genügen nicht im Konflikt mit hartnäckigen Gewohnheiten. Neues Verhalten müssten wir dann mit großem Bewusstseinsaufwand und enormer Selbstdisziplin (Kap. 12) so lange erzwingen, bis neue Gewohnheiten die alten überschreiben. So viel Willenskraft haben nur wenige Menschen. Deshalb ist eine **Kombination der hier genannten Maßnahmen** am sinnvollsten, **um schlechte Gewohnheiten effektiv zu bekämpfen.**

14.9 Nachteile von Gewohnheiten

Gewohnheiten sind eine wichtige Grundlage für unseren Erfolg. Sie entlasten unser Gehirn und sorgen so dafür, dass wir routinemäßig wichtige Dinge tun, ohne dass wir uns jedes Mal mit Selbstdisziplin dazu zwingen müssen. Und natürlich haben schlechte Gewohnheiten große Nachteile, können uns hartnäckig schädigen und bedrohen unsere Gesundheit, unser Vermögen und unsere sozialen Beziehungen.

Doch auch gute Gewohnheiten können Nachteile entfalten. Gewohnheiten sind **unflexibel** und unbewusst und **definieren unsere Identität**. Was, wenn sich unsere Welt und unser **Leben ändert** – und unsere guten Gewohnheiten nicht mehr passen?

Ein paar Beispiele dazu zeigt der folgende Infokasten.

> **Beispiele: Gewohnheiten als Gefängnis**
>
> Eine Identität und damit zusammenhängende Gewohnheiten können auch zum Gefängnis werden.
>
> - Die ewige Mutter. Eine Mutter identifiziert sich intensiv mit der Mutterrolle und hat zahlreiche fürsorgliche Gewohnheiten entwickelt. Doch die Kinder werden älter und selbstständiger. Eigentlich müsste die Mutter ihre Gewohnheiten jetzt daran anpassen. Doch nicht immer findet das statt. Manche Frauen identifizieren sich so stark mit der Mutterrolle, dass eine Veränderung des Verhaltens ihr Ego bedroht. Als Ergebnis putzen dann manche davon immer noch die Wohnung für ihren 40-jährigen Sohn, nehmen Schmutzwäsche mit und bringen ihm frisch gewaschene Wäsche nach Hause.
> - Der Unternehmer, der keiner mehr ist. Auch Menschen, die hart gearbeitet haben, ein Unternehmen mit viel Disziplin und guten Gewohnheiten aufgebaut haben, können in eine Identitätskrise geraten. Das tritt beispielsweise ein, wenn sie ihr Unternehmen verkaufen und aussteigen. Wo ist der Lebensinhalt hin? Auf einmal müssen sie neue Gewohnheiten entwickeln, eine neue Identität finden.
>
> Ähnlich geht es auch oft Leistungssportlern, die aufhören, Führungskräften, die in Rente gehen oder Menschen, die durch Krankheit ausfallen. Die neue Lebenssituation verlangt andere Gewohnheiten und eine neue Identität. Kranke sollen auf einmal nicht mehr hart arbeiten oder trainieren, dafür sich schonen und viel mehr auf ihre Gesundheit achten. Das ist eine große Herausforderung.
>
> Wenn sich unsere Welt ändert, können wir uns dann mit ihr ändern – oder bleiben wir Gefangene unserer eigenen Identität und Gewohnheiten?

In unseren Gewohnheiten liegt also manchmal auch eine große Gefahr: Wenn sich die Rahmenbedingungen ändern, dann sind ehemals gute Gewohnheiten nicht mehr passend. Gewohnheiten definieren unsere Identität. Wenn wir uns zu sehr damit identifizieren, dann sind wir nicht mehr kritikfähig und wenig veränderungsfähig. Identität wird dann zum Gefängnis, aus dem wir nicht mehr herauswachsen können. Die Herausforderung: Wir sollten uns unsere Gewohnheiten bewusst halten, sie regelmäßig kritisch prüfen

und sie mit unserem Leben weiterentwickeln. Wir sollten unsere Gewohnheiten formen, nicht unsere Gewohnheiten uns.
Der Autor diskutiert im Folgenden, wie wir eigene Gewohnheiten erfolgreich gestalten.

Frage an den Autor: Wie kann ich gute Gewohnheiten etablieren und mit schlechten Routinen brechen?
Ich möchte gute Gewohnheiten aufbauen und schlechte ändern. Wie gelingt mir der Einstieg?
„We are what we repeatedly do. Excellence, then, is not an act, but a habit." So fasste der Autor Will Durant prägnant Gedanken zusammen, die schon der Philosoph Aristoteles vor Tausenden Jahren geäußert hat: Erfolgreiche Menschen haben sich ganz einfach das zur Gewohnheit gemacht, was erfolglose Menschen nicht tun wollen. Vielleicht haben zwei Menschen sogar die gleichen Ziele. Dennoch ist der eine erfolgreich und der andere nicht – der entscheidende Unterschied zwischen Erfolg und Misserfolg sind die richtigen Gewohnheiten. Mache also regelmäßig das, was zu tun ist – und höre auf zu tun, was Dir schadet.

Vorneweg: Es geht beim Umgang mit Gewohnheitsverhalten nicht darum, keinen „Spaß" mehr im Leben zu haben und „nie" mehr über die Stränge zu schlagen. Es geht darum, dass Du in den **Fahrersitz** kletterst, Deine Gewohnheiten kontrollierst – und nicht wie bei den meisten Menschen Deine Gewohnheiten Dich kontrollieren. Die meisten werden passiv durch ihre Gewohnheiten geprägt. Wie kannst Du zu jemandem werden, der aktiv seine Gewohnheiten gestaltet? Wie kannst Du in den Fahrersitz Deines Lebens steigen? Dabei kannst Du natürlich ganz frei auch kontrolliert etwas tun, was Dir Schaden zufügt, aber Freude macht – etwa Alkohol trinken. Das Ziel ist nicht, keinen Spaß mehr zu haben – es geht darum, dass Du frei entscheidest und nicht eine Gewohnheit Dich antreibt, die Du gar nicht haben möchtest.

Ein weiterer grundlegender Gedanke: **Stress fördert die hässlichsten Gewohnheiten bei Menschen.** Du hast es sicher bemerkt: Gute Gewohnheiten aufrechterhalten und schlechte Gewohnheiten ablegen – das kostet Energie und erfordert Disziplin. Blöd also, wenn Du gestresst, ausgebrannt und unter Schlafmangel bist. Das bedeutet für Dich: Bevor Du realistisch Gewohnheiten ändern kannst, reduziere unbedingt Deinen Stresspegel. Wie das geht? Du weißt es längst: Achte auf gute Schlafgewohnheiten, meditiere, gehe spazieren, praktiziere Yoga ... und meide möglichst Aktivitäten, Situationen und Menschen, die Dir nicht guttun.

Persönlich versuche ich hier folgende Regeln einzuhalten: Ich arbeite nicht mehr nach 21 Uhr. Ich bin um 22 Uhr im Bett. Dort ggf. noch Hörspiel oder geführte Meditation ... keine Bildschirmzeit mehr. Ich schlafe um spätestens 23 Uhr.

Natürlich solltest Du wissen, was überhaupt **zu tun** ist. Ich handhabe das so: „Was ist das Wichtigste, das ich regelmäßig tun kann und will, um im Bereich X mein Leben besser zu machen?" Dafür habe ich bestimmte Bereiche in meinem Leben definiert, die mir wichtig sind. Einer davon ist Ernährung. Hier habe ich mir unter anderem angewöhnt, ausreichend Flüssigkeit aufzunehmen. Das sind Gewohnheiten dafür: Sobald ich aufstehe, erwärme ich Wasser auf 40 Grad und trinke ein Glas – noch vor dem Frühstück. Der Trigger dafür ist: Ich bin auf dem Weg zum Frühstück. Während des Essens trinke ich weiter. Zudem zieht die ganze Familie dabei mit – ich habe eine förderliche Gruppendynamik. Im Auto steht immer eine Flasche Wasser. Der Trigger, eine neue Flasche hineinzustellen ist: Die vorherige Flasche ist leer. Der Wasservorrat steht in der Garage, ich lade sofort bequem nach. Auch die Kids fordern das Wasser im Auto ein, haben sich daran gewöhnt, stützen die Gewohnheit weiter. Bei einer Vorlesung nehme ich gewohnheitsmäßig ein Glas mit – ein Waschbecken mit Wasserhahn ist meist im Raum für die Tafel ... Das alles geht aus meiner Sicht ziemlich simpel. Ähnlich gehe ich in den Bereichen Essen, Lernen, guter Schlaf, Finanzen, Bewegung, soziale Beziehungen vor.

Läuft bei mir alles perfekt mit Gewohnheiten? Natürlich nicht. Ich habe mir zum Beispiel, in einer Zeit, in der ich viel an einem Buch gearbeitet habe, einen Muskelfaserriss in der Wade geholt, konnte wochenlang nicht mehr gehen. Der Grund: Ich hatte an meinen Bewegungsroutinen gespart, kaum mehr Sport gemacht, um das Buch voranzubringen. Meine Muskulatur war dann zu schwach für die Bewegungen, die ich dem Körper zugemutet habe. Insofern eine Erfahrung: Versuche, in jedem wichtigen Bereich Deines Lebens gute Gewohnheiten aufzubauen und zu behalten. Wenn Du in einem wichtigen Bereich nicht investierst, dann kommt irgendwann die Rechnung – egal ob es bei der Gesundheit, sozialen Beziehungen oder Deiner Karriere ist. Wenn so eine „Rechnung" kommt, dann betrachte sie als **Weckruf** und ändere Deine Gewohnheiten.

Natürlich reicht es nicht, nur zu wissen, was zu tun ist. Du solltest zusätzlich wissen, was **nicht zu tun** ist, womit Du aufhören solltest. Auch hier kannst Du Dir eine Frage stellen: „Was ist das wichtigste Verhalten, mit dem ich aufhören kann und will, um mein Leben im Bereich X besser zu machen?" Bestimmte Trigger lösen bei Dir schlechte Gewohnheiten aus. Wenn Du diese Trigger erkennst und beseitigst, dann reduzierst Du auch das schlechte Verhalten. Bleiben wir beim Beispiel der Flüssigkeitsaufnahme – aber in dem Fall bei einer weniger gesunden Variante, dem Alkohol. Mir ist Folgendes aufgefallen: Wenn ich den Kühlschrank öffne, und es steht Bier darin, dann nehme ich mir oft eines – insbesondere am Abend, wenn ich viel geleistet habe, etwas im Stress war. Plötzlich ist das Bier in meiner Hand. Wenn das Bier aber nicht im Kühlschrank ist, sondern im Keller, dann ist es auf einmal viel, viel seltener in meiner Hand. Kommen wir vom Bier zu den Spirituosen: Ich hatte diese in der Küche auf Ablagebrettern abgestellt, das sah sehr schön aus, Bar-Optik. Das Problem kannst Du Dir denken: Ich habe die ganze Zeit die schönen Flaschen mit hartem Alkohol gesehen. Und auch wenn Freunde kamen, ging der Blick und das Gespräch schnell darauf. Und es ist nicht bei Blicken geblieben. Diese Trigger habe ich geändert: Heute stehen die Spirituosen unsichtbar in einem Schrank in einem Nebenzimmer. Sie sind nicht mehr präsent. In der Folge konsumiere ich nur noch an sehr wenigen Tagen im Jahr harten Alkohol. Bei mir hat das alles den Konsum von Alkohol um über 90 % gesenkt. Ähnlich kannst Du bei anderen Gewohnheiten vorgehen, die Du ablegen möchtest: Du schläfst immer zu spät? Dann beobachte genau, was Du vor dem Schlafen tust, das Dich abhält – und mach dieses Verhalten unmöglich oder zumindest sehr schwer. Du schaust zu viel fern? Stell' das Gerät in ein Nebenzimmer, mache es unsichtbar oder verkaufe das Gerät gleich auf ebay. Du bist gewalttätig? Wahrscheinlich gibt es Trigger und Eskalationsstufen davor, z. B. dass Du schreist, zu wenig schläfst, sofort handelst, ohne nachzudenken. Gewöhne Dir zum Beispiel an, wenn Dich etwas ärgert, ruhig innerlich bis 20 zu zählen, bevor Du reagierst. **Mach ungewünschtes Verhalten schwer oder unmöglich.**

Du merkst: Das Vorgehen ist im Prinzip einfach. Du brauchst es nur anzugehen. Schaffe Trigger und mache diese präsent bei Verhalten, das Du fördern willst. Mach' es Dir so angenehm und leicht wie möglich. Vernetze es mit vorangehendem Verhalten. Schaffe Reize, die Dich immer wieder an Dein gewünschtes Verhalten hinführen. Wenn Du dagegen Verhaften reduzieren willst: Beseitige die auslösenden Trigger und mache diese unsichtbar. Mach' Dir dieses Verhalten so schwer wie möglich.

Natürlich kannst Du auch **Emotionen** einsetzen für Deine Ziele der Gewohnheitsänderung. Ich kenne jemanden, der wollte weniger Fleisch essen. Dafür hat er sich Dokumentationen über Massentierhaltung angesehen, sich die Bilder immer wieder in den Kopf gerufen. Bei ihm hat es gewirkt. Und ich kenne Eltern, die wollten den Milchkonsum bei ihren Kindern reduzieren. Sie haben ihren Sprösslingen glaubwürdig vermittelt, dass Eiter aus den entzündeten Eutern der Kühe in Milchprodukten sei. Die Kinder wollten nicht einmal mehr Butter oder Eiscreme essen. Ich persönlich nutze so etwas nicht, mir ist das viel zu krass. Ich würde es bestenfalls bei ganz wichtigen Themen als letzte Option einsetzen, wenn nichts anderes wirkt.

Ein Kernthema der Positiven Psychologie ist Glück. Was genau ist Glück? Welche Wege zum Glück gibt es, wie können wir glücklicher werden? Diese Fragen beantwortet das nächste Kapitel.

Literatur

Aarts, H., & Dijksterhuis, A. (2000). Habits as knowledge structures: Automaticity in goal-directed behavior. *Journal of Personality and Social Psychology, 78*(1), 53–63.

Abramson, L. Y., Seligman, M. E., & Teasdale, J. D. (1978). Learned helplessness in humans: Critique and reformulation. *Journal of Abnormal Psychology, 87*(1), 49–74.

Beach, L. R., & Mitchell, T. R. (1978). A contingency model for the selection of decision strategies. *Academy of Management Review, 3*(3), 439–449.

Gardner, B., de Bruijn, G., & Lally, P. (2011). A systematic review and meta-analysis of applications of the self-report habit index to nutrition and physical activity behaviours. *Annals of Behavioral Medicine, 42*(2), 174–187.

Hagger, M. S., Cameron, L. D., Hamilton, K., Hankonen, N., & Lintunen, T. (2020). *The handbook of behavior change*. Cambridge University Press.

Ikard, F. F., Green, D. E., & Horn, D. (1969). A scale to differentiate between types of smoking as related to the management of affect. *International Journal of the Addictions, 4*(4), 649–659.

Ji, M. F., & Wood, W. (2007). Purchase and consumption habits: Not necessarily what you intend. *Journal of Consumer Psychology, 17*(4), 261–276.

Lally, P., Van Jaarsveld, C. H., Potts, H. W., & Wardle, J. (2010). How are habits formed: Modelling habit formation in the real world. *European Journal of Social Psychology, 40*(6), 998–1009.

Leventhal, H., & Cleary, P. D. (1980). The smoking problem: a review of the research and theory in behavioral risk modification. *Psychological Bulletin, 88*(2), 370–405.

Ma, X., & Becker, F. (2015). *Business-Kultur in China – China-Expertise in Werten*. Kultur und Kommunikation: Springer.

Marteau, T. M., Fletcher, P. C., Hollands, G. J., & Munafò, M. R. (2020). Changing behavior by changing environments. In M. S. Hagger, L. D. Cameron, K. Hamilton, N. Hankonen, & T. Lintunen (Hrsg.), *The handbook of behavior change* (S. 193–207). Cambridge University Press.

Maxwell, K. A. (2002). Friends: The role of peer influence across adolescent risk behaviors. *Journal of Youth and Adolescence, 31*(4), 267–277.

Neal, D. T., Wood, W., & Drolet, A. (2013). How do people adhere to goals when willpower is low? The profits (and pitfalls) of strong habits. *Journal of Personality and Social Psychology, 104*(6), 959–975.

Nelson, M. C., Gordon-Larsen, P., Song, Y., & Popkin, B. M. (2006). Built and social environments: Associations with adolescent overweight and activity. *American Journal of Preventive Medicine, 31*(2), 109–117.

Petty, R. E., Ostrom, T. M., & Brock, T. C. (1981). *Cognitive responses in persuasive communications: A text in attitude change*. Lawrence Erlbaum Associates.

Schachter, S., Festinger, L., Willerman, B., & Hyman, R. (1961). Emotional disruption and industrial productivity. *Journal of Applied Psychology, 45*(4), 201–213.

Schwabe, L., & Wolf, O. T. (2009). Stress prompts habit behavior in humans. *The Journal of Neuroscience, 29*(22), 7191–7198.

Staddon, J. E., & Cerutti, D. T. (2003). Operant conditioning. *Annual Review of Psychology, 54*(1), 115–144.

Stajkovic, A. D., & Luthans, F. (2001). Differential effects of incentive motivators on work performance. *Academy of Management Journal, 44*(3), 580–590.

Thrailkill, E. A., & Bouton, M. E. (2015). Contextual control of instrumental actions and habits. *Journal of Experimental Psychology: Animal Learning and Cognition, 41*(1), 69–80.

Triandis, H. C. (1980). Values, attitudes, and interpersonal behavior. In H. E. Howe, Jr. & M.M. Page (Hrsg.), *Nebraska Symposium on Motivation: Beliefs, attitudes, and values, 1979* (Bd. 27, S. 195–259). University of Nebraska Press.

Vaunet. (2023). Mediennutzung in Deutschland/2022. https://vau.net/wp-content/uploads/2023/02/VAUNET-Publikation_Mediennutzungsanalyse-2022.pdf. Zugegriffen: 15. Mai 2023.

Verplanken, B., & Aarts, H. (1999). Habit, attitude, and planned behavior: Is habit an empty construct or an interesting case of goal-directed automaticity? In W. Stroebe & M. Hewstone (Hrsg.), *European review of social psychology* (Bd. 10, S. 101–134). Wiley.

Wegner, D. M., & Bargh, J. A. (1998). Control and automaticity in social life. In D. Gilbert, S. T. Fiske & G. Lindzey (Eds.), Handbook of social psychology (4. Aufl., S. 446–496). McGraw-Hill.

Wood, W., & Rünger, D. (2016). Psychology of habit. *Annual Review of Psychology, 67*(1), 289–314.

Wood, W., Quinn, J. M., & Kashy, D. A. (2002). Habits in everyday life: Thought, emotion, and action. *Journal of Personality and Social Psychology, 83*(6), 1281–1297.

Wood, W., Tam, L., & Witt, M. G. (2005). Changing circumstances, disrupting habits. *Journal of Personality and Social Psychology, 88*(6), 918–933.

15
Psychologie zum Glücklichsein

„Endlich glücklich sein!" Das wünschen sich viele. Doch liegt unser Glück tatsächlich in unserer Hand? Jeder Mensch fragt sich irgendwann: „Was ist Glück? Was macht glücklich?" „Das ist alles eine Frage der Lebensbedingungen. Wir müssen Vermögen umverteilen!", rufen die einen. „Glück ist angeboren. Manche Menschen sind einfach unglücklich, ziemlich egal was ist.", behaupten die anderen. Mittlerweile ist das Thema gut erforscht – mit überraschenden Ergebnissen. Dieses Kapitel beschreibt die Psychologie dahinter und zeigt anhand von Forschungsergebnissen und Beispielen, wie wir glücklicher werden können.

> **Risiko: Das passiert ohne Glück**
>
> Ohne Glück ist unser Leben grau und leer, Spaß und Freude gehen verloren. Doch es kostet uns noch viel mehr: Wir sind unbeliebt, es droht Einsamkeit, da Menschen unglückliche Personen eher ablehnen. Unsere negativen Emotionen sorgen zudem für einen Tunnelblick, eine Schutzhaltung. Anstatt kreativ Chancen und Möglichkeiten zu sehen, zu nutzen und damit zu wachsen, konzentrieren wir uns auf Bedrohliches. Unglücklichsein gefährdet unsere Gesundheit, unseren Berufserfolg und unsere Partnerschaft und Ehe. Ein Teufelskreis aus Unglück und Misserfolg zieht uns in den Abgrund. Und wir strahlen unser Unglücklichsein auf die nächsten Menschen in unserer Umgebung aus, infizieren sie damit. Wir ziehen sie mit in den Abgrund.

15.1 Glück: Definition und Modell

Was ist Glück? Um zu wissen, was Glück ist, sind wissenschaftliche Modelle und Definitionsansätze hilfreich (Seligman, 2002). Hier eine wissenschaftliche **Definition von Glück:**

> **Definition: Glück**
>
> Glück beschreibt das Ausmaß der augenblicklich empfundenen positiven Emotionen, positiven Verhaltensweisen und der generellen Lebenszufriedenheit.

Aus dieser Definition von Glück lassen sich **drei Komponenten** abgrenzen:

1. **Affektive Komponente – Fühlen.** Hier bedeutet Glück Gefühle im positiven Emotionsbereich, wie Vergnügen, Freude, Spaß, Begeisterung oder Entspannung. Gleichzeitig sollten negativ getönte Emotionen wie Depression, Angst oder Wut fehlen.
2. **Kognitive Komponente – Denken.** Auf dieser Ebene bedeutet Glück die Bewertung des eigenen Lebens, die Lebenszufriedenheit. Das beinhaltet Fragen wie: Macht mein Leben für mich Sinn (Kap. 6)? Habe ich ein gutes Leben? Wie zufrieden bin ich mit meinem Leben? Im Bereich Denken finden sich auch Ansatzpunkte wie Dankbarkeit, Optimismus (Kap. 2) oder Selbstvertrauen (Kap. 4).
3. **Motivationale Komponente – Tun.** Dieser Bereich betrifft unsere Ziele und Tätigkeiten im Leben. Verfolge ich Tätigkeiten, die mich erfüllen, Freude bereiten und meinem Leben Sinn geben? Gestalte ich mein Leben proaktiv und selbstbestimmt – oder bin ich der passive Spielball und Erfüllungsgehilfe fremder Interessen? Typische Aspekte aus dieser Komponente von Glück sind gute Gewohnheiten (Kap. 14), das Verlassen der Komfortzone (Kap. 10) und Flow-Erleben (Kap. 13).

Abb. 15.1 zeigt Glück als Modell.

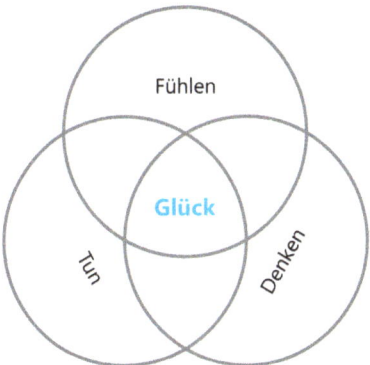

Abb. 15.1 Glück als Drei-Komponenten-Modell

Das Drei-Komponenten-Modell weist auf Wege zum Glück hin.

15.2 Glücklich sein: Wege zum Glück

Wie können wir glücklicher werden? Was lässt uns glücklich sein? Drei zentrale Komponenten definieren und weisen uns **Wege zum Glück** (Seligman, 2002), mit denen wir glücklicher werden: Wie fühle ich mich in meinem Leben (das angenehme Leben)? Wie denke ich über mein Leben (das sinnerfüllte Leben)? Wie lebe ich mein Leben (das aktive Leben)?

- **Das angenehme Leben.** Manche Menschen setzen direkt an ihrem Fühlen an, versuchen, sich unmittelbar Glück zu holen. Oft äußert sich das in einem hedonistischen von Konsum gekennzeichneten Lebensstil mit Fokus auf die „drei F" (Fressen, Fernsehen, F …) und einer Betäubung negativer Emotionen durch digitale Medien (Spiele, Social Media …) sowie Rauschmittel wie Alkohol. Sie bleiben bequem, suchen das Glück in einer möglichst angenehmen Gegenwart in der Komfortzone.
  Ein nachhaltigerer Ansatz, der auch zu diesem Weg gehört, ist die Interaktion mit anderen Menschen, die uns guttun, der Genuss von guten sozialen Beziehungen.
- **Das sinnerfüllte Leben** Andere Menschen fokussieren sich auf ihr Denken, um glücklich zu sein. Sie praktizieren Meditation, Dankbarkeitsübungen, geben sich Sinn mit einer konkreten Vision (Kap. 6), für die sie leben, und arbeiten an ihrer inneren Haltung hin zu positivem Denken.

- **Das aktive Leben.** Und schließlich gibt es Menschen, die vor allem den dritten Pfad zum Glücklichsein betonen, das Tun. Sie überwinden sich selbst, verlassen ihre Komfortzone (Kap. 10), gehen sinnvollen Aufgaben nach, in denen sie in einem Flow-Erleben (Kap. 13) aufgehen, setzen auf gute Gewohnheiten (Kap. 14) bei Sport, Ernährung, Regeneration und Schlafverhalten. Und sie nutzen körperbetonte Übungen, um glücklicher zu werden und positive Gefühle herzustellen.

Die drei Wege zum Glücklichsein stehen in enger Wechselwirkung, sodass am glücklichsten Personen sind, die auf nachhaltige Weise alle drei Wege gehen (Peterson, Park und Seligman, 2005). Diese Menschen haben ein erfülltes, ein volles Leben – während das Leben anderer Menschen leer bleibt.

Perspektive: Glück und Metaphysik

Die drei Wege zum Glück spiegeln sich auch in zahlreichen religiösen Lehren wider. Sowohl der Buddhismus als auch das Christentum und der Islam legen einen Fokus auf Sinnerfüllung und aktive Aspekte im Leben. Das spiegelt sich im zweiten und dritten Weg zum Glück wider. Den kurzfristig „bequemen" Weg, Glück durch unmittelbaren Genuss herzustellen, lehnen sie tendenziell ab. Ähnliches Denken findet sich im Hinduismus. Während einige Religionen vereinfacht gesagt betonen, dass man beispielsweise als Schwein wiedergeboren wird, wenn man maßlos isst, skizzieren andere ein Paradies oder eine Hölle. Der Weg in die Hölle ist in der Regel der bequeme, einfache Weg des kurzfristigen Genusses. In den Himmel führt der härtere, beschwerliche Weg, ein sinnerfülltes, ein aktives, ein forderndes Leben innerer Reife und Wandlung und äußerer Disziplin. Dabei geht es oft gerade darum, augenblicklichen Genuss, augenblickliche Bedürfnisse und Impulse zu opfern, um einem höheren Sinn zu dienen. Das Opfer hat in vielen Religionen eine zentrale symbolische Bedeutung. Gemeinsam ist auch der Gedanke, dass unser augenblickliches Tun, unsere Entscheidungen zukünftige Konsequenzen haben – Belohnung oder Bestrafung.

Wenn wir die Metaphysik verlassen, dann können wir uns die Hölle und das Paradies auch ganz weltlich vorstellen. Der erste, einfache Weg zum Glück mit Völlerei, Pornografie, Fernsehen und Alkohol führt noch zu Lebzeiten in eine Hölle aus Übergewicht, Typ-2-Diabetes, Leberproblemen, Krebs, Einsamkeit und Unglück. Mittlerweile sind mehr als die Hälfte der Erwachsenen in Deutschland übergewichtig (Statistisches Bundesamt, 2022). Zudem verbringt der durchschnittliche Deutsche über fünf Stunden täglich mit Videos, Fernsehen und Computerspielen (Vaunet, 2023).

Wir tauschen damit jedes Mal unsere Zukunft ein gegen den unmittelbaren Genuss. Wir betäuben negative Emotionen, anstatt etwas gegen die Ursachen zu tun. Dagegen führen die anspruchsvollen Wege des sinnerfüllten Lebens und der aktiven Lebensgestaltung zu langfristiger Gesundheit, Erfolg und Glück.

Zu jedem dieser drei Wege gibt es eine Vielzahl von Ansatzpunkten, um glücklicher zu sein. Dazu später mehr. Zunächst ein Fallbeispiel für persönliches Glück.

15.3 Glücklich werden: Beispiel

Wie sollte denn jemand glücklich sein, wenn sein Leben von schrecklichen Umständen geplagt ist? So denken viele. Doch gerade diejenigen Menschen können uns inspirieren, die trotz tragischer Erfahrungen sich nicht der Verbitterung und dem Hass oder der Resignation öffnen. Es gibt Menschen, die trotz allem Unglück in ihrem Leben glücklich sind. Ein Beispiel für viele ist Eddie Jaku.

Beispiel für Glück: Eddie Jaku

Eddie Jaku wurde in Leipzig geboren und war stolz, in Deutschland aufzuwachsen. Er betrachtete Deutschland als Heimat seiner Vorfahren, als kultivierteste und gebildetste Gesellschaft der Welt. Doch darin sah er sich nach der Machtergreifung der Nazis getäuscht, denn er war Jude. Er lebte fünf Jahre unter falscher Identität, besuchte eine Schule, getrennt von seiner Familie. Noch als Kind wurde er enttarnt. Dazu sagte er später: „Ich verlor meine Würde, meine Freiheit und meinen Glauben an die Menschheit." Er erlebte erst das Konzentrationslager Buchenwald sowie eine Odyssee durch verschiedenste Lager und Länder. Schließlich das Vernichtungslager Auschwitz, wo seine Eltern unmittelbar ermordet wurden. Seine Kenntnisse im Ingenieursbereich machten ihn offenbar „wertvoll" für das Regime, er sollte arbeiten. Nach langer Zeit konnte er fliehen, sich monatelang im Wald verbergen, überlebte.
Was hat diese erschütternde Geschichte mit Glück zu tun? Hätte Eddie Jaku nicht eher allen Grund dazu gehabt, unglücklich zu sein, für den Rest seines Lebens sich Trauer, Hass und dem Wunsch nach Vergeltung hinzugeben?
Gerade das macht Eddie Jaku besonders. Er hat sich nach seiner Befreiung aus Auschwitz gerade **wegen seiner Erlebnisse** geschworen, jeden Tag glücklich, hilfsbereit und freundlich zu sein, zu lächeln. Er wollte für jeden Tag dankbar und glücklich sein, ihn auskosten und genießen, die schönen Momente bewusst wahrnehmen. Und er gab sich selbst eine Mission, einen Sinn im Leben: Glücklichsein zu lehren und zu verbreiten. So wurde er als „The Happiest Man On Earth" bekannt, dem Titel seines Buches. Bei öffentlichen Auftritten strahlte er stets Freude und Glücklichkeit aus und erfreute sich großer Beliebtheit. Er sagte Dinge wie: „Doch ich stehe heute hier als glücklicher Mann, der das Leben genießt mit einer wundervollen Frau und einer wunderschönen Familie." Dazu führte Eddie Jaku sinngemäß aus: „Ich hasse niemanden. Hass ist eine schreckliche Krankheit. Sie wird möglicherweise deinen Feind vernichten – aber sie wird dich ebenfalls vernichten auf diesem Weg." Es gelang ihm trotz aller schrecklichen Erfahrungen in seinem Leben glücklich zu sein und die

> Früchte dieses Glücks zu ernten – erfüllte soziale Beziehungen und ein langes Leben. Er starb 2021 im Alter von 101 Jahren – er starb als glücklicher Mann. Was ist Eddie Jakus Botschaft an uns alle? Für ihn war Glück eine Entscheidung. Eine Entscheidung, die jeder Mensch persönlich für sich treffen kann. Die Essenz seiner Nachricht an uns ist: „Glück fällt nicht vom Himmel. Es liegt in deiner Hand." Er selbst hat diese Botschaft gelebt und bewiesen. Das ist sein Vermächtnis.

Es folgt Forschung der Psychologie zur Bedeutung von Glück.

15.4 Zur Bedeutung von Glück: Nur ein Abfallprodukt?

Was ist die Bedeutung von Glück für unser Leben? Ist es wirklich so bedeutsam, Glück anzustreben? Viele sehen die Bedeutung von Glück eher in einem Nebeneffekt positiver und gesellschaftlich begehrter Dinge. Sie sagen: „Wer reich, erfolgreich und gesund ist, der ist auch glücklich. Ist doch klar!" Böse formuliert ist für viele Menschen damit Glück nur bedeutend als ein Abfallprodukt. Ein **Abfallprodukt positiver Umstände**. Nicht zuletzt ist dieses **Narrativ** zur Bedeutung von Glück so mächtig, weil Werbung und Politik es permanent suggerieren: „Kauf' dich glücklich!", sagen die einen „Wähle dich glücklich! Wir verteilen für dich Wohlstand um!", versprechen die anderen. Viele Menschen denken sich daher: „Wenn ich mir dies oder das hole, wenn ich jenes bekommen kann, dann werde ich glücklich sein!"

Tatsächlich erweist sich das langfristige Glücksniveau allerdings als überraschend robust gegenüber vielen Umständen – Wohlstand (sozioökonomischer Status), Bildung oder Familienstand (Heirat) beeinflussen unser Glück nur marginal, zeigen Studien. Keiner der Zusammenhänge kommt über 3 % (Lykken und Tellegen, 1996). Glück als Abfallprodukt guter Umstände von Erfolg zu sehen … Das ist offenbar ein **Denkfehler**. Albert Einstein meinte dazu: „Ein Leben, das vor allem auf die Erfüllung persönlicher Bedürfnisse ausgerichtet ist, führt früher oder später zu bitterer Enttäuschung."

Was also, wenn wir die **Denkrichtung umdrehen**? Was, wenn man Glück nicht mehr nur als Konsequenz, sondern auch als Ursache und Quelle für Erfolg, Gesundheit, Wohlstand betrachtet? „Wer unglücklich ist, der wird auch eher krank. Wer glücklich ist, der zieht Erfolg im Beruf an. Wer glücklich ist, der ist beliebter für die Partnerwahl und bei der Familiengründung." Für viele Menschen sind solche Gedanken erstmal fremd, gegen ihre Intuition und stellen das fest eingeschliffene Weltbild infrage.

15.5 Glück und Erfolg: Vorteile durch Glücklichsein

Sie hängen anders miteinander zusammen als viele Menschen denken: Glück und Erfolg. Es gibt immer mehr Hinweise, dass **Glück nicht nur das Resultat guter Umstände** ist, sondern sogar **stärker deren Ursache** – eine **Wechselwirkung** (Lyubomirsky, King und Diener, 2005). Nach Auswertung zahlreicher Forschungsberichte liefert uns **Glück Vorteile**:

- körperliche Gesundheit (Koivumaa-Honkanen et al., 2004a),
- geistige Gesundheit (Koivumaa-Honkanen et al., 2004b),
- Lebenserwartung (Danner, Snowdon und Friesen, 2001),
- Berufserfolg (Burger und Caldwell, 2000; Roberts, Caspi und Moffitt, 2003),
- Einkommen und Wohlstand (Diener und Biswas-Diener, 2002; Marks und Fleming, 1999),
- Heirat und Familiengründung (Marks und Fleming, 1999).

Es handelt sich hier wohlgemerkt um **Längsschnittstudien**, in denen Glück als Prädiktor die positiven Ergebnisse im Leben vorhersagt. **Glück geht glücklichen Umständen wie Gesundheit und Wohlstand voraus.** Was sich für viele erst einmal verrückt anhört, das ist bei näherer Betrachtung durchaus logisch – und immer mehr Forschungsergebnisse erhärten diesen Zusammenhang.

- Warum sollte ein Arbeitgeber denn auch nicht eine glückliche Person einer unglücklichen bei der Einstellung vorziehen (Burger und Caldwell, 2000), besser bewerten (Cropanzano und Wright, 1999), bei der Besetzung einer Führungsposition die positive Ausstrahlung auf die Mitarbeiter bevorzugen (Roberts, Caspi und Moffitt, 2003), emotional negative Mitarbeiter eher entlassen (Verkley und Stolk, 1989) und jemanden mit positiver Stimmung lieber zum Kunden schicken als eine unglückliche Person?
- Und wer möchte lieber mit einem unglücklichen als mit glücklichen Menschen befreundet sein (Salovey et al., 2000)? Ja, warum sollten wir

lieber eine unglückliche als eine glückliche Person daten und schließlich heiraten (Marks und Fleming, 1999)? Weshalb sollte jemand bei einer unglücklichen Person mit negativer emotionaler Ausstrahlung bleiben und eine Familie gründen wollen? Tatsächlich „machen" glückliche Menschen offenbar auch ihre Ehepartner glücklicher (Ruvolo, 1998).

Doch Glück ist nicht nur allein deshalb eine Ursache von Erfolg, weil es die Reaktionen anderer Menschen beeinflusst. Mit Glücklichsein verändern wir zusätzlich auch tiefgreifend unser eigenes Denken und Handeln – und zwar zu unserem Vorteil. Das zeigt der Infokasten.

Forschung: Vorteile positiver Emotionen

Glück ist eng mit Emotionen verknüpft. Tatsächlich bieten uns positive Emotionen Vorteile im Leben (vgl. Fredrickson, 2009):

- breiter Aufmerksamkeitsfokus
- kreativeres Denken
- Unempfindlichkeit gegen Stress
- höhere Selbstwirksamkeit (Kap. 4), mehr Selbstbewusstsein
- Aufbau von sozialen Ressourcen (positive Beziehung zu anderen Menschen und soziale Unterstützung)

Mit Glücklichsein und positiven Emotionen schalten wir also mental in einen **Wachstumsmodus**, sind offen, kontaktfreudig und lernbereit. Umgekehrt schalten wir bei negativen Emotionen in einen **Schutzmodus**, bekommen einen Tunnelblick, verschließen uns, ziehen uns zurück. Wir sind dann im Kampf-oder-Flucht-Modus.
Positive Emotionen gehen zudem einher mit hoher Motivation und Leistung bei der Arbeit (z. B. Balducci, Fraccaroli und Schaufeli, 2010; Sonnentag et al., 2008). Und auch im Bereich Gesundheit sind positive Wirkungen von psychologischen Aspekten wie Optimismus belegt (Rasmussen, Scheier und Greenhouse, 2009).

Glück und Erfolg hängen also auf einer tieferen Ebene zusammen. Sie bilden ein System, einen selbstverstärkenden Kreislauf, eine Spirale. Abb. 15.2 beschreibt die Aufwärtsspirale von Glück und Erfolg: Glücksgefühle machen erfolgreich – und Erfolg macht dann wieder etwas glücklicher. Das aus dem Glücksspiel bekannte Wort **„Glücksspirale"** bekommt so eine ganz neue, eine viel tiefere Bedeutung. Je mehr Glücksgefühle und positive Emotionen

15 Psychologie zum Glücklichsein

Abb. 15.2 Glück und Erfolg: Spirale des Glücks

wir haben und ausstrahlen, desto erfolgreicher sind wir im Leben in unserer modernen Gesellschaft. Und der entscheidende Ansatzpunkt in diesem System scheint das Glücksgefühl zu sein. Anstatt Erfolg auf Biegen und Brechen zu erzwingen, um endlich glücklicher zu sein, ist es offenbar wesentlich vielversprechender und einfacher, unser Glücksgefühl zu steigern und damit den Erfolg zu uns zu holen. Es funktioniert genau umgekehrt zu dem, was die meisten Menschen glauben: Erfolg ist zu guten Teilen ein „Abfallprodukt" von Glücklichsein.

Ebenso wie eine Aufwärtsspirale des Glücks kann es natürlich eine „**Unglücksspirale**" geben. Hier sind Menschen in einem sich selbst verstärkenden negativem Strudel gefangen. Sie sind unglücklich, werden dadurch weniger erfolgreich und scheitern, das macht sie noch unglücklicher, wodurch sie noch mehr Misserfolg haben. Und auch diese Spirale dreht sich weiter – weiter in den Abgrund aus Depression und Scheitern.

Fazit: Glückliche Menschen sind in nahezu jeder Hinsicht erfolgreicher. **Glück ist kein bloßes Abfallprodukt guter Umstände – sondern gute Umstände sind eher das Abfallprodukt von Glücklichsein.** Die kausalen Zusammenhänge gehen in beide Richtungen, es handelt sich um einen selbstverstärkenden Kreislauf. Das hat damit zu tun, dass unglückliche Menschen in einen „**Schutzmodus**" gehen, nicht mehr kreativ sind, sich nichts mehr zutrauen, den Status quo vor Bedrohungen bewahren wollen. Glückliche Menschen schalten dagegen in einen „**Wachstumsmodus**" für eine gute Zukunft. Sie sind kreativ und motiviert auf dem Weg, ihr Leben noch besser zu machen. Dabei bekommen sie Rückenwind durch die vorteilhaften Reaktionen anderer Menschen auf ihre positive Ausstrahlung.

> **Perspektive: Sind Menschen, die keinen Erfolg haben, dann einfach nicht glücklich genug gewesen?**
> Nein. Wieso sollte das zwingend so sein? So dürfen wir statistische Zusammenhänge nicht interpretieren. Glück ist **eine** wichtige Ursache für Erfolg in vielen Lebensbereichen – doch **nicht die einzige**. Glücklichsein fördert unsere Chancen im Leben und senkt Risiken. Genauso wie beispielsweise auch ausreichend Bewegung oder gute Ernährung bestimmte Risiken senken oder Rauchen bestimmte Risiken steigen lässt. Und da ist es auch nicht immer so, dass alle Menschen, die früh sterben, sich einfach nur nicht genug bewegt, falsch ernährt oder zu viel geraucht haben.

Wenn die kausalen Zusammenhänge in beide Richtungen gehen: Was ist dann nachhaltiger? Kann man besser Glück herstellen, indem man die äußeren Umstände ändert – oder können wir besser unsere Umstände ändern, indem wir unser Glück steigern? Das vertieft der folgende Abschnitt.

15.6 Kann man Glück kaufen?

Ein verbreiteter Spruch besagt: „Wer behauptet, man kann kein Glück kaufen, der kennt nur nicht den richtigen Ort zum Shoppen!" Doch so einfach ist es nicht, wie der Infokasten zeigt.

> **Perspektive: Die hedonistische Tretmühle**
> Viele Menschen versuchen, sich Glück zu kaufen. Sie haben sich angewöhnt, Glück in neuen Konsumprodukten wie einem Smartphone oder einem Auto zu suchen oder in Dienstleistungen wie einem Wellness-Urlaub. „Hol dir dies, hol dir das – es macht dich glücklich!", sagen ihre Freunde und die Werbung. „Du bist unglücklich, weil alles immer teurer wird und die Reichen immer reicher – aber du nicht", erzählen ihnen Politiker.
> Tatsächlich dient ein großer Teil unseres Verhaltens der Affektregulation – wir wollen negative Gefühle betäuben und positive Emotionen herstellen. Dafür hören wir Musik, sehen Filme, entfliehen der Realität mit Computerspielen, kaufen Kleidung, machen Sport oder treffen Freunde.
> Das führt zu zwei Problemen:
> 1. Ein Problem ist, dass viele dieser Ansätze, die sich Menschen angewöhnt haben, schädlich sind. Dazu gehören impulsives Essen, krankhaftes Kaufverhalten, exzessives Computerspielen, „Glück aus der Flasche" in Form von Alkohol oder der unvernünftige Konsum von Medikamenten und Drogen.

2. Das zweite Dilemma an vielen Konsumansätzen der Glückssuche ist, dass sie nicht nachhaltig sind. Unsere Freude über ein neues Notebook, neue Schuhe oder ein neues Auto lässt sehr schnell nach. Ein neuer Film wird langweilig bei wiederholtem Sehen, ein neues Musikstück nutzt sich ab. Konsequenz: Wir müssen rasch etwas Neues kaufen, um uns wieder kurz freuen zu dürfen. Ein tragischer Kreislauf entsteht.

Diesen Kreislauf aus Konsum, gut fühlen, rascher Abnutzung des guten Gefühls, Neukauf usw. nennt man die **hedonistische Tretmühle**. Arbeiten, konsumieren, arbeiten, konsumieren, arbeiten … diese hedonistische Tretmühle ist das Lebensmodell vieler Menschen geworden, es prägt unsere modernen Gesellschaften. Selbst Menschen, die nicht arbeiten, leben meist den zweiten Teil der Tretmühle – Konsum als trügerischer und kurzlebiger Schlüssel zum Glück.

Das Glück über die Veränderung unserer Umstände ist also kurzlebig. Selbst massivste Änderungen der Lebenssituation wie eine Querschnittlähmung oder ein Lotteriegewinn haben **keinen nachhaltigen Effekt** auf das Glücksniveau. Dieses überraschende Forschungsergebnis ist in der Psychologie seit vielen Jahrzehnten bekannt (Brickman, Coates und Janoff-Bulman, 1978; Lykken und Tellegen, 1996).

Glück zu kaufen – das funktioniert also nicht. Wie können wir dann langfristig glücklicher werden, um die vielen Vorteile zu ernten, die uns Glück bietet?

15.7 Glück lernen: So können wir glücklicher werden

Die Positive Psychologie (Kap. 1) hat zahlreiche Interventionen entwickelt und getestet mit einem klaren Ziel: glücklicher werden (Seligman et al., 2005). Dazu gehören folgende **Methoden zum Glücklichsein**.

15.7.1 Ungeliebtes delegieren und stoppen

Ein erster Schritt, um glücklicher zu sein: Dinge reduzieren, die uns unglücklich machen. Wir können diese Dinge an andere Personen delegieren. Du hasst es, Deine Steuererklärung zu machen? Der Steuerberater freut sich darauf. Es nervt, die Wohnung zu putzen? Der Raumpfleger lebt davon und freut sich auf den Auftrag. Ein Teil Deiner Arbeit macht Dir weniger Freude als andere Aspekte? Delegiere es an jemanden, sprich mit Kollegen oder Deiner Führungskraft. Der Weg zur Arbeit ist Stress und Stau? Versuche, mehr Homeoffice zu machen. Kurz: Wir sollten möglichst damit aufhören, Dinge zu tun, die wir hassen.

15.7.2 Flow-Erleben herstellen

Um glücklich zu sein, können wir auch Aktivitäten anreichern, die emotional positiv besetzt sind. Hier spielt insbesondere das Flow-Erleben (Kap. 13) eine Rolle (Csikszentmihalyi, 1975). Das ist der Zustand, in dem wir voll in unserer Aufgabe aufgehen, Raum und Zeit vergessen und in der wir uns nur um die Tätigkeit kümmern – wir sind im Flow. Dieser Zustand kann bei Sport genauso eintreten wie bei Spiel, Lernen oder bei der Arbeit. Die Tätigkeit macht dann so viel Freude, dass wir sie um ihrer selbst willen ausführen – einfach aus Spaß (Csikszentmihalyi, 2005). Flow kann zu Glück und positiver Emotion beitragen (Rogatko, 2009). Kurz: Wir sollten Dinge tun, die wir lieben.

15.7.3 Gesunder Schlaf

Ein sehr simpler und kaum beachteter Ansatz zum Glücklichsein ist ein gesunder Schlaf (Shin und Kim, 2018). Dabei spielt sowohl die Dauer als auch die Qualität eine Rolle. Ebenso ist ein schnelles Einschlafen dienlich. Unregelmäßige Ins-Bett-geh- und Aufsteh-Zeiten, kurzwelliges und helles Licht (Handybildschirm) vor dem Schlafen sind dafür schlecht.

15.7.4 „Mediterrane" Ernährung

Ein weiterer relativ unkomplizierter Weg, um Glück zu fördern, ist die Ernährung. Insbesondere ein sogenannter mediterraner Ernährungsstil scheint hilfreich, um glücklicher zu werden (Ferrer-Cascales et al., 2019). Dabei geht es um saisonale Früchte und Gemüse, Vollkornbrot, Oliven, Nüsse und Fisch sowie einen mäßigen Konsum von Fleisch und Milchprodukten. Früchte und Gemüse scheinen positiv auf Glücklichsein zu wirken (Jyväkorpi et al., 2018; Kye und Park, 2014).

15.7.5 Bewegung

Regelmäßiger Sport und Bewegung korreliert mit Glücklichsein (Ruseski et al., 2014; Balish, Conacher und Dithurbide, 2016; Zhang und Chen, 2019). Ein Weg zum Glück geht also ganz einfach: Den inneren Schweinehund überwinden und sich regelmäßig bewegen. Mindestens viermal pro Woche eine halbe Stunde sportliche Betätigung ist ein guter Richtwert.

15.7.6 Pausen und Erholung

Angebote zur Erholung und Entspannung korrelieren mit Glücksgefühlen. Dabei spielen offenbar insbesondere Natur und Parks eine Rolle (Kang, Yang und Han, 2021; Balish, Conacher und Dithurbide, 2016). Jeden Tag eine halbe Stunde im Grünen zu sein, ist also auch eine Investition ins Glück.

15.7.7 Dankbarkeitstagebuch

Ein Dankbarkeitstagebuch kann nachhaltig unsere Stimmung verbessern (Seligman et al., 2005). Das Vorgehen ist einfach: Jeden Abend drei Dinge aufschreiben, für die man dankbar ist. Wesentlich für die Wirksamkeit: Es sollten immer drei neue Dinge sein, damit sich die Freude nicht abnutzt. Und es geht nicht um das reine Aufschreiben. Wichtiger ist es, sich die Dinge anschaulich vorzustellen, diese in der Fantasie und Erinnerung zu visualisieren. Wer möchte, der kann auch einfach nur intensiv an drei Dinge denken, für die er dankbar ist – Visualisieren ohne Aufschreiben. Und es braucht auch nicht unbedingt am Abend zu sein. Vor dem Einschlafen hat allerdings den Vorteil, dass man eher ungestört und nicht abgelenkt ist.

15.7.8 Positives Denken und Optimismus

Optimismus (Kap. 2) ist einer der Einflüsse auf Glück (Fortier und Morgan, 2022). Wir können entsprechend unser positives Denken fördern, um glücklich zu sein. Dabei ist folgendes Muster hilfreich: Optimisten gehen davon aus, dass a) negative Ereignisse vorbei gehen, b) nur einen kleinen Teil des Lebens negativ beeinflussen werden. Zudem glauben sie, dass c) positive Ereignisse auf eigene Leistung und Anstrengung zurückgehen. Außerdem d) fokussieren sie auf positive Aspekte von Ereignissen, erwarten e) Gutes für ihre Zukunft und f) erinnern selektiv die „sonnigen" Seiten ihres Lebens. Dazu gehört auch das Auskosten und Würdigen von positiven Ereignissen.

Eine Übung dazu fokussiert auf eigene Stärken („you at your best"). Dazu erinnern wir uns ganz bewusst an eine Situation, in der wir „super" erfolgreich waren, alles optimal gelaufen ist. Wir schreiben die Situation auf und betonen dabei unsere Stärken und Anstrengung. Dann erinnern wir uns regelmäßig an diese Situation(en) zurück.

15.7.9 Achtsamkeitsübungen und Meditation

Fokus und Aufmerksamkeit in die Gegenwart holen und alles Denken, insbesondere an Zukunft und Vergangenheit, einstellen – kann das glücklich machen? Studien sagen: Ja. Und produktiver werden wir auch damit (Coo und Salanova, 2018; Leroy et al., 2013). Es gibt unzählige Techniken zu Achtsamkeit, viele davon aus alten Kulturen und Religionen wie dem Buddhismus. Ein wesentlicher gemeinsamer Kern ist der akzeptierende Fokus auf die Gegenwart, den Augenblick. Damit geht das Einstellen von allem Denken, aller Beurteilung und Bewertung einher (Bishop et al., 2004). Ein guter Einstieg in Achtsamkeit und Meditation können geführte Meditationen sein, wie sie frei im Internet auf den einschlägigen Videoplattformen verfügbar sind. Hier zeigt sich ein interessanter Bezug zum oben geschilderten Flow-Erleben (Kap. 13). Ein Flow-Zustand bei der Arbeit ist vergleichbar mit dem Aufgehen im „Jetzt" bei der Meditation.

15.7.10 Soziale Beziehungen pflegen und genießen

Beziehungen können unser Glück fördern – wenn es die richtigen sind (Saphire-Bernstein, Shimo und Taylor, 2013; Demir, 2010). Das Zauberwort ist hier nicht Quantität, sondern Qualität. Wer den Fokus auf Menschen legt, die ihm guttun, und diejenigen vermeidet, die ihm schaden, der kann sein Lebensglück steigern. Wichtig zu wissen: Emotionen sind ansteckend, sie übertragen sich von Mensch zu Mensch (z. B. Barsade, 2002). Wer sich mit den richtigen Menschen umgibt und den Kontakt in hoher Qualität auskostet, der profitiert daher durch Glück. Wer sich dagegen mit den falschen Menschen umgibt, der leidet unter Konflikten und wird von ihren negativen Emotionen infiziert wie von einer Krankheit.

Übung: Glück ausstrahlen und vermehren

„Geteilte Freude ist doppelte Freude", heißt es. Indem wir selbst positive Emotionen ausstrahlen und damit andere „infizieren", können wir eine **positive Dynamik** auslösen. Diese Personen strahlen dann wieder positiv auf uns zurück und so weiter. Wir bringen damit auf sehr einfache Art Glück in die Welt und zu den Menschen in unserem Umfeld. Und wir sind damit ein gutes Vorbild für unsere Kinder, Mitarbeiter und Kollegen.
Glück ausstrahlen und vermehren kannst Du üben.

- Begegne selbst anderen Menschen positiv und gut gelaunt, mit Freude. Lächle Deine Mitmenschen an, behandle sie als Freunde. Das Lächeln allein macht schon glücklicher, insbesondere wenn Du es mit positiven Gedanken unterstützt und es echt ist. Sei zudem hilfsbereit, gehe in Vorleistung. Oft wirst Du so eine positive Kettenreaktion auslösen. Die anderen Menschen regieren ebenfalls besser gelaunt und positiv und strahlen das wieder auf Dich zurück.
- Wenn Du mit Menschen zu tun hast, dann spüre in Dich hinein: Gibt es positive Resonanz, fühlst Du Dich gestärkt, tun Dir diese Menschen gut?
- Und es gibt die anderen Menschen. Sie strahlen Antriebslosigkeit, Depression und Resignation aus. Sie klagen und beschweren sich, zeigen auf andere, anstatt selbst etwas zu ändern. Du warst vielleicht noch voller Energie und gut gelaunt vor Eurem Treffen. Doch das geht schnell verloren, dafür rinnt die Zeit ewig langsam. Vermeide solche Menschen, sie strahlen ihre negativen Emotionen auf Dich ab.
- Übe auch fremden Menschen gegenüber positive Emotionen. Begrüße die Kassiererin freundlich und mit einem Lächeln. Begrüße die anderen Patienten im Wartezimmer beim Arzt freundlich. Grüße beim Wandern und Spazierengehen die Menschen, denen Du begegnest.

Mit diesen Ansatzpunkten sorgst Du einerseits dafür, dass Du selbst Deine Mitmenschen glücklicher machst, und andererseits, dass Deine Mitmenschen Dich glücklicher machen. Du trägst etwas Glück in die Welt und schaffst ein soziales System, eine Kettenreaktion, die Glück vermehrt. Es ist eine sehr einfache Methode, die Welt ein Stück besser zu machen.

Ein weiterer interessanter Aspekt, um Glück zu fördern, sind körperliche Interventionen. Dazu gehört das Einnehmen von Körperhaltungen (Wilkes et al., 2017) und Aktivitäten, die mit positiven Emotionen verbunden sind. Etwa bewusstes Lachen (Deshpande und Verma, 2013), fröhliches Herumtollen und Tanzen wie in der Kindheit, Freudensprünge oder ein freudiger Gesichtsausdruck vor dem Spiegel.

Fazit: Um glücklich zu sein, braucht es kein „Hexenwerk" und keine „Raketenwissenschaft". Ganz basale und lange bekannte Allgemeinplätze zeigen Wirkung: gut schlafen, gesund essen, ausreichend bewegen. Sensibilität in der Auswahl sozialer Kontakte rundet das ab. Wer das alles schon praktiziert und noch Potenzial nach oben sieht, kann etwas tiefer und psychologischer ansetzen, ein Dankbarkeitstagebuch beginnen, meditieren und sein Denken in eine positive Richtung entwickeln.

15.8 Glücksforschung: Genetik und Glück

„Der Versuch, glücklicher zu werden, ist womöglich genauso hoffnungslos Komma löschen wie der Versuch, größer zu werden!" So lautete das provokante Resümee einer umfangreichen Studie mit Zwillingen zum Ausmaß angeborener Einflüsse auf Glück (Lykken und Tellegen, 1996). Die Autoren berechnen den angeborenen Anteil am Glück von Menschen auf bis zu 80 %. Die Zusammenhänge von situativen Aspekten wie Wohlstand (sozioökonomischer Status), Bildung oder Familienstand (Heirat) mit Glück sind marginal. Keiner der Zusammenhänge kommt in der Studie über 3 %. Die Autoren schlussfolgern, dass Lebensereignisse wie eine Beförderung, ein Lottogewinn, entlassen zu werden oder eine katastrophale Fehlinvestition zwar Auswirkungen auf unser Glücksgefühl haben – aber nur sehr kurzfristig. Wir werden alle auf unseren fixierten **„set point"** an Glück zurückpendeln. So die ernüchternde Botschaft der umfangreichen Berechnungen.

Ist Glück also tatsächlich so stark „genetisch" determiniert, eine Frage der Vererbung, bei der die einen Glück bekommen und andere nicht? Haben unglückliche Menschen vielleicht einfach „Pech", weil sie eine falsche Gen-Konfiguration haben? Auch aktuellere Analysen landen bei ähnlich hohen Berechnungen der angeborenen Einflüsse auf überdauerndes Glück: 70–80 % (Nes und Røysamb, 2017).

Einige Veröffentlichungen sehen das immense Ausmaß an angeborenem Einfluss auf Glück etwas weniger dramatisch, aber doch als erheblich an (Lyubomirsky, Sheldon und Schkade, 2005). Sonja Lyubomirsky und Kollegen skizzieren das Ausmaß an Einflüssen auf Glück mit: 50 % genetisch, 10 % nicht beinflussbare Lebensumstände. Nach ihrer Auffassung verbleiben 40 % durch bewusste Handlungen individuell beinflussbarer Anteil. Das Modell hat als **„happiness pie"** große Verbreitung gefunden. Viele, die ein Training oder Buch zum Thema „Glück" verkaufen wollen, nutzen diese Schätzung als „wissenschaftliche Fakten". Wegen seines spekulativen Charakters und methodischer Fehler bei der Schätzung der Anteile hat das Modell Kritik aus der Wissenschaft auf sich gezogen (z. B. Brown und Rohrer,

2020) – in der Praxis hat es jedoch zahlreiche Anhänger wegen seiner Simplizität gefunden. Das Modell betont den Ansatz, den Anteil intentionaler Aktivitäten an unserem Glücksgefühl auszubauen.

Was können wir aus der Forschung zu Glück und Vererbung ableiten? Es ist eine **Momentaufnahme**. Sie sagt uns, dass zum derzeitigen Zeitpunkt bei den untersuchten Menschengruppen die angeborenen Einflüsse auf Glück dominieren – der „set point". Daneben gibt es weitere Einflüsse, die ebenfalls weitgehend außerhalb unseres persönlichen Kontrollbereiches liegen – die Umstände wie z. B. das politische System, die wirtschaftliche Lage in unserem Land und unsere Vergangenheit bzw. Herkunftsfamilie. Doch in einem dritten Bereich können wir mit **eigenen Handlungen** selbst Einfluss auf unser Glücklichsein ausüben. Dieser Einfluss ist derzeit noch sehr schwach bei den untersuchten Menschen ausgeprägt. Muss das so bleiben? Nein.

Warum sind die determinierten Einflüsse auf Glück in unserer Gesellschaft so stark und die intentionalen, die wir unter Kontrolle haben, (noch) so schwach? Eine einfache Antwort auf diese Frage ist: Weil wir es zulassen. **Unsere Gesellschaft ist inkompetent, um systematisch Glück zu verfolgen.** Es gibt fast keine Menschen, die systematisch und wissenschaftsbasiert an ihrem Glückszustand arbeiten. Wir sind in Bezug auf Glück wie kleine Kinder, die noch nicht gelernt haben zu laufen. Wir wissen kaum etwas über Glück und verfolgen es mit sehr ungeeigneten Ansätzen. Weil wir es **zulassen**, bestimmen dann andere Faktoren wie Genetik und Schicksal über unser Glück.

Wir können es uns vorstellen wie ein Ruderboot mit zwei Ruderern. Einer der Ruderer (intentionale Handlungen) sind wir selbst. Der andere Ruderer (unsere Genetik) rudert konsequent und klar in eine bestimmte Richtung. Wir selbst rudern nur sporadisch und wenn, dann total unkoordiniert in verschiedene Richtungen. Dazu weht noch ein konstanter Wind – die nicht beeinflussbare Situation. Wer bestimmt am Ende unseren Kurs? Der erste Ruderer und der Wind. Solange wir also nicht vernünftig und strukturiert selbst in eine klare Richtung rudern, bestimmen unsere Gene und andere nicht beeinflussbare Aspekte unserer Lebenssituation unser Glücksniveau. Wir selbst haben dann nichts mitzuentscheiden.

Der Versuch, glücklich zu werden, ist also nicht hoffnungslos. Aber er erfordert Einsatz. Wenn wir glücklicher werden wollen, dann müssen wir wohl oder übel anfangen, systematisch zu rudern – als Mensch, aber auch als ganze Gesellschaft. Dann erst können wir sehen, wie groß unser Potenzial, glücklicher zu werden, tatsächlich ist.

15.9 Kritik: Ist Glück überhaupt ein attraktives Ziel?

Die meisten Menschen halten Glück intuitiv für etwas, das erstrebenswert und attraktiv ist. Es ist ein wichtiges Ziel für sie, glücklich zu sein. Und die angeführten Forschungsergebnisse zeigen, dass das insgesamt eine gute Idee für mehr Erfolg, Gesundheit und Zufriedenheit im Leben ist. Der Infokasten zeigt, dass es auch andere Blickwinkel auf Glück gibt.

> **Perspektive: Glück als verachtenswertes Lebensziel „kleiner" Menschen?**
>
> „Ich gehe durch dieses Volk und halte die Augen offen: sie sind **kleiner** geworden und werden immer kleiner: – **das aber macht ihre Lehre von Glück und Tugend.**" Der Philosoph Friedrich Nietzsche hatte eine eher kritische Meinung zum verbreiteten Glücksbegriff der einfachen Menschen. Das drückt er besonders klar in seinem Werk „Also sprach Zarathustra" aus. Hier ein Auszug aus „Zarathustra's Vorrede 5" (Schreibweise aktualisiert durch den Autor):
>
> *„Wir haben das Glück erfunden" – sagen die letzten Menschen und blinzeln.*
> *Sie haben die Gegenden verlassen, wo es hart war zu leben: denn man braucht Wärme. Man liebt noch den Nachbar und reibt sich an ihm: denn man braucht Wärme.*
> *Krankwerden und Misstrauen-haben gilt ihnen sündhaft: man geht achtsam einher. Ein Thor, der noch über Steine oder Menschen stolpert!*
> *Ein wenig Gift ab und zu: das macht angenehme Träume. Und viel Gift zuletzt, zu einem angenehmen Sterben.*
> *Man arbeitet noch, denn Arbeit ist eine Unterhaltung. Aber man sorgt, dass die Unterhaltung nicht angreife.*
> *Man wird nicht mehr arm und reich: Beides ist zu beschwerlich. Wer will noch regieren? Wer noch gehorchen? Beides ist zu beschwerlich.*
> *Kein Hirt und eine Herde! Jeder will das Gleiche, jeder ist gleich: wer anders fühlt, geht freiwillig ins Irrenhaus.*
> *„Ehemals war alle Welt irre" – sagen die Feinsten und blinzeln.*
> *Man ist klug und weiß alles, was geschehen ist: so hat man kein Ende zu spotten. Man zankt sich noch, aber man versöhnt sich bald – sonst verdirbt es den Magen.*
> *Man hat sein Lüstchen für den Tag und sein Lüstchen für die Nacht: aber man ehrt die Gesundheit.*
> *„Wir haben das Glück erfunden" – sagen die letzten Menschen und blinzeln.*
> Aus Nietzsches (wie von ihm gewohnt) harten Zeilen spricht klar seine Verachtung für das passive Glück der Vielen in der Komfortzone. Er selbst drückt es so aus: „Für kleine Leute sind kleine Tugenden nötig."

Spricht die Verachtung des Glücksgedankens „einfacher" Menschen generell gegen ein Streben nach Glück? Keinesfalls. Es geht hier ja nur um eine bestimmte Art von Glück, ein hedonistisches Glück in der Komfortzone. Der

Fokus liegt hier sehr klar auf dem Aspekt des „Fühlens". Jeder Mensch kann sich davon frei machen und vor allem die Glückskomponenten „Denken" und „Tun" priorisieren. Wir können uns so mit einer klaren Vision (Kap. 6) einen tieferen Sinn im Leben setzen und diesen ambitioniert verfolgen. Und wir werden so bei einem ganz anderen Verständnis von Glück landen. Wenn der Extrembergsteiger Reinhold Messner allein 8.000er bestieg bei minus 30 Grad, dann war er glücklich – für viele andere Menschen ist bereits die Vorstellung ein Albtraum. Vielleicht werden wir ähnlich wie Reinhold Messner unseren eigenen „8.000er" im übertragenen Sinn besteigen? Vielleicht werden wir uns körperlich, geistig, sozial, finanziell und in jeder Hinsicht an unsere Grenzen und darüber hinaus führen? Vielleicht werden wir oft außerhalb unserer Komfortzone (Kap. 10) leben, um einen Sinn zu erfüllen, den wir uns selbst gesteckt haben? Vielleicht sind wir mit jedem Schritt glücklich, den wir unserer Vision näher kommen – auch wenn dieser Schritt selbst uns noch so schmerzt, wir durch Feuer oder Eis gehen ... So hat Reinhold Messner auf seinen „Schritten" tatsächlich zahlreiche seiner Zehen eingebüßt – durch Erfrierungen. Sicher ist das nicht der Weg zum Glück der Vielen. Es ist der Weg der Wenigen, der Selbstbestimmten.

Frage an den Autor: Wie kann ich ganz unkompliziert mehr Glück in mein Leben holen?
Wenn ich noch heute mehr Glück in mein Leben einladen möchte, was sollte ich tun?
Glück ist eine Entscheidung. Es liegt zu einem Teil in unseren Händen. Das zeigt uns die Forschung genauso wie eindrucksvolle Beispiele aus der Praxis – etwa Eddie Jaku, dessen Geschichte ich oben beschreibe. Auf unserem Weg zu mehr Glück können wir sehr motiviert sein, denn es wartet eine reiche Ernte mit mehr Glück im Leben. Nach allem, was wir wissen, werden wir so länger leben, seltener krank, schneller gesund, sozial beliebter, mehr gedatet, lieber geheiratet, eher eingestellt, rascher befördert und auch finanziell erfolgreicher – und wir bereichern die Menschen in unserem Umfeld, machen auch sie glücklicher.
Eine mittlerweile sehr umfangreiche wissenschaftliche Grundlage zu Glück zeigt uns gute und einfache Maßnahmen:
Die erste Maßnahme ist, dass Du **falsche und begrenzende Glaubenssätze** über Glück komplett umwirfst. Viele denken: „Wenn ich meinen Studienabschluss habe, dann bin ich glücklich!", „Wenn ich meine Traumfrau gefunden habe, dann bin ich glücklich!", „Wenn sich mein Ehemann endlich ändert, dann werde ich glücklich sein!" oder „Nachdem der Hauskredit abbezahlt ist, werde ich glücklich sein!". Damit suchen diese Menschen ihr Glück außerhalb von sich, außerhalb des gegenwärtigen Moments. Sie verlegen ihr Glück in die Zukunft, oder sie legen die Verantwortung für ihr Glück in die Hände anderer Personen. Mit diesem Denken bleiben wir immer unglücklich. Wir versuchen

dann verzweifelt, über Erfolg glücklich zu werden, anstatt über Glücklichsein erfolgreich zu werden.

Du kannst sofort damit anfangen, Dein **Glück im Jetzt** und in Dir selbst zu finden. Wie geht das? Du achtest auf das, was jetzt schön ist und was Du selbst in der Hand hast: Der Himmel ist schön, Dein Kind lacht und freut sich, schmiegt sich an Dich, ein Eichhörnchen besucht Deinen Garten, eine Aufgabe macht Spaß, Du gehst darin auf.

Konfuzius hat vor 2.500 Jahren gesagt: „Die Freude ist überall. Es gilt nur, sie zu entdecken." An diesen Satz versuche ich mich in meinem Leben immer wieder zu erinnern. Zugegeben: Es gelingt mir nicht immer. Auch ich gehe vorbei an Schmetterlingen, schönen Blumen und Menschen, die mich anlächeln – ohne sie zu bemerken, und gehe stattdessen leeren Gedanken nach. Indem ich jedoch abends regelmäßig an das denke und erinnere, was heute gut war, wofür ich dankbar bin, trainiere ich mein Gehirn, mehr auf positive Dinge zu achten. Und ich lerne mich selbst besser kennen, was mir gut tut – und was nicht. Um den Kopf freizubekommen von Gedanken und Sorgen an die Zukunft und die Welt, nutze ich auch Meditation.

Als weitere Sofortmaßnahme kannst Du noch heute **soziale Beziehungen genießen** und pflegen, die Dir gut tun. Koste diese Beziehungen aus, sie werden nicht ewig verfügbar sein. Du triffst Dich mit einem alten Freund oder rufst zumindest an. Du besuchst Deine Eltern. Du verbringst positiv besetzte Zeit mit Deiner Partnerin bzw. Deinem Partner und den Kindern. Wer hier lange nicht investiert hat, sozial zunehmend isoliert ist, der sollte spätestens heute wieder damit anfangen.

Zumindest theoretisch sehr einfach sind auch **Alltagsmaßnahmen** wie Zeit im Grünen verbringen, jeden Tag etwas Bewegung, vernünftiges Schlafverhalten und eine sinnvolle Ernährung. Aber klar, da geht es um eingeschliffene Gewohnheiten (Kap. 14). Am Ende stehen wir uns aber auch hier höchstens selbst im Weg. Das Glück liegt in unserer Hand. Also auch hier kannst Du sofort zumindest kleine Änderungen einziehen und damit einen Samen für mehr Glück im Leben aussähen. Ich persönlich versuche, diese Punkte auf dem Radar zu haben – ohne zwanghaft zu sein. Ich nutze dafür Regeln mit Ausnahmen. Das kann dann so aussehen: Spätestens um 23 Uhr schlafen an normalen Tagen. Aber wenn gute Freunde da sind, dann eben auch mal bis 4 Uhr früh wach sein.

Weitaus anspruchsvoller und umso lohnender ist es, sich **Sinn im Leben** zu schaffen. Ich sage hier wirklich „zu schaffen". Aus meiner Sicht ist es kein Finden. Ich kann mir Sinn schaffen, eine Tätigkeit, die ich schon unterwegs genieße. Wenn ich ein Thema recherchiere, wie zum Beispiel Forschung zu Glück, dann hat das für mich persönlich sehr viel Sinn. Ich lerne und wachse dabei, kann es für mich einsetzen, für die liebsten Menschen in meinem Umfeld, für meine Studentinnen und Studenten. Ich spreche mit anderen Menschen darüber, teile die Erfahrungen, lerne und gebe. Ich teile die Erkenntnisse mit Blogbeiträgen, Interviews und Büchern. Ich habe dabei das Gefühl, etwas Gutes, etwas Sinnvolles zu tun, in dem ich aufgehe und das mir viel Freude bereitet. Das läuft immer auf die Frage hinaus: „Welche Tätigkeiten geben mir Sinn im Leben?" Und es geht hier weniger darum, sofort eine Antwort zu wissen, sondern sich die Frage zu stellen, Dinge auszuprobieren und dabei in sich hineinzuhören. Irgendwann spüren wir dann immer stärker: „Diese Tätigkeit hier erfüllt mich, gibt mir Sinn! Diese andere Tätigkeit erfüllt mich dagegen nicht."

Solche Signale sollten wir aufgreifen und eine Tätigkeit schaffen, die das möglichst voll berücksichtigt. In verschiedenen Lebensphasen können das dann verschiedene Tätigkeiten und Aufgaben sein, mit denen wir uns einen tieferen Sinn schaffen.
Ein warnender Hinweis: Auch andere Menschen können uns einen Sinn im Leben „geben". Bestimmte Führungskräfte haben die Fähigkeit, transformational zu führen. Sie machen aus Menschen Anhänger, sprechen unsere Emotionen an, füttern uns mit Ideologie. Das kann ein zweischneidiges Schwert sein, zu Abhängigkeit und Missbrauch führen. Am Ende machen uns diese Personen zu ihrem Instrument, für ihren Sinn.
Insofern: Mach' Dein eigenes Ding, schaffe Dir Deinen Sinn im Leben. Immer wieder.

Literatur

Balducci, C., Fraccaroli, F. & & Schaufeli, W. (2010). Psychometric properties of the Italian version of the Utrecht Work Engagement Scal (UWES-9): A cross-cultural analysis. *European Journal of Psychological Assessment, 26*, 143–149.

Balish, S. M., Conacher, D., & Dithurbide, L. (2016). Sport and recreation are associated with happiness across countries. *Research Quarterly for Exercise and Sport, 87*(4), 382–388.

Barsade, S. G. (2002). The ripple effect: Emotional contagion and its influence on group behavior. *Administrative Science Quarterly, 47*(4), 644–675.

Bishop, S. R., Lau, M., Shapiro, S., Carlson, L., Anderson, N. D., Carmody, J., et al. (2004). Mindfulness: A proposed operational definition. *Clinical Psychology: Science and Practice, 11*(3), 230–241.

Brickman, P., Coates, D., & Janoff-Bulman, R. (1978). Lottery winners and accident victims: Is happiness relative? *Journal of Personality and Social Psychology, 36*(8), 917–927.

Brown, N. J., & Rohrer, J. M. (2020). Easy as (happiness) pie? A critical evaluation of a popular model of the determinants of well-being. *Journal of Happiness Studies, 21*(4), 1285–1301.

Burger, J. M., & Caldwell, D. F. (2000). Personality, social activities, job-search behavior and interview success: Distinguishing between PANAS trait positive affect and NEO extraversion. *Motivation and Emotion, 24*(1), 51–62.

Coo, C., & Salanova, M. (2018). Mindfulness can make you happy-and-productive: A mindfulness controlled trial and its effects on happiness, work engagement and performance. *Journal of Happiness Studies, 19*(6), 1691–1711.

Cropanzano, R., & Wright, T. A. (1999). A 5-year study of change in the relationship between well-being and job performance. *Consulting Psychology Journal: Practice and Research, 51*(4), 252–265.

Csikszentmihalyi, M. (1975). *Beyond boredom and anxiety: Experiencing flow in work and play.* Jossey-Bass.
Csikszentmihalyi, M. (2005). *Flow: The psychology of optimal experience.* Harper and Row.
Danner, D. D., Snowdon, D. A., & Friesen, W. V. (2001). Positive emotions in early life and longevity: Findings from the nun study. *Journal of Personality and Social Psychology, 80*(5), 804–813.
Demir, M. (2010). Close relationships and happiness among emerging adults. *Journal of Happiness Studies, 11*(3), 293–313.
Deshpande, A., & Verma, V. (2013). Effect of laughter therapy on happiness and life satisfaction among elderly. *Indian Journal of Positive Psychology, 4*(1), 153–155.
Diener, E., & Biswas-Diener, R. (2002). Will money increase subjective well-being? *Social Indicators Research, 57*(2), 119–169.
Ferrer-Cascales, R., Albaladejo-Blázquez, N., Ruiz-Robledillo, N., Clement-Carbonell, V., Sánchez-SanSegundo, M., & Zaragoza-Martí, A. (2019). Higher adherence to the mediterranean diet is related to more subjective happiness in adolescents: The role of health-related quality of life. *Nutrients, 11*(3), 698–710.
Fortier, M. S., & Morgan, T. L. (2022). How optimism and physical activity interplay to promote happiness. *Current Psychology, 41*(12), 8559–8567.
Fredrickson, B. (2009). *Positivity.* Crown.
Jyväkorpi, S. K., Urtamo, A., Pitkälä, K. H., & Strandberg, T. E. (2018). Happiness of the oldest-old men is associated with fruit and vegetable intakes. *European Geriatric Medicine, 9*(5), 687–690.
Kang, L., Yang, Z., & Han, F. (2021). The impact of urban recreation environment on residents' happiness – based on a case study in China. *Sustainability, 13*(10), 5549–5563.
Koivumaa-Honkanen, H., Koskenvuo, M., Honkanen, R. J., Viinamäki, H., Heikkilä, K., & Kaprio, J. (2004). Life dissatisfaction and subsequent work disability in an 11-year follow-up. *Psychological Medicine, 34*(2), 221–228.
Koivumaa-Honkanen, H., Kaprio, J., Honkanen, R., Viinamäki, H., & Koskenvuo, M. (2004). Life satisfaction and depression in a 15-year follow-up of healthy adults. *Social Psychiatry and Psychiatric Epidemiology, 39*(12), 994–999.
Kye, S. Y., & Park, K. (2014). Health-related determinants of happiness in Korean adults. *International Journal of Public Health, 59*(5), 731–738.
Leroy, H., Anseel, F., Dimitrova, N. G., & Sels, L. (2013). Mindfulness, authentic functioning, and work engagement: A growth modeling approach. *Journal of Vocational Behavior, 82*(3), 238–247.
Lykken, D., & Tellegen, A. (1996). Happiness is a stochastic phenomenon. *Psychological Science, 7*(3), 186–189.
Lyubomirsky, S., King, L., & Diener, E. (2005). The benefits of frequent positive affect: Does happiness lead to success? *Psychological Bulletin, 131*, 83–855.

Lyubomirsky, S., Sheldon, K. M., & Schkade, D. (2005). Pursuing happiness: The architecture of sustainable change. *Review of General Psychology, 9*, 111–131.

Lyubomirsky, S., King, L. & Diener, E. (2005). The benefits of frequent positive affect: Does happiness lead to success? *Psychological Bulletin, 131*, 83–855.

Marks, G. N., & Fleming, N. (1999). Influences and consequences of well-being among Australian young people: 1980–1995. *Social Indicators Research, 46*(3), 301–323.

Nes, R. B., & Røysamb, E. (2017). Happiness in behaviour genetics: An update on heritability and changeability. *Journal of Happiness Studies, 18*, 1533–1552.

Peterson, C., Park, N., & Seligman, M. E. P. (2005). Orientations to happiness and life satisfaction: The full life versus the empty life. *Journal of Happiness Studies, 6*, 25–41.

Rasmussen, H., Scheier, M., Greenhouse, J. (2009). Optimism and physical health: a meta-analytic review. *Annals of Behavioral Medicine, 37*, 239–256.

Roberts, B. W., Caspi, A., & Moffitt, T. E. (2003). Work experiences and personality development in young adulthood. *Journal of Personality and Social Psychology, 84*(3), 582–593.

Rogatko, T. P. (2009). The influence of flow on positive affect in college students. *Journal of Happiness Studies, 10*(2), 133–148.

Ruseski, J. E., Humphreys, B. R., Hallman, K., Wicker, P., & Breuer, C. (2014). Sport participation and subjective well-being: Instrumental variable results from German survey data. *Journal of Physical Activity and Health, 11*(2), 396–403.

Ruvolo, A. P. (1998). Marital well-being and general happiness of newly wed couples: Relationships across time. *Journal of Social and Personal Relationships, 15*(4), 470–489.

Salovey, P., Rothman, A. J., Detweiler, J. B., & Steward, W. T. (2000). Emotional states and physical health. *American Psychologist, 55*(1), 110–117.

Saphire-Bernstein, Shimon, and Shelley E. Taylor (2013). Close relationships and happiness. In I. Boniwell, S. A. David & A. C. Ayers (Eds.), Oxford Handbook of happiness (online edn.). Oxford Academic. https://doi.org/10.1093/oxfordhb/9780199557257.013.0060. Zugegriffen: 1. Juli 2023

Seligman, M. E. P. (2002). *Authentic happiness*. Free Press.

Seligman, M. E., & Csikszentmihalyi, M. (2014). Positive psychology: An introduction. In M. Csikszentmihalyi and R. Larson (Ed.), Flow and the foundations of positive psychology (Vol. 10, S. 279–298). Springer.

Seligman, M. E., Steen, T. A., Park, N., & Peterson, C. (2005). Positive psychology progress: Empirical validation of interventions. *American Psychologist, 60*(5), 410–421.

Shin, J. E., & Kim, J. K. (2018). How a good sleep predicts life satisfaction: The role of zero-sum beliefs about happiness. Frontiers in Psychology, 9, Article 1589.

Sonnentag, S., Mojza, E. J., Binnewies, C. & Scholl A. (2008). Being engaged at work and detached at home: A week-level study on work engagement, psychological detachment, and affect. *Work & Stress, 22*, 257–276.

Statistisches Bundesamt (2022). Mehr als die Hälfte der Erwachsenen hat Übergewicht. https://www.destatis.de/Europa/DE/Thema/Bevoelkerung-Arbeit-Soziales/Gesundheit/Uebergewicht.html. Zugegriffen: 7. Dezember 2022

Vaunet (2023). Mediennutzung in Deutschland/2022. https://vau.net/wp-content/uploads/2023/02/VAUNET-Publikation_Mediennutzungsanalyse-2022.pdf. Zugegriffen: 15. Mai 2023

Verkley, H., & Stolk, J. (1989). Does happiness lead into idleness. In R. Veenhoven (Hrsg.), *How harmfull is happiness? Consequences of enjoying life or not* (S. 79–93). Universitaire Pers Rotterdam.

Wilkes, C., Kydd, R., Sagar, M., & Broadbent, E. (2017). Upright posture improves affect and fatigue in people with depressive symptoms. *Journal of Behavior Therapy and Experimental Psychiatry, 54*, 143–149.

Zhang, Z., & Chen, W. (2019). A systematic review of the relationship between physical activity and happiness. *Journal of Happiness Studies, 20*(4), 1305–1322.

Stichwortverzeichnis

A
Ablenkung 173, 205
  Beispiel 211
  reduzieren 219
Abschließen einer Handlung 175
Achtsamkeit 308
Ambition 70
Anfangen 256
Angst 193, 215
Anpassungsfähigkeit 94
Aufgaben
  motivierende 252
Aufhören 159
Aufmerksamkeit
  Ablenkung 211
  Definition 209
  Konzentration steigern 205
  Prokrastination 173
  Vision 117
Ausdauer 70

B
Bannister-Effekt 64
Beginnen 175
Benjamin-Franklin-Effekt 131
Bewegung 215, 307
Bildungschancen 240
Bildungserfolg 240
Blakely, Sara 146
Blinder Optimismus 37
Burn-out 241

C
Coca-Cola 211
Computerspiele 220

D
Dankbarkeitstagebuch 307
Delegieren 219, 305
Demosthenes 168
Demotivation 159
Disziplin 201, 227
  Definition 228
  fördern 234
  lernen 234
  Vorteile 233
Douglas Adams 168

E

Ehrgeiz 242
Eisenhower-Matrix 119
E-Mails 221
Emotionale Stabilität 93
Emotionen 69, 94, 285, 302
Endurance 27
Entschleunigung 217
Erfolgserlebnisse 66, 72
Erfolgstagebuch 67
Erholung 307
Ernährung 215, 306
Erwartungen 68
Erzwungene Schwimmtests 26
Extraversion 194

F

Faulheit 193
Fernseher 220
Fleiß 158
Flow-Erleben 247, 306
  Beispiele 249
  Definition 250
  Tipps 255
Flow-Spirale 254
Flow-Theorie 248
Fokus 205, 256
Fremdbestimmung 127
Frosch 195

G

Gedankenhygiene 35
Geld 100
Gelernte Hilflosigkeit 27, 63
Gesundheit 98
Gewohnheiten 96, 174, 261
  ändern 282
  Definition 267
  initiieren 273
  Inventur 270
  Macht der Gewohnheit 262, 265
  Nachteile 287
  schädliche 283
  stabilisieren 277
  stärken 278
Gewohnheitsbildung 271
  Eintrittsbarrieren 277
  Starthilfen 276
Glaubenssätze 46, 174
Glück 295
  ausstrahlen 309
  Bedeutung 300
  Definition 296
  Erfolg 301
  Genetik 310
  kaufen 304
  Kritik 312
  lernen 305
  Metaphysik 298
  Modell 296
  Vorteile 301
  Wege 297
Glücklicher werden 305
Glücklichsein 295
Grenzen
  mitteilen 132
  setzen 125
  spüren 129
Grenzverletzende Menschen 133

H

Hilflosigkeit, gelernte 27, 63
Hunde 27

I

Identität 263
Innere Haltung 90, 137
Intelligenzquotient 240
Introversion 194

K

Katharina II. 186
Kennedy 104
Komfortzone 80, 183
  Beispiel 186
  Definition 191
  Modell 187
  Tipps 198
  verlassen 183, 184, 198
  Vorteile 196
Kommunikative Fähigkeiten 96
Kompetenzen 67, 94
Kontexte 273
Konzentration 205
  Definition 209
  Modell 207
  steigern 214
  Tipps 214
Körperhaltungen 309
Körpersprache 80
Kultur 115

L

Lachen 309
Leistungsdenken 16
Leistungspotenzial 175

M

Macht der Worte 54
Magersucht 241
Marshmallow-Experiment 239
Meditation 308
Mentoren 200
Minimalismus 220
Missbräuchliche Beziehung 133
Mitgefühl 242
Mobiltelefon 220
Monotasking 218
Multitasking 218

N

Narrativ 77
Narzisstische Person 135
Negatives Denken 31
  stoppen 37
Nein sagen 125, 137
New Coke 211
Nocebo-Effekt 45
Not-to-do-Liste 180

O

Opfer 20
Opfer-Ideologie 20
Opferrolle 78
Optimismus 23, 30, 95, 307
  Beispiel 27
  Definition 24
  lernen 34
  Vorteile von 32
Optimist 30
Optimistischer werden 38
Optimistisches Denken 200

P

Panikzone 188
parasitärer Lebensstil 137
Passiv 79
Pausen 215, 307
PERMA-Modell 10
Persönlichkeit 262
Pessimismus 31
  Definition 25
Pessimist 31
Placebo-Effekt 44
Polgár-Schwestern 265
Positive Psychologie 1
  Beispiel Viktor Frankl 5
  Bereiche 8
  Definition 2

Stichwortverzeichnis

Frageperspektive 9
Geschichte 4
Kritik 14
Methoden 10
Modell 10
Positives Denken 23, 30, 307
Potenzial 12, 56, 85, 108, 191
Präkrastination 176, 177
Prioritäten 174
Proaktivität 80, 97
Prokrastination 165
  Beispiele 167
  Definition 166
  Merkmale 168
  testen 176
  Teufelskreis 172
  überwinden 171, 173
  Ursachen 169
Prüfungsangst 45

R

Ratten 26
Rauchen 272
Realismus
  Definition 25
Resilienz 70, 85
  Beispiele 88
  Definition 86
  Merkmale 87
  Säulen 92
  stärken 96
  Training 90, 96
  Übungen 96
Rosenthal-Effekt 49, 68
  anwenden 53
Rücksicht 193, 221, 242

S

Schlaf 214, 306
Schule 127, 240
Schwarzenegger 105

Selbstausbeuterisches Muster 130
Selbstbeherrschung 228
Selbstdisziplin 95, 227
  Beispiel 230
  Forschung 239
  Risiken 241
Selbsterfüllende Prophezeiung 43
  anwenden 57
  Beispiele 44
  Definition 44
  Theorie 51
  Tipps 55
Selbstkontrolle 228
Selbstoptimierung 15
Selbstregulation 228
Selbstsabotage 47, 48
Selbstwirksamkeit 61, 93, 114, 199
  bei Kindern 72
  bei Mitarbeitern 75
  Beispiel 64
  Definition 62
  fördern 66
  Kultur 76
  Nachteile 71
  stärken 66
  Vorteile 70
Selbstwirksamkeitserwartung 61
Shackleton 27
Sinn 7
SMART-Methode
  Kritik 155
  Weiterentwicklung 155
SMART-Ziele 144
  Vorteile 145
Sozialdeterminismus 77
Soziale Ächtung 286
Soziale Akzeptanz 115
Soziale Beziehungen 308
Sozialer Druck 276
Soziale Ressourcen 93
Soziales Umfeld 200, 281
Soziale Trittbrettfahrer 133
Soziale Unterstützung 175

Spaß 256
Sprache 54
Standards 106
Starthilfen 276
Stress 284

Vorteile 106
Wirkung 119
Visualisieren 174
Vorbilder 68
Vorstellung 201

T
Toxische Positivität 18
Trigger 267, 284
Trittbrettfahrer
  Merkmale 135
  Verhalten 134
Tugenden 280

W
Wachstumszone 188
Weichmacher (rhetorische) 138
Wissen 99
Workaholismus 241

U
Übertraining 241
Unterbrechen 218

Z
Ziele 143, 174, 217
  attraktive 152
  bei der Führung 160
  Definition 144
  erreichen 146
  formulieren 143, 148
  für Mitarbeiter 160
  messbare 151
  negativ formulierte 159
  realistische 153
  spezifische 150
  terminieren 154
Zwischenziele 174

V
Victor Hugo 167
Viktor Frankl 5
Vision 103
  Beispiele 104
  Definition 108
  erstellen 111
  Merkmale 109

| MIX |
| Papier aus verantwortungsvollen Quellen |
| Paper from responsible sources |
| FSC® C105338 |

If you have any concerns about our products,
you can contact us on
ProductSafety@springernature.com

In case Publisher is established outside the EU,
the EU authorized representative is:
**Springer Nature Customer Service Center GmbH
Europaplatz 3, 69115 Heidelberg, Germany**

Printed by Libri Plureos GmbH
in Hamburg, Germany